21世纪全国高等院校财经管理系列实用规划教材

商务谈判理论与实用技巧

主　编　徐　伟
副主编　曾文军　刘忠君　　张　岩
参　编　唐松野　孙雪盼　　仇欣欣
　　　　阿瓦古丽·奥布力　宋美茜

内 容 简 介

本书全面系统地介绍了商务谈判的理论与实务，全书共分 10 章，内容包括商务谈判的概述、商务谈判相关理论、前期准备、开局、商务谈判的报价与磋商、签约履约与风险规避、商务谈判的技巧、商务谈判中的礼仪与文化、各国商务谈判特点等。

本书在讲述理论知识的同时，提供大量相关案例，并在每章后附有形式多样的习题，便于学生巩固所学知识，以及培养学生的谈判能力。本书在实用性和操作性方面都具有很强的指导作用。

本书可作为高等院校经济管理类专业的本科生教材，也可作为企业和社会培训谈判人员的参考用书。

图书在版编目(CIP)数据

商务谈判理论与实用技巧/徐伟主编. —北京：北京大学出版社，2016.10
（21 世纪全国高等院校财经管理系列实用规划教材）
ISBN 978-7-301-25165-2

Ⅰ.①商… Ⅱ.①徐… Ⅲ.①商务谈判—高等学校—教材 Ⅳ.①F715.4

中国版本图书馆 CIP 数据核字（2014）第 282046 号

书　　名	商务谈判理论与实用技巧 SHANGWU TANPAN LILUN YU SHIYONG JIQIAO
著作责任者	徐　伟　主编
策划编辑	卢　东
责任编辑	翟　源
标准书号	ISBN 978-7-301-25165-2
出版发行	北京大学出版社
地　　址	北京市海淀区成府路 205 号　100871
网　　址	http://www.pup.cn　新浪微博：@北京大学出版社
电子信箱	pup_6@163.com
电　　话	邮购部 62752015　发行部 62750672　编辑部 62750667
印 刷 者	北京溢漾印刷有限公司
经 销 者	新华书店
	787 毫米×1092 毫米　16 开本　17.75 印张　408 千字 2016 年 10 月第 1 版　2019 年 12 月第 3 次印刷
定　　价	45.00 元

未经许可，不得以任何方式复制或抄袭本书之部分或全部内容。

版权所有，侵权必究

举报电话：010-62752024　电子信箱：fd@pup.pku.edu.cn
图书如有印装质量问题，请与出版部联系，电话：010-62756370

21世纪全国高等院校财经管理系列实用规划教材

专家编审委员会

主 任 委 员 刘诗白

副主任委员（按拼音排序）

韩传模	李全喜	王宗萍
颜爱民	曾　旗	朱淑珍
朱廷珺		

顾　　问（按拼音排序）

高俊山	郭复初	胡运权
万后芬	张　强	

委　　员（按拼音排序）

程春梅	邓德胜	范　徵
冯根尧	冯雷鸣	黄解宇
李柏生	李定珍	李相合
李小红	刘志超	沈爱华
王富华	吴宝华	张淑敏
赵邦宏	赵　宏	赵秀玲

法律顾问 杨士富

丛 书 序

我国越来越多的高等院校设置了经济管理类学科专业,这是一个包括理论经济学、应用经济学、管理科学与工程、工商管理、公共管理、农林经济管理、图书馆、情报与档案管理 7 个一级学科门类和 31 个专业的庞大学科体系。2006 年教育部的数据表明,在全国普通高校中,经济类专业布点 1518 个,管理类专业布点 4328 个。其中除少量院校设置的经济管理专业偏重理论教学外,绝大部分属于应用型专业。经济管理类应用型专业主要着眼于培养社会主义国民经济发展所需要的德智体全面发展的高素质专门人才,要求既具有比较扎实的理论功底和良好的发展后劲,又具有较强的职业技能,并且又要求具有较好的创新精神和实践能力。

在当前开拓新型工业化道路,推进全面小康社会建设的新时期,进一步加强经济管理人才的培养,注重经济理论的系统化学习,特别是现代财经管理理论的学习,提高学生的专业理论素质和应用实践能力,培养出一大批高水平、高素质的经济管理人才,越来越成为提升我国经济竞争力、保证国民经济持续健康发展的重要前提。这就要求高等财经教育要更加注重依据国内外社会经济条件的变化,适时变革和调整教育目标和教学内容;要求经济管理学科专业更加注重应用、注重实践、注重规范、注重国际交流;要求经济管理学科专业与其他学科专业相互交融与协调发展;要求高等财经教育培养的人才具有更加丰富的社会知识和较强的人文素质及创新精神。要完成上述任务,各所高等院校需要进行深入的教学改革和创新,特别是要搞好有较高质量的教材的编写和创新工作。

出版社的领导和编辑通过对国内大学经济管理学科教材实际情况的调研,在与众多专家学者讨论的基础上,决定编写和出版一套面向经济管理学科专业的应用型系列教材,这是一项有利于促进高校教学改革发展的重要措施。

本系列教材是按照高等学校经济类和管理类学科本科专业规范、培养方案,以及课程教学大纲的要求,合理定位,由长期在教学第一线从事教学工作的教师编写,立足于 21 世纪经济管理类学科发展的需要,深入分析经济管理类专业本科学生现状及存在的问题,探索经济管理类专业本科学生综合素质培养的途径,以科学性、先进性、系统性和实用性为目标,其编写的特色主要体现在以下几个方面:

(1) 关注经济管理学科发展的大背景,拓宽理论基础和专业知识,着眼于增强教学内容与实际的联系和应用性,突出创造能力和创新意识。

(2) 体系完整、严密。系列涵盖经济类、管理类相关专业以及与经管相关的部分法律类课程,并把握相关课程之间的关系,整个系列丛书形成一套完整、严密的知识结构体系。

(3) 内容新颖。借鉴国外最新的教材,融会当前有关经济管理学科的最新理论和实践经验,用最新知识充实教材内容。

(4) 合作交流的成果。本系列教材是由全国上百所高校教师共同编写而成,在相互进行学术交流、经验借鉴、取长补短、集思广益的基础上,形成编写大纲。最终融合了各地特点,具有较强的适应性。

（5）案例教学。教材融入了大量案例研究分析内容，让学生在学习过程中理论联系实际，特别列举了我国经济管理工作中的大量实际案例，这可大大增强学生的实际操作能力。

（6）注重能力培养。力求做到不断强化自我学习能力、思维能力、创造性解决问题的能力以及不断自我更新知识的能力，促进学生向着富有鲜明个性的方向发展。

作为高要求，经济管理类教材应在基本理论上做到以马克思主义为指导，结合我国财经工作的新实践，充分汲取中华民族优秀文化和西方科学管理思想，形成具有中国特色的创新教材。这一目标不可能一蹴而就，需要作者通过长期艰苦的学术劳动和不断地进行教材内容的更新才能达成。我希望这一系列教材的编写，将是我国拥有较高质量的高校财经管理学科应用型教材建设工程的新尝试和新起点。

我要感谢参加本系列教材编写和审稿的各位老师所付出的大量卓有成效的辛勤劳动。由于编写时间紧、相互协调难度大等原因，本系列教材肯定还存在一些不足和错漏。我相信，在各位老师的关心和帮助下，本系列教材一定能不断地改进和完善，并在我国大学经济管理类学科专业的教学改革和课程体系建设中起到应有的促进作用。

刘诗白

刘诗白 现任西南财经大学名誉校长、教授、博士生导师，四川省社会科学联合会主席，《经济学家》杂志主编，全国高等财经院校《资本论》研究会会长，学术团体"新知研究院"院长。

前　言

商务谈判理论与实用技巧是企业实现长期赢利的一个重要手段，企业的生产经营依赖于上游资源的获取和下游销售的实现。任何企业拥有的资源都是有限的，要想在事业上获得成功，就要懂得合理利用和分配社会资源。商务谈判理论与实用技巧，其目的就是通过全面提升对外机会把握能力来提高利润，实现企业价值，并提供更快速和更周到的优质服务来吸引和保持更多的客户，进而实现长期赢利。

商务谈判理论与实用技巧渗透于完成交易、获取利益、实现目标等重要环节，贯穿于商务活动的全过程，无论是国内贸易还是对外贸易及经济合作，无一例外。随着市场经济的深入发展和日趋完善，企业间的经济交往会越来越频繁，商务谈判理论与实用技巧在我国经济活动中，将起着越来越重要的作用。

商务谈判理论与实用技巧是商业交易活动中的桥梁和纽带，有利于企业获取市场信息，从而为企业的正确决策创造条件，是树立企业良好形象的重要手段，也为实现经济目标、取得经济效益提供了主要途径。

本书从商务谈判理论与实用技巧的基本概念出发，讲述相关原理，并结合大量经典案例，重点向读者阐述如何运用商业谈判技巧解决实际问题。

本书由徐伟任主编，曾文军、刘忠君、张岩任副主编。本书具体编写分工如下：本书第1章和第3章由沈阳工业大学徐伟编写；第2章由沈阳工业大学曾文军编写；第4章由沈阳工业大学刘忠君编写；第5章由沈阳工业大学张岩编写；第6章由沈阳国际工程咨询中心唐松野编写；第7章由北方重工集团孙雪盼编写；第8章由沈阳工业大学仇欣欣编写；第9章由沈阳工业大学阿瓦古丽·奥布力编写；第10章由沈阳工业大学宋美茜编写。

在本书的编写过程中，编者参考了大量的国内外研究成果，在此，对相关专家、学者表示衷心的感谢。

限于编者水平，加之编写时间仓促，书中难免有不足之处，敬请广大读者批评指正。

编　者
2016年7月

目 录

第1章 商务谈判的概述 ... 1
1.1 商务谈判的概念与特征 ... 2
- 1.1.1 商务谈判的概念 ... 2
- 1.1.2 谈判的构成要素 ... 4
- 1.1.3 商务谈判的含义 ... 5
- 1.1.4 商务谈判的特点 ... 6
1.2 商务谈判的功能与意义 ... 7
1.3 商务谈判的原则、类型与内容 ... 9
- 1.3.1 商务谈判的原则 ... 9
- 1.3.2 商务谈判的类型 ... 11
- 1.3.3 商务谈判的内容 ... 14
1.4 商务谈判的模式、程序及构成阶段 ... 15
- 1.4.1 商务谈判的模式 ... 15
- 1.4.2 商务谈判的程序 ... 20
- 1.4.3 商务谈判的构成阶段 ... 24
本章小结 ... 26
复习思考题 ... 27

第2章 商务谈判相关理论 ... 29
2.1 商务谈判理念 ... 30
- 2.1.1 商务谈判理念的演进 ... 30
- 2.1.2 商务谈判理念的三大基石 ... 31
2.2 商务谈判实力及其影响因素 ... 33
- 2.2.1 谈判实力的概念 ... 33
- 2.2.2 谈判实力的影响因素 ... 33
2.3 商务谈判的理论基础 ... 34
- 2.3.1 需要理论 ... 34
- 2.3.2 谈判结构理论 ... 40
- 2.3.3 谈判唯理论 ... 42
- 2.3.4 谈判力学理论 ... 46
- 2.3.5 实力理论 ... 47
- 2.3.6 原则谈判理论 ... 52
2.4 商务谈判中常见的错误 ... 54
本章小结 ... 55
复习思考题 ... 56

第3章 商务谈判的前期准备 ... 58
3.1 谈判目标的确立 ... 59
- 3.1.1 谈判目标的层次 ... 60
- 3.1.2 谈判目标的保密 ... 61
3.2 与商务活动有关的资料的收集 ... 62
- 3.2.1 谈判信息 ... 62
- 3.2.2 谈判信息资料的搜集与整理 ... 65
3.3 谈判组织的建立 ... 67
- 3.3.1 谈判组织的构成原则 ... 67
- 3.3.2 谈判组织的构成 ... 69
3.4 模拟谈判 ... 72
- 3.4.1 模拟谈判的必要性 ... 72
- 3.4.2 模拟谈判的内容 ... 73
- 3.4.3 模拟谈判的拟定假设 ... 74
- 3.4.4 模拟谈判的方式 ... 75
- 3.4.5 模拟谈判的总结 ... 76
本章小结 ... 76
复习思考题 ... 77

第4章 商务谈判的开局 ... 79
4.1 商务谈判开局气氛的营造 ... 80
- 4.1.1 营造高调气氛 ... 80
- 4.1.2 营造低调气氛 ... 82
- 4.1.3 营造自然气氛 ... 83
4.2 谈判议程的确定 ... 83
- 4.2.1 谈判议程的编制 ... 83
- 4.2.2 谈判议程的安排 ... 84
4.3 谈判主动权的谋取 ... 86
4.4 商务谈判的开局方式与策略 ... 87
- 4.4.1 开局的方式 ... 88
- 4.4.2 开局气氛的营造 ... 89
- 4.4.3 商务谈判开局的策略 ... 94
本章小结 ... 101

复习思考题 101

第 5 章　商务谈判的报价与磋商 104

5.1 询价与报价 106
- 5.1.1 询价的含义 106
- 5.1.2 询价的基本要求 106
- 5.1.3 报价的含义 106
- 5.1.4 报价对谈判的影响 106
- 5.1.5 报价的依据 107
- 5.1.6 报价的基本要求 108
- 5.1.7 报价的时机 109
- 5.1.8 报价的基本策略 109
- 5.1.9 如何对待对方的报价 113

5.2 讨价 113
- 5.2.1 讨价的含义与作用 113
- 5.2.2 讨价的程序与方法 113

5.3 还价 115
- 5.3.1 还价的含义 115
- 5.3.2 还价对谈判的影响 115
- 5.3.3 还价的依据 115
- 5.3.4 还价的步骤 116
- 5.3.5 还价的方法 117

5.4 要求 117
- 5.4.1 谈判要求的作用 117
- 5.4.2 谈判要求的种类 117
- 5.4.3 如何提要求 118
- 5.4.4 如何坚持要求 120
- 5.4.5 如何放弃要求 121
- 5.4.6 如何对待要求 121

5.5 僵局 122
- 5.5.1 僵局的含义及影响 123
- 5.5.2 谈判僵局产生的原因 123
- 5.5.3 谈判僵局的利用 124
- 5.5.4 打破谈判僵局的一般方法 125

5.6 让步 127
- 5.6.1 让步的意义 127
- 5.6.2 让步的类型 128
- 5.6.3 让步的基本形态 129
- 5.6.4 让步的基本原则 130
- 5.6.5 防止对方进攻的基本方式 131
- 5.6.6 促使对方让步的基本方式 133

本章小结 135
复习思考题 136

第 6 章　签约履约与风险规避 138

6.1 成交前的评价 140
- 6.1.1 成交前的回顾 140
- 6.1.2 谈判目标的检验 140
- 6.1.3 最后的让步 141

6.2 成交的促成 141
- 6.2.1 成交时机的把握 141
- 6.2.2 成交意图的表达 142
- 6.2.3 促成成交的策略 143
- 6.2.4 争取最后的收获 144

6.3 合同的签订 145
- 6.3.1 合同的作用 145
- 6.3.2 商务合同的种类与内容 145
- 6.3.3 商务合同的书写与格式 146
- 6.3.4 合同的审核与签字 147

6.4 合同的履行 148
- 6.4.1 合同的执行 148
- 6.4.2 合同的变动 150

6.5 谈判后的管理 151
- 6.5.1 谈判总结 151
- 6.5.2 关系维护 151
- 6.5.3 资料管理 152

6.6 商务谈判的风险 152
- 6.6.1 政治风险 152
- 6.6.2 市场风险 153
- 6.6.3 技术风险 155
- 6.6.4 素质风险 157

6.7 商务谈判风险的规避 158

本章小结 161
复习思考题 161

第 7 章　商务谈判的技巧 164

7.1 思维艺术 165
- 7.1.1 思维的概念与特点 165
- 7.1.2 思维的形式、程序和方法 165

目　录

7.1.3　思维类型 166
7.1.4　谈判中的思维艺术 168
7.2　倾听技巧 170
  7.2.1　自我倾听习惯的检查 170
  7.2.2　听的类型 170
  7.2.3　影响倾听的主要因素 171
  7.2.4　有效倾听 173
7.3　叙述技巧 173
  7.3.1　谈判中的语言类型 173
  7.3.2　谈判语言的应用条件 174
  7.3.3　叙述技巧 175
7.4　提问技巧 177
  7.4.1　提问的主要方式 177
  7.4.2　提问技巧 179
  7.4.3　提问时应该注意的问题 180
  7.4.4　谈判中不应该提出的问题 180
7.5　答复技巧 181
  7.5.1　答复的主要类型 181
  7.5.2　答复技巧 181
7.6　观察技巧 184
  7.6.1　面部表情 184
  7.6.2　上肢的动作语言 186
  7.6.3　下肢的动作语言 187
  7.6.4　腹部的动作语言 188
  7.6.5　某些体语的特殊含义 188
7.7　"辩"的技巧 189
7.8　说服技巧 191
本章小结 194
复习思考题 195

第8章　商务谈判中的礼仪与文化 197
8.1　商务谈判礼仪的基本准则 198
8.2　商务谈判礼仪 201
8.3　商业文化及其表现的层次 206
8.4　跨文化商务谈判的要素 208
8.5　跨文化商务谈判中的冲突与误解 210
8.6　文化差异与商务谈判行为的度量 211
本章小结 215
复习思考题 216

第9章　不同国家商人的谈判风格 218
9.1　美洲商人的习惯和特点 219
  9.1.1　美国商人的习惯和特点 219
  9.1.2　加拿大商人的习惯和特点 220
  9.1.3　中美洲诸国和墨西哥商人的
     习惯和特点 221
  9.1.4　加勒比海诸国商人的
     习惯和特点 221
  9.1.5　南美洲诸国商人的习惯和
     特点 221
9.2　大洋洲商人的习惯和特点 222
  9.2.1　澳大利亚主流社会风俗 222
  9.2.2　新西兰风俗 223
9.3　非洲经济及商人的习惯和特点 224
9.4　亚洲商人的习惯和特点 225
  9.4.1　东南亚诸国商人的习惯和
     特点 225
  9.4.2　南亚诸国商人的习惯和
     特点 226
  9.4.3　西亚诸国商人的习惯和
     特点 227
  9.4.4　东亚诸国(地区)商人的习惯和
     特点 232
9.5　欧洲商人的习惯和特点 236
  9.5.1　西欧诸国商人的习惯和
     特点 236
  9.5.2　南欧诸国商人的习惯和
     特点 238
  9.5.3　中欧诸国商人的习惯和
     特点 239
  9.5.4　北欧诸国商人的习惯和
     特点 240
  9.5.5　东欧诸国商人的习惯和
     特点 241
本章小结 242
复习思考题 243

第10章　商务谈判中的道德与法律 246
10.1　商务谈判的伦理操守 247

10.1.1 社会道德对商务谈判行为的约束 247
10.1.2 商务谈判的伦理观 249
10.1.3 社会阶层与社会角色的道德准则 251
10.2 国际商务谈判道德的运作过程及效应 251
10.2.1 国际商务谈判中的道德观 252
10.2.2 国际商务谈判中的伦理观 252
10.2.3 国际商务谈判道德的运作过程 253
10.2.4 国际商务谈判道德的运作效应 254
10.3 商务谈判与伦理道德 255
10.3.1 现代商务谈判与传统伦理道德的冲突 255
10.3.2 谋求商务谈判与伦理道德的均衡 255
10.3.3 伦理道德必须以法来规范 256
10.4 法律在商务谈判中的作用 257
10.4.1 法律的含义及特征 257
10.4.2 商务谈判与法律之间的联系 258
10.4.3 商务谈判与法律之间的区别 258
10.4.4 法律对商务谈判的宏观调控与制约作用 259
10.4.5 商务谈判中的法律适用 261
10.4.6 商务谈判法律思维的构成及作用机制 264

本章小结 267
复习思考题 268

参考文献 271

第 1 章 商务谈判的概述

知识架构

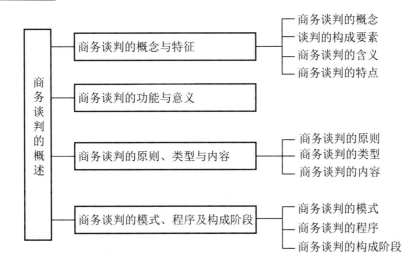

学习目标

通过本章的学习，读者应该能够：
- 熟悉商务谈判的概念与特征
- 掌握商务谈判的功能与意义
- 理解商务谈判的原则
- 了解商务谈判的类型
- 掌握商务谈判的内容
- 掌握商务谈判的模式
- 理解商务谈判的程序
- 理解商务谈判的构成阶段

导入案例

艾柯卡寻求政府支持

美国汽车业"三驾马车"之一的克莱斯勒汽车公司拥有近70亿美元的资金,是美国第十大制造企业,但自进入20世纪70年代以来该公司屡遭厄运,从1970年至1978年的9年内,竟有4年亏损,其中1978年亏损额达2.04亿美元。在此危难之际,艾柯卡出任总经理。为了维持公司最低限度的生产活动,艾柯卡请求政府给予紧急经济援助,提供贷款担保。

但这一请求引起了美国社会的轩然大波,社会舆论几乎众口一词:克莱斯勒赶快倒闭吧!按照企业自由竞争原则,政府决不应该给予经济援助。最使艾柯卡感到头痛的是国会为此举行了听证会,那简直就是在接受审判。委员会成员坐在半圆形的会议桌后俯视着证人,而证人必须仰着头去看询问者。参议员、银行业务委员会主席威廉·普洛斯迈质问他:"如果保证贷款案获得通过的话,那么政府对克莱斯勒将介入更深,这对你长久以来鼓吹得十分动听的主张(指自由企业的竞争)来说,不是自相矛盾吗?"

"你说得一点也不错,"艾柯卡回答说,"我这一辈子一直都是自由企业的拥护者,我是极不情愿来到这里的,但我们目前的处境进退维谷,除非我们能取得联邦政府的某种保证贷款,否则我根本没办法去拯救克莱斯勒。"

他接着说:"我这不是在说谎,其实在座的参议员们都比我还清楚,克莱斯勒的请求贷款案并非首开先例。事实上,你们的账上目前已有了4090亿美元的保证贷款,因此,务必请你们通融一下,不要到此为止,请你们也全力为克莱斯勒争取4100万美元的贷款吧,因为克莱斯勒乃是美国的第十大公司,它关系到60万人的工作机会。"

艾柯卡随后指出日本汽车正乘虚而入,如果克莱斯勒倒闭了,它的几十万职员就会成为日本公司的雇员,根据财政部的调查材料,如果克莱斯勒倒闭的话,国家在第一年里就得为所有失业人口支付27亿美元的保险金和福利金。所以他向国会议员们说:"各位眼前有个选择,你们愿意现在就付出27亿美元呢?还是将它一半作为保证贷款,日后可全数收回?"持反对意见的国会议员无言以对,贷款终获通过。

案例分析: 艾柯卡所引述的材料,参议员们不一定不知道,只是他们没有去认真地分析过这些材料。艾柯卡所做的一切只是将议员知道的一切再告诉他们,并让他们真正明白他们所知道的。其成功的奥妙就在这里。

1.1 商务谈判的概念与特征

1.1.1 商务谈判的概念

"谈判"这个词听起来很神秘、玄妙,有时甚至令人生畏,其实,我们每个人每天都在接触谈判,只不过没有明确地意识到而已。无论是在政治、文化、教育、经济活动中,还是在战争、领土、民族等重大问题的矛盾冲突中,时时处处都有谈判发生。当你买东西时,跟小商小贩的讨价还价;当你组织一次旅游活动时,与同伴商谈旅游路线;在单位里与同事、领导就工作上的问题进行协商等;或者,当你翻开报纸、打开电视时看到的一条条新

闻：以色列与巴勒斯坦矛盾再度激化，各国政要积极斡旋；美欧农产品贸易纠纷再度升级，数轮谈判毫无结果；朝核六方会谈；等等，这些都可以归入谈判的范畴。可以说，谈判活动时时刻刻都发生在我们身边，我们或亲身参与其中，或可以耳闻目睹。

然而，关于"谈判"的概念，却是一个众说纷纭、至今难有一致说法的问题。我们先看看不同专家学者对谈判的定义。

谈判就是人们为了达成某项协议而进行的交往。

谈判是一种在不同利益，甚至对立状况下应采取的战略，但各方在这一点上(谈判)互为依存，达成一项协议对任何一方都有好处。

谈判是人们为了改变相互关系而交换意见，为了取得一致而相互磋商的一种行为，是能够深刻影响各种关系和对参与各方产生持久利益的过程。

谈判是一种双方都致力说服对方接受其要求时所运用的交换意见的技能，其最终目的就是要达成一项对双方都有利的协议。

以上定义反映了谈判活动的各个方面，之所以谈判，是因为各方在观点、利益上存在冲突，但各方都愿意通过谈判解决这一冲突。谈判过程就是各方协调分配利益，逐渐达成一致、妥协的过程。在这期间，既有各方的直接冲突，也有各方的彼此合作，各方努力运用多种手段，谋求最终结果的达成。

其实，谈判包括"谈"与"判"两个紧密联系的环节。"谈"就是讲话，双方或多方针对所承担和享有的权、责、利等方面进行讨论、交涉、洽谈和磋商。"判"就是确定和认可，就是分辨和评定，当事各方通过努力，寻求各项权、责、利划分的共同一致的意见，并用相应的协议正式予以确认。"谈"是"判"的前提、基础和条件，"判"是"谈"的结果、目的和意愿。

综合以上分析，我们认为谈判的定义可以概括为：谈判是双方或多方为了实现各自的某些需求，彼此就感兴趣的问题进行协商沟通、交换意见、消除分歧、改善关系，从而达成妥协或一致意见的过程。

谈判具有以下四个方面的内涵。

第一，谈判活动必须在双方或多方之间进行，而且他们必须在物质、人格、地位等方面都是相对独立或平等的。只有这样，彼此才有可能构成谈判关系，这是实现谈判途径的一个重要条件。如果彼此力量悬殊或地位不平等，或利益的冲突不一致，就有可能通过其他方式(如战争、暴力等)来解决。

第二，谈判包括"合作"与"冲突"两种成分。参与谈判的各方，为达成协议均须具备一定程度的合作性，但为了满足自身的最大需求，又势必处于利益冲突的对抗状态，这时各方通过协商寻找一个解决方案，以解决冲突。

第三，谈判的最终目标是达成一致的协议，使谈判者的部分或全部需求获得满足。从这一点看，谈判是谈判者实现各自目标的有效手段。谈判者在利益方面存在分歧，但这种分歧并不是完全对立的，而通过其他方式又无法获得圆满解决，从而促使各方通过谈判协商解决，进而实现自己的利益要求。

第四，谈判的结果是一种妥协。可以说，谈判既是"不平等"的，又是"公平"的。由于谈判各方拥有的地位、实力与技巧的差别，谈判的结果很难达到完全平等，各方取得的利益也不会完全相同。但是，只要参与谈判的各方对谈判的结果能够接受，且对谈判结果均具有否决权,那么,无论结果多么不平等,该谈判都是"公平"的。一场成功的谈判,从一定意义上讲,双方都是胜利者。

1.1.2 谈判的构成要素

事物都是由若干相互制约同时又是相互联系的因素构成的。事物包括多个构成因素,有些因素是这一事物的必要条件,有些不是。要素是相对于某一事物而言的,谈判要素就是构成谈判的必要条件因素。任何一场谈判都不能缺少了谈判的各项要素。

1. 谈判的主体

主体就指行为的执行者。谈判是一种沟通活动,谈判的参与者、当事人就是谈判的主体。谈判的主体可以是具体的个人,也可以是抽象的组织;可以是单一的个人,也可以是多人;可以是当事的双方,也可以是相关的多方。谈判主体对谈判结果有着重要的影响,在其他因素不变的情况下,不同的谈判主体会有不同的谈判结果,谈判的结果在一定程度上取决于谈判主体。所以说,要想取得理想的谈判结果,选择合适的谈判人员是很重要的。其中,参与谈判的人员可以分为前台和后台两类人员。

1) 前台人员

前台人员就是出现在谈判桌上的,在谈判现场可以看到的谈判人员。按照权力和责任轻重划分,前台人员有负责人、主谈人、谈判助手。负责人在谈判现场全面负责,是谈判桌上的组织者、指挥者、控制者、引导者,是核心。主谈人是谈判桌上的主要发言人,是谈判桌上的主攻手,是既定谈判目标和策略的主要实施者。谈判助手负责辅助主谈人,如提供各类专业数据、辅助资料、咨询,记录谈判内容,进行语言翻译。按照扮演角色划分,前台人员则可分为领导、主谈人、商务人员、财会人员、技术人员、法律人员、翻译人员和记录人员。在有些谈判中,主谈人同时就是负责人,有时一人同时兼任多个角色。

2) 后台人员

后台人员就是不在谈判桌前活动的,在谈判现场看不到的谈判人员。后台人员虽然不上谈判桌,但对谈判也有重要影响,可以是辅助人员,甚至可能是起决定性作用的总指挥。1972 年,举世瞩目的中美建交谈判,毛泽东就处在后台,作为整个谈判的总指挥,掌握着谈判的方向和目标。周恩来是前台的负责人,负责原则性问题的谈判和谈判的进程。在具体的建交公报条款谈判中,外交部部长姬鹏飞担任主谈人,其他人员负责辅助主谈人。

2. 谈判客体

客体是主体行为的对象。谈判的客体是谈判的议题。显然谈判的议题是谈判的必要条件,无法想象一个没有议题的谈判。谈判议题的性质决定了谈判的性质,不同的谈判议题,对应着不同的谈判策略和方法。可以双赢的合作性商务谈判需要友好的气氛,国事谈判的氛围和进程都是庄严谨慎的,军事谈判则少不了威胁恐吓。议题一定是与当事方的利益有关的事项,谈判的双方在这些利益上一定存在着某种对立,也一定有着某种一致性,完全对立或者完全一致的事项是不可能成为谈判议题的。

要想取得符合目的的谈判结果,必须事先深入研究谈判议题,不仅要明确我方和对方的利益,还要明确利益的反面,即我方和对方最担心、最害怕的是什么。除此之外,还必须掌握大量的与谈判议题有关的谈判信息，谁掌握的相关信息越多、越准确、越充分，谁的谈判实力就越强，谁就越能够掌握谈判的主动权。

3. 谈判目的和结果

目的是行为主体主观上想要达到的结果。谈判目的是谈判之前谈判主体主观上想要达到的谈判结果。人的行为都是为了达到某种目的的，这是心理学的一条基本规律。因此，任何谈判行为都是有目的的。目的决定手段，手段为目的服务。谈判的策略、方法、技巧等都属于谈判的手段，谈判的手段都是由谈判的目的决定的。己方谈判目的的设定和对对方谈判目的的掌握，是影响谈判结果的重要因素。

结果是事物发展所达到的最后的客观状态。谈判结果就是谈判的最终状态。结果和目的是两个不同的概念，结果是客观的、事后的，目的是主观的、事前的。但两者之间是有联系的，客观的结果反映了主观的目的，主观的目的影响着客观的结果。双方达成的协议是谈判结果的形式，一个完整的谈判都有一个双方认可的协议。通过比较和抽象分析，我们会发现谈判的协议形式千差万别，但其核心内容都是一样的，都是由两个基本范畴构成的，即权益(权力和利益)和义务(给对方的承诺或付出)。"范畴是客观事物普遍具有的最一般规定性在思维中的反映，是人们解释和把握客观世界辩证运动的重要思维形式，是认识和掌握现象之网的网上扭结"，范畴可以帮助我们理清思路，更好地进行理性思辨和逻辑论证。谈判结果的优劣不在于谈判的过程，最重要的是协议中己方获得权益和向对方做出承诺的多少。一个好的谈判结果应该尽可能多地获得权益，尽可能少地做出承诺。

权益是由两个部分组成的：一部分是当前的、显现的、实在的物质利益，如价格、支付方式、交货期限等；另一部分是未来的、潜在的、虚拟的关系利益，如信用、双方合作的关系、未来获利的可能性等。关系利益不等于物质利益，但可能在未来转换成物质利益。换句话说，权益分为实的和虚的两个部分。虚和没有完全是两回事，虚不等于没有，虚是实的表现形式，实是虚的内容。

很多人感到谈判很难，甚至惧怕谈判，就是因为谈判中还含有比较虚的关系利益，就是因为物质利益与关系利益难以两全。

1.1.3 商务谈判的含义

商务谈判中的"商务"一词是指商业事务，是指经济领域内产品的交换或买卖事宜。按照国际习惯，商务行为可分为以下几种。

(1) 直接的商品交易活动，如商品买卖，批发、零售商品等。

(2) 直接为商品交易服务的活动，如运输、仓储、加工整理等。

(3) 间接为商品交易服务的活动，如金融、保险、信托、租赁等。

(4) 具有服务性质的活动，如饭店、商品信息、咨询、广告、劳务等。

所以，商务谈判是指经济领域中，两个或两个以上从事商务活动的组织或个人，为了满足各自的经济利益，进行意见交换和磋商，谋求取得一致和达成协议的行为过程。

商务谈判是在商品经济条件下产生和发展起来的，它已经成为现代社会经济生活必不可少的组成部分。可以说，没有商务谈判，经济活动便无法进行。小到生活中的购物还价，大到企业法人之间的合作、国家与国家之间的经济技术交流，都离不开商务谈判。可以从以下几个角度理解商务谈判。

(1) 商务谈判是以获得经济利益为目的。不同的谈判者参加谈判的目的是不同的，外交谈判涉及的是国家利益；政治谈判关心的是政党、团体的根本利益；军事谈判主要是关系敌对双方的安全利益。虽然这些谈判都不可避免地涉及经济利益，但常常是围绕着某一种基本利益进行的，其重点不一定是经济利益。而商务谈判则十分明确，谈判者以获取经济利益为基本目的，在满足经济利益的前提下才涉及其他非经济利益。虽然，在商务谈判过程中，谈判者可以调动和运用各种因素，而各种非经济利益的因素也会影响谈判的结果，但其最终目标仍是经济利益。与其他谈判相比，商务谈判更加重视谈判的经济效益。在商务谈判中，谈判者都比较注意谈判所涉及的重或技术的成本、效率和效益。所以，人们通常以获取经济效益的好坏来评价一项商务谈判的成功与否。不讲求经济效益的商务谈判就失去了其价值和意义。

(2) 商务谈判是以价值谈判为核心的。商务谈判涉及的因素很多，谈判者的需求和利益表现在众多方面，但价值则几乎是所有商务谈判的核心内容。这是因为在商务谈判中价值的表现形式——价格最直接地反映了谈判双方的利益。谈判双方在其他利益上的得与失，在很多情况下或多或少都可以折算为一定的价格，并通过价格升降得到体现。需要指出的是，在商务谈判中，我们一方面要以价格为中心，坚持自己的利益；另一方面又不能仅仅局限于价格，应该拓宽思路，设法从其他利益因素上争取应得的利益。因为，与其在价格上与对手争执不休，还不如在其他利益因素上使对方在不知不觉中让步。这是从事商务谈判的人需要注意的。

(3) 商务谈判注重合同条款的严密性与准确性。商务谈判的结果是由双方协商一致的协议或合同来体现的。合同条款实质上反映了各方的权利和义务，合同条款的严密性与准确性是保障谈判获得各种利益的重要前提。有些谈判者在商务谈判中花了很大气力，好不容易为自己获得了较有利的结果，对方为了得到合同，也迫不得已作了许多让步，这时谈判者似乎已经获得了这场谈判的胜利，但如果在拟订合同条款时掉以轻心，不注意合同条款的完整、严密、准确、合理、合法，其结果会被谈判对手在条款措辞或表述技巧上引进陷阱，这不仅会把到手的利益丧失殆尽，而且要为此付出惨重的代价，这种例子在商务谈判中屡见不鲜。因此，在商务谈判中，谈判者不仅要重视口头上的承诺，更要重视合同条款的准确和严密。

总之，商务谈判是交易双方为最终取得互惠协议而进行的努力。商务谈判的每一方都应是胜利者，最终达成的协议必须对双方都有利，即各方都满足了自己的需要。因此，一场成功的商务谈判不应该是你输我赢、"胜者为王、败者为寇"的对决，而应该是双方互利合作的过程，否则，谈判就不会成功。

1.1.4 商务谈判的特点

商务谈判是谈判的一种类型，与其他类型的谈判相比，它的显著特点是商务关系与经济特征，从商务谈判定义的含义中，我们可以将商务谈判的特点归纳如下。

1. 谈判主体的经济独立性

商务谈判的主体绝大多数是以营利为目的的经济组织、企业或个人，他们具有独立的法人资格，都在从事商品生产或经营活动，这与政治、行政、军事、民事等谈判的主体显然是不同的。

2. 目标所指具有明显的经济性特征

商务谈判主体所磋商的是商业活动事务，目的是实现各自的商业利益与经济目的，它是以货币或营利的多少来衡量谈判的效果；与此同时，其谈判过程注重成本与效率，获得经济利益的多寡是谈判成功与否的主要标志；商务谈判的动机来自于经济利益的驱使。明确的经济性特征决定了商务谈判与其他谈判具有不同的游戏规则。

3. 谈判主体间的互惠互利性

商务谈判与其他谈判比较具有更明显的互惠互利性。它是在平等自愿的基础上展开的，通过协商、协调相互满足对方的需要，而不是只满足单方的需要，只不过各方满足的程度可能有所不同。

4. 谈判过程的合法性

商务谈判的过程是建立在国际法、合同法等相关法律法规的基础上的，虽然谈判主体双方在谈判的实力上存在差异、谈判不可能绝对平等，但也不存在以大欺小、以强凌弱的压迫或剥削，否则就是非法的。

5. 谈判主体间的趋同性

商务谈判本身具有一定的对抗性，但这种对抗主要体现在经济利益上的竞争，是和平基础上的商业游戏，不构成对人格和人身的伤害，不牵涉价值立场与政治主张，这与政治、军事等谈判中你死我活、明枪暗箭的斗争在性质上是截然不同的。因此，商务谈判的对抗是有"度"的，它主要的目的还是要维系谈判主体间的趋同性，也就是要充分考虑利益双方的需求与承受力，以等价交换为原则。否则谈判要么陷入僵局，要么破裂，这两种结果都不是谈判双方愿意看到的。

6. 谈判对象的广泛性

经济的全球化、经济区域的扩大与融合、市场竞争的日益加剧使得在商务活动过程中有机会和条件选择更多的谈判对象，无论是买方还是卖方，商务合作的对象越来越广泛，唯一性的商务伙伴几乎不存在。因此，瞬息万变的市场增加了谈判对象的不确定性，也要求利益主体多方位选择谈判对象并增强自身谈判实力，以确保在商务谈判过程中立于不败之地。

1.2 商务谈判的功能与意义

1. 商务谈判是企业获取良好经济效益的必要手段

企业是营利性的经济组织，企业追求的根本目标是通过经营活动取得良好的经济效益。而实现这目标的最主要方法就是企业要实现产销两旺，但是要实现这目标并非易事。在当前激烈的市场竞争条件下，企业能否实现产销两旺，往往受到各种主客观条件的影响，如企业自身的实力、规模、状况、设备水平、产品开发能力等。同时，还受到企业外部条件的限制。最重要的就是企业的谈判者能否及时有效地把产品推销出去。目前，我国的商品市场是买方市场，在这样的市场环境下，往往是很多企业的产品都很好，但最终谁能实现销售，在很大程度上取决于企业商务谈判工作是否成功。可以说，商务谈判工作的好坏，直接影响到企业的经济效益。商务谈判是企业获取良好经济效益的必要手段，企业要获取良好的经济效益，就必须加强商务谈判工作。

2. 商务谈判是企业强化横向和纵向联系的主要方法

市场是企业生存发展的基础。在占领现有市场的基础上，不断开拓新市场，提高市场占有率，越来越受到现代企业的重视。而开拓新市场就需要寻求新的贸易伙伴，建立横向和纵向的经济联系或协作关系。所谓横向联系，就是指企业之间的联系或协作关系；所谓纵向联系，就是指国家和地方与所属企业之间的联系。企业运用自己的产品优势、价格优势、经营优势、营销手段优势等来开拓市场，寻求新的贸易伙伴，建立横向的、纵向的、国内的、国际的等各方面的经济联系。但是，所有这些都要通过商务谈判来实现。因此，商务谈判是企业开拓市场、强化经济联系的主要方法。

3. 商务谈判是企业获取市场信息的重要途径

市场信息是对市场运行及其属性的一种客观描述，是经济活动中各种发展变化和特征的真实反映。准确、全面地掌握市场信息是企业采取正确对策的基本依据，是企业生存的基础。现代市场纷繁复杂、瞬息万变，及时准确地搜集市场信息，对企业具有特别重要的意义。商务谈判是企业获取市场信息的重要途径。这主要表现在以下三个方面。

(1) 谈判双方在自身掌握信息及通过谈判了解对方信息的基础上，可以分析出有利于企业发展的新的有价值的市场信息，及时调整产品结构，开发适销对路的产品。

(2) 为了使本方在商务谈判中取得有利的地位，企业必须尽可能多地了解对方及市场的信息。正如中国古语所说："知己知彼，百战不殆。"在商务谈判中，要求企业为获得谈判的成功，必须全面了解对方的情况及市场信息。这种了解对方并与市场进行比较的过程，本身就使企业获得了大量的信息。

(3) 谈判双方对谈判内容各方面的要求及其磋商，也是一种信息交流，在一定程度上也反映了市场的需求及其发展趋势，如对方对产品品种的选择、订货数量及对产品的改进意见等，都反映了市场的要求。这主要表现在以下两个方面。

① 在企业的外部，不同企业在利益驱使下，围绕市场机制的运转，通过谈判，各自对其生产、经营策略作适当调整，以达成协议，取得谈判的成功，实现产品的销售(或购进)。这个过程本身就是以市场为核心，使企业经营行为与市场需求相协调、相统一的过程。

② 在企业的内部，谈判协议的签订，是实现企业内部每个成员的经济利益目标的基本前提。这在一定程度上能成为调动企业人员工作积极性的一种内在动力。如果一个企业生产的产品没有销路，生产得越多，积压得就越多，是无法调动员工们的工作积极性的。只有当产品的销售协议签订后，企业内部的生产经营行为才能实现协调和统一。

1.3 商务谈判的原则、类型与内容

1.3.1 商务谈判的原则

1. 诚信原则

商务谈判与其他经济活动一样有着一定的基本规律，遵循这些规律是企业的商务谈判取得成功的关键。商务谈判的原则是指导企业商务谈判活动的行为准则，它反映的是市场经济的必然要求。诚信原则，即诚实信用的原则，是经商的第一信条，也是对商务谈判者的最基本要求。诚信原则就是要求谈判者在谈判中要以诚相见、以信取人。

"人无信不立，业无信难兴。"信任在经济谈判中的作用是很大的。如果双方没有信任，任何协议都不可能达成，也就不可能有任何谈判，诚实是创造信任的基石，只有让对方感到你是有诚意的，那么对方才可能对你产生信任。所以，谈判人员在谈判桌上一旦做出许诺，就要遵守、兑现，要言而有信。对谈判人员来说，诚信重于泰山。在谈判中要说老实话、做老实事，讲信用、重信誉，对谈判对手要诚实守信。坚持诚信原则是取得谈判对象理解、信赖与合作的基础。

市场上也有"假冒伪劣猖獗、坑蒙拐骗横行、欠账赖账有理、虚假广告铺天盖地"等恶劣现象，这些不讲信誉的行为，虽然使个别人、个别企业获得了眼前利益，但从长远来看，这些人、这些企业不可能成功。古今中外的企业发展史，都证明了这一点。同仁堂之所以百年不衰，正在于一个"信"字，同仁堂的中成药绝对货真价实、绝不以次充好，因而赢得了消费者的信任。香港富豪李嘉诚之所以能从一个推销员成为一个拥有上百亿美元资产的大企业家，也得益于"诚信"二字，得益于他在客户心目中的绝对信誉。

诚实守信，并非原原本本地把企业的谈判意图和方案告诉对方，而是一方面要站在对方的立场上，将其希望了解到的情况坦率相告，以满足其权威感和自我意识；另一方面，也要把握时机，以适当的方式向对方坦露本方意图，过早容易导致对方看轻己方，过迟会使对方感到己方没有诚意。最重要的一点是必须以诚挚的态度，创造和谐友好的谈判氛围，增强对方的信任感，缩短双方的距离，消除对方的心理障碍，化解疑虑，为谈判打下坚实的信任基础。

诚信原则并不反对谈判中的策略运用，而是要求企业在基本的出发点上要诚挚可信，讲究信誉，要言必信、行必果，要在人格上取得对方的信赖。

诚信原则还要求在谈判时，观察对手的谈判诚意和信用程度。

2. 言之有据原则

言之有据原则要求谈判者在谈判的过程中，无论是维护本方的观点，还是对对方观点提出异议，都要举事实、讲道理，要以理服人。这是获得谈判成功的基础。

言之有据原则要求谈判者在谈判之前，要掌握丰富翔实的资料，对己方和对手的各种情况都要了解清楚，要做到"知己知彼"。这样，一方面能够有力地阐述己方的观点，另一方面也能够及时准确地洞察对方的意图，找出其漏洞，令其信服，以掌握谈判的主动权。

言之有据才能以理服人，再配以其他谈判技巧，就可在谈判的整个过程中，使己方始

终处于有理、有利、有节的主动地位，从而也可使本方取得最大的成功。

坚持言之有据原则还要求企业收集的资料必须绝对准确，而且要有时效性。

3. 平等自愿原则

平等自愿原则要求商务谈判双方坚持在地位平等、自愿合作的基础上，建立商务谈判关系，并通过平等协商、公平交易来实现双方的权利和义务的对等。

在商品经济条件下，作为交易双方的企业，都是自主经营、自负盈亏的商品生产者和经营者。虽然各企业从事经济活动的职能、规模、范围及经营方式、经营能力各不相同，但它们的法律地位是平等的。因此在谈判桌前，无论企业的大小、强弱、效益如何，相互之间都要平等对待。

市场的商品交换是自愿的，进行任何一项交易都应出于双方的自愿，是否能成交和怎样成交，都要经过双方充分磋商。在商务谈判中，双方在观点、利益或行为上的分歧是难免的，解决分歧的办法只能是平等自愿的协商，而不应以优势自居，将自己的意愿强加给对方。《中华人民共和国经济合同法》规定，凡是通过强迫命令、欺诈、胁迫等手段签订的合同，在法律上是无效的。

4. 互惠互利原则

互惠互利原则要求商务谈判双方在适应对方需要的情况下，互通有无，使双方都能得到满足；在利益上不仅考虑己方利益，也要为对方着想，最终实现等价交换、互惠互利。

经济学原理告诉我们，虽然交换价值可以有不同的比例，但商品交换实质上是等量劳动相交换。这种等量交换的本质决定了谈判双方都必须遵循等价交换的基本要求，商务谈判中的互惠互利原则正是这一基本要求的具体体现。同时，坚持互惠互利原则也是平等原则在经济上的要求。

商务谈判的结果有四种：你赢我输，你输我赢，你输我也输，你赢我也赢。前两种结果实际上是一方侵占了另一方的利益。第三种结果说明双方由于相互争斗，导致两败俱伤，这是双方都不愿看到的结果。第四种结果表明双方都达到了互惠互利，是商品交易中双方都应当努力争取的结果。

谈判中最忌讳只以自己的利益为重，斤斤计较，寸步不让，这样的谈判必然失败。谈判者应该记住，谈判不是比赛。美国谈判学先驱杰勒德·I.尼尔伦伯格曾经说过：把谈判看作一盘对弈，就意味着以一种纯粹的比赛精神去谈一笔交易，抱着这种态度，谈判者就要竭力压制别人，以达到自己单方面所期望的目标。而一项成功的商业交易的目标并不是要置竞争者于死地。谈判的目标应该是双方达成协议，而不是一方独得胜利，整个格局应该是双方各有所得，否则就会自食恶果。谈判中谈判人员不但要明确自己的利益目标，还应善于从对方的利益出发考虑问题，将心比心，在双方满意的基础上达成协议。

互惠互利应是商务谈判双方的基本出发点。企业应把眼光看得远一些，要有现代竞争意识，不要计较一时一地的得失，只追求眼前利益的最大化；而要立足长远，争取企业的长远发展和长远利益的最大化。要认识到：只有大家都有钱赚，生意才会做长，利益才会久远。

例如，20世纪40年代，美国电影明星珍·拉塞尔与制片商休斯签订了一个一年100万美元的雇佣合同。当时拉塞尔因为自己日常开支有一些困难，于是要求休斯按时付款。

到了年底，拉塞尔找休斯履行合同，休斯说他没有现金，要她等一等。这个时候，拉塞尔首先想到的是合同具有法律性，但休斯资金周转不灵又是事实。如果诉诸法律，对双方都没有任何好处。后来，拉塞尔想出妙策，以双方的共同需要、共同利益作为出发点，经过双方协商，修正合同，签订了有利于双方的协议，即雇佣金由一年付清改为20年付清，每年5万。这样，拉塞尔就有了每年5万的稳定收入，不必为日常开支所困扰，而休斯也因此缓解了资金周转的困难。美国电影明星珍·拉塞尔正是顾及了与她发生经济纠纷的制片商休斯的利益，最终使自己的利益得到了保证。

5. 求同存异原则

求同存异原则要求谈判双方在谈判过程中，要将能暂时放下的分歧放在一边，从双方的共同利益和目标出发，进行建设性的磋商，寻求一致，达成谈判的成功。

谈判中的分歧是客观存在、不可避免的，任何谈判中都会有这样那样的分歧。如何解决这一问题，关键不是紧抓分歧不放，而是应从使谈判获得成功的这一共同目标出发，围绕双方的共同利益，互利互惠，开展有建设性的交流。在求同的过程中，既竞争又合作，既争取又让步，最终消除分歧，实现谈判的成功。

求同的过程也可以看作双方不断妥协的过程。在妥协中消除分歧，最终实现谈判的成功，为此有人认为"必要的妥协是成功之母"，"求同存异是横渡谈判之水的良舟，必要的妥协是连接谈判沟通的桥梁"。

6. 扬长避短与契约化原则

扬长避短原则要求谈判人员在谈判前要做好充分的准备工作，要利用各种信息做到知己知彼。要对自己的优势是什么、不足是什么了如指掌，这样才能在谈判桌上充分利用自己的优势，突出自己的优势，对自己的优势和特长大加宣扬，争取让谈判对方充分感受到自己的优势，这样自己才可以争取主动。

契约化是市场经济的重要特征，它是通过各国的法律、法规、政策及国际贸易惯例体现出来的。市场经济离开契约化，生产经营者的行为就难以得到制约，其权益也得不到保障。所以从本质上看，商务谈判的契约化，既是使企业行为受法律约束，同时也使其行为受到法律的保护。

契约化原则要求商务谈判双方必须依法进行谈判活动，做到从内容到形式都要合法；关键的是商务谈判的最终结果应形成符合法律规定的经济合同，以法律的形式将双方权利义务关系确定下来；当出现不依约履行合同的情况时，违约方应依法承担相应的责任，双方协商未果时，可进行仲裁。

1.3.2 商务谈判的类型

依据不同的标志可对谈判进行不同的分类。

1. 以谈判者所在的地区范围分类

按谈判者所在的地区范围，可把谈判分为国内商务谈判和国际商务谈判。

1) 国内商务谈判

这类谈判是在两个或两个以上的本国经济主体之间进行，所涉及的有形资产或无形资产无须从一国转移到另一国。国内商务谈判的双方当事人都是本国的法人；谈判过程和行为比较简单，谈判双方易于了解对方各方面的情报；在经济利益上双方无根本的冲突，大多体现相互合作、共同促进的精神；国内的有关经济法规自然成为谈判活动的受约法律；双方谈判行为较易受到行政因素的影响。因此，目前国内经济组织之间的交易往来中，还存在有不完全独立的谈判行为。

2) 国际商务谈判

这类谈判是在两个或两个以上属于不同国家的经济主体之间进行的，所涉及的有形资产或无形资产需从一国转移到另一国，也即跨文化的谈判。其双方当事人分别属于两个不同国家的法人；谈判过程较为复杂烦琐，谈判双方难以对谈判对手的全部情况详细了解；在谈判冲突中双方不易妥协和让步，只看重自己一方的利益；谈判常常受到一国政府外交政策及谈判者文化、风俗、习惯的影响；选择用以约束国际商务谈判的法律法规也是相当棘手的一个问题。因此，同国内商务谈判相比较，国际商务谈判容易破裂；另外，约束谈判行为的法律也并不具备完全的强制性，软化了谈判协议的执行，容易出现违约行为。

2. 以谈判条款之间的逻辑联系分类

按谈判条款之间的逻辑联系，可把谈判分为横向谈判和纵向谈判。

1) 横向谈判

横向谈判方式是首先确定谈判所要涉及的问题，然后轮番讨论每一个问题，直到所有的问题谈妥为止。例如谈一笔进口生意，双方先确定这样一些条款，如品质、价格、支付、运输、保险、索赔和不可抗力等，然后开始谈其中一个条款，一有进展便暂时放下再谈第二个条款，等这几个问题都轮流谈到后再回过头来进一步确定第一个问题、第二个问题……以此类推，这就是横向谈判方式。

2) 纵向谈判

纵向谈判方式比较简单，它是在所谈问题确定后，逐项把条款谈完并固定下来，一个条款不彻底谈妥，就绝不谈第二个。例如，同样是上述那笔交易，在纵向谈判方式下，谈判者就会首先就品质确定下来，品质问题解决不了，就不谈价格、支付、运输等其他条款。

总之，横向谈判是一轮一轮地谈，每轮谈多个问题；而纵向谈判是每次只谈一个问题，直到谈妥为止。这两种谈判方式各有千秋，谈判人员可根据具体情况灵活运用，也可以将两种方式结合起来运用，即有的问题可以首先敲定，有些问题可以一轮一轮进行。

3. 以谈判人员的组织形式分类

由于商务谈判内容复杂程度不同，一般可分为"一对一"谈判和小组谈判。

1) 一对一谈判

这类谈判是指买方和卖方只由一人出面进行单独磋商的谈判。这种谈判多以非正式谈话开始，准备工作简单，无须投入很多的时间和精力，谈判结果容易明确。推销访问由于内容简单，旨在沟通买主和卖者之间的信息，多属这类谈判。

2) 小组谈判

这类谈判是指谈判双方由多名人员组成一个小组来进行的谈判。这种谈判大多用于正式谈判，特别是重大的或内容比较复杂的谈判。一个小组在谈判过程中可以形成独特的谈判风格。在谈判前，小组成员将协助检查所有问题；谈判过程中，小组成员能提出各种谈判方案，甚至直接回答对方成员提出的问题。小组谈判需要投入大量的人、财和物，而且若成员之间协调不当，易造成谈判失误。

一对一谈判和小组谈判的组织形式各有利弊，有时两种形式也可以交替使用。如一对一谈判涉及某些技术问题时可组成小组继续谈判；当小组谈判出现重大分歧、意见难以统一时，可考虑由双方主谈人采用一对一的谈判形式。

4. 以谈判实力分类

在商务谈判中，由于谈判双方所具备的条件和所受的约束不同，会表现出不同的谈判实力。依据双方谈判实力的强弱，可把商务谈判分为互利型谈判和单方有利型谈判。

1) 互利型谈判

在互利型谈判中，双方的谈判实力基本达到平衡，谈判双方之间容易形成轻松愉快的气氛，直接提出交易条件，可从心理情绪因素上降低谈判的难度。

2) 单方有利型谈判

在单方有利型谈判中，由于实力强的一方谈判行为的不谨慎，容易加剧谈判的冲突，造成谈判气氛紧张，最终导致谈判破裂。因此，在谈判中，即使实力强的一方也要努力营造轻松愉快的谈判气氛，以减轻对实力弱的谈判一方的心理影响，促进合作。

在这种分类方法中，所谓的"利"同谈判双方的利益尤其是经济利益不是一个概念。这里的"利"是从整个谈判的态势上、实力上的比较而言的，承认这种优势的存在并不违背谈判平等互利的原则。

在谈判过程中，由于条件和影响因素的不断变化，双方的谈判实力强弱也会随之变化，有时甚至会发生戏剧性的转化。因此，分析自己的实力，把握实力的运用要有一定的谋略。

5. 以谈判性质分类

根据谈判性质的不同可把谈判划分为普通谈判和特殊谈判。

1) 普通谈判

这是指通过正当贸易渠道并由交易当事人直接进行的谈判。例如，进出口交易中的单项、成套、合作(合资经营、合作生产、合作经营、经销代销、对销贸易、来料加工、来样来图加工、补偿贸易等)契约的正常交易当事人所进行的谈判，不论其交易规模的大小，均属此类。其组织程序化有一定的规律可循。

2) 特殊谈判

这是指通过非正常贸易渠道的秘密谈判和同类项目由多个当事人统一对外的联合谈判。政治形势的多变、国家之间的关系限制了公开的贸易，但有时为了经济利益又需要开展对第三国贸易或转口贸易甚至是不知去向的秘密交易的谈判；有些为了避免重复引进、多头对外，国家明文规定某些商品或技术的引进、出口要联合谈判，统一对外。这类谈判具有许多特殊性，一般均在秘密状态下进行，谈判方式为小圈子，少文字，地点讲究变化性，谈判人员对外身份真假难辨，需要高度安全保密的措施；谈判组织上多为高级领导人员直接指定个别人或代理人执行谈判任务；价格上不仅要看市场行情，更重要的还要考虑各种政治因素造成的额外费用，在合同的签订和履行等方面同一般的商务谈判也有许多差异。

6. 以谈判风格分类

不同的谈判者，由于民族的区别、社会文化风格习惯的不同，以及个性的差异，会形成不同的谈判风格。根据谈判风格的不同可以把商务谈判分为与中国人的商务谈判、与美国人的商务谈判、与德国人的商务谈判、与法国人的商务谈判、与日本人的商务谈判、与中欧人的商务谈判、与中东人的商务谈判、与澳大利亚人的商务谈判等。

由于我国民族众多、地域广阔，因此，即使在我国国内进行的商务谈判，各地的谈判者的风格也有很大差异。北方人的粗犷、直率，南方人的细致、含蓄在一定程度上都会表现在谈判作风上。

在谈判进行之前，了解对手的谈判作风、知晓谈判者所属社会的文化风俗习惯，对形成适当的谈判气氛、增进双方的了解和最终谈判的成功都有不可忽视的作用。我们要加强对这方面的研究，培养我国商务谈判人员对谈判环境的适应性。

1.3.3 商务谈判的内容

1. 货物买卖谈判

货物买卖谈判的标的是客观存在的实体，是具有使用价值、双方用以进行交换的商品；货物谈判的标的容易明确；条款的其他附加条件比较简单；谈判的重点是价格条款；对货物买卖谈判协议的履行检验标准明确；大多数商务谈判都属货物买卖谈判，并且谈判的成功率较高。

货物买卖谈判的主要内容有标的、品质、数量、包装、价格、交货、支付、检验、不可抗力、索赔与仲裁等条款。

2. 非货物贸易谈判

非货物贸易谈判是指谈判的标的并非是具有实体商品的商务谈判，包括技术贸易谈判、劳务贸易谈判等。非货物贸易谈判是现代商务谈判新发展的一个领域，在现代社会，交易的客体不仅是有形商品，而且包括企业的许多无形资产的转让，或者说企业的无形资产也成为商品用于交换买卖活动。随着新的科学技术的发展与使用对社会经济发展的影响越来越明显、越来越重要，非货物贸易谈判在整个商务谈判中的地位会更明显，比例会更大。非货物贸易谈判的标的比较复杂，难以明确，谈判过程的困难大，需要具有业务技术专长的专家参与谈判；附加条款多且复杂；在整个谈判中，卖方一般具有较强的谈判实力。

非货物贸易谈判的主要内容包括技术、服务、法律三组条款的谈判。

在我国的对外经济交往中，要不断扩大非货物贸易的比例，增加尖端技术、实用技术、先进管理经验的引进。由于我们非货物贸易谈判的经验不足，因此需要不断总结经验，加强谈判人员和业务技术专家之间的合作，切实做好我国所急需的先进技术和管理经验的引进工作，加快我国经济建设的步伐。

1.4　商务谈判的模式、程序及构成阶段

1.4.1　商务谈判的模式

1. 硬式谈判模式

所谓硬式谈判是指以意志力的较量为手段，坚守己方的强硬立场，并以要求对方牺牲其利益取得自己胜利为目的的谈判方法。持硬式谈判法的谈判者为了达到自己的目的，丝毫不考虑别人的需要和利益，也不顾及自己的形象及对以后合作的影响。在他们看来，参加谈判就是为了满足自己的需求，就是从对方取得自己想要的东西，利益高于一切，而无视双方合作的要求。由此可见，硬式谈判法的指导思想不是"双方都是赢家"，而是"不谈则罢，要谈必胜"的强权哲学。它充分体现出硬式谈判者急功近利的思想；同时也充分反映出硬式谈判者谈判关系近视、谈判行动短期化即"一锤子买卖"的缺陷。因此，这种谈判模式的危害性是显而易见的。

1) 硬式谈判的危害

(1) 难以达成谈判目标。硬式谈判者的目标就是赢，所以在谈判伊始便会坚持己方的立场，从而使对方产生反抗心理，并持同样的强硬回应。在立场问题上的强硬，使双方拼命坚持自己的立场，进而在原有目标之上又增加了一个有待于达成的目标——维持面子。当谈判双方的注意力集中于坚持立场时，他们极少有余力去关心原有的目标，这样，原有的目标便难以达成。

(2) 效率低下。按照这种方式进行谈判，每一方为保证取得有利的谈判结果，一开始都摆出不可侵犯的姿态，提出极端的要求，并且拼命地维护这种要求，以至于让步成为一种极难采取的行动，即使谈判不破裂，要达到目的也费时、费力，因此效率低下。

(3) 人际关系难以维护。硬式谈判者放弃了合作，试图在坚持自己立场的同时迫使对方改变立场，一旦对方不让步，就会感到己方丢尽面子。可以想见，经过这样的谈判之后，双方的个人关系可能会变得十分恶劣。

2) 硬式谈判的特征

从谈判的目标、观念、态度、策略等方面看，硬式谈判具有以下几个特征。

① 把谈判对手视为敌人，谈判桌成为无枪声的战场，不具备与对手为合作者的信念。
② 目标是取胜，即单纯满足自身需要。
③ 以取得对方让步、自身受益作为达成协议建立关系的条件。
④ 对人、对事均采取强硬的态度。
⑤ 死守自己的立场，面子重于一切。
⑥ 设法展开意志力竞赛并获胜。
⑦ 借底牌以谈倒对方，实为欺诈。
⑧ 不惜手段对对方施加高压和威胁。

3) 硬式谈判的方式

硬式谈判法大体有以下六种方式。

(1) 强硬的开场姿态。谈判开始时，要求很强硬，提议很极端，目的是给对方泼冷水，

降低其期望程度。以报价为例,作为买方,最初开价总是十分吝啬,通常是关起门来秘密报价,以免别的买主出价,目的在于使卖主相信,除他之外别无其他买主可选,从而使自己处于绝对优势地位;作为卖主情况则相反,起先总是"漫天要价",然后敞开大门,鼓励众多买主报价,让他们互相竞争,以求最后得到最高的售价。

(2) 借"权力有限"而迫使对方让步。硬式谈判使参加谈判的人几乎没有任何作决定的权力。这样就可以此为借口取得商量计策的余地,同时在时间上给对方以压力。对方有权报价和做出让步,这一方却声称只有请示汇报的权力,当场不作任何让步。在此情况下,为使谈判有所进展,往往是有权利的一方不断妥协;而另一方就可"守株待兔",静候对自己有利的结果。

(3) 感情战术。利用自身感情的爆发来控制对方,或利用对方的同情心和善良的性格来达到自己的目的。如有时情绪激动脸色变红,嗓门提高,怒不可遏;有时拂袖而去,怒气冲冲地退出会场;还有时保持沉默,含蓄地威胁。凡此种种均能影响对方的心理活动,消磨和软化对方的意志力。

(4) 视对方的让步为软弱。如果对方让步并同意给一些好处,硬式谈判者不但不会做出相应的让步或回报,反而把对方的让步视为软弱,从而步步紧逼、得寸进尺。

(5) 吝啬的让步。对任何让步都是一拖再拖,力争使对方首先让步而自己不作相应的让步。即使表现出一点让步,一般也是对方已作了重大的让步后才相应做出的一点表示。

(6) 不管截止日期。时间是谈判的重要因素,硬式谈判根本不顾谈判的截止日期,总是不着急,好像时间对他们来说没有任何意义。如果对方要速战速决,对方就会处于被动地位,主动权仍掌握在他们手里。

4) 硬式谈判的适用范围

硬式谈判有明显的局限性,因此,其应用只能是在下列几种情况下进行。

(1) 一次性交往。这种谈判必然是"一锤子买卖"。所以,如果以后还想往来,或是老关系,则切不可为一次胜利采取这种谈判方法。

(2) 谈判对手不了解情况。谈判对手对本次谈判交易商品的供求行情不了解,否则他们不会接受于己不利的条件。

(3) 实力相差悬殊。在所谈判的范围内,己方处于绝对优势,完全可以持强硬态度。

5) 反硬式谈判的措施

上述几种情况在谈判中不是普遍现象,因此,硬式谈判模式并非常用之计,一些谈判专家更绝少使用。对谈判人员来说,可以不用但不可不懂。同时,还必须具备识别和掌握反硬式谈判的措施。这些措施有以下几个。

(1) 识破诡计。只要识破对方的战术,其战术就不能再起作用。

(2) 保护自己。当对方力量比自己强,对方在使用硬式谈判法时,最危险的是对其百般迁就、轻易妥协。谈判前期花的心血固然可惜,这笔生意对你固然重要,但切不可在强硬的威胁面前犹豫。下决心放弃是保护自己的最好对策。有时果断地做出放弃决策,对方反而会做出让步,使我方处于主动地位。

(3) 因势利导。这是以原则谈判法对付硬式谈判法的手段。核心是不要正面反击,要把矛盾的焦点引导到共同探讨彼此有利的方案上去。

(4) 邀请第三者调停。当你无法用原则谈判法与对方继续谈判时,可以邀请第三者出面进行调解。由于第三者不直接涉及谈判中的利害关系，易于把人和问题分开，易于将谈判引向实质性问题及选择方案上来，从而使谈判顺利进行。

2. 软式谈判模式

软式谈判法是指以妥协、让步为手段，希望避免冲突，为此随时准备以牺牲己方利益换取协议与合作的谈判方法。软式谈判所强调的是建立和维持双方的关系，这种谈判过程较有效率，尤其是在产生谈判结果上效率突出。但是软式谈判法所产生的协议不会是平等和明智的。更严重的是，如果在谈判内容上确实处于不利地位而又急于求成，对方又是硬式谈判者，则己方易受伤害，有时甚至会一败涂地。因此，软式谈判者的出发点尽管是达成协议与合作，但往往事与愿违。

1) 软式谈判的特征

(1) 把谈判对手视为朋友。信守"和为贵"的原则，真心实意为合作而来。

(2) 目标是取得协议，即协议本身高于本次谈判中自身的立场、利益，为取得协议而接受损失。

(3) 以让步培养双方关系，关系高于一切，为关系可以自己让步、蒙受损失。

(4) 对人、对事采取温和的态度。

(5) 尽量避免意志力的较量，从不使用压力，反而屈服于压力。

(6) 揭示自己的底牌，完全相信对手。

总之，从上述几个方面可以说明，软式谈判是典型的"主和派"，同"主战派"的硬式谈判形成鲜明的对比，在谈判桌上软弱可欺、主动退让、以退求和，这种方法的应用是极为有限的。

2) 软式谈判的开局方式

相对于硬式谈判，其开局方式主要有以下几种。

(1) 祥和开局。为了达成协议与合作，软式谈判者非常注重开局形成的气氛。因为它关系到谈判全局的基调。所以，开局阶段就充分体现出宽容大度、相容随和的谈判风格，因而可以形成祥和的谈判开局。

(2) 开诚布公，襟怀坦白。与硬式谈判法不同，不会运用"有限权力"等招数欺骗对手，给对手施加时间上的压力；而是在谈判过程中亮出底牌，说明自己的观点，相信对手也会同样坦诚，双方会坐下来共同解决所面临的问题。

(3) 主动退让。在谈判中，软式谈判者遇到争执、分歧时，会主动做出让步，以自己的高姿态取得协议的达成。

(4) 以善良的愿望谈判，软式谈判者参加谈判的目的在于达成协议与合作。因而，主观愿望是善良的，从开始就没有压倒对方、取得胜利的动机，谈判过程中注重礼仪，从不利用感情战术。

软式谈判法是一种极特殊的谈判方法。任何谈判都存在一定的分歧与争端，一般而言，利益上的分歧和争端是形成谈判的主要原因。可以说，谈判就是解决分歧与争端的斗争过程。然而，软式谈判法回避斗争、强调统一，以让步、牺牲为代价换取协议与合作。

所以，软式谈判法不是普遍运用的方法。这个特殊情况就是：总体利益和长远利益大于一次具体谈判所涉及的局部近期利益。也就是说，合作高于局部近期利益；目前最大的利益在于交朋友、建立关系；今天的妥协让步是为明天更大利益奠定基础。否则，若没有长远的、总体的利益作为总目标，软式谈判法就无任何意义，也就没有采用的必要。单纯为合作而合作的谈判是不存在的。因此，软式谈判法采用的哲学指导思想是：今天的"失"是为明天的"得"，"失"是暂时的，是感情的投资，通过它，将对方维系在自己的"蛛网"上，以便实现未来更大的利益。

3. 原则谈判模式

原则谈判法又称为价值谈判法，或称作满意谈判法。它是以公平价值为标准，以谈判目的为核心，在相互信任和尊重的基础上寻求双方各有所获的谈判方法。它能综合上述两种谈判方法的长处而避免其走极端的弊病，从而形成一种应用更广泛、更便于操作的方法。理解这一概念，必须掌握以下几点。

(1) 原则谈判法是根据公平价值来取得协议。这里的公平价值是指双方均自愿接受的具有客观公正性的价值标准，而不是通过双方讨价还价的过程来做最后的决定。尤其在双方利益发生冲突时，则坚持按照公平标准来作决定，而不是双方意志的比赛，也不是哪方的宽容、牺牲的结果。

(2) 谈判的核心是谈判所涉及的标的物，即谈判所涉及的有关双方利益的事物，如价格、成本等，而不是谈判者。也就是说，原则谈判法对事是强硬的，当仁不让；而对人则是友好温和的，坚持人和事分开的原则。

(3) 原则谈判法的基础是双方相互信任和尊重，绝不采用诡计，也不故作姿态。在正常合理的情况下，能使你在得到想要的东西的同时，又不失风度。

(4) 原则谈判法的目的在于寻求双方均有所获的方案。双方都努力寻求共同愿意接受的谈判结果，双方都认为冲突能够解决，并能找到一个妥善处理的方法，其出发点是在不损害别人利益的基础上取得我方利益。因此，这种谈判法也可称为双方获胜法或皆大欢喜法。

在多数情况下，斗争双方的利益不一定都是对立的，如果把斗争的焦点由相互击败对方转向共同解决问题，那么，最后双方都会得到好处。这种谈判，双方的注意力都集中在解决问题上，双方都把冲突看作是能够解决的，因而就一定能找到一个创造性的解决方法，从而加强了双方互利互惠的地位，甚至会增进双方的关系。

因此，原则谈判法是一种广泛适用的谈判方法。前两种谈判方法一旦被对方识破就很难继续下去；原则谈判法则完全相反，如果对方也懂得此法，则更容易进行谈判，并能顺利达到预期目的。

原则谈判法和硬式、软式谈判法有很大的区别，其特征如下所述。

(1) 视参加谈判的人都是问题的解决者。人们是为了解决问题而坐到一起的，没有将其视为朋友而一味退让，也没有将其视为敌人而想着击败对方。这样，双方就可以在平等原则上切实围绕问题而展开磋商，为达成协议奠定了基础。

(2) 有效而圆满地达到目标是明智谈判的结果。这样的结果不是一方取胜，也不完全是取得协议，而是双方的一种认可和默契，是发自内心的赞同。

(3) 把人与事分开，对人温和礼让，对事坚持原则。谈判的核心问题是事，而不是人。

参加谈判的人只是事物的载体,谈判桌上的冲突与碰撞是事物,因而人与人之间的关系应是温和的、融洽的,而对事则不能软弱。

(4) 重点在于注重实际利益,而非"地位""面子""态度"。

(5) 坚持客观标准,据以达成协议。尤其在发生分歧与冲突时,不像硬式谈判者那样,坚持自己的立场,设法赢得意志力的竞赛;也不像软式谈判者那样,为达成协议而以让步来维系关系;而是以客观公正的标准来谋求双方均注意的结果。

(6) 开诚布公,服从原则,而非压力。

(7) 探寻双方共同的利益。原则谈判法认为,谈判能否成功,关键在于能否找到双方共同的利益结合点。因此,谈判中双方反复探讨发现具有共同利益的各种可能的选择,在此基础上做出决定。

原则谈判方式一般应坚持以下四项基本原则。

(1) 把人与问题分开。

在谈判过程中,当双方不了解、争执乃至动怒及因人论事时,要解决问题达成协议是极其困难的。这是因为在谈判中我们经常忽略这样一个基本事实:与你打交道的不是对方抽象的"代表",而是具有人格的"人"。人大都有自我情绪,有根深蒂固的价值观,有不同的背景和观点,而这些都难以预测。谈判的这一人性特征可以形成谈判的动力,也可以是阻力。在谈判过程中,可以由信任、了解、尊敬和友谊建立起良好的关系,从而使每一项新谈判变得顺利、有效;相反,发怒、沮丧、疑惧、敌视和反抗心理,把自己的主观看法与现实问题混为一谈,则会产生沟通障碍,从而导致立场误解,强化成见,如此恶性反应会使谈判破裂。因此,把人与问题分开,将谈判个人的因素与所谈的实际问题分开,是原则谈判法的重要原则之一。但是,怎样才能把人与问题分开呢?须注意以下几点。

① 分清谈判者的两种利益。每位谈判者参加谈判都有两个方面的利益:达成能满足需要的协议,这是谈判的实质利益,也是谈判者从事谈判的直接原因;除此以外,谈判者还想谋求双方的合作关系,这是谈判的关系利益。从谈判的眼前利益考虑,每位谈判者至少会希望与对方维持良好的工作关系,以便产生一个双方均接受的协议。然而,大部分谈判者所关心的还不止于此,这次谈判对未来关系产生动力还是阻力,就变得非常重要。尤其对长期对象来说,维护持久的关系要比一次谈判的结果还重要。这就需要双方都应以公平原则相处,将双方的关系建立在清晰的沟通、长远的眼光上。

② 建立相互信任的合作关系。相互信任是双方合作的前提,在交往中,你对别人越信任,别人也会给你更多的信任。建立信任关系要从谈判前做起,要抓住非正式会晤的机会,建立和强化相互的信任。

③ 处理好"看法"问题。由于各人的经历不同,所接触到的信息不同,彼此任务和作用也不同,导致了双方对"问题"的看法有很大差异。谈判中产生的各种"歧异"可以说都是由双方的"看法"不同引起的,而这种"不同"不是问题的关键所在。要解决双方"看法"的差异,可以设身处地地站在对方的角度来想一想问题,以充分了解双方对问题的看法,同时对自己的观点进行必要的调整。切不可以敌意地去推想对方的意图;提倡将问题摊开来讨论,要把对方拉入整个过程,使对方成为产生某一结论的参与者,这样双方能共同解决问题。

④ 处理好"情绪"问题。在谈判中,情绪对气氛及谈判过程的影响很大。如果一方带

着某种情绪进入谈判，往往会影响到对方。双方情绪的碰撞会使谈判陷入僵局。处理好"情绪"应注意：要感受和了解对方的情绪，容许对方宣泄情绪，不要对情绪宣泄做出对抗反应；善于利用象征性的姿态，以影响对方的情绪。

⑤ 处理好"沟通"问题。谈判是沟通的过程，但现实的沟通并非易事，因为有时双方不交谈，没有进一步沟通的打算；有时对方不认真听你的讲话；有时存在误解……处理好沟通，就应积极倾听对方的讲话，并充分阐明自己的观点，取得对方的理解。

(2) 把重点放在利益上而非立场上。

谈判中常常会出现双方各自坚持自己的立场互不相让，表现为立场冲突和利益冲突。立场冲突是表象，利益冲突才是根本。如果将立场与利益的关系形象化，立场的争执就如同木偶戏中木偶的争斗；而利益的争执则好像是幕后的牵线人，是矛盾的实质。利益是立场争执后面的默默推动者。因此，谈判的重点应解决其根本问题——利益冲突，将重点放在利益上。因为利益的取得是谈判的目的，对利益进行重点磋商，就能增加满足双方需求的机会。

(3) 构思对彼此有利的方案。

为了创造性地选择方案，首先必须把"构思"与"决定"分开。在构思阶段千万不要急于做出决定，过早作决定会断送创造性的构思。其次应增加备选方案，提供多种选择。最后，寻找对彼此有利的解决方法，并设法引导，使对方易于对方案做出决定。

(4) 坚持客观标准。

无论有多少方案，最终达成协议的依据应是客观标准。它是独立于各方主观意志之外的合法并切合实际的标准。在谈判中，应掌握运用客观标准去处理实质性冲突，利用公平的程序去缓解双方的利益纠纷。每个问题都应由双方共同寻求客观标准，要用理性来决定哪种标准最合适及如何应用。坚持原则，绝不屈服于压力。

原则谈判法是一种极有效的谈判方法，它一改传统谈判方法的指导思想和谈判策略，真正贯彻了谈判"双方都是赢家"的指导思想和一系列谈判原则，是科学的谈判方法，在国内外各种类型的谈判中被广泛运用并取得成功。这一方法可使双方均能满足各自的需求，同时提高了谈判的效率，且能增进合作。在具体的谈判中，即使只有一方采取原则谈判法，其结果仍然优于双方都采用传统谈判方法的结果。因此，原则谈判法应成为商务谈判的主要方法。

1.4.2 商务谈判的程序

商务谈判过程是由一系列谈判环节组成的。它一般要经历询盘、发盘、还盘、接受和签订五个程序(环节)。其中，询盘不是正式谈判的开始，而是联系谈判的环节。正式谈判是从发盘开始的。中间经历的还盘是双方的讨价还价阶段，持续的时间较长。如果一项交易达成，那么接受就意味着谈判的结束。当然，达成交易的谈判可以不经过还盘环节，只经过发盘和接受两个环节。下面我们对谈判各个环节的基本含义作详细说明。

1. 询盘

询盘是指交易一方为出售或购买某项商品而向交易的另一方询问该商品交易的各项条件。在国内贸易中，询盘没有特指的对象，一般是利用报刊、广播、电视等公开询盘。在国际贸易中，由于距离远、信息传递不方便等，一般有特指的询盘对象。询盘可以由卖方发出，也可由买方发出。询盘是双方得以正式洽谈的先导，它可以通过相互了解供求情况，促进交易谈判。但它所起的作用，仅仅是笼统地询问对方能否供应或购买某种商品，具体、详尽的交易条件还需在沟通信息之后，根据双方的意图进一步洽商。询盘的主要目的是寻找买主或卖主，而不是同买主或卖主正式洽商交易条件。有时也是对市场作一次初步试探，看看市场和用户对自己的供或求有何反应。有时询盘者在急需解决自己的需求或销售的情况下，也可以在询盘时将自己的交易条件稍加评述，以便尽快找到买主或卖主。但询盘仅仅是对一项交易进行询问，是正式进入谈判过程的先导，询盘可以是口头表示，也可是书面表达，它既没有约束性，也没有固定格式。

2. 发盘

发盘就是交易的一方因想出售或购买某项商品，而向交易的另一方提出买卖该项商品的各种交易条件，并表示愿意按照这些交易条件订立合同。发盘可以由卖方发出，表示愿意按一定的条件将商品卖给对方；也可以由买方发出，表示愿意按一定的条件购买对方的商品。但在多数情况下，发盘是由卖方发出的。

一项发盘有两个关系人，即发盘人和受盘人。如果一项发盘由卖方发出，卖方就是发盘人，反之亦然。按照发盘人对其发盘在受盘人接受后，是否承担订立合同的法律责任来划分，发盘可分为实盘和虚盘。在商务谈判中，无论是买方或是卖方，明确实盘和虚盘的法律含义都是十分重要的。

1) 实盘

实盘是对发盘人有约束力的发盘。即表示有肯定的订立合同的意图，只要受盘人在规定的有效期限内无条件接受，合同即告成立，交易即告达成。如果在发盘有限期内，受盘人尚未表示接受，发盘人不能撤回或修改实盘内容。实盘一般应具备以下四项条件。

第一，各项交易条件要极其清楚、明确，不能存在含糊不清的内容或模棱两可的词句。

第二，各项交易条件完备，商品品名、计价单位、品质、价格、数量、交货期、支付方式和包装等主要条件要开列齐全。

第三，无保留条件，即发盘人保证按提出的各项交易条件签订合同，达成交易。

第四，规定有效期限，即告知对方发盘的终止日期。这个有效期主要是约束发盘人的，对受盘人无约束力。受盘人可在有效期内接受，也可不接受，甚至在不接受时，也无通知发盘人的义务。同时，有效期也是对发盘人的一个保障，发盘人只在有效期内负责，如果超过有效期，发盘人将不受所发盘的约束。

在实盘的有效期内，如发现下列情况之一，按照国际贸易惯例即告失效，发盘人可以不再受这一项实盘的约束：

第一，过时。一项实盘超过了发盘中规定的有效期，所发盘自然失效。

第二，拒绝。实盘发出后，如果受盘人表示"没有兴趣"，或直接答复"不能接受"，发盘的效力即告结束。假如受盘人表示拒绝后，又来电或函件表示接受，尽管后来的接受仍在原发盘的有效期内，发盘人也可以不承担原发盘的责任，只有再经过发盘人的确认后，交易才能成立。假如受盘人对发盘内容进行还盘，原发盘也立即失效。

第三，国家政府法令的干预。如果发盘人在发出实盘后，政府宣布发盘中的商品为禁止进口或出口的,这项实盘即无效,对原发盘人的约束力也即告解除。

2) 虚盘

虚盘是指对发盘人和受盘人都没有约束力的发盘。对虚盘,发盘人可以随时撤回或修改内容。受盘人如果对虚盘表示接受,还需要经过发盘人的最后确认,才能成为对双方都有约束力的合同。

虚盘一般有以下三个特点。

第一,在发盘中有保留条件,如"以原材料价格没有变动为准""以我方明确加以确认为准",或标注说明如"仅供参考"等。它对发盘人不具有约束力,受盘人若要接受这一发盘,必须得到发盘人的确认。

第二,发盘的内容模糊,不作肯定表示。如"价格为参考价""商品价格视数量多少给予优惠价"等。

第三,缺少主要交易条件。有些发盘虽然内容明确、肯定,但没有列出必须具备的交易条件,如"价格、数量、交货期"等。

作为发盘人,可以发实盘,也可以发虚盘,对二者如何选择要由自己的经营意图和谈判策略来决定。虚盘通常适用于我方货源尚未组织落实,或者对客户不十分了解,而对方询盘又很急的情况下。由于对某一时间内的国外商情和市场情况不明,也可以故意发出虚盘,以作探测。使用虚盘时,一般采用"以我方最后确认为准"的形式。

3. 还盘

还盘是发盘后的又一个谈判环节。还盘是指受盘人在接到发盘后,对发盘内容不同意或不完全同意,反过来向发盘人提出需要变更内容或建议的表示。按照这一规定,在原受盘人做出还盘时,实际上就是要求原发盘人答复是否同意原受盘人提出的交易条件,这样原受盘人成了新的发盘人,其还盘成了新发盘,而原发盘人成了受盘人,因而原发盘人的发盘随之失效。需要注意的是,既然还盘成了新发盘,那么,前面对实盘所做的法律含义和实盘的法律责任同样适合于还盘。这一点对于已经改变了地位的原发盘人来说,具有非常重要的意义。作为原发盘人,一方面要明确自己的实盘已经失效,可不受约束;另一方面要分析对方的还盘是实盘还是虚盘,如果接受对方的是实盘,当然要求对方履约。

另外,还要注意对方的表示,貌似还盘,其实不是还盘,这就不能表明自己的实盘失效。比如,对方提出某种希望、请求时,但在法律上不构成还盘,发盘人即使同意这些"希望""请求",仍不表明实盘失效。因此,发盘人一定要能判断出对方的表示是否真正构成还盘,以避免由于判断错误而发生纠纷或处于被动地位。

发盘人如果对受盘人发出的还盘提出新的意见,并再发给受盘人,叫作再还盘。在国际贸易中,一笔交易的达成,往往要经历多次还盘和再还盘的过程。

4. 接受

接受是继询盘、发盘、还盘之后一个重要的谈判环节。接受,就是交易的一方在接到另一方的发盘或还盘后,表示同意。接受在法律上称为承诺,一项要约(发盘)经受约人有效的承诺(接受)后,合同才能成立。一旦合同成立,交易双方就应履行合同。

构成一项有效接受，应具备以下几项基本条件。

(1) 接受必须是无条件的。所谓无条件是指受盘人对一项实盘无保留的同意，即接受的内容必须同对方实盘中所提出的各项交易条件保持一致，否则就不能表明为有效接受。例如，受盘人在向发盘人表示接受时，又同时对价格、支付、运输等主要条款及责任范围、纠纷处理程序等具有实质性的内容提出不同意见，则表明受盘人不是无条件的，因而不能表明是接受。

(2) 接受必须在一项发盘的有效期限内表示。一般来说，逾期接受是无效的，但也要考虑特殊情况。如由于通信、交通等条件出现不正常事态而造成了延误；或是受盘人在有效期限的最后一天表示接受，而这一天恰好是发盘人所在地的正式假日或非营业日，使"接受"不能及时传给发盘人等。上述情况下发生的逾期接受，可以认为是有效的。另一种情况，如果发盘人同意对方的逾期接受，并立即用口头或书面形式通知对方，那么此项逾期接受仍可有效。可见，一项逾期接受是否最终有效，取决于发盘人的态度。也就是说，发盘人根据此项交易在当时对自己有利或无利情况，可以承认，也可不承认，以决定此项交易能否达成。

(3) 接受必须由合法的受盘人表示。这一点是对明确规定了特定受盘人的发盘而言。一项发盘可向特定的人提出，如向某人、某单位或他们的代理人提出；也可向不特定的人提出，如在报刊上公开发盘。对于向特定的人提出的发盘，表示接受的人必须是发盘指定的受盘人。只有指定的受盘人所表示的接受才构成有效接受。任何第三者对该发盘所表示接受均无法律效力，发盘人不受约束。

(4) 接受必须以声明的形式或其他行为的形式表示并传达到发盘人。受盘人若要表示接受，必须以一定的表示形式才能证明。以"声明"表示，就是用口头或书面文字表示；以"其他行为"表示，就是按照发盘的规定或按照双方已确定的习惯做法(惯例)做出的行为，如以支付货款、发运货物等形式表示接受。

接受是达成一项交易的必不可少的环节。要么由我方表示接受使交易达成，要么由对方表示接受使交易达成。作为一个谈判者，无论是以发盘人身份还是以受盘人身份与对方洽谈，都必须对上述关于接受的严格含义非常清楚，同时，在此基础上灵活运用自己所作出的接受和应付对方所作出的接受。

5. 签订合同

买卖双方通过交易谈判，一方的实盘被另一方有效地接受后，交易即达成。但在商品交易中，一般都可通过签订书面合同来确认。由于合同经双方签字后就成为约束双方的法律性文件，双方都必须遵守和执行合同规定的各项条款，任何一方违背合同规定，都要承担法律责任，因此，合同的签订工作也是商务谈判的一个重要环节。如果这一环节的工作发生失误或差错，就会给以后的合同履行留下引起纠纷的把柄，甚至会给交易带来重大损失。只有对这一环节的工作采取认真、严肃的态度，才能使整个商务谈判达到预期的目的。对这一环节工作的基本要求是：合同内容必须与双方谈妥的事项及其要求完全一致。特别是主要的交易条件都要明确和肯定，合同所涉及的概念不应有歧义，前后的叙述不能自相矛盾或出现疏漏等。

1.4.3 商务谈判的构成阶段

谈判人员要想把握住整个谈判，采取适当的策略来赢得谈判，首先必须了解谈判的过程或程序。尽管不同类型和不同方式的谈判情况各异，但一般来说，谈判都要经过三个阶段，即谈判的准备阶段、正式谈判阶段和谈判的协议执行阶段。

1. 准备阶段(Preparation)

商务谈判是否能取得成功，很多人都认为主要取决于谈判者的能力、素质及能否巧妙地运用谈判策略。然而，谈判能否取得成功往往不仅仅取决于谈判桌上的唇枪舌剑，更重要的是谈判前的各项准备工作。

一般来说，为使谈判能够顺利进行，使谈判人员更好地掌握谈判的主动性，在谈判之前应进行的必要准备如下所述。

1) 收集有关信息，对谈判进行科学评估

在谈判之前，对可能影响谈判的主客观因素进行调查研究，预测成败得失，确定其是否可行，为谈判方案的选择与确定奠定基础。具体包括与此次谈判有关的信息资料的搜集与分析，对资料的占有应尽可能充分。例如，当年美国总统肯尼迪为前往维也纳同苏联领导人赫鲁晓夫举行首次会谈，曾研究了赫鲁晓夫的全部演说和公开声明，以及能够得到的有关赫鲁晓夫的全部资料，甚至连赫鲁晓夫的早餐嗜好和音乐欣赏爱好也不放过。中美上海公报谈判之前，美方同样搜集、研究我国政治、经济及军事方面的各种资料，同样也没有放过我国领导人的生活习惯、语言表达方式的各种有关细节。此外还包括对各种主客观因素的分析与预测，综合分析并得到结论，即在总体研究、分析预测的基础上，分析谈判是否可行。对于没有可行性或没有利益的谈判，做出不谈判的结论；对于可以谈的谈判，再进行下一步的拟定谈判方案、制订谈判计划的工作。

2) 制订谈判计划

在正式谈判之前，必须有一个考虑周全而又明确的谈判计划。谈判计划的具体内容应包括：谈判主题与目标的确定，谈判议程与进度的确定，谈判的时间安排，以及谈判的基本策略等。任何谈判都应有一个完整的计划作为指导，以此作为整个谈判的核心，并统筹谈判小组各成员的活动。

3) 进行必要的准备

在正式谈判之前，还需要进行必要的人员准备、资料准备及物质准备。谈判人员的组织是谈判的必要条件。谈判的主体是人，没有人也就无所谓谈判，然而并不是所有的人都能胜任谈判工作，所以，如何组成谈判小组、应该挑选哪些人去进行谈判、谈判人员应具备哪些条件和职责等就成为实施谈判计划、组织谈判活动、保证谈判顺利进行、实现谈判目标的重要条件。谈判的资料准备包括对谈判所涉及的各方面背景资料的收集整理与分析，具体包括对有关技术、经济、法律信息的收集备案，对技术术语、法律条文适用的事先查阅与准备等。

谈判的物质准备包括谈判场所和谈判时间的安排，做好接待工作、模拟谈判等。很好地利用不同的谈判场所，合理地安排谈判时间，适当地进行模拟谈判，并做好接待工作，对于争取主动、集中精力专注谈判、提高谈判的成功率都会起到非常重要的作用。

以上谈判准备工作必须紧密合作，与此同时，要充分考虑到事物可能的变化，只要正式谈判没有开始，准备工作就没有结束。即使已开始谈判，也必须随时准备对原计划进行调整，以便为下轮或下次谈判做准备。

4) 建立谈判双方的信任关系

在一切正式谈判中，建立谈判双方的信任关系是至关重要的。谈判双方的相互信赖是谈判成功的基础。要建立谈判双方的信任关系，一般来说应该尽量做到以下几个方面。

要努力使对方信任自己。如对对方事业及个人的关心、合乎规矩和周到的礼仪、工作中的勤勉认真等都能促使对方信任自己。有时一句不得体的话、一个不合礼仪的动作，或者一次考虑不周的安排，都会影响对方对你的信任程度，这对于初次谈判的对手更要引起特别的重视。

要尽量设法表现出你的诚意。在与不熟悉自己的人进行谈判时，向对方表示自己的诚意是非常重要的。为了表明自己的诚意，可以利用某些非正式的场合向对方列举一些在过去的同类交易中以诚待人的例子；也可以在谈判开始之前特意安排一些有利于建立双方信任感的活动，让对方感到你的诚意。

要记住，最终使对方信任你的是行动，而不仅是语言。所以，要做到有约必行，不轻易许诺；准时赴约，不随便迟到等。要时刻牢记，不论自己与对方的信赖感有多强，只要有一次失约，彼此间的信任程度就会降低，要重新修复是十分困难的。对于对方的询问要及时予以答复，无论做出肯定或否定的答复，都必须及时告诉对方。对于我们目前做不到的要诚心诚意地加以解释，以此来取得对方的谅解和认可。

由此，我们可以得出这样的结论：如果我们还没与对方建立起足够好的信任关系，就不应匆忙进入实质性的谈判。否则，勉强行事，谈判的效果会受到影响，甚至会使本来有希望谈成的交易不能达成使双方都能接受的协议。

2. 正式谈判阶段(Substance)

一旦谈判双方建立了充分的信任关系，就可以进入实质性的事务谈判。在谈判中，要弄清对方的谈判目标，然后对彼此意见一致的问题加以确认，而对意见不一致的方面通过充分交换意见、共同寻找使双方都能接受的方案来解决。

正式谈判是实现双方利益和交易成败的关键性阶段。这个阶段是谈判双方信息逐渐公开、筹码不断调整、障碍不断消除、最后达成一致的过程。由于谈判双方的期望和要求总是相差较大，如何能够实现自己的谈判目标，就使得在这个阶段谈判策略显得非常重要，因此，在这一阶段不仅要了解正式谈判阶段的程序，而且重点应放在谈判策略上。正式谈判作为双方交易的重要阶段，谈判的内容和具体做法往往不同，但就其基本程序而言，则大同小异，一般包括开局、报价、磋商等环节。

(1) 开局。开局是从谈判双方正式直接接触到报价的一个时间段，从它在谈判过程中的作用来说，是正式谈判的开始，又是准备工作的继续，起着承前启后的作用。在开局阶段，既可以进一步完成在准备阶段无法准备的工作，又可以着手实现谈判开局的特定任务，这都将为谈判的成功奠定坚实的基础。俗话说："良好的开端是成功的一半。"因此，开局阶段双方的接触、气氛、开局目标的确定在谈判中就显得非常重要。在这一阶段，主要包括开局目标的建立与实现、创造良好的开局气氛和开局方法与策略。

(2) 报价。在任何一次谈判中，谈判双方的报价，以及随之而来的还价，是整个谈判过程的核心和最实质性的环节。报价的高与低、先与后、好与坏，以及应该根据什么报价等，对讨价还价和整个谈判结果会产生重大的影响。因此在这一阶段，主要应做好的工作是：确定报价的依据和原则，选择不同的报价策略和采用正确的报价表达方式。

(3) 磋商。这是谈判过程的一个重要阶段，如果谈判一方报价被对方无条件接受，也就无所谓讨价还价，谈判就进入协议执行阶段，这是最好的结果；如果谈判一方的报价对方根本无法接受，且没有回旋余地，谈判就会终止，这是谈判双方都不希望看到的结果。在实际谈判过程中，更多的情况是，谈判双方都存在一些分歧，这些分歧通过双方的努力是可以在一定程度上予以消除的，这时，谈判就进入讨价还价的实质性磋商阶段。在这一阶段，不仅要运用有效的技巧和策略讨价，而且要运用相应的策略还价，同时要恰到好处地做出让步，一旦谈判陷入僵局，还应努力打破僵局，使谈判活动能够顺利进行，使谈判双方都能在谈判中得到好处。

3. 协议执行阶段(Agreement&Maintenance)

经过一番艰苦的磋商，在双方已经找到了各种问题的解决方法之后，大多数问题都已经谈妥，这时谈判双方会感到成功在即，于是进入谈判的最后阶段，也就是结束签约阶段。在这个阶段，交易虽已渐趋明朗，但尚存在一些障碍，谈判双方仍应谨慎对待，切不可操之过急，否则就会前功尽弃、功亏一篑。这一阶段的主要内容包括：选择适当的结束时机、签约前的最后回顾、签约和协议的履行等。

这里需要注意的是，达成令双方满意的协议并不是协商谈判的最终目标。谈判的最终目标应该是协议的内容得到圆满地贯彻执行，完成合作的事业，使双方的利益得到实现。在谈判中，不少人常犯这样的错误：一旦达成了协议便认为万事大吉了，就认为谈判已经获得成功，对方就会不折不扣地履行义务和责任。其实，协议书的签订并不是谈判的结束，协议书签订得再严密，仍然要靠人来履行。因此，为了更好地促使对方履行协议，要尽量做到以下两点。

(1) 要求别人信守协议，首先自己要信守协议。这一点看起来很自然，而实际上常常会忽视这一点。有时人们埋怨对方不履行协议，当冷静地细细分析，问题却出在自己身上，是自己工作的失误造成了协议不能完整地执行。

(2) 对于对方遵守协议的行为要给予适时的情感反应。行为科学的理论告诉我们，当某人努力工作并取得成功的时候，给予适时的鼓励能起到激励干劲的作用。同样，在当对方努力信守协议时，给予适时的肯定和感谢，其信守协议的做法就会保持下去。

本 章 小 结

> 本章首先介绍了商务谈判的概念与特征，包括商务谈判的定义、内涵、构成要素、含义和特点，并从经济上、发展基础上、市场信息上分析了商务谈判的功能与意义；其次介绍了商务谈判的原则、类型与内容，给出了商务谈判的模式，如硬式谈判、软式谈判、原则谈判及其特点，以及询盘、发盘、还盘、接受和签订合同等相关程序；

最后，给出了商务谈判具体划分阶段：准备阶段、正式谈判阶段、协议执行阶段。

通过本章学习，读者应熟悉商务谈判的概念与特征，掌握商务谈判的功能与意义、商务谈判的内容、商务谈判的模式等相关的问题，以及商务谈判的原则与程序。

关键术语

谈判　商务谈判　构成要素　横向谈判　纵向谈判　硬式谈判　软式谈判　原则谈判　询盘　发盘　还盘

复习思考题

1. 填空题

(1) 关于"谈判"的概念，却是一个众说纷纭、至今难有_____说法的问题。

(2) 谈判是人们为了改变相互关系而交换意见，为了取得一致而相互磋商的一种_____。

(3) 谈判者在利益方面存在分歧，但这种分歧并不是完全_____的，而通过其他方式又无法获得圆满解决。

(4) 谈判议题的性质决定了谈判的性质，不同的谈判议题，对应着不同的谈判_____和方法。

(5) 目的是行为主体主观上想要达到的_____。

(6) 商务谈判是以_____谈判为核心的。

2. 选择题

(1) 商务谈判注重合同条款的严密性与(　　)。
　　A．准确性　　　B．基础性　　　C．目标性　　　D．工具性

(2) 企业追求的根本目标是通过经营活动取得良好的(　　)。
　　A．生态效益　　B．环境效益　　C．社会效益　　D．经济效益

(3) 市场信息是对市场运行及其属性的一种客观(　　)。
　　A．存在　　　　B．资源　　　　C．知识　　　　D．描述

(4) 谈判双方对谈判内容各个方面的要求及其磋商，也是一种信息(　　)。
　　A．对比　　　　B．处理　　　　C．记录　　　　D．交流

(5) 虽然交换价值可以有不同的比例，但商品交换实质上是等量(　　)相交换。
　　A．劳动　　　　B．价值　　　　C．价格　　　　D．效用

3. 名词解释

(1) 国内商务谈判。
(2) 国际商务谈判。

4. 简答题

(1) 简述商务谈判的原则。
(2) 简述商务谈判的类型。
(3) 简述商务谈判的内容。
(4) 简述商务谈判的模式。

5. 论述题

试简要分析商务谈判的程序。

案例分析题

中方某公司向韩国某公司出口丁苯橡胶已一年，第二年中方又向韩方报价，以继续供货。中方公司根据国际市场行情，将价格从前一年的成交价每吨下调了 120 美元(前一年为 1200 美元/吨)，韩方感到可以接受，建议中方到韩国签约，中方人员一行二人到了首尔该公司总部，双方谈了不到 20 分钟，韩方说："贵方价格仍太高，请贵方看看韩国市场的价，三天以后再谈。"中方人员回到饭店感到被戏弄，很生气，但人已来首尔，谈判必须进行。中方人员通过有关协会收集到韩国海关丁苯橡胶进口统计，发现从哥伦比亚、比利时、南非等国进口量较大，中国进口也不少，中方公司是占份额较大的一家。其价格水平南非最低但仍高于中国产品价，哥伦比亚、比利时价格均高于南非。在韩国市场的调查中，批发和零售均高出中方公司的现报价 30%～40%，市场价虽呈降势，但中方公司的给价是目前世界市场最低的价。为什么韩国人员还这么说？中方人员分析，对手以为中方人员既然到了首尔，肯定急于拿合同回国，可以借此机会再压中方一手。那么，韩方会不会不急于订货而找理由呢？中方人员分析，若不急于订货，为什么邀请中方人员来首尔？再说韩方人员过去与中方人员打过交道，有过合同，且执行顺利，对中方工作很满意，这些人会突然变得不信任中方人员了吗？从态度看不像，他们来机场接中方人员，且晚上一起喝酒，气氛良好。从上述分析看，中方人员共同认为：韩方意在利用中方人员出国心理压价。根据这个分析，经过商量中方人员决定在价格条件上做文章。总的讲，首先，态度应强硬，(因为来前对方已表示同意中方报价)，不怕空手而归。其次，价格条件还要涨回市场水平。最后，不必用三天给韩方通知，仅一天半就将新的价格条件通知韩方。

在一天半后的上午，中方人员电话告诉韩方人员："调查已结束，得到的结论是：我方来首尔前的报价低了，应涨回去年成交的价位，但为了老朋友的交情，可以下调 20 美元，而不再是 1200 美元。请贵方研究，有结果请通知我们，若我们不在饭店，则请留言。"韩方人员接到电话后一个小时，即回电话约中方人员到其公司会谈。韩方认为：中方不应把报价再往上调。中方认为：这是韩方给的权利。我们按韩方要求进行了市场调查，结果应该涨价。韩方希望中方多少降些价，中方认为原报价已降到底。经过几回合的讨论，双方同意按中方来首尔前的报价成交。这样，中方成功地使韩方放弃了压价的要求，按计划拿回了合同。

问题：

(1) 中方的决策是否正确？为什么？
(2) 中方运用了何程序、何方式做出决策的？其决策属什么类型？
(3) 中方是如何实施决策的？
(4) 韩方的谈判中，反映了什么决策？
(5) 韩方决策的过程和实施情况如何？

第2章 商务谈判相关理论

知识架构

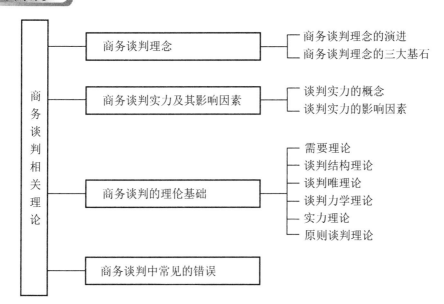

学习目标

通过本章的学习，读者应该能够：
- 掌握商务谈判理念的概念
- 掌握商务谈判理念的演进
- 理解商务谈判理念的三大基石
- 了解商务谈判实力及其影响因素
- 掌握商务谈判理念基础
- 掌握原则谈判法
- 理解商务谈判中常见的错误

 导入案例

沟通创造价值

有一个妈妈把一个橙子给了邻居的两个孩子。这两个孩子便讨论起来如何分这个橙子。两个人吵来吵去，最终达成了一致意见，由一个孩子负责切橙子，而另一个孩子选橙子。结果，这两个孩子按照商定的办法各自取得了一半橙子，高高兴兴地拿回家去了。

第一个孩子把半个橙子拿到家，把皮剥掉扔进了垃圾桶，把果肉放到果汁机上打果汁喝。另一个孩子回到家把果肉挖掉扔进了垃圾桶，把橙子皮留下来磨碎了，混在面粉里烤蛋糕吃。

从上面的情形，我们可以看出，虽然两个孩子各自拿到了看似公平的一半，然而，他们各自得到的东西并未物尽其用。这说明，他们在事先并未做好沟通，也就是两个孩子并没有申明各自利益所在。没有事先申明价值导致了双方盲目追求形式上和立场上的公平，结果，双方各自的利益并未在谈判中达到最大化。

如果我们试想，两个孩子充分交流各自所需，或许会有多个方案和情况出现。可能的一种情况，就是遵循上述情形，两个孩子想办法将皮和果肉分开，一个拿到果肉去打果汁，另一个拿皮去做烤蛋糕。然而，也可能经过沟通后是另外的情况，恰恰有一个孩子既想要皮做蛋糕，又想喝橙子汁。这时，如何能创造价值就非常重要了。

结果，想要整个橙子的孩子提议可以将其他的问题拿出来一块谈。他说："如果把这个橙子全给我，你上次欠我的棒棒糖就不用还了。"其实，他的牙齿被蛀得一塌糊涂，父母上星期就不让他吃糖了。

另一个孩子想了一想，很快就答应了。他刚刚从父母那儿要了五块钱，准备买糖还债。这次他可以用这五块钱去打游戏，才不在乎这酸溜溜的橙子汁呢！

两个孩子的谈判思考过程实际上就是不断沟通，创造价值的过程。双方都在寻求对自己最大利益的方案的同时，也满足对方的最大利益的需要。

案例分析： 商务谈判的过程实际上也是一样。好的谈判者并不是一味固守立场，追求寸步不让，而是要与对方充分交流，从双方的最大利益出发，创造各种解决方案，用相对较小的让步来换得最大的利益，而对方也是遵循相同的原则来取得交换条件。在满足双方最大利益的基础上，如果还存在达成协议的障碍，那么就不妨站在对方的立场上，替对方着想，更能帮助扫清达成协议的一切障碍。这样，最终的协议是不难达成的。

2.1 商务谈判理念

2.1.1 商务谈判理念的演进

市场经济中的发展，良性竞争与合作的重要性与日俱增，使企业之间逐步形成相辅相成的关系，人们对待商业关系的观念和习惯也在改变，因为人们逐渐意识到合作的收益往往高于竞争。

商务谈判理念的演进在中国市场经济形成的初级阶段，商业机遇是高度不确定的。创业者的成功，往往来自非凡的勇气、特殊的社会关系和运气。从管制型经济体制的夹缝中艰难成长起来的民营企业家，往往采用冒险博弈的策略，甚至涌现出了一批工于心计、为

牟取暴利而不择手段的"枭雄"类投机者和博弈型企业家。应运而生的商家们很多习惯于奉行"博傻"的谈判策略,即假设对手比自己愚蠢,总是通过商业欺诈骗取短期的利益。但随着企业经营规模的扩大,商业欺诈的风险也日渐增大。习惯于按照损人利己的原则行事,拼命挤占对手生存空间的行为,为未来的冲突埋下了伏笔。在一个充满了"老鹰"般的攻击心的商业社会里,通过协作获取利益的企业极为少见。人人进行欺骗和防范的循环博弈,产生出"集体非理性对抗"的后果,毒化了商业氛围,抬高了商业交易的成本。国人"害人之心不可有,防人之心不可无"的普遍心态就是最好的例证。在投机性气氛浓重的环境中,稍有不慎,经年积累起来的家业就会毁于一旦。从某种意义上说,谈判观念的偏差和水平的低下限制了中国企业的生存和发展。

随着市场经济中的发展,良性竞争与合作的重要性与日俱增,使企业之间逐步形成相辅相成的关系,人们对待商业关系的观念和习惯也在改变,因为人们逐渐意识到合作的收益往往高于竞争。尽管在恶性竞争环境下生存的企业家们还是习惯于用对抗和取巧的手段达到营利目的,但是也有些成功的、先知先觉的"草莽"企业家,从创业之初就本能地意识到沟通与合作的重要性,以沟通和诚信的经商理念成功地完成了向现代企业家的转变。体现在商务谈判方面,一些企业家开始重拾"和气生财"的古训,寻求化解分歧、避免无谓对抗、提高商务交往成功概率的途径。中国经济开始进入"竞合"阶段,即,既竞争又合作。在这个转折点上,有些企业家开始明白,通过寻求合作的沟通,开发出有创意的解决方案,其效果远比对抗要强。

其实谈判的最高境界是结交盟友和挚友而非战胜对手,最有效的技巧是利用情感交流的杠杆实现交易、化解危机而非攻击对手。这是因为结盟和联合能够获取整体上的资源,而对抗即便不是两败俱伤也要消耗掉很多资源,如无意义的价格战。在这个意义上谈判所奉行战略的重要性远高于谈判的技巧,尽管后者也很重要,但毕竟只是服务于战略的执行而已。正因为如此,商家即便面临激烈的对抗,也应当优先考虑化解冲突的方案而非简单地采取强硬措施使冲突升级。正如高明的危机处理专家关注的是设法兵不血刃地"营救"人质的生命和"拯救"绑架者的心灵,而不是甘冒玉石俱焚的危险而苦练狙击术,击毙绑架者以"解救"人质,此所谓"攻心为上,攻城为下"的兵家谋略。这一点在中国尤其重要,中国社会是个熟人社会,做生意喜欢找熟人。如果这一次在谈判中对手被战胜,可能就没有了再次合作的机会,甚至你的恶名会在这个圈子里越传越响,自己的路会越走越窄,最终就没了退路。因此,调整思路从对抗转为合作,企业才有做大做强的希望。

2.1.2 商务谈判理念的三大基石

理论基石就是理论的基础,理论就是在分析的基础上,将实践中大量的个别经验抽象概括,形成具有一般性的知识体系。商务谈判理论可以说是建立在三个理论基石之上的,这三个基石由其他成熟学科的基本命题构成,它们可以很好地解释谈判的现象,也可以很好地指导谈判实践。这些命题在商务谈判理论中,时时处处都得到体现和运用,很多谈判的原理、方法、技巧都是它们演绎的结果和派生的产物。要想学好商务谈判课程,必须首先熟悉和掌握这些理论基础。

1. 资源有限而欲望无限

人都是有欲望的，人的欲望又是无限的，欲望的实现必须耗费资源，人的一生就是不断满足欲望的过程，就是不断消耗资源的过程，而人类生存的这个星球上，几乎所有的资源都是有限的。无限与有限就是矛盾，人的一生就必然会与他人有矛盾。都希望进入名牌大学，但是教育资源有限，只有极少数人能进入；都想找一份有成就感、薪水高、轻松的工作，但这种岗位的资源是稀缺的；都想晋升职务，但是更高级的职务空缺数量永远小于有意者。

这是一对普遍存在的矛盾，是人类社会众多矛盾的根源，换句话说，世界上的很多矛盾都是由此派生出来的。有矛盾存在，谈判才应运而生；有商务利益的矛盾，商务谈判才应运而生；有国家之间的商务矛盾，国际商务谈判才应运而生。

2. 社会性是人的最本质属性

属性就是事物的性质，就是这个事物与其他事物之间的某种关系。属性分为本质的和一般的。本质属性是事物独有的属性，是可以用来区别其他事物的特征。人本质上是"一切社会关系的总和"。人有很多属性，有些属性其他动物也具有，有些属性只有人才有，其他动物则没有。前者称为一般属性，后者称为本质属性。

社会是指由于共同物质条件而互相联系起来的人群。社会性是人不能脱离社会群体而孤立生存的属性。社会性决定了人及其行为的特征，谈判其实也是改变他人观念和行为的沟通过程，这样的过程就一定要受到人的行为规律的制约。每个人的经济收入、社会地位、文化水平、政治立场不尽相同，甚至会有很大的差异，但是有些心理和行为是相同的，都是社会性的具体体现，也是人类的行为规律。谈判中也有很多现象和原理是社会性的表现，例如，谈判的实质是通过合作获得利益、为什么要尊重对方、为什么要照顾对方的面子、信守谈判的伦理道德的本质是什么、礼节礼仪和风俗的功能是什么、什么话应该说和什么话不宜说、遇到什么情况对方一定会这么做、对方为什么一定会这样做等，这些无一不是社会性的体现。认识、掌握、运用人的社会性原理对于提高谈判能力、获得好的谈判结果是非常必要的。谈判高手一定是谙熟社会性这一人类本质属性并且是善于运用这一原理的高手。

3. 需要是人类行为最原始的动力

需要是有机体内于缺乏某种生理或心理因素而产生的与周围环境的某种不平衡状态。心理学的研究证出了人类的行为都是由需要驱动的。机械钟表指针能运动，是因为绷紧的发条势能的释放，需要就相当于发条的势能，行为的动力都来自需要。但需要只是行为的必要条件而非充分条件。需要的基本原理也是人类的行为规律，是人性的表现，是人道的组成部分。谈判的过程是改变对方观念和行为的过程，改变对方行为必须满足需要，满足需要就必须先了解对方的需要，必须从对方的需要入手。想要掌握控制其行为必先掌握其需要，只有掌握了其需要才能掌握控制其行为。谈判的准备工作十分重要，准备的内容主要是掌握对方的谈判信息，其核心就是要掌握对方的需要，从而根据其需要制定相应的谈判战略战术。所以说，谈判的过程就是洞察对方需要的过程，就是明确和满足己方需要的过程，就是运用需要原理的过程。所有的谈判方法、技巧都是围绕着需要这个核心问题的。

获取利益就是满足需要。商务谈判就是要获得商务利益，就是满足商务需要。

商道即人道。商者，经济活动也；道者，规律也。想要掌握经商的规律，需先掌握做人的规律，即需先掌握人性。商业活动的实质是资源的重新组合，是各方利益的重新组合，也是利益的交换，说到底还是人与人之间的相互作用。既然人与人的相互作用才是商业活动的实质，那么商道即人道也就是顺理成章的了。从某种意义上说，上述三规律就是人性的体现，是做人的规律，是人道在商务领域中的集中体型；也是商务谈判理论的基石。明白这一道理，对于学习商务谈判理论、提高商务谈判能力和水平都是十分必要的。

在商务谈判的实践中，商道即人道可以具体用以下三句话(三个善于)解读：善解人意，善于表达，善于与人合作。商务谈判的所有原理、方法、技巧其实都是围绕着这三个善于展开的。善解人意就是在谈判中能够敏锐迅速地洞察对方的利益所在，从而能够设计出双赢的谈判方案；善于表达就是能够准确清晰地阐述己方的观点，有效地说服对方；善于与人合作就是能够审时度势、正确取舍，兼顾当前和长远利益，物质利益、关系利益兼得，使他人都愿意与自己合作，从而实现双赢，实现稳定和可持续的发展。

2.2　商务谈判实力及其影响因素

2.2.1　谈判实力的概念

谈判实力指我方相对于对方的某种优势。换句话说，谈判的进程和结果是不是符合目的，主要取决于谈判的实力。因此，谈判实力是谈判理论和实践中最为重要的问题之一。谈判实力越强，在谈判的进程中就越主动，谈判的结果就越符合谈判的目的。

谈判实力是一个抽象的概念，谈判实力的外延是其诸多影响因素的综合表现，或者说就是这些影响因素的总和。这在下面将会有详细的论述。

世界上万事万物存在着普遍的联系，任何事物都是由若干相互制约、相互依赖的因素按照一定的内在规律构成的。正如研究函数必先弄清自变量与函数的影响关系一样，研究谈判实力必须搞清楚哪些是谈判的影响因素，它们是如何影响谈判的，掌握其中的规律，从而提高谈判的实力，更好地实现谈判目的。

2.2.2　谈判实力的影响因素

1. 参谈人数

在其他因素都不变的情况下，谈判一方的人数越多，其谈判的实力就越强。人多势众，人多思路多，人多点子多，人多攻势强大。在生活中有很多这样的例子，为了更加便宜地买到商品，为了获得领导的批准，为了在纠纷中获得更多的利益，人们常常会多叫上几个同伴陪同，目的就是通过较多的参谈人员加强谈判的实力。

2. 谈判场所

谈判通常发生在一定的场所，从操作的角度可以将谈判场所分为主场、客场、中场三种。在不同的场所，对谈判的掌握控制的程度和效果是不同的，一般认为主场是最有利的。场所对谈判的影响是通过物理环境和心理环境产生作用的。物理环境是指位置、气温、湿度、光照、桌椅及其摆放、音响效果等客观条件的总和。心理环境是指气氛、人员之间的关系、接待的分寸等主观感受的总和。作为主场的一方，比较容易适应和控制谈判场所的物理和心理环境，处于比较主动的地位。在其他因素相同的情况下，主场一方谈判实力较强。

3. 可用的谈判时间

谈判可用的时间本身就是谈判中讨价还价的筹码，其实质是需求的迫切性，需求越迫切，可用的时间越短，可回旋的余地越小，谈判的实力就越弱。在时间的压力下，有些谈判被迫做出让步。正是掌握了这一规律，谈判高手往往会利用时间压力迫使对方就范，或者利用技巧，隐藏自己的真实需求。

4. 成交弹性

我们可以把谈判的一方对谈判破裂的承受程度称为成交弹性。对谈判破裂的承受程度越大，成交弹性就越大；成交弹性越大，谈判的实力就越强；反之亦然。谈判中弹性大意味着不成交也无伤大雅，可以恢复到原来的正常状态；弹性小就意味着承受不了谈判破裂的结果，不成交就会有较大的损失，有必须成交的倾向，因而谈判的实力就弱了。

2.3 商务谈判的理论基础

2.3.1 需要理论

所谓需要，就是有机体缺乏某种物质时产生的一种主观意识，它是有机体对客观事物需求的反映。简单地说，需要就是人对某种目标的渴求或欲望。人为了自身和社会的生存与发展，必然会对客观世界中的某些东西产生需求，例如，衣、食、住、行、婚配、安全等，这种需求反映在个人的头脑中就形成了需要。需要能够推动人以一定的方式进行积极的活动。需要被人体会得越强烈，所引起的活动就越有力、有效。

1. 需要

需要理论是指人的行为都是由需要引起的。需要引起动机，动机产生行为，行为驶向目标。一般人的需要分两类，即自然需要(生存需要)和社会需要(精神需要)。辩证唯物主义关于需要的观点与生物决定论和社会决定论完全对立。生物决定论把人的需要作为本能的活动，社会决定论把人的需要看成对社会环境的简单"投射"，辩证唯物主义则认为，人的需要是在人与客观环境相互作用的过程中，在人的积极活动中产生的。

2. 特点

人类的需要是多种多样的。按照需要的起源，可以分为自然性需要和社会性需要两大类。自然性需要主要是指有机体为了维持生命和种族延续所必需的需要，它是人与生俱来的，是人的低级需要。其中包括为了生存必需的食物、水分和空气；必要的休息、睡眠和排泄；种族延续所必需的性激素分泌；为了避免某些有害的事物和不愉快的刺激所必要的回避和排除等。上述需要一般反映为生理的需要，它是人和动物所共有的，只是人的生理需要和动物的生理需要在满足方式上有根本的区别。动物仅仅是以自然环境中现成的天然物为对象，而人则是通过自己的劳动，生产出满足自己需要的对象，即使同样都是满足饱的需要，人与动物也存在着本质的区别，正如马克思所说："饥饿虽是饥饿，但是使用刀叉吃熟肉来解除的饥饿不同于用指甲和牙齿啃生肉来解除的饥饿。"人的自然性需要有以下几个特点：

① 这种需要主要产生于人的生理机制，是与生俱来的；
② 这种需要以从外部获得一定的物质为满足；
③ 这种需要多见于外表，容易被人察觉；
④ 这种需要是有限度的，超过了一定的限度反而有害。

社会性需要主要是指个体在成长过程中，通过各种经验积累所获得的一种特有的需要，它是人后天形成的，是人的一种高级需要。其中包括物质需要和精神需要。就其物质需要而言，主要是指社会化的物质产品，如必要的衣着、家具、住宅和生活用品；就其精神需要而言，主要是指一定的文化、艺术、科学知识、道德观念、政治信仰、宗教信仰和文化体育生活，以及必要的社会生产和社会交际活动等。社会性需要主要有以下几个特点：

① 这种需要不是由人的本能决定的，而是通过后天的学习获得的，是由社会的发展条件决定的；
② 这种需要比较内在，往往蕴藏于一个人的内心世界，不容易被人察觉；
③ 这种需要大多是从人的内在精神方面获得满足；
④ 这种需要的弹性限度很大，并且带有连续性。

在组织管理过程中，为了调动员工的积极性，首先应当注意了解员工的各种需要，并经过细致分析，有针对性地设置目标，尽可能地把组织目标与员工的合理需要有机结合起来，使得社会的需要、组织的需要逐步转化为员工的个人需要，从而更有效地挖掘人的内在潜力，激发出员工更大的积极性。

按照马克思主义的观点，物质生活的需要是人们的基本需要，也是最强烈的需要。一个人的物质生活需要如果不能得到满足，往往会导致妨碍社会和集体的极端行为，即所谓"饥寒生盗心"。当物质生活得到满足之后，精神生活的需要就上升到主要地位，即所谓"衣食足而后知荣辱"。满足精神生活的正当需要，有不可忽视的作用，它往往能够推动人们对社会和集体做出更大的贡献。管理者的任务，就在于通过满足每个员工的各种正常需要来调控他们的行为，使员工的行为都尽可能地符合整体的利益和要求。

但是，这里需要指出的是，管理者不但自身必须明白满足需要和承担义务是紧密相连的，而且要使员工清楚满足需要和承担义务的关系。因为满足需要和承担义务是一个问题的两个方面，二者是辩证统一的。满足需要是动因，承担义务是前提，二者的关系既是统一的，又是相对的。

3. 分类

人类的需要是多方面的，而且在不同的社会、不同的历史时期，不同人的需要是各不相同的。我们可以把人的需要大体作如下分类。

(1) 需要按其范围可分为国家的需要、民族的需要、阶级的需要、团体的需要、个人的需要等。

(2) 需要按其性质可分为物质需要和精神需要。

(3) 需要按其迫切程度可分为远期的间接需要与近期的直接需要。远期的间接需要是指那些比较概括的、抽象的、总的需要，它常以理想、志向等形式表现出来。近期的直接需要，如学习科学技术、解决某一具体问题、克服某一困难等，它是促使职工行动的直接动力。

(4) 需要按其作用可分为社会需要(发展需要)和生存需要(生理需要)。

(5) 需要按其经常性分类，分为日常需要和长期需要。

4. 类型

1) 马斯洛的需要层次理论

1943年，美国心理学家马斯洛提出了需要层次理论。这一理论流传甚广，目前已经成为世界各国普遍熟悉的理论。马斯洛认为，人的需要是有层次的，按照它们的重要程度和发生顺序，呈梯形状态由低级向高级需要发展。人的需要主要包括：生理需要、安全需要、社会需要、尊重需要和自我实现的需要。需要总是由低到高逐步上升的，每当低一级的需要获得满足以后，接着高一级的需要就要求满足。由于各人的动机结构的发展情况不同，这五种需要在个体内所形成的优势动机也不相同。当然，这并不是说当需要发展到高层次之后，低层次的需要就消失了；恰恰相反，低层次的需要仍将继续存在，有时甚至还是十分强烈的。为此，马斯洛曾经指出，要了解员工的态度和情绪，就必须了解他们的基本需要。

马斯洛的需要层次理论的五个需要层次，具体如下所述。

(1) 生理需要。生理需要是人最原始、最基本的需要，它包括衣、食、住、行和性等方面的生理要求，是人类赖以生存和繁衍的基本需要，这类需要如果不能满足，人类就不能生存。从这个意义上说，它是推动人们行为活动的最强大的动力。

(2) 安全需要。当一个人的生理需要获得满足以后，就希望满足安全需要。例如，人们要求摆脱失业的威胁，解除对年老、生病、职业危害、意外事故等的担心，以及希望摆脱严苛的监督和避免不公正的待遇等。

(3) 社会需要。社会需要主要包括社交的需要、归属的需要，以及对友谊、情感和爱的需要。社会需要也叫联系动机，是说一个人在前面两种需要基本满足之后，社会需要便开始成为强烈的动机。人们一般都有社会交往的欲望，希望得到别人的理解和支持，希望同伴之间、同事之间关系融洽，保持友谊与忠诚，希望得到信任和爱情等。另外，人们在归属感的支配下，希望自己隶属于某个集团或群体，希望自己成为其中的一员并得到关心和照顾，从而使自己不至于感到孤独。"社会需要"是一种比"生理需要""安全需要"更细致、更难以捉摸的需要，它与一个人的性格、经历、受教育程度、所隶属的国家和民族及宗教信仰等都有一定的关系。

(4) 尊重需要。尊重的需要，即自尊和受人尊重的需要。例如，人们总是对个人的名誉、地位、人格、成就和利益抱有一定的欲望，并希望得到社会的承认和尊重。这类需要主要可以分为两个方面：内部需要，就是个体在各种不同的情境下，总是希望自己有实力、能独立自主，对自己的知识、能力和成就充满自豪和自信；外部需要，就是一个人希望自己有权力、地位和威望，希望被别人和社会看得起，能够受到别人的尊重、信赖和高度评价。

马斯洛认为，尊重需要得到满足，能使人对自己充满信心，对社会满腔热情，体会到自己生活在世界上的用处和价值。

(5) 自我实现的需要。自我实现的需要也叫自我成就需要。它是指一个人希望充分发挥个人的潜力，实现个人的理想和抱负。这是一种高级的精神需要，这种需要可以分为两个方面：①胜任感，表现为人总是希望做能胜任的工作，喜欢带有挑战性的工作，把工作当成一种创造性活动，为出色地完成任务而废寝忘食地工作。②成就感，表现为希望进行创造性的活动并取得成功。例如，画家努力完成好自己的绘画、音乐家努力演奏好乐曲、指挥员千方百计要打胜仗、工程师力求生产出新产品等，这些都是在成就感的推动下而产生的。

各层次需要发展变化的基本规律如下所述。

(1) 在人的心理发展过程中，五个层次的需要是逐步上升的。通常情况下，当低级的需要获得满足以后，就失去了对行为的刺激作用，这时追求更高一级的需要就成为驱使行为的动力。当人们进入高级的精神需要阶段以后，往往会降低对低级需要的要求。例如，成就需要强烈的人，往往把成就看得比金钱更重要，把工作中取得的报酬仅仅看成衡量自己进步和成就大小的一种标志。这种人事业心强，有开拓精神，能埋头苦干，并敢于承担风险。

(2) 人在不同的心理发展水平上，其动机结构是不同的。

(3) 人的需要具有主导性。在实际生活中，由于客观环境和个人情况的差异，在需要层次结构中，往往会有其中的某一种需要占优势地位。这种占优势地位的需要就称为主导性需要。根据主导性需要的不同，可以把人的需要结构分成下列几种典型的需要结构模式：①生理需要主导型。在生产力不发达，生活水平不高，衣、食、住、行和就业都困难的情况下，生理需要就成为最迫切、最突出的需要。②安全需要主导型。在某种特殊的情况下，如战争、洪水、地震、社会秩序混乱等，人们的安全需要就特别突出。③社会需要主导型。青年人到了一定的时期，就希望交往，渴望爱情；老年人退休以后，经常守在家里，就会感到寂寞、孤独，迫切需要交往，需要得到温暖和安慰。④尊重需要主导型。自尊心理许多人都有，所谓"士可杀而不可辱"，就强烈地反映了这种自尊的需要，苏联教育家马卡连柯曾经说过："得不到尊重的人，往往有最强烈的自尊心。"许多事实证明，那些失足而决心悔改的青年人，自尊的需要往往格外强烈，他们更迫切地需要别人的信任和帮助。⑤自我实现主导型。有强烈事业心的人，自我实现的需要特别突出。马斯洛说："是什么角色，就应该干什么事。""最理想的人就是自我实现的人。"自我实现是心理发展水平的较高阶段，对于心理发展水平较高的人，管理者应该重视为发展他们的才能和特长创造适当的组织环境，并给以挑战性的工作。

需要层次理论的价值：关于马斯洛理论的价值，目前国内外尚有各种不同的说法。我们认为，绝对肯定或绝对否定都是不恰当的，因为这个理论既有其积极因素，也有其消极因素。

(1) 马斯洛理论的积极因素。

① 马斯洛提出人的需要有一个从低级向高级发展的过程，这在某种程度上是符合人类需要发展的一般规律的。一个人从出生到成年，其需要的发展过程，基本上是按照马斯洛

提出的需要层次进行的。当然，关于自我实现是否能作为每个人的最高需要，目前尚有争议。但他提出的需要是由低级向高级发展的趋势是无可置疑的。

② 马斯洛的需要层次理论指出了人在每一个时期，都有一种需要占主导地位，而其他需要处于从属地位。这一点对于管理工作具有启发意义。

③ 马斯洛需要层次论的基础是他的人本主义心理学。他认为人的内在力量不同于动物的本能，人要求内在价值和内在潜能的实现乃是人的本性，人的行为是受意识支配的，人的行为是有目的性和创造性的。

(2) 马斯洛理论的消极因素。

① 马斯洛过分地强调了遗传在人的发展中的作用，认为人的价值就是一种先天的潜能，而人的自我实现就是这种先天潜能的自然成熟过程，社会的影响反而束缚了一个人的自我实现。这种观点，过分强调了遗传的影响，忽视了社会生活条件对先天潜能的制约作用。

② 马斯洛的需要层次理论带有一定的机械主义色彩。一方面，他提出了人类需要发展的一般趋势。另一方面，他又在一定程度上，把这种需要层次看成固定的程序，看成一种机械的上升运动，忽视了人的主观能动性，忽视了通过思想教育可以改变需要层次的主次关系。

③ 马斯洛的需要层次理论，只注意了一个人各种需要之间存在的纵向联系，忽视了一个人在同一时间内往往存在多种需要，而这些需要又会互相矛盾，进而导致动机的斗争。

2) 阿尔德佛生存、关系、成长理论

美国心理学家阿尔德佛，在大量调查研究的基础上，提出一个人的需要可以分为以下三种：生存需要、关系需要和成长需要。阿尔德佛把这三种基本需要称为"生存、关系、成长理论"，简称 ERG 理论。

(1) 生存的需要。生存的需要是人们最基本的需要。生存的需要是指人在衣、食、住、行等物质方面的需要。这种需要包括了马斯洛的生理需要和安全需要，它只能通过金钱和物质才能满足。

(2) 关系的需要。关系的需要，即要求与人们交往及维持人与人之间和谐关系的愿望。它包括马斯洛的社会需要和部分尊重需要。

(3) 成长的需要。成长的需要，即人们要求在事业、前途等方面得到发展的内在愿望。它包括马斯洛的部分尊重需要和自我实现的需要。

阿尔德佛认为，作为一个管理者，应该了解员工的真实需要。因为需要的不同，会导致员工不同的工作行为，进而决定他们不同的工作结果；而这些结果，可能满足他们的需要，也可能满足不了他们的需要，管理人员要想控制员工的工作行为，必须在了解员工真实需要的基础上，通过控制员工的工作结果，即使员工获得能满足需要的报酬，来达到控制员工的行为。

3) 麦克莱兰的成就需要理论

20 世纪 50 年代，美国心理学家戴维·麦克莱兰，通过心理投射的方法对人的成就动机进行了大量的研究，并在此基础上提出，在一个组织中，人们最重要的需要是成就需要，其次是权力需要和合群需要。

(1) 成就需要。麦克莱兰认为，成就欲望很高的人，认为成就比报酬更重要。他发现，具有强烈成就需要的人，往往明显地表现出以下三个特点。

① 他们喜欢接受挑战性的任务，希望独立地完成工作。如果他们不是靠自己的能力独立地解决某一问题，或是在解决问题时碰巧得到了外界的帮助，他们都会感到不满足。因此，组织在安排这些人的工作时，要注意提供能够满足他们成就需要的工作环境，给以挑战性的工作，并让他们有一定的自主权。

② 他们总是具有明确的行动目标，并富有一定的冒险精神。这种人对成功有一种强烈的要求，同样也强烈担心失败。他们愿意接受挑战，为自己树立一定难度的目标。一件事情成功概率在 50% 的时候，他们干得最好。工作过分容易或难度太大，都会使他们的成就感得不到满足。

③ 他们希望个人负责解决问题，并经常注意对自己工作成就的反馈。如果他们能够从上级那里得到嘉奖、晋级、涨薪，就会有一种莫大的成就感。

(2) 权力需要。权力需要就是影响和控制别人的愿望。这种愿望高的人，喜欢"负责"，追求社会地位，追求对别人的影响，喜欢使别人的行动合乎自己的愿望。权力欲又称为操纵欲。这种人希望支配别人和受到社会的尊重，较少关心别人的有效行为。

(3) 合群需要。合群需要即为一种相互交往、相互支持、相互尊重的欲望。这种人以自己作为群体的一员而感到满足。富有理智的人往往追求人与人之间的友谊和信赖。

麦克莱兰认为，了解和掌握这三种需要，对于管理人员的培养、使用和提拔均具有重要意义。高明的领导者，要善于培养具有高成就感的人才，这种人才对于企业、国家都有重要作用。一个企业拥有这样的人才越多，它的发展就越快，利润就越多。一个国家拥有这样的人越多，就越兴旺发达。

根据麦克莱兰的调查，1925 年英国国民经济情况很好，当时英国拥有高成就需要的人数，在 25 个国家名列第 5。第二次世界大战以后，英国经济一蹶不振，1950 年再次调查表明，英国具有高成就需要的人数，在 39 个国家中已经下降到第 27 位。由此可见，这种人才对国家发展的重要作用。

由此可见，谈判者所追求的是想方设法取得自己的利益。遇到这种情况，我们就可以在谈判初期设法满足他的前三层次需求，并在利他过程中实现利己。为此，必须提高对手对我方让步条款的评价，进而使谈判取得成功。运用需要理论选择和制定谈判策略。

运用需要理论可以归纳出从易至难的四种谈判策略。

① 谈判者在谈判中站在对方的立场上，顺应对方的需求，从而使谈判获得成功。这种谈判最容易，当然，这种"顺从"是建立在不损害自身利益的基础上的。

② 谈判者使对方服从其自身的需求。这是一种定向诱导的谈判策略。商店的营业员与顾客之间普遍使用这种方法，营业员表面上用种种热情的方法满足顾客的需要，实际上是为了推销商品，从而实现自身利益。

③ 谈判者同时服从对方和自己的需求。这是指谈判双方从共同利益出发，为满足双方每一方面的共同需要进行的谈判，采取符合双方利益的策略。这种策略在商务谈判中被普遍用于建立各种联盟，或扩大规模，或降低成本，或固定产品价格等。

④ 谈判者违背自己的需求。这是谈判者为了争取长远利益的需要，抛弃某些眼前或

无关紧要的利益和需要的谈判策略。例如，某些商业企业对有些产品采用"买断"经营的方式。

需要理论为摸清谈判对象的动机提供了理论基础，指出了通过谈判达成交易的愿望是由需要引起的。这种愿望总是指向能够满足当前或未来需要的对象，如商品、服务货币等。当愿望所指的对象引起人们通过谈判达成交易的活动时，反映这种对象的现象就构成引起成交的动机。换言之，动机是促使人们去满足需求的驱动力。人们总是受着内心的驱使去减轻精神的紧张而恢复平衡状态，而动机的形成有赖于需求受到强烈的刺激和吸引。因此，在谈判过程中，要找出与双方都相联系的需求来激发成交的动机。为多种谈判方案的制定提供理论依据，搞清各自的"需要"是制定谈判方案的前提。谈判前要制定方案，而成功方案的制定由多种因素决定。但影响方案的主要因素是双方的"需要"，搞清双方的需要是制定方案的前提条件；否则，制定出的方案将毫无意义。

满足需要有不同的途径，不能只制定唯一方案而使谈判陷入僵局，需要是驱动人们谈判的原动力，满足某种需要不是只有一种途径，而是有多种途径和方案可供选择。如去北京，可以乘火车，也可以坐飞机，还可以搭汽车。对于大量陷入僵局的谈判研究表明，在很多情况下，由于人们假定去北京只有一种交通工具，即只有唯一的而且是自己提出的方案才可以接受的。于是，僵局就产生了，谈判就搁浅了。解决的方法是制定满足双方不同需要的谈判方案。为商务谈判的方案选择提出了原则需要理论为众多方案的选择提出了"非零和"原则，即双赢原则。换言之，就是选择既要照顾到双方的需要，又能转移双方争论焦点的方案。为弥补未满足的需要提供了可能，马氏需要理论认为，每一个层次的需求都要在前一个层次的需求得到满足之后出现。通常，前一个层次的需求得到了部分的满足，后一种新的需求就会渐渐出现。在同一时刻，大多数人的所有各种基本需求，都是部分得到满足，部分未得到满足。因此，在商务谈判中，可能出现两种情况：一是一次小规模的交易成功后，可能预示着另一次大规模的交易开始，以满足双方更高层次的需求；二是可能在同一次交易中，为建立长久关系，而在某些方面做出较大的让步。

2.3.2 谈判结构理论

谈判者要想使商务谈判结果令人满意，事先就得有所准备。为了有效地控制谈判，争取谈判的最佳效果，必须清楚地了解谈判结构，使谈判者能够心中有数、集中精力，在谈判过程中始终保持清醒的头脑。谈判结构一般来讲大致包括以下几个方面的内容：谈判人员的构成及分工；谈判议题的构成；谈判形式；谈判策略等。同时，谈判结构还应包括谈判时间、地点及谈判背景等内容。

1. 谈判人员

谈判各方参与谈判的人员不管其专业性如何，最终要通过一个统一的口径来表达意图。会谈，绝不是指大家坐在一起"都来谈"，在这种情况下，谈判各方的意见要通过各自的发言人来实现。在很多正式的会谈场合就座的各方代表，除各自的发言人外，主要的任务是进行内部协调和及时对对方的条件进行磋商，必要时回答对方某一方面的质询。

从这个意义上讲，谈判人员在类别上分为主谈人和协谈人，在形式上分为场内代表和场外组织、指挥、协调的有关人员。

1) 主谈人

主谈人是主要商务谈判者,是谈判代表,即谈判桌上的主要发言人,也是现场谈判的主要组织者。主谈人要将事前本方确定的谈判目标和策略在谈判桌上予以组织实施,还要根据现场变化适时采取谈判策略。

主谈人不仅应该具有一般经营管理人才所具有的扎实的技术知识、财务知识、商贸知识等基本素养,而且还要具备谈判者必备的素质:有清晰的思路和敏锐的辨别能力;有过人的胆识、刚毅的手腕和巧妙运用谋略的能力;有较强的心理平衡能力和出色的角色扮演意识;有极强的口头表达能力和语言感染力;有较强的临场应变和控制能力。在他的操作下,谈判应进退自如、张弛有序,不偏离预定目标。

选择合适的主谈人非常重要,某种意义上讲,它关乎谈判的成败。一般情况下,以一名主谈人为佳,但不排除设两名主谈人的可能,一名主帅、一名副帅,优势互补,以增强谈判能力。

主谈人的地位和名望应当与商务谈判的内容和范围相符。项目大、金额大、影响大的谈判,主谈人的地位也越高。另外,对方主谈人的地位具有一定的参考。特殊情况下,在与他们达不成统一时,可以临时赋予能担当主谈人一职的人以相应的职务,提高他的地位。

主谈人的年龄、性别、风度等也会对谈判产生一定的影响。虽然年龄与地位和经验并无必然联系,但它给对方的印象是不一样的。30岁以下的人在谈判领域应算年轻人。特殊情况下,用出类拔萃的年轻人,同样可以起到出奇制胜的效果。从古至今,参与谈判的主谈人男性占大多数,女性一般很少涉足,比较重要、重大的谈判更是如此。这种现象既有历史和传统的原因,也有现实的原因。大型的、国际性的、复杂的谈判活动对参与者的心理压力与日俱增,加之经验、身体素质、心理素质及传统观念的影响,使得男性更容易成为主谈人。随着妇女受教育程度的提高,一批高级女谈判人才也在成长,越来越受到社会各界的关注。有时,让女性作为主谈人也不失为一种出奇制胜的选择。

另外,风度是人的内在气质的外在反映,主谈人的风度是其文化素质修养的一面镜子,它直接影响主谈人在对方心目中的形象和地位,从而影响谈判的进程和效果。所以,必须对主谈人的风度予以高度重视。

2) 协谈人

协谈人也是场内商务谈判代表,是主谈人的参谋与助手。通常,协谈人不充当本方的发言人,只作为参与者协助主谈人进行谈判。协谈人要仔细倾听对方的陈述、问题和意见,对涉及自己主管的业务或职能分工问题以约定好的方式与本方主谈人交流意见或提出看法。在服从主谈人指挥的前提下,征得主谈人的授权或提示,可以回答对方有关专门问题的质询。

3) 场内人员与场外人员

场内人员与场外人员是一个有机的整体,只有相互配合默契,才能保证谈判的成功。

场内人员的主要任务是按照既定策略,实施谈判方案,而遇到的主要问题是应对谈判场上的临时变化。在不出意外情况下,场内人员要冷静处理,避免冲动,要有条不紊地"依计而行"。在出现意外情况时,更要镇定自若、不动声色,采取有效措施,化解急难问题。

在出现紧急情况时，采取特殊措施，并将应急措施和方案报告谈判主管领导。同时，充分征求智囊人员的建议。

场内人员的谈判工作离不开场外人员的大力支持。大型谈判活动涉及广，资料的查阅、翻译、分析都需要他们的参与，这些基础工作准备得越充分、越扎实，商务谈判失误的可能性就越小。所以，在谈判负责人的领导下，让场外人员及时了解商务谈判的总体进展情况是很必要的，这有助于增加场外人员的参与意识，增强他们的责任感。当场外人员的建议和提供的资料被利用和取得成果以后，主谈人可以适当予以通报，以激发场外人员的成就感，使其更加努力地工作。当然，容易泄密的情报，暂不要向场外人员传送，以避免产生不良后果。

2. 谈判议题

1) 主要议题

主要议题就是指谈判的主要目的、内容。此次谈判主要解决什么问题，如是推销设备还是解决欠账。总之，每次谈判的目的不同、内容不同，谈判议题也就各异。

2) 一般议题

一般议题是指在主要议题之外，我们还可以或者还要谈论的议题。比如，我们此行的目的主要是解决多年的遗留账目，同时，我们也将就合资建厂之事简单商讨一下，以便为下次谈判打下基础。

2.3.3 谈判唯理论

1. 概念及含义

唯理论，是指谈判人应带着理由进入谈判，在谈判中要说理并服从理由的一种观念。或说是一种理性的认识。

谈判唯理论包含以下三个层次的意思。

1) 确立谈判工具——理由

按谈判唯理论的概念，其中一层含义是谈判手进入谈判时携带的主体工具是"理由"。该认识要求谈判人在准备追求谈判目标时，除了技术性的安排外，很大程度上(即工作量上)是要准备达到该目标的阶梯——不同问题(纵向或横向)的相关的理由。这些理由立住了，阶梯也就稳住了，谈判人就有望通过阶梯达到谈判目标。

反之，谈判人没有准备谈判所用的主体工具——理由，谈判失败的风险大大增加。

2) 谈判定性——说理

谈判唯理论的第二层含义是为谈判本身做出定性，就是说，谈判是说理，即谈判人是以理晓谕对手，说服对手。若不是讲理，就不是谈判的商洽之意，而是"通告""命令"，是一种生硬、僵持的通话行为。

同时，它还提倡谈判过程中应有对等的理由的流动，即以此理及彼理、你理及我理的相互沟通。这种对等的理由的流通使谈判双方处在理性的谈判之中，明智的选择之中。唯理的典型表述有(不论何议题、何阶段)："鉴于……，所以……"或"由于……，故……""如有可能，请贵方再说说贵方的理由。""为什么我方不同意(同意)，因为……""因为……，所以……"等，自然地把理由镶入谈判的表述。

3) 确立谈判信念——服理

谈判唯理论的第三层含义是为谈判人的谈判确立了一种信念,那就是应当服理,即服从理由。也就是说,在谈判中,谈判人有义务听取对方理由,采纳对方合理的理由并据此调整己方的谈判立场和态度。

这种信念也是一种行为准则。它集中反映了谈判人的修养与人品。有时,为了维护这种信念会有所付出。例如,与委托人的认识分歧造成的矛盾与误解。或反之,为了经济目的,不顾这一信念,也同样要付出沉重代价。

谈判中,体现该信念的说法也很多,尤其在谈判手准备改变自己的立场时常会说:"考虑到……我方才……""贵方说得有理,我理解,我方将重新审视我方立场。""贵方很雄辩,说的问题也实在,我无话可说"等。这些都是表明服从理由的态度。

2. 谈判唯理论的理由种类

实务中,谈判人在谈判中运用的理由,就其自身性质看,是多种多样的。主要类别有四类:真理的理由、片面的理由、虚假的理由和无理的理由。

1) 真理的理由

谈判中,真理的理由是指客观反映事物内在本质及规律的理由。这些理由具有真实性、公正性、全面性,故具有较强的说服力。

(1) 真实性。真实性是指理由立足于事实:众所周知的事实或单方描述但可以考证的事实。例如,国际或国内同行中对某事件或习惯均了解的事实,或某一事实是独特的事件,某方的论述引证该事实后,对方或第三者可以通过与该事件相关联的线索予以查证。

(2) 公正性。公正性是指理由反馈的主张对谈判双方都是恰当的,即利益的取向与双方承担义务相应的酬劳符合,或者说,主张的立场和态度进退适度。例如,谈判手对真理性理由的分量认同客观,不做过分的主张,不因一分理去要三分的回报。

(3) 全面性。全面性是指理由的建立兼顾了方方面面的可能性,或多方位利弊共存的情况,从而使主张的理由具有全面性,即深度与广度的客观性。

2) 片面的理由

谈判中片面的理由,是指仅反映事物部分真相的理由。这些理由具有双重性,挑战性和交易性,故在谈判中既有一定的说服力,还附带了一定的进攻性。

(1) 双重性。双重性是指它反映了谈判客体的一部分真相,因而具有一定的说服力。但同时又存在不合实际的部分,这部分就不具有说服力。双重性即把与非集于一体。

(2) 挑战性。挑战性是指该类理由有可能招来反击(如果对方掌握事实全部真相的话),形成肯定与否定的争论,破与守的攻防之战。例如,买方收集的第三方信息,卖方有可能获得,也可能得不到。当得到时,肯定会引起争论;若收集不到,买方就得手。因为,卖方仅凭怀疑参与争论和攻防之战是较为困难的。正因为如此,买方会更加有效地运用此类理由去争取实现自己的目标。

(3) 交易性。交易性是指该类理由的本质是以小求大、以少取多的谈判工具。它并不拘泥于谈判人的自身形象,而追求结果有利于自己。当买方评论的要求是全面降价,而当卖方无理由抵挡时,虽不想降价也很被动,如果想坚持部分降价,就要有说服买方的理由。

3) 虚假的理由

谈判中虚假的理由，是指反映根本不存在的事物的理由，也即俗话说的"编造的理由"。对于那种牛头不对马嘴的虚假理由，人们不难识别。然而，谈判高手能有效利用虚假的理由为自己的谈判目标服务。他们运用的虚假理由具有表逻辑性、屏障特性、无量性。

(1) 表逻辑性。表逻辑性是指这些理由充分运用逻辑功效，因此有真实感，由于其逻辑手法仅呈现为表面的逻辑过程，并未反映逻辑本质，故称其为表逻辑特性。

例如，买方为了压制卖方傲慢的谈判态度，运用表逻辑性的理由编造了其他卖方也在竞争的虚假事实。于是，买方更换主谈——因为有别的谈判，改变谈判时间——因为两个谈判冲突，改变谈判间——因为要互相调用(人多、人少之别；急与不急之别)，改变谈判态度(冷与热的切换)——因为急需与非急需，这些变化均具逻辑性，给人一种可信性。只是由于这些变化的依据并非真实的事物，故它的逻辑仅为表性的逻辑性。

(2) 屏障特性。屏障特性是指这些理由基于虚假，在其周围必然要设立通往真实的屏障，以阻止对方或其他相关人员了解真相，从而实现这些理由的效果。仍以上述例子来解释屏障特性。

如卖方要求见买方主谈，其答复会是："主谈近来没空，若有事请与其助手谈。"——阻止见主谈。如卖方提问："换的谈判间给谁用？"答复可能是："无可奉告"或"是一个竞争对手"。如卖方对买方谈判态度提出质疑："贵方是否已另有选择？"答复可能是："结束选择会通告贵方。"等等。答复处处设有屏障，让人难以靠近真相，以保证虚假的理由得以发挥威力。

(3) 无量性。无量性是指这些理由不在具体的利益追求分量上做文章，或者说不以量的方式来表达这种理由，因为量化会使虚拟变得具体可测，而可测的事物是难以做假的。所以，谈判手在运用虚假的理由时不主动去量化它，以免授人以把柄，因为对方有可能借此揭开事实真相。

4) 无理的理由

谈判中无理的理由，是指无视事实真相的理由。这类理由具有示威性、失衡性和生死性(或赌博性)。

(1) 示威性。示威性是指谈判人在这类理由中反映出以势压人、显示威力的姿态，全然不顾客观事实的强手谈判手法。在这种理由中，谈判手不是以理服人，而是显示威力以求压制对手就范。

例如，卖方认为买方出价低，但不是循理而谈。反而讲"贵方有钱就买，无钱就免谈。"或者"告诉我贵方有多少钱，我就给你值这些钱的货。"又如，买方认为卖方出价过高，也不以价论理，而是说"贵方价格太高，我们今天不谈了，请贵方在我国市场调查三天后再来谈。"上述两例仅表明谈者之威，却不见其理。

(2) 失衡性。失衡性是指这类理由的倾斜性，即言者以其优势地位要求唯己有利的条件。众多案例表明，具有谈判优势者，最容易运用无理的理由，因为他最乐意去获取失衡的利益，一如人们平时所说的"不要白不要"。例如，具有垄断地位的卖方会在其交易中附加额外条件：提供超额服务，提供富余的零备件，限制买方的使用、修改等。而具挑选地位的买方会对卖方价格一压再压，外加附带的优惠条件，诸如免费培训、免费提供技术资料、获取改进性技术等。

(3) 生死性(或赌博性)。生死性是指这类理由具有"不成功,则成仁"的可能性。由于谈判者多为素质高的人士,有鉴别力和自尊心,面对挑衅性的无理之举,不会轻易"投降",相反,多以"抵抗"为习惯反应。此时,谈判最易陷于僵局甚至破裂的边缘,谈判者稍不留意就会以失败告终。所以,此类理由直接决定谈判的成败,谈判者运用这类理由,属赌博性质。

3. 各种理由的应用

在商业谈判实务中,并非所有的谈判者均"唯理"而谈。有的则"唯力"而谈,即论谈判实力;还有人"论关系",即论谈判者之间的亲疏关系;论权力,即认定权力者谈问题;论机会,即钻空子、趁人之危谈生意;等等。因此,"唯理"者虽属谈判的主流,但也不可滥用,必须依靠情况巧妙运用种类理由,方能取得最佳效果。总体说,依据谈判对象和谈判阶段及理由拥有的状态而选择应用。

1) 依谈判对手而择

从唯理观念角度看,不论谈判对象属于哪种谈判类型的人,唯理者都可通过恰当选择理由应对之。

(1) 唯理者。当对手为唯理者时,可以以理待之。若对手善于运用理由时,就要先辨其理由类型后再应之。应对的规律有:以正对正,即以积极理由对积极理由,如真理的理由或片面理由;以负对负,即以消极理由对消极理由,如以虚假理由对生死理由,或者以生死理由对虚假理由,或以虚假理由对虚假理由,或以赌博理由对赌博理由。

(2) 唯力者。当对手为唯力者时,他可能侧重于运用优势或权力支持谈判。此时,唯理者可以选择真理的理由对抗之,因为有理不怕权势大,而且这个理是真理,具有说服力。

(3) 唯关系者。当对手为唯关系者时,他可能重在搞关系(上司、助手及谈判人之间的关系)而不管交易的公正性,以求从关系网中捕捉"大鱼"。此时,唯理者应以真理的理由保住条件,或以片面的理由去扼制交易的方向,减缓关系的压力。

(4) 唯权者。对付这种人应保持与上级和领导者的沟通,以真理的理保护自己的立场。

(5) 唯机会者。对付这类谈判手,应首先将交易条件计算好,依条件成交;其次正确评估时机对自己的影响,即便有难度,也应追求客观公正交易条件。此时多用客观的理,视对手之理,也可以多变应对。

2) 依谈判阶段而择

虽然所有理由在谈判中均可利用,但有针对性的运用效果最佳,故谈判阶段也使理由具有环境效应。

(1) 初期。在谈判初期阶段,唯理者应尽可能运用真理的理由,以树立形象,并以此检测对手属于什么样的人。不然,至少也应选用片面的理由(有时为了保密而为之)。

(2) 中期。在谈判中期阶段,唯理者可以选择的余地较大。依谈判的形势、谈判的进展、谈判策略的需要,真理的理由、片面的理由和虚假的理由均可以选用。有时单一择用,有时可以同时择用,有时又可以交错运用,依效果而定。

(3) 后期。在谈判后期阶段,唯理者可以选择真理的理由和生死性的理由(无理的理由),因为谈判后期是双方作最终决策的时候。论成败,一要看"实利",主要靠真理的理由来反映；二要看"气势"，它要靠无理的理由来体现。两者有机地配合运用，只要火候掌握得当，效果较佳。

3) 依理由拥有的状况而择

唯理者通常在谈判开始之前，就应对谈判涉及的谈判内容准备理由，且多多益善。由于准备结果不同，便产生了选择问题。

(1) 理多。理由充分时，原则上可以真理的理由为主，配之其他理由进行谈判。由于调查透彻，对方优劣均在掌握之中，谈判会呈主动状态，这么做会更加有效果。

(2) 理少。当理由不充分时，可以片面的理由为主，其间点缀真理的理由，辅之以虚假的理由和无理的理由。理由不充分有两种可能：一是己方不太占理；二是己方有理而无据。所以，这样选择可以护短，也可以要对方拿出证据来，若均无据说服对方，就可以使谈判处于均势，至少不会吃亏。

(3) 无理。不具备理由，是指无真理和片面的理由的情况，唯理者有两种选择：或者对谈判内容缺乏认识时，可以先了解学习后再准备理由进行谈判，而不必急于投入谈判；或者己方无理时可以放弃相关立场，若该放弃有悖于总体谈判目标和策略时，可以暂时选择无理的理由和虚假的理由坚持谈判时间，以策应总的安排。一般不具备理由的情况出现在局部的谈判目标上，很少出现在总体谈判目标上，因为当其出现在总体谈判目标上时，即为谈判结束之时。

2.3.4 谈判力学理论

1. 谈判力学的概念

谈判中利用的是杠杆原理，谈判双方比较的是彼此的筹码，谁的筹码大，杠杆就倾向谁。暂时的输赢说明不了问题，因为筹码可以随时改变。因此，变化性和趣味性就成为谈判的魅力所在，对于谈判的双方来说，谁更懂得收集、创造筹码，谁就更有可能成为胜利者。

2. 说服三步曲

就如何在谈判中制胜，即如何成功地说服对方这个问题，亚里士多德曾经提出所谓的说服三步曲：第一步是拥有特质，即通过个人形象和专业素质营造一种良好的谈判氛围，产生一种感官上的说服力；第二步要发掘动人理由，动人理由包括诱因和反诱因，能够提供给对方的利益叫诱因，如果不合作可能带给对方的不利影响叫反诱因，将这二者结合起来可以从两个方向引导对方合作；第三步是拿出证据，这里的证据包括统计数字、实验报告等，通过这些证据向对方说明利害关系，使其与你合作。

3. 杠杆原理

"给我一个支点，我可以举起地球"是阿基米德提出的杠杆原理。杠杆原理强调的是支点，只要找准了支点，只需很小的力气就可将地球抬起。这个理论也可运用在谈判上。在谈判过程中，要想说服对方，就要设法找到他的"支点"，即对方的弱点，如心态、同乡关系、时间紧迫等因素都可能是对方的弱点，只要有的放矢，胜利就在眼前。

4. 谈判力学的运用

谈判就是筹码竞赛，所以，要想在谈判中获得主动地位，谈判者一定要牢记"创造筹码"这四个字，不断地找出筹码。

能够给对方带来压力的条件才可称为筹码，如果条件无关痛痒，那就不是筹码。创造筹码要反应敏捷，要随着环境的转变随机应变，找出能够给对方施加压力的条件。节约成本是创造筹码时要兼顾的一个问题，应尽量用低成本换来大利益。

下面是一个关于如何创造筹码的案例，通过这个案例你可以看出，施加压力是筹码必不可少的条件，同时，有节约成本等诸多好处。

 案例

谈判高手买玩具

小明是个小男孩，今年4岁。有一天妈妈带他去逛百货公司，妈妈本来没有打算给他买玩具，但是经过玩具部的时候，小明看中了一个玩具。

于是，他想了一个方法来让他的妈妈买玩具给他。

小明：妈妈，我今天乖不乖？

妈妈：乖。

小明：那你会不会给我买一个玩具？

妈妈：不会。

小明大声喊道：你是全世界最好的妈妈，给我买那个玩具吧！

玩具柜台周围的人都回头看着他们。

妈妈红着脸说：好吧，那就买一个吧！

案例中的小明可谓是一个谈判高手了，为了达到买玩具的目的，他用了两种办法。首先他想用自己一天的良好表现来打动妈妈，但是没有成功。紧接着，小明利用了群众的力量向他的妈妈施加压力，赢取了谈判的胜利。

小明采用的第二种方法非常节约成本，比一般的大哭大闹要好得多。小明还具有一个谈判高手必需的勇气，提出一个筹码被否决后，马上又提出一个。

2.3.5 实力理论

美国谈判学家约翰·温克勒是最早从事谈判技巧研究的学者。他通过对世界各国企业巨头们的习惯进行分析和总结，发现在绝大多数情况下谈判技巧运用的根据和成功的基础是谈判实力，建立并加强自己谈判实力的基础又在于对谈判的充分准备和对对方的充分了解。他认为技巧的运用与实力的消长有极为紧密的关系。通过恰当的语言和交往方式，在对手面前树立或制造关于我方的印象，探索彼此的力量，采取一切可能的措施增强我方实力，这样，就为技巧更加主动、灵活的运用打下了基础。

谈判实力与通常认识上的公司实力既有一定联系，又有一定区别。

1. 关于实力

(1) 公司的财政实力。公司的资本总额及其增长速度如何？固定资产与流动资金的结构比怎样？公司的资金筹措能力大小，等等。

(2) 公司的技术实力与管理水平。技术实力与管理水平是影响企业综合经营效益的、不能彼此分离的重要实力因素，单纯强调技术或单纯强调管理是没有任何实际意义的。虽然从形式上讲技术实力与管理水平可以有不同的组合，但如果这种实力与水平的差异太大，在实践中它们是无法产生良好的综合效益的。在任何情况下，我们都应当将技术实力与管理水平看作一个实力要素。

(3) 公司的信誉。公司的信誉是公司无形资产的重要组成部分，在其他实力要素大致相当的公司之间，信誉卓著的公司由于其无形资产随时能为有形的竞争提供强大的支持，因此其实力必然强于对手。

(4) 谈判实力。通过谈判者的行为体现出的公司实力。由于谈判者的行为能力具有个体差异性，所以，谈判实力有时显得比公司实力强，有时又可能显得比公司实力弱。

对彼此间谈判实力的判断。谈判是在具体的人与人之间进行的。有经验的谈判人员总是特别注意他所面对的对手，看看这位对手在多大程度上能将其所代表的公司的实力展示出来。对彼此间谈判实力的判断，并不是要等双方已经正式接触之后才进行，而是要在与对手正式接触之前，通过各种可能的渠道和方式，"不动声色"地进行。对手作为一个具体的人，他是那种容易被我们所控制的小人物呢，还是那种很想控制我们并且能够控制我们的难以对付的人物？这一点对于我们至关重要。在正式谈判开始前，我们有必要得出结论性的印象。

谈判甲方与谈判乙方的实力对比，可以依据以下指标评定。

① 甲方登门联系一个对甲乙双方都有利可图的业务　　　　　　　强　弱
② 甲方一直受到乙方的崇拜　　　　　　　　　　　　　　　　　强　弱
③ 对甲方的请求乙方保持模棱两可的态度　　　　　　　　　　　弱　强
④ 甲方热情大方，但对谈判吹毛求疵　　　　　　　　　　　　　强　弱
⑤ 甲方衣着正规、整洁，乙方衣着脏乱　　　　　　　　　　　　强　弱
⑥ 甲方人员权力较大，乙方人员则常要请示上司　　　　　　　　强　弱
⑦ 甲方对这笔业务兴趣高，愿亲自跑腿　　　　　　　　　　　　弱　强
⑧ 甲方在与乙方谈判同时又在与第三方谈判　　　　　　　　　　强　弱
⑨ 甲方私下贿赂乙方人员　　　　　　　　　　　　　　　　　　弱　强
⑩ 乙方接受甲方私下的贿赂　　　　　　　　　　　　　　　　　强　弱
⑪ 甲方论证问题资料充足，乙方无法甄别真伪　　　　　　　　　强　弱
⑫ 甲方对该谈判的成败不关心，或表现出兴趣不大　　　　　　　强　弱
⑬ 甲方人员办事一直给人未出错的感觉　　　　　　　　　　　　强　弱
⑭ 甲方在一项协议达成时又给乙方一点甜头　　　　　　　　　　强　弱
⑮ 甲方最高首领是业务行家，乙方首领是行政领导　　　　　　　强　弱
⑯ 甲方对乙方的谈话表现出漫不经心，问多答少　　　　　　　　强　弱

⑰ 甲方希望乙方开放乙方所拥有的市场	弱	强
⑱ 甲方以常规技术与乙方合资开辟乙方占有的市场	弱	强
⑲ 甲方请乙方的主管部门干预乙方的立场	弱	强
⑳ 甲方去函乙方邀请其到甲方所在地谈判	弱	强
㉑ 乙方接受邀请，但希望甲方去乙方所在地谈判	弱	强
㉒ 甲方的邀请无回音，但已知乙方接到了邀请	弱	强

如何增强自己的谈判实力。由于谈判实力在谈判过程中对每一方都是动态变化着的，我们也只有在谈判过程中来加强自己的实力，离开谈判过程来谈实力都不是谈判实力的概念。

温克勒认为一个较为完整的谈判过程包括：收集情报，分析形势，评估讨价还价的力量，确定目标，研究策略，构造对方的期望，调查对方的需要，开局，取得进展，回顾目标，战术性动作，和解范围，终结讨价还价，确定最后文本。

在这个过程中，作为本方的谈判代表，应该：适当地展示自己公司的实力，如用各种数据、各种媒体的宣传，展示产品、工厂、公司的图片等；适当地表示对某一些业务不屑一顾；故作轻松等。

在传递有关实力信号给对方方面，我们可以将上述经验概括为：①是否非此时传递不可？②什么时机传递最佳？③这种时机我们具备吗？④我们可否营造这种时机？⑤在这种时机传递的后果和对方的反应可能如何？⑥我们对可能出现的结果是否有准备或对策？

2. 以实力进行谈判的十大原则

温克勒在研究谈判的规律性方面，并不完全采取以纯学术的方法来对那些间接的资料进行分析，他更倾向于通过调查和实证性研究的方法。由于他的这种方法既能对前人和同行的研究成果进行更深入的分析，又避免了纯理论研究的某些方面只能依靠常理和"猜想"进行判断的弊端，所以，他的研究成果更能突破原有理论的局限，并使之得到一定的修正。这也是温克勒的研究成果能广泛地得到世界范围内的认同的一个重要原因。

谈判的十大原则，正是他多年潜心调查、分析、总结人类在谈判领域里的经验的结晶。

(1) 不轻易给对方讨价还价的余地。如果遇到的某些问题大致是确定性的，就应努力使自己处于一种没有必要进行谈判的地位，或至多只能在枝节问题上交涉，核心问题是不可谈判的。

(2) 当没有充分准备的情况下应避免仓促参与谈判。在条件许可时应事先进行一些调查研究工作，努力了解对方，如其现状如何、利益何在、问题是什么、谁是对方作决策的人物等。特别是在谈判的初始阶段双方的接触对整个谈判的影响极大。那些进行了充分准备和调查研究的谈判者，他们的亮相将分外有力。反之，如果谈判者不懂得这种博弈知识，那么，在未来临近的谈判中他们的地位将是极其脆弱的。

(3) 设法让对方主动靠近你，你在保持某种强硬姿态的同时，应通过给予对方心理上更多的满足感来增强谈判的吸引力。

这一做法对初涉谈判的新手交涉时尤为有效。即既保持那种看似难以松动的地位，又采取某种微妙的措施使对方对谈判保持极大的兴趣，让对方"感觉"到他的成功，增加其自我满足感。对方的这种感觉越深，其向我方靠近并作出行动的决定就越快。

在互有所求的谈判中，开始时就做出顽强姿态的一方，总是能够获得更多的好处。谈判者应当注意，在采取这一原则时，虽然做出顽强的、看似难以动摇的姿态是必要的，但并不是唯一地固守这一姿态。你还应当积极地设法"引诱"对方主动靠近你，你的吸引力越大，你的优势地位才越巩固。

(4) 在向对手展示自己的实力时不宜操之过急，而应通过行动或采取暗示的方式。如通过让对方感到内疚、有愧、有罪过、自觉实力不济等形式。有时也可以在谈判之前通过第三方的影响，或舆论压力的形式等加强自己的实力地位。如对方约会时不守时、付账时款额不足、合作中曾出现过差错等，这些都是谈判者可以利用的因素。

(5) 要为对手制造竞争空气，让对手们彼此之间去竞争。而对于竞争者，不要惊慌失措，因为对竞争的惊慌失措将于事无补。例如，有的谈判者由于对某些生意项目表现出过分热情和兴趣，很快失去了自己的竞争优势地位。

温克勒强调指出，孤注一掷在讨价还价中是一大忌讳。你的热情和兴趣会使对方放心。谈判者所表现出的过于急切的姿态是一种虚弱的信号，不要这样做，而要使对方为了得到你的注意而竞争。如果谈判者想迫使对方同意某个决定，那他需要一种选择适当时机的敏感，还需要有一个能成为对方竞争者的势均力敌的对手。

(6) 给自己在谈判中的目标和机动幅度留有适当余地。当你要获取时，应提出比你原预想的成交目标还高些的要求(而不应恰处于原预想的成交目标上)；当你要付出时，应提出比你原预想的付出更少的付出要求(而不应恰处于原预想的付出水平上)。无论何种情况，让步要稳、要让在明处、要小步实施、要大肆渲染、要对等让步。

(7) 不要轻易暴露自己已知的信息和正在承受的压力。如果对方承受的压力来自于其内部，应当适时地递上一把"梯子"，以增加自己对对方的吸引力。

谈判者是处于特定社会环境中的人，一个富有经验的谈判者是不会轻易把自己的要求、条件和焦虑全部告诉对方的。但他们会做出某种姿态，尽力使你去接近他们。如果你天真地将自己的需要告知，这种真诚只可能对自己更加不利。

(8) 在谈判中应多问、多听、少说。谈判虽然在一定程度上包括了演讲的技巧，但它毕竟不能等同于演讲。演讲的目的是要把自己的主张与想法告知听众，而谈判的目的除此之外，还要通过与对方的交涉实现自己的目标，这就要求尽可能多地了解和熟悉对方。多问、多听有助于对谈判者之间的相互关系施加某种控制，迫使对方进行反馈，进而对其反馈给我方的信息进行分析研究，发现对方的需要，找出引导其需要并有助于实现我方目标的策略、措施与方法。

(9) 要与对方所希望的目标保持接触。谈判者无论提出什么样的要求，应与对方希望的目标挨得上边，不能无视对方的要求。如果你的要求与对方的要求之间的差距越大，你必须发出的信号也应该越多。

有时候，你直接向对方发出的信号也许并不如你间接发出的信号的影响力大。比如，你通过与旁人的闲谈故意把信号传给对方，或通过寻找借口，或通过变通的交流形式，或通过中间人或社会舆论的力量来达成与对方的联系，这些办法如果运用得当，其影响力不可低估。

(10) 要让对方从开始就习惯于你的大目标。谈判者不应一遇困难就轻率地背弃自己所期望的目标，应逐步学会利用公共关系的手段让对方适应我方的大目标，尤其是当你的地位很有利而且对方很需要你时更应如此。

从谈判的形式上看，似乎谁先开价谁后开价并无大碍。但是，开价的一方总倾向于按自己希望的最高目标出价，双方的首次出价之间会有一段距离。谈判者应当努力坚持自己的目标，即使要做出让步，也应当从自己的目标开始，逐步退让到对方所及的视线内，而不应当以对方的目标为基准，迫使其退让到我方所及的视线内。这两种让步的结果是大不一样的。

3. 合理使用谈判资源

(1) 争取形式上的对等，并非事实上的平等。谈判者必须懂得，在形式上的对等，只是一种表象的特征，谈判者需要这种对等，但它并不意味着事实上的平等。从本质上说，谈判各方之间，都不会是绝对平等的，他们的实力在某些时刻、某些方面总是不平衡的。谈判者需要学会的正是在这种动态过程中寻得自己更大的优势地位。

(2) 谈判桌上的精明源于谈判前的准备。

(3) 最好是与对手的实权人物打交道。温克勒建议，作为卖方的谈判者，应当确认以下事项：①买方谈判者的个人地位、实力与权威性如何？②买方的决策者是谁？③买方的决策程序如何？④买方的报价由谁制定，由谁开出，由谁审查？⑤买方谁能说"不"？⑥买方的资金由何而来？

对于买方的谈判者，温克勒建议其应当确认以下事项：①卖方谈判者的权限有多大？②卖方谈判者本人对该生意的渴求程度是否强烈？③这笔生意对卖方来说是否很重要？

4. 组织特征剖析的内容

(1) 组织分析：公司类型，雇员情况，财政规模，生产线状况，服务对象，竞争对手，竞争地位，组织结构，价格政策，推销政策，分销方法，发展计划，对我方特定业务的需求，当前面临的问题。

(2) 购买程序剖析：调查程序，决策过程，产品分析，价值分析，卖主分析，所牵涉的人员，时机问题。

(3) 销售程序剖析：销售策略，市场策略，销售组织，定价方法，折扣方法，可商谈的条款，关键人物，销售压力。

5. 其他注意事项

(1) 谨防自己的竞争者给自己带来压力。

(2) 优化谈判班子人员结构。

(3) 谈判资源的使用必须要有计划性。在什么情况下提出什么交易条件，做出让步的前提是什么，让步的方式、幅度、次数、顺序及对等要求，自己行使权力的范围、大小、要达到的交易目标，以及可能的后果等，都应事先有所准备、有所估计。这些因素的组合不同，谈判资源的使用效果也不同。如果谈判者能在谈判资源的使用上做到计划性，他的谈判行为就越具有理性，越能避免盲目性。具体如下：①诊断问题；②预测后果；③确定目标；④制定战略；⑤确定战术；⑥取得控制。

(4) 重视谈判行为的合理性。谈判者的谈判行为的合理性，在很大程度上决定了谈判结果的合理性。温克勒指出，讨价还价是一种社会交换，与所有其他社会事务一样，当事人在讨价还价过程中的处世为人，对于讨价还价的成败至关重要，其意义至少可以和讨价还价的策略相当。只要讨价还价者能做到这一点，使他的提议达到与对方从其他方面可以得到的最好交易条件相类比的水平，那么这位赢得谈判的人员，一定会被认为是最出色的(或最好的、最可信赖的、声誉最好的、最有效率的等)、可以与之共事的谈判者。所有这些因素都是无形的、摸不着的。它们已经不知不觉地树立在对方的心目之中。谈判者在谈判中的为人处世，被视为他所代表的组织的素质中最具有说服力的标志。

(5) 操纵谈判，而不只是参与谈判。任何一个谈判者的行为，如果将其放在组织行为的范畴内来考察，就会发现其受着两种压力的驱使：一种压力是他个人的动机，这个动机促使他尽可能地实现纯个人的目的；另一种压力是来自所在组织的利益，他必须为了维护组织的利益而在自己的职业岗位上尽责。于是，两种压力的不平衡，为我们带来了操纵对方的机会。温克勒指出，当公司的谈判者进行谈判时，他倾向于在满足个人需要和满足组织需要的中间航道上小心地行驶。他有自己的目标和抱负，同时试图使组织对他的工作感到满意，因此他可能在组织的压力和个人的压力作用下摇摆不定。对每个人来说，这二者的"混合物"的成分比例并不是一成不变的。有的人相对其他人来讲，可能受个人动机的影响小一点，即使是同一个人，这两种压力的比例也是随着时间变化的。

2.3.6 原则谈判理论

1. 什么是原则谈判法

"原则谈判法"是美国学者荣格·费舍尔研究发展的新的谈判理论。"原则谈判法"的基本内涵是根据价值来寻求双方的利益而达成协议，并不是通过双方讨价还价来做最后的决定。当双方的利益发生冲突时，则坚持使用某些客观的标准来作决定，而不是双方意志力的比赛。因此，"原则谈判法"也可称之为价值谈判法，其基本要点为四个方面：①人：把人与问题分开。把对方当作"人"来看待，把问题按其价值来处理。②利益：着眼于利益而不是立场。立场是你做出的某种决定，促使你做出这种决定的则是利益。③意见：在决定如何作之前，先构思可能有的选择，提出彼此有利的解决方案。④标准：坚持使用客观标准。

2. 把人与问题分开

谈判，实际上是人与人之间的一种沟通过程。因此，一个基本事实是：与你沟通的不是对方的"抽象代表"，而是活生生的人。是人就会有情绪、有需求、有观点。谈判活动的这一人性层面，有时是很难预测的。原因有以下两点：一是"自我"往往容易卷入"现实"。在谈判中，由于双方所处的对峙地位，对于对方总有一种戒备心理，所以常常从本位的立场看问题，这样就容易把自己的感觉与现实混在一起。二是受隐蔽假设的影响，对对方的话常常歪曲其原意。于是"误解"会强化成见，导致恶性循环。由于这两个原因，谈判的双方不但没有得到应有的结果，反而使双方的关系恶化。因此，不能迅速地觉察和妥善地处理对方的人性层面的反应，会给谈判带来致命的危害。要做到把人与问题分开处理，从总体上应从看法、情绪、误解这三个方面着手。当对方的看法不正确时，应寻求机会让他纠正；如果对方情绪太激动时，应给予一定的理解；当发生误解时，应设法加强双方的沟通。在谈判中，不仅要这样处理对方的"人的问题"，同样也应该处理己方的"人的问题"。综上所述，在思想上要把自己和对方看作同舟共济的伙伴，把谈判视为一个携手共进的过程；在方法上，要把对方当作"人"来看待，了解他的想法、感受、需求，给予他应有的尊重，把问题按照其价值来处理。

3. 着眼于利益而不是立场

谈判中的基本问题，不是双方立场上的冲突，而是双方的利益、需求和欲望的冲突。谈判的目的，就是为了调和双方利益而达成的某种协议。例如，有两个人在图书馆阅览室争吵了起来，原因是一个想开窗，另一个想关窗，他们为了窗户应该开多大而争论不休。图书馆管理员走进来，问其中一位为什么要开窗？他回答："让空气流通。"又问另一位为什么要关窗？他说："避免噪声。"那位管理员想了一下，然后，打开旁边房间内的窗户，这样既可让空气流通，又可避免噪声。由此可见，不能只注意双方陈述的立场——"开窗"和"关窗"，而应该从"空气流通"和"避免噪声"这两项双方潜在的利益出发，达成一种解决问题的协议。因此，明智的解决方法是针对利益，而不是针对立场，原因有两个：任何一种利益一般会有多种可以满足的方式；在对立立场背后，双方存在共同利益和冲突性的利益，并且所存在的共同利益往往大于冲突性利益。

4. 提出彼此有利的解决方案

在谈判中，人们为什么会坚持自己的立场，而使谈判陷入僵局，原因之一是"沿着单一方向进行谈判"而使谈判进入死胡同；二是"遇到非零和的选择"而使谈判形成单利性结果。但有一种办法能把一块"大饼"分割得让双方都满意，这就是在分割"大饼"之前先使"大饼"膨胀起来，即提出彼此有利的解决方案——由一个人切，另一个人先挑选，就是一个分配"大饼"的好方案。提出彼此有利的解决方案，是在构思一系列可行的选择方案中产生的。因此，第一步，必须把选择方案的"构思行为"与"判断行为"分开；第二步，必须摒弃"只寻求一种答案"的意识；第三步，必须确认"共有利益"，让双方"各得其所"；第四步，必须"使对方容易作决定"。把"构思"和"决定"划分清楚，对任何谈判都有好处。讨论选择方案与采取立场截然不同。双方的立场也许是对立的，但"讨论选择方案"时会请对方也提出"选择方案"来。而这时双方所采用的语气会截然不同。它包含问题，而不是肯定；它表现商量，而不是决定；它是开放式的创意，而不是封闭式的思想。这种"智力激荡"可以使谈判的双方不受拘束地进行创造性思考，并构思建设性的多种解决方案，而不是"只寻求一种答案"。

从理论上讲，"共有利益"显然有助于达成协议，但实际情况，"共有利益"在所有谈判中都是隐蔽的，而双方想法的"差异"是达成交易的基础。例如股票交易，正是因为购买者认为会涨价，售出者认为会降价的原因。换言之，在谈判中，确认"共有利益"并将其设定为共同的目标，就是使"共有利益"具体化，以作为未来的指向，并使谈判过程更为顺利和融洽。而在利益和想法上的"差异"，可能某一项目能使己方获得很大的利益，而对另一方则也无不利，这就是"各有所得"。当然，在谈判的最后，一定要"使对方容易作决定"，因为没有令对方动心的选择方案，对方是很难跟你达成协议的。

5. 坚持使用客观标准

在谈判中,如何解决双方利益分配问题?原则谈判法主张:坚持使用客观标准。所谓"客观标准"就是独立于各方主观意志之外的、不受情绪影响的标准。衡量的原则是:①从实质利益上看,以不损害双方各自的利益为原则。②从处理程序上看,在双方决定各自要扮演的角色之前,可以先针对他们心中的"公平程序"进行谈判。像两个人分饼时,一个切,另一个则先挑选,谁也不会抱怨这种方法不公平。

由上文可知,影响商务谈判的因素有三点:谈判的目标、谈判成员的选择及谈判者的心态。

2.4 商务谈判中常见的错误

因为缺少正确的谈判理念,在谈判中往往出现各种的错误,阻碍了谈判的成功。

1. 狭隘利益

只看到自己的利益,看不到对方的利益;只考虑自己的需求,不考虑对方的需求;只从自己的角度看问题,不从对方的角度看问题;只愿取,不愿予。这种做法常常导致谈判的僵局和破裂,最终也会损害自己的利益。

2. 非赢即输

不是把谈判看作一场互利互惠的合作,而是把谈判看作一场你死我活的斗争或有输有赢的比赛,最终结果只能是:要么输,要么赢。其实质是把谈判利益看作一种"零和",你多我就少,如果我少了,那我就输了。这种看法是非常不利于谈判的,它会使谈判者只关注眼前的"小蛋糕",而不是去谋求对双方更有利的"大蛋糕"或发现整合双方的真实需要,最终也会破坏双方的合作和关系。

3. 直来直去

没有经验的谈判者在谈判时常犯"直来直去"的错误,即怎么想就怎么说,有多少就说多少,是什么就说什么,或者轻易地把内心的想法和感受流露出来,或者夸夸其谈、滔滔不绝,把自己的意图、计划完全暴露给对方,而没有看到谈判是一场心理战,需要多听少说,需要以迂为直,需要虚虚实实。谈判中过于直接或坦白,等于把谈判的主动权拱手让给对方,从而受制于人。

4. 一步到位

有些人不习惯或不愿意讨价还价,往往把价格一次让到位(一口价),不给对方讨价还价的空间和余地,愿买(卖)就买(卖),不买(卖)拉倒;或者一次就应允对方的交易条件或者不够坚持,轻易地做出让步。如此种种,一方面不能很好地发挥谈判的作用,降低了合作成功的可能性;另一方面也降低了对方的心理满足程度。

5. "一条道"

谈判者带着先见进入谈判,事先拟好了事情的原委和解决的办法,然后带着对方会接受这种解决办法的心理进入谈判，或者对问题只有一种解决方案，没有其他的解决方案，这样他们的思维就沿着一条直线往前走，不会或不愿考虑其他途径。"一条道"的做法极易引发双方的矛盾，削弱双方的合作空间，是一种思维僵化、眼界狭隘的表现。

6. 漫游综合

谈判中没有明确的思路和计划，谈判话题经常从一个跳到另一个，或不时返回先前的话题而并不增加新的内容，或者甲问题未完又跳到毫不相关的乙问题，或者纠缠于细枝末节，抓不住重点和要害等，结果谈判越谈越混乱，越谈越困难，不仅降低了谈判的效率，而且阻碍了谈判的成功。

7. 害怕冲突

谈判者因担心双方的冲突会破坏谈判的成功，因此只谈那些容易谈的问题，而回避那些容易引起争论或矛盾的问题；只愿做"白脸"，不愿做"红脸"；不敢向对方施加压力来争取己方的利益，或面对对方的压力轻易屈服。没有看到成功的谈判不仅需要适度的冲突，而是要善于处理冲突。害怕冲突是一种软弱主义的表现，不仅会损害己方的利益，而且无助于谈判的成功。

8. 忽视关系

谈判者不善于同对方的个人建立良好的关系，并利用这种关系来促进谈判和合作，而把谈判看作纯粹的公事公办，或者过多地由律师来参与或负责谈判，降低了双方的信任程度和人际作用。这种谈判看起来简单了，实则会影响双方的良好合作。

9. 过分热情

谈判者不一定要冷漠无情，但也无须过分热情，这是谈判与推销的重要区别之一。谈判者过于热情，要么会引起对手的戒心，增加谈判的难度；要么会使对方放心，低估你的谈判实力。优秀的谈判者往往谨慎、冷静进行分析，老成持重，不轻易流露自己的情绪，也不会轻易做出承诺。

10. 不拘小节

谈判约定俗成的各种礼节是不能违背的，它们保留至今是为了得到遵守。谈判对手往往不会原谅违背当地礼节的行为，特别是社交场合中令人尴尬的失礼行为，尽管这可能是由于你的无知造成的，他们可能不会公开指责你的错误，但会记在心上。不拘礼节常常表现为对谈判或当地的礼仪无知，或者不拘小节、过于随便，或者等级不分、行事莽撞等，从而使对手轻视你，甚至会利用你的失礼作为谈判的筹码。要知道，一个好的谈判者应该是举止文明优雅和守信的人。

本 章 小 结

本章首先介绍了商务谈判的理念，包括商务谈判理念的演进及三大基石，并给出了谈判实力的概念和影响因素，分析了商务谈判的理论基础，包括需要理论、谈判结构理论、谈判唯理论、谈判力学理论、实力理论和原则谈判理论，并分析了各种理论的内涵和特征；最后，给出了狭隘利益、非赢即输、直来直去、一步到位、"一条道"、漫游综合、害怕冲突、忽视关系、过分热情、不拘小节等商务谈判中的常见错误。

通过本章学习，读者应掌握商务谈判理念的概念、商务谈判理念的演进、商务谈判理念基础、原则谈判法，理解商务谈判理念的三大基石和商务谈判中常见的错误，了解商务谈判实力及其影响的因素。

关键术语

资源　欲望　属性　需要　谈判实力　成交弹性　生理需要　安全需要　社会需要　尊重需要　自我实现的需要

复习思考题

1. 填空题

(1) 人们逐渐意识到合作的收益往往高于_____。

(2) 谈判的准备工作十分重要，准备的内容主要是掌握对方的谈判信息，其核心就是要掌握对方的_____。

(3) 善解人意就是在谈判中能够敏锐迅速地洞察对方的_____所在。

(4) 谈判实力是一个抽象的概念，谈判实力的外延是其诸多影响因素的_____。

(5) 任何事物都是由若干相互制约、相互依赖的因素按照一定的内在_____构成的。

(6) 谈判通常发生在一定的场所，从_____的角度可以将谈判场所分为主场、客场、中场三种。

2. 选择题

(1) 谈判可用的时间本身就是谈判中讨价还价的(　　)。
　　A．基础　　　　B．筹码　　　　C．手段　　　　D．媒介

(2) 管理者的任务，就在于通过满足每个员工的各种正常需要，来调控他们的(　　)。
　　A．行为　　　　B．思维　　　　C．观念　　　　D．欲望

(3) 需要按其性质可分为物质需要和(　　)。
　　A．生存需要　　B．发展需要　　C．社会需要　　D．精神需要

(4) 马斯洛需要层次论的基础是他的人本主义(　　)。
　　A．管理学　　　B．行为学　　　C．社会学　　　D．心理学

(5) 虽然交换价值可以有不同的比例，但商品交换实质上是等量(　　)相交换。
　　A．劳动　　　　B．价值　　　　C．价格　　　　D．效用

3. 名词解释

(1) 主谈人。

(2) 协谈人。

(3) 一般议题。

(4) 原则谈判法。

4. 简答题

(1) 简述谈判唯理论的理由种类。

(2) 简述公司的三大实力要素。

(3) 简述组织特征剖析的内容。

(4) 简述商务谈判中常见的错误。

5. 论述题

试简要分析以实力进行谈判的十大原则。

案例分析题

日本一个客户与东北某省外贸公司洽谈毛皮生意，条件优惠却久拖不决。转眼过去了两个多月，原来一直兴旺的国际毛皮市场货满为患，价格暴跌，这时日商再以很低的价格收购，使我方吃了大亏。

据记载，一个美国代表被派往日本谈判。日方在接待的时候得知对方需在两个星期之后返回。日本人没有急着开始谈判，而是花了一个多星期的时间陪她在国内旅游，每天晚上还安排宴会。谈判终于在第12天开始，但每天都早早结束，为的是客人能够去打高尔夫球。终于在第14天谈到重点，但这时候美国人已经该回去了，已经没有时间和对方周旋，只好答应对方的条件，签订了协议。

问题：

(1) 阅读此案例后，谈谈你对商务谈判心理的理解。

(2) 一个成功的商务谈判者应注重收集哪些信息？

第 3 章　商务谈判的前期准备

知识架构

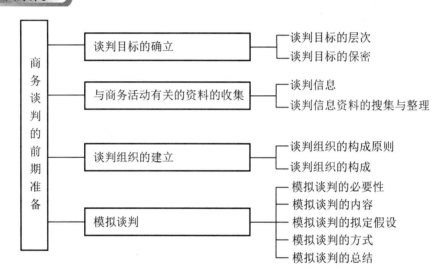

学习目标

通过本章的学习，读者应该能够：
- 熟悉谈判目标的层次
- 掌握谈判目标的保密
- 理解谈判信息
- 了解谈判信息资料的搜集与整理
- 掌握商务谈判的内容
- 掌握谈判组织的建立
- 理解谈判组织的构成原则

 **导入案例**

松下在寒暄中失去先机

日本松下电器公司创始人松下幸之助先生刚"出道"时，曾被对手以寒暄的形式探测了自己的底细，因而使自己产品的销售大受损失。

当他第一次到东京找批发商谈判时，刚一见面，批发商就友善地和他寒暄："我们第一次打交道吧？以前我好像没见过你。"批发商想用寒暄托词，来探测对手究竟是生意场上的老手还是新手。松下先生缺乏经验，恭敬地回答："我是第一次来东京，什么都不懂，请多关照。"正是这番极为平常的寒暄答复使批发商获得了重要的信息：对方原来只是个新手。批发商问："你打算以什么价格卖出你的产品？"松下又如实地告知对方："我的产品每件成本是20元，我准备卖25元。"

批发商了解到松下在东京，人地两生，又暴露出急于要为产品打开销路的愿望，因此趁机杀价，"你首次来东京做生意，刚开张应该卖得更便宜些。每件20元，如何？"结果没有经验的松下先生在这次交易中吃了亏。

寒暄不仅可以营造友好和谐的谈判气氛，而且也是在谈判之始观察对方情绪和个性特征，获取有用信息的好方法。最容易引起对方兴趣的话题莫过于谈到他的专长。有这样一个案例：被美国人誉称为"销售权威"的霍伊拉先生就很善于这样做。一次他要去梅依百货公司拉广告，他事先了解到这个公司的总经理会驾驶飞机。于是，他在和这位总经理见面互相介绍后，便随意说了一句："您在哪儿学会开飞机的？"一句话，触发了总经理的谈兴，他滔滔不绝地讲了起来，谈判气氛显得轻松愉快，结果不但广告有了着落，霍伊拉还被邀请去乘坐总经理的自用飞机，和他交上了朋友。

案例分析：一个有经验的谈判者，能通过相互寒暄时的那些应酬话去掌握谈判对象的背景材料：他的性格爱好、处世方式、谈判经验及作风等，进而找到双方的共同语言，为相互间的心理沟通做好准备，这些都对谈判成功有着积极的意义。

"知己知彼，百战不殆""凡事预则立，不预则废""不打无准备之仗"，这些至理名言揭示了准备工作的重要性。直接关系企业经济利益的商务谈判，其成功在很大程度上取决于准备工作的充分与否。谈判准备工作做得充分可靠，可以让己方增强自信，从容应对谈判过程中出现的各种问题，甚至掌握主动权，尤其在缺少经验的情况下，可以弥补经验和技巧的不足。

商务谈判的准备工作包括：谈判目标的确立、谈判资料的收集、谈判组织的建立、谈判计划的制订和模拟谈判的进行等几项任务。

3.1 谈判目标的确立

谈判目标的确定，是指对谈判所要达到的结果的设定，是谈判的期望水平。谈判目标是商务谈判的核心。在整个谈判过程中，从谈判策略选择到策略实施及其他工作，都是围绕谈判目标进行的，为谈判目标服务的。另外，谈判目标一旦被对方知晓，就容易使己方处于不利局面。所以在谈判准备工作中，首先要确定谈判目标，其次要做好谈判目标的保密工作。

3.1.1 谈判目标的层次

1. 最高目标

最高目标也叫最优期望目标，是对谈判者最有利的目标，实现这个目标，可以最大化满足自己的利益，当然也是对方所能忍受的最高程度。最高目标是一个点，超过这个点，则往往要冒着谈判破裂的危险。在实践中，最高目标一般是可想不可及的理想目标，一般很难实现。因为商务谈判是各方进行利益分割的过程，没有哪一方会心甘情愿地把利益全部让给他人。同样，任何一个谈判者也不可能每次谈判都大获全胜。尽管如此，确立最高目标还是很有必要的，一是可以激励谈判人员尽最大努力争取尽可能多的利益，清楚谈判结果与最终目标存在的差距；二是在谈判开始时，以最高期望目标为报价起点，有利于在讨价还价中处于主动地位。

如在资金供求谈判中，需求方实际希望得到 70 万元，但谈判一开始，需求方经过各方面的衡量可能报价 100 万元，这 100 万元就是需求方的最高目标。这个数字比希望得到的 70 万元多 30 万。但是供给方不会马上提供 100 万元资金。供方会根据自己掌握的信息，在明知对方只需要 70 万元的情况下，为了使谈判主动权掌握在自己手中，就故意压低对方报价，只同意提供 40 万元。经过几轮往返折中，讨价还价，最后结果既不是 100 万元也不是 40 万元，可能是 70 万元左右。

如果一开始需求方不提出 100 万元，或供方不提出 40 万元，谈判就无法进行。当然最高目标也不是绝对不能实现的，一家信誉极高的企业和一家资金雄厚、信誉良好的银行之间谈判，实现最高目标的机会是完全可能存在的。

2. 实际需求目标

实际需求目标是谈判各方根据主客观因素，综合考虑各方面情况，经过科学论证、预测和核算后，纳入谈判计划的谈判目标。这是谈判者调动各方面的积极性，使用各种谈判手段努力要达到的目标。实际需求目标也是一个点。上面提到的 70 万元就是实际需求目标。这个层次目标具有以下特点。

(1) 它是秘而不宣的内部机密，一般会在谈判中的某个阶段提出。

(2) 它是谈判者坚守的防线。如果达不到这一目标，谈判可能会陷入僵局或暂停，以便谈判者的单位或小组内部讨论对策。

(3) 这一目标一般由谈判对手挑明，而己方应见好就收。

(4) 该目标关系着谈判一方的主要或全部经济利益。如企业得不到 70 万元资金，就无法引进新设备，从而不能提高生产率、扩大生产。所以，这一目标对谈判者有着强烈的驱动力。

3. 可接受目标

可接受目标是指在谈判中可争取或作让步的范围。它能满足谈判方的部分需求，实现部分利益。在上述例子中，资金供方由于某种原因，只能提供 50 万元，没有满足需方的全部实际需求，这种情况是经常发生的。谈判者在谈判前制定谈判方案时，应充分考虑到这种情况的出现并制定相应的措施。对于可接受目标，己方应采取两种态度：一是现实态度，即树立"只要能得到部分资金就是谈判成功"的观念，不要硬充好汉，抱着"谈不成出口气"的态度，这样可能连可接受目标也无法实现；二是抱着多交朋友的思想，为长期合作打下基础。

4. 最低目标

最低目标是谈判中必须实现的目标，是做出让步后必须保证实现的最基本的目标。最低目标是一个点，是谈判的底线，如果不能实现，宁可谈判破裂也能不降低这一标准。因此，最低目标是一个限度目标，是谈判者必须坚守的最后一道防线，当然也是谈判者最不愿接受的目标。最低目标与最高目标有着内在的必然联系。在商务谈判中，表面上开始报价很高，提出最高目标，但它是一种策略，保护着最低目标、可接受目标和实际需要目标，这样做的实际效果往往超出谈判者最低需求目标或至少可以保住这一目标，然后经过讨价还价，最终达成一个超过最低目标的目标。如果没有最低目标作为心理安慰，一味追求最高目标，往往会带来僵化的谈判策略，不利于谈判的推进。

一般来说，最低目标低于可接受目标。可接受目标在实际需求目标与最低目标之间选择，是一个随机值。最低目标是谈判一方依据多种因素，特别是其拟实现的最低利益而明确划定的界限。如上例中，如果最低目标设定为 20 万元，可接受目标就在 20 万～70 万元之间。

上述四个层次的目标，共同构成一个整体，但各有各的作用，需要在谈判前根据实际情况认真规划设计，不可凭"拍脑袋"决定。

谈判目标的确定是一个非常关键的工作，在确定目标时要注意以下四方面的问题。

(1) 应具有实用性，即制定的目标可以谈和能够谈。谈判双方要根据自己的经济能力和条件进行谈判，离开这一点，任何谈判结果不可能实现。

(2) 应具有弹性。定出上、中、下限目标，根据实际情况随机应变，调整目标。

(3) 应具有合法性，即谈判目标符合一定法律准则和道德规范。

(4) 优化目标次序。当谈判中存在多重目标时，应根据其重要性加以排序，抓住最重要目标努力实现，其他次要出标可降低要求，做出让步。

3.1.2 谈判目标的保密

谈判目标的实现依赖于各方谈判实力的强弱和谈判策略的有效性，谈判实力在短期内难以改变，而谈判策略的有效性取决于对对方信息掌握的完备程度，特别是对对方谈判目标的准确掌握。因此，谈判目标的保密显得格外重要。否则，在谈判前或谈判中由于谈判人员的言行不当而向对方泄露了谈判目标，就会对己方谈判造成不利的影响。做好谈判目标的保密工作，可以从以下三个方面入手。

(1) 尽量缩小谈判目标知晓范围。知道的人越多，有意或无意泄密的可能性就越大，就越容易被对方获悉。

(2) 提高谈判人员的保密意识，减少无意识泄密的可能性。

(3) 与目标相关的文件资料要收好，废弃无用的文件资料尽可能销毁，不要让其成为泄密的根源。

3.2 与商务活动有关的资料的收集

3.2.1 谈判信息

谈判信息是指反映与商务谈判相联系的各种情况及其特征的有关资料。商务谈判信息资料同其他领域的信息资料相比较，其独特点在于：首先，商务谈判资料无论是资料的来源还是资料的构成都比较复杂和广泛，在有些资料的取得和识别上具有相当难度。其次，商务谈判资料是在特定的谈判圈及特定的当事人中流动，谈判者对谈判资料的敏感程度是其在谈判中获取胜利的关键。最后，商务谈判涉及己方和谈判对手的资金、信用、经营状况、成交价格等具有极强的保密性。

1. 商务谈判信息准备的内容

一般来说，商务谈判的调研，信息准备应包括对对方资料的搜集和分析研究。谈判对手的信息资料是商务谈判所应具备的最有价值的资料。对谈判对手应侧重掌握下列资料。

(1) 对方的运营状况与资信。在尽可能掌握对方企业的性质、资金状况及注册资金等资料的情况下，还应侧重了解两个问题：一是对方的运营状况。因为即使对方的注册资本很高，但如果运营状况不好，也会负债累累，而公司一旦破产，己方很可能收不回全部债权。二是对方的履约信用情况。应调查对方的资信情况，避免因其不能履约，造成经济损失。

应坚持在不掌握对方信用情况，不熟知对手底细或有关问题未搞清的情况下，不举行任何形式的商务谈判。

掌握对方运营状况和资信情况后，才能确定交易的可能规模及与对方进行交易往来的时间，也才能做出正确的谈判决策和给予对方恰当的优惠。

(2) 对方的真正需求。应尽可能摸清对方本次谈判的目的；对方谈判要求达到的目标及对我方的特殊需求；当面临的问题或困难时，对方可以接受的最低目标等。

摸清对方的真正需求，就必须透过表面现象去辨别、发现。只有认真了解对方的需求，才能有针对性地激发其成交的动机。在商务谈判中，越是有针对性地围绕需求谈判，交易就越有可能取得成功。

(3) 对方参加谈判人员的权限。应尽可能多地掌握对方谈判人员的身份、分工。如果是代理商，必须弄清代理商的代理权限范围及对方公司的经营范围。绝大多数国家规定，如果代理人越权或未经本人授权而代本人行事，代理人的行为就对本人无约束力，除非本人事后追认，否则本人不负任何责任。同样，如果代理人订立的合同越出了公司章程中所规定的目标或经营范围，即属于越权行为。对属于越权行为的合同，除非事后经董事会研究予以追认，否则公司将不负任何责任。

在谈判中，同一个没有任何决定权的人谈判是浪费时间的，甚至会错过最佳交易时机；弄清代理商的代理权限范围和对方公司的经营范围，才能避免日后发生纠纷和损失。

(4) 对方谈判的最后期限。必须设法了解对方的谈判期限。任何谈判都有一定的期限。最后期限的压力常常迫使人们不得不采取快速行动，立即做出决定。

了解对方的谈判期限，以便针对对方的期限，控制谈判的进程，并针对对方的最后期限施加压力，促使对方接受有利于己方的交易条件。

(5) 对方的谈判作风和个人情况。谈判作风指的是在反复、多次谈判中所表现出来的一贯风格。了解对手的谈判作风可以更好地采取相应的对策，以适应对方的谈判风格，尽力促使谈判成功。

另外，还要尽可能了解谈判对手的个人情况，包括品格、业务能力、经验等。

2. 相关的市场信息资料

1) 市场资料

市场资料是商务谈判可行性研究的重要内容。市场情况瞬息万变、构成复杂、竞争激烈。对此必须进行多角度、全方位、及时的了解和研究。

与谈判有关的市场信息资料主要有以下几点。

(1) 交易商品市场需求量、供给量及发展前景。

(2) 交易商品的流通渠道和习惯性销售渠道。

(3) 交易商品市场分布的地理位置、运输条件、政治和经济条件等。

(4) 交易商品的交易价格、优惠措施及效果等方面。

市场情况对企业的商务谈判至关重要。谈判者要时刻关注市场的变化，根据市场的供求关系，选择有利的市场，并在谈判中注意对方的要价及采取的措施。

2) 交易条件资料

交易条件资料是商务谈判必备的资料。交易品资料一般包括商品名称、品质、数量、包装、装运、保险、检验、价格和支付等方面的资料。

(1) 商品名称：①交易品在国际上的通称和在各地的别称。了解这一点可避免因名称叫法不一而导致失去交易机会或发生误会。②品名在运费方面、关税及进出口限制的有关规定。③世界各地消费者对商品名称的喜好与忌讳。

(2) 商品品质：①商品在品质表示方法上的通用做法和特殊做法。②世界各地对交易品品质标准的最新规定。了解这点，以便在合同中能明确规定欲交易的商品品质以什么地方、何时颁布的何种版本中的规定为依据，以避免日后发生误解或造成不必要的损失。

(3) 商品数量：①世界各地在同一计量单位所表示的数量差异与习惯做法。把这些情况了解清楚，才能在合同中明确规定，避免日后发生纠纷。②世界各地在计量概念上的不同解释。了解这点，以避免因实际交货量和原订货量有差异而发生争议。

(4) 商品包装：①国际市场上同类商品在包装的种类、性质、材料、规格、费用及运输标志等方面的规定和通用做法。②交易品包装装潢的发展趋势。了解商品包装在所用材料、装潢设计上出现的新趋势，改进包装，适应市场，增强己方商品的竞争能力。③世界各地对商品包装的喜好与忌讳。了解各个国家和地区的消费者对包装在式样、构图、文字、数字、线条、符号、色彩的设计上的不同心理联想与要求，改进包装以迎合其喜好，避免其忌讳，增强竞争力。

(5) 商品装运：①世界各主要运输线路运营情况和有关规定。以便选择合理的运输方式和避免违反相关法律法规。②世界各种运输方式的最新运费率、附加费用及运输支付方式。以便确定己方的报价及划清双方费用的界限。③世界各地关于商品装运时间和交货时间的规定及有关因素。以便在不影响成交的前提下,订出切实可行的装运时间和交货时间,避免产生纠纷和影响信誉。

(6) 商品保险的资料:①国际上同类商务在保险的险别、投保方式、投保金额等方面的通用做法。②世界各地对交易商品在保险方面的特殊规定及世界各主要保险公司的有关规定。③世界各地对保险业务用语在叫法上的差异和不同的解释,以便在谈判中争取有利条件,避免损失。

(7) 商品检验的资料:①世界各国主要检验机构的权限、信誉、检验设施等情况。事先了解清楚检验机构的有关情况,才能在谈判中选择较有利的交易商品的检验机构。②同类商务在检验内容、检验标准、检验方法、检验时间和地点等方面的做法和规定。以便事先掌握交易商品顺利通过检验的各种因素,防患于未然。

(8) 商品价格和支付的资料:①世界各主要市场同类商品的成交价和影响因素及价格变动情况。以便制定己方的价格策略。②国际上对与价格术语有关问题的规定和不同解释。以避免日后发生误解和纠纷。③世界各地商人在报价还价上的习惯和技巧,特别是交易对方在报价中的水分,以便己方有针对性地采取有效的讨价还价的技巧。④商品交易的主要方式和信用等情况。以便谈判中确定货款支付方式及支付货币等事项,避免造成损失。

3) 竞争对手资料

竞争对手资料是谈判双方力量对比中一个重要的"砝码",会影响谈判天平的倾斜度。竞争对手资料主要包括以下几方面。

(1) 现有竞争对手的产品因素,如数量、品种、质量、性能、包装方面的优缺点。
(2) 现有竞争对手的定价因素,如价格策略、让价策略、分期付款等方面。
(3) 现有竞争对手的销售渠道因素,如有关分销、储运的实力对比等方面。
(4) 现有竞争对手的信用状况,如企业的成长史、履约、企业素质等方面。
(5) 现有竞争对手的促销因素,如推广力度、广告宣传、营业推广、服务项目等方面。

了解竞争者是较困难的,但如果是卖方,至少应该知道一个销售价格高于自己,而产品质量比自己差的竞争对手的详细情况。作为买方则应掌握有关供货者的类似情报。

通过对以上情况的了解分析,找出主要竞争对手及其对本企业商品交易的影响,认清本企业在竞争中所处的地位,并制定相应的竞争策略,从而掌握谈判的主动权。

3. 相关的环境资料

在商务谈判中,不同的背景对具体的谈判项目的成立、对谈判进程和谈判的结果会有相当重要的影响。因此,在谈判准备阶段必须认真搜集分析以下资料。

(1) 政治状况。政治状况关系到谈判项目是否成立和谈判协议履行的结果。因此,必须了解对方国家的政治制度和政府的政策倾向、政治体制、政策的稳定性,以及非政府机构对政策的影响程度。特别是要了解对方国家和地区的政局稳定性,判断政治风险的大小。政治风险一般来源于:政府首脑机构的更替、政治改变、社会的动荡或爆发战争、政府的经济政策突然变化、国家间关系的重大变化等。若在合同履行期内发生重大的政治风险,将使有关的企业蒙受沉重的经济损失,这是应该尽力避免的。

(2) 法律制度。这主要是与商贸谈判活动有关的法规。除了要熟知我国现有的法律外,还要认真了解当事各国的法规及一些国际法规,如《联合国国际货物销售合同公约》《联合国国际贸易委员会仲裁规则》等。

(3) 商业习惯。商业习惯不同会使商贸谈判在语言使用、礼貌和效率,以及接触报价、谈判重点等方面存在极大的差异。商业习惯在国际贸易谈判中显得更为重要,因为差不多所有国家(或地区)都有自己独特的商业习惯,如果没有事先了解就容易使谈判破裂。例如,法国商人往往在谈妥合同的重要条件后就会在合同上签字,签字后又常常要求修改。因此,同法国人谈成的协议必须以书面形式互相确认。

(4) 社会文化。社会文化主要包括文化教育、宗教信仰、生活方式和社会习俗等。与外国商人谈判,特别要注意对其宗教信仰和社会习俗的了解,了解这些情况,不仅可避免不必要的冲突和误会,而且可以更好地理解对方的谈判行为,促使谈判成功。

(5) 财政金融。应随时了解各种主要货币的汇兑率及其浮动现状和变化趋势,了解国家的财税金融政策,以及银行对开证、承兑、托收等方面的有关规定等情况。

(6) 有关货单、样品资料。这主要包括货单、样品,双方交换过的函电抄本、附件,谈判用的价格目录表、商品目录、说明书等资料。货单必须做到具体、正确,每个谈判人员对此必须心中有数。谈判样品必须准备齐全,特别要注意的是样品必须与今后交货的产品相符。

3.2.2 谈判信息资料的搜集与整理

1. 信息准备的要求

信息资料的准备必须符合准确、全面、适用、及时的要求。

(1) 准确。准确是指信息资料的真实性。真实是信息的生命,不真实的信息会把商贸谈判决策引向歧途。为保证信息的真实性,首先,要求资料来源要真实可靠。其次,在信息资料加工时,要注意鉴别,去伪存真,剔除不真实的信息资料。最后,要弄清模糊度较大的资料,不明确的资料要暂时搁置起来。

(2) 全面。全面是指信息资料的完整性、系统性和连续性。残缺不全的资料常常会导致谈判中的判断失误。因此,要求搜集的信息资料必须是与商贸谈判有关的全方位的信息资料。搜集时要尽可能详细,要广泛搜集,防止遗漏重要的信息资料。同时,要保持系统性,要能反映有关政治、经济等活动的动态变化状况与转化过程及其特征。

(3) 适用。适用是指所准备的信息资料要适合商贸谈判工作的实际需要。适合谈判决策或解决问题的信息就具有适用性。因此,要求资料搜集必须有明确的目的,按专题进行,不必面面俱到。同时,要求在资料整理分析时,善于选择与某一谈判行动有关的重要信息资料,送交决策者作为谈判决策时的参考。

(4) 及时。及时是指信息资料的时效性。信息资料应尽可能灵敏地反映最新动态。信息有很强的时效性,适时的信息便是财富。信息时效性要求,一方面要及时地搜集发展变化着的有关情况;另一方面,信息资料的整理、分析、传递的速度要快。

2. 资料搜集的方法和途径

(1) 检索调研法。检索调研法是根据现有的资料和数据进行调查、分类、比较、研究的信息资料准备方法。检索调研法的资料搜集的途径很广,主要的有以下几个方面。

① 统计资料。主要包括我国、对方国家及国际组织的各类统计月刊或统计年鉴,以及各国有关地方政策的各类年鉴或月刊。

② 报纸杂志、专业书籍。如我国的"国际商务研究""国际经贸消息""外贸调研"等杂志都刊登有与贸易谈判活动有关的资料。

③ 各专门机构的资料。如政府机关、金融机构、市场信息咨询中心、对外贸易机构等提供的资料。

④ 谈判对方公司的资料。如经对方专任会计师签字的资产负债表、经营项目、报价单、公司预算财务计划、公司出版物和报告、新闻发布稿、商品目录与商品说明书、证券交易委员会或政府机关的报告书、官员的公开谈话与公开声明等。

(2) 直接观察法。直接观察法是调查者在调查现场对被调查事物及被调查者的行为与特点进行观察测度的一种信息资料准备方法。直接观察法的形式主要有以下几种。

① 参观对方生产经营场地。如参观对方的公司、工厂等,以明了对方实情。

② 安排非正式的初步洽谈。通过各种预备性的接触,创造机会,当面了解对方的态度,观察对方的意图。

③ 购买对方的产品进行研究。将对方的产品拆开后进行检验,分析其结构、工艺等,以确定其生产成本。

④ 搜集对方关于设计、生产、计划、销售等资料。

(3) 专题询问法。专题询问法是以某一项命题向被调查者征询意见,以搜集资料的一种信息准备方法。专题询问法的方式运用灵活,其途径主要有以下几种。

① 向对方企业内部知情人了解。如对方现在或过去的雇员、对方领导部门的工作人员、对方内部受排挤人员等。

② 向与对方有过贸易往来的人了解。如对方的客户、对方的供货商等。

③ 向对方的有关人员了解。如在会议或社交场合通过与对方的重要助手或顾问的交往来探取情报等。

3. 信息资料的加工整理

信息资料整理一般分为以下几个阶段。

(1) 筛选阶段。筛选就是检查资料的适用性,这是一个去粗取精的过程。

(2) 审查阶段。审查就是识别资料的真实性、合理性,这是一个去伪存真的过程。

(3) 分类阶段。分类就是按一定的标志对资料进行分类,使之条理化。

(4) 评价阶段。评价就是对资料做比较、分析和判断,得出结论,为谈判提供参考资料。

4. 谈判信息资料的传递与保密

谈判信息资料的搜集整理与谈判信息资料的传递与保密是紧密相连的,谈判者在做好信息资料的搜集整理的基础上,还需要十分注意谈判信息资料的传递与保密工作。

(1) 资料的传递。商务谈判信息资料的传递是指谈判人员同己方企业的联系。在外地谈判情况下,为了保持联系,进行有效的控制调节,上下级间应有信息资料的传递。例如,有国外的谈判小组因为需要听取有关专家意见或请示总部决策,就有必要同国内取得联系,而国内的管理部门因为需要及时了解在国外的谈判进程,必须同在国外的谈判小组联系。

为此，应事先规定好联络方式和制度，并明确联络程序、责任人，以便迅速顺利地汇报谈判情况，请示下一步行动，避免因推诿而丢失商机。

(2) 资料的保密。对谈判所涉及内容、文件及双方各自有关重要观点等资料应做好保密工作。如果不严格保密，将造成不应有的损失。例如，国外在重要的生意谈判中，有的不惜花重金聘请"商业间谍"摸对方的底。因此，应加强谈判信息资料的保密工作。

谈判信息资料保密的一般措施有：不要给对方造成窃密机会，如文件调阅、保管、复印、打字等。不要随便托人代发电报、电信等。不要随意乱放文件。不要在公共场所，如餐厅、机舱、车厢、过道等地方谈论有关谈判业务的问题。不要过分信任临时代理人或服务人员。最后的底牌只能让关键人物知道。在谈判达成协议前，不应对外公布。必要时使用暗语。

5. 谈判信息的作用

不同的商务谈判信息对谈判的影响是不同的，有的起着直接作用，有的起着间接作用。谈判信息在商务谈判中的作用主要表现在以下几个方面。

1) 谈判资料和信息是制订谈判计划和战略的依据

谈判战略是为了实现谈判的战略目标而预先制定的一套纲领性总体设想。谈判战略正确与否，在很大程度上决定着谈判的成败。一个好的谈判方案应当是战略目标正确可行、适应性强、灵敏度高。这就必须有可靠的大量资料和信息作为依据。在商务谈判中，谁在谈判资料和信息上拥有优势，掌握对方真正的需求和他们的谈判底线，就可据此制定正确的谈判战略，在谈判中掌握谈判的主动权。

2) 谈判资料和信息是谈判双方相互沟通的纽带

在商务谈判中，尽管谈判的内容和方式各不相同，但有一点是相同的，即都是一个相互沟通和磋商的过程。没有谈判信息作为双方之间沟通的中介，谈判就无法排除许多不确定因素和疑虑，也就无法进一步协商、调整和平衡双方的利益。掌握了一定的谈判资料和信息，就能够从中发现机会和风险，捕捉到达成协议的契机，使谈判活动从无序到有序，消除不利于双方的因素，促使双方达成协议。

3) 谈判资料和信息是控制谈判过程的手段

为了使谈判过程始终指向谈判目标，使谈判在合理规定的限度内正常进行，必须有谈判资料和信息作为准则和尺度。否则，任何谈判过程都无法有效地加以控制和协调。因此，在实际谈判中通过对方的言行获取信息，及时反馈，使谈判活动得到及时的调节和控制，按照规定的谈判目标顺利进行。

3.3 谈判组织的建立

3.3.1 谈判组织的构成原则

1. 根据谈判对象确定组织规模

谈判队伍的具体人数如何确定，并没有统一的模式。一般商品的买卖谈判只需三四个人就行了。如果谈判涉及项目多、内容较复杂，则可分为若干项目小组进行谈判，适当增加人员，但最多不超过 8 人，其理由如下所述。

(1) 在这个范围内，谈判组织能够有效地进行工作，内部分工和协作明确，内部的意见和交流也易保持通畅。

(2) 根据管理学原理，每个管理者的能力都是有限的，当他直接指挥和协调的下属人数超过一定数量时，就不可能进行有效的领导，因为他应付不了自己和下属人员间迅速增加的信息交换量。谈判作为紧张、复杂、多变的活动，既需要充分发挥个人的独创性和独立应付事变的能力，又需要内部随时协调统一，始终一致对外，其领导者的有效管理幅度只能在 3 人左右。

2. 赋予谈判人员法人代表资格

经济谈判是一种手段，目的是要达成协议，签订符合双方利益要求的合同或协议。整个谈判和协议签订的过程，都是依据一定的法律程序进行的。所以，谈判负责人都应有法人代表的资格，拥有法人所具有的权力能力和行为能力，有权处理商务谈判活动中的一切事务。但作为法人代表，只能行使其权限范围以内的权力，如有越权行为，应由本人负完全责任。如谈判代表可以由作为法人代表的厂长、经理直接担任，也可委托本企业熟悉某项业务的业务人员代理，还可以委托律师进行某项经济法律活动，但事先应有委托书，并注明代理人所负经济法律责任的内容、目的、要求和期限，也就是作为代表的法人身份证明书。

3. 谈判人员知识互补

知识互补包括两层意思：一是谈判人员具备自己专长的知识，都是处理不同问题的专家，在知识方面相互补充，形成整体的优势。例如，谈判人员分别精通商业、外贸、金融、法律、专业技术等知识，可以组成一支知识全面而又各有专长的谈判队伍。二是谈判人员书本知识与工作经验的知识互补。谈判队伍中既有高学历的青年知识学者，也有身经百战具有丰富实践经验的谈判老手。高学历学者专家可以发挥理论知识和专业技术特长，有实践经验的人可以发挥见多识广、成熟老练的优势，这样知识与经验互补，才能提高谈判队伍的整体战斗力。

在一些重要的招商引资谈判中，会涉及更多、更广的专业知识，不仅有商品知识、金融知识、运输知识，还必须懂得国际法律知识、国外的民族特点和风土人情等，有时还需要某些方面的国际问题专家。这种谈判组织不仅规格要高，人数也比较多，甚至超过 10 人。但是，这并不意味着谈判需要吸收所有相关专业的专家同时参加。为了控制人员规模，有时采取人员轮换的方法，当某几个人完成谈判任务，而又要转变谈判内容时，可以有准备地调换一个或几个谈判人员，而使总人数没有太大变化。同时，也可发挥"外脑"的作用，聘请专家作为顾问或接受谈判班子的咨询，从而为谈判人员献计献策。

4. 谈判人员性格协调

谈判队伍中的谈判人员性格要互补协调，将不同性格的人的优势发挥出来，互相弥补其不足，才能发挥出整体队伍的最大优势。性格活泼开朗的人，善于表达、反应敏捷、处理问题果断，但是性情可能比较急躁，看待问题也可能不够深刻，甚至会疏忽大意；性格稳重沉静的人，办事认真细致，说话比较谨慎，原则性较强，看问题比较深刻，善于观察和思考,理性思维比较明显,但是他们不够热情,不善于表达,反应相对比较迟钝,处理问题不够果断,灵活性较差。如果将这两类性格的人组合在一起,分别担任不同的角色,就可以使其发挥出各自的性格特长,优势互补,协调合作。

5. 谈判人员应层次分明、分工明确

谈判班子每一个人都要有明确的分工,担任不同的角色。每个人都有自己特殊的任务,不能工作越位、角色混淆。遇到争论不能七嘴八舌、争先恐后地发言,该谁讲谁讲,要有主角和配角,要有中心和外围,要有台上和台下。谈判队伍要分工明确、纪律严明。当然,分工明确的同时要注意大家都要为一个共同的目标而通力合作,协同作战。在谈判过程中,往往会涉及许多专业性知识,仅靠一个小组负责人是难以胜任的。选择谈判人员时,既要有掌握全面情况的企业经营者,还应当考虑各种专业知识的需要,考虑人员的层次结构,而且一定要分工明确。这样才能组成一支强有力的谈判队伍。

6. 组成谈判队伍时要贯彻节约原则

一支谈判队伍,从参加谈判直到协议达成的整个过程,必然要支出一定费用,其中很多费用甚至需要支付外汇。对外谈判费用的支出越多,负担越重。在组织谈判小组时,要充分考虑到这一点,以节省谈判费用支出。值得注意的是,由于某些不正之风,在有些贸易谈判中,行政人员多于业务人员的现象还比较普遍,从而造成问题不能及时解决,谈判时间延长,谈判费用增加。更为严重的是往往还造成一些决策失误,使国家遭受巨大损失。

3.3.2 谈判组织的构成

1. 谈判人员配备

由精通本专业的人员组成一个素质过硬、知识全面、配合默契的队伍。每一个谈判成员不仅精通自己专业方面的知识,对其他领域的知识也比较熟悉,这样才能彼此密切配合,如商务人员懂得一些法律、金融方面的知识,法律人员懂得一些技术方面知识,技术人员懂得商务和贸易方面的知识,等等。

(1) 谈判队伍领导人。负责整个谈判工作,领导谈判队伍,有领导权和决策权。有时谈判领导人也是主谈人。

(2) 商务人员。由熟悉商业贸易、市场行情、价格形势的贸易专家担任,负责商务经济贸易的对外联络工作。

(3) 技术人员。由熟悉生产技术、产品标准和科技发展动态的工程师担任,在谈判中负责对有关生产技术、产品性能、质量标准、产品验收、技术服务等问题的谈判,也可在商务谈判中做价格决策的技术顾问。

(4) 财务人员。由熟悉财务会计业务和金融知识、具有较强的财务核算能力的财会人员担任。主要职责是对谈判中的价格核算、支付条件、支付方式、结算货币等与财务相关的问题把关。

(5) 法律人员。精通经济贸易各种法律条款,以及法律执行事宜的专职律师、法律顾问或本企业熟悉法律的人员担任。其职责是做好合同条款的合法性、完整性、严谨性的把关工作,也负责涉及法律方面的谈判。

(6) 翻译。由精通外语、熟悉业务的专职或兼职翻译担任，主要负责口头与文字翻译工作，沟通双方意图，配合谈判运用语言策略，在涉外商务谈判中翻译的水平将直接影响到谈判双方的有效沟通和磋商。

除以上几类人员之外，还可配备其他一些辅助人员，但是人员数量要适当，要与谈判规模、谈判内容相适应，尽量避免不必要的人员设置。

2. 谈判人员的分工与配合

谈判人员的分工是指每一个谈判者都有明确的分工，都有自己适当的角色，各司其职。谈判人员的配合是指谈判人员之间思路、语言、策略的互相协调，步调一致，要确定各类人员之间的主从关系、呼应关系和配合关系。

1) 主谈与辅谈的分工与配合

所谓主谈是指在谈判的某一阶段，或针对某些方面的议题时的主要发言人，或称谈判首席代表；除主谈以外的小组其他成员处于辅助配合的位置上，故称之为辅谈或陪谈。

主谈是谈判工作能否达到预期目标的关键性人物，其主要职责是将已确定的谈判目标和谈判策略在谈判中得以实现。主谈的地位和作用对其提出了较高的要求：深刻理解各项方针政策和法律规范，深刻理解本企业的战略目标和商贸策略，具备熟练的专业技术知识和较广泛的相关知识，有较丰富的商务谈判经验，思维敏捷，善于分析和决断，有较强的表达能力和驾驭谈判进程能力，有权威气度和大将胸怀，并能与谈判组织其他成员团结协作，默契配合，统领谈判队伍共同为实现谈判目标而努力。

主谈必须与辅谈密切配合才能真正发挥主谈的作用。在谈判中己方一切重要的观点和意见都应主要由主谈表达，尤其是一些关键的评价和结论更得由主谈表述，辅谈绝不能随意谈个人观点或下与主谈不一致的结论。辅谈要配合主谈起到参谋和支持作用。例如，在主谈发言时，自始至终都应得到辅谈的支持。这可以通过口头语言或肢体语言做出赞同的表示，并随时拿出相关证据证明主谈观点的正确性。当对方集中火力，多人多角度刁难主谈时，辅谈要善于使主谈摆脱困境，从不同角度反驳对方的攻击，加强主谈的谈判实力。当主谈谈到涉及辅谈所熟知的专业问题时，辅谈应给予主谈更详尽、更充足的证据支持。例如在商务条款谈判时，商务人员为主谈，其他人员处于辅谈地位。但是进行合同商务条款谈判时，专业技术人员和法律人员应从技术的角度和法律的角度对谈判问题进行论证并提供依据，给予主谈有力的支持。当然在谈判合同的商务条款时，有关商务条件的提出和对方条件的接受与否都应以商务主谈为主。主谈与辅谈的身份、地位、职能不能发生角色越位，否则谈判就会因为己方乱了阵脚而陷于被动。

2) "台上"和"台下"的分工与配合

在比较复杂的谈判中，为了提高谈判的效果，可组织"台上"和"台下"两套班子。台上人员是直接在谈判桌上谈判的人员，台下人员是不直接与对方面对面地谈判，而是为台上谈判人员出谋划策或准备各种必需的资料和证据的人员。一种台下人员是负责该项谈判业务的主管领导，可以指导和监督台上人员按既定目标和准则行事，维护企业利益。也可以是台上人员的幕后操纵者，台上人员在大的原则和总体目标上接受台下班子的指挥，敲定谈判成交时也必须征得台下人员认可，但是台上人员在谈判过程中仍然具有随机应变的战术权力。另一种台下人员是具有专业水平的各种参谋，如法律专家、贸易专家、技术专家等，他们主要起参谋职能，向台上人员提供专业方面的参谋建议，台上人员有权对其意见进行取舍或选择。当然台下人员不能过多、过滥，也不能过多地干预台上人员，要充分发挥台上人员的职责权力和主观能动性，及时地、创造性地处理好一些问题，争取实现谈判目标。

3. 谈判组织的管理

要使谈判取得成功，不仅要组建一支优秀的谈判队伍，还要通过有效的管理，使谈判组织提高谈判力，使整个队伍朝着正确的方向有效地工作，实现谈判的最终目标。谈判组织的管理包括谈判组织负责人对谈判组织的直接管理和高层领导对谈判过程的宏观管理。

1) 谈判组织负责人对谈判组织的管理

谈判组织负责人的挑选和要求。谈判组织负责人应当根据谈判的具体内容、参与谈判人员的数量和级别，从企业内部有关部门中挑选，可以是某一个部门的主管，也可以是企业最高领导。谈判组织负责人不一定是己方主谈人员，但他是直接领导和管理谈判队伍的人。在选择组织负责人时要考虑以下几点。

(1) 具备较全面的知识。谈判负责人本身除应具有较高的思想政治素质和业务素质之外，还必须掌握整个谈判涉及的多方面知识。只有这样才能针对谈判中出现的问题提出正确的见解，制定正确的策略，使谈判朝着正确的方向发展。

(2) 具备果断的决策能力。当谈判遇到机遇或是遇到障碍时，能够敏锐地利用机遇，解决问题，做出果断的判断和正确的决策。

(3) 具备较强的管理能力。谈判负责人必须具备授权能力、用人能力、协调能力、激励能力、总结能力，使谈判队伍成为具备高度凝聚力和战斗力的集体。

(4) 具备一定的权威地位。谈判负责人要具备权威性，有较大的权力，如决策权、用人权、否决权、签字权等；要有丰富的管理经验和领导威信，能胜任对谈判队伍的管理。谈判负责人一般由高层管理人员或某方面的专家担任，最好与对方谈判负责人具有相对应的地位。

谈判组织负责人管理职责：负责挑选谈判人员，组建谈判班子，并就谈判过程中的人员变动与上层领导取得协调。管理谈判队伍，协调谈判队伍各成员的心理状态和精神状态，处理好成员间的人际关系，增强队伍凝聚力，团结一致，共同努力，实现谈判目标。领导制订谈判执行计划，确定谈判各阶段目标和战略策略，并根据谈判过程中的实际情况灵活调整。主管己方谈判策略的实施，对具体的让步时间、幅度，谈判节奏的掌握，决策的时机和方案做出决策安排。负责向上级或者有关的利益各方汇报谈判进展情况，获得上级的指示，贯彻执行上级的决策方案，圆满完成谈判使命。

2) 高层领导对谈判过程的宏观管理

确定谈判的基本方针和要求。在谈判开始前，高层领导人应向谈判负责人和其他人员指出明确的谈判方针和要求，使谈判人员有明确的方向和工作目标。必须使谈判人员明确：这次谈判的使命和责任是什么？谈判的成功或失败将会给企业带来怎样的影响？谈判的必达目标是什么？满意目标是什么？谈判的期限是什么？谈判中哪些是可以由谈判班子根据实际情况自行裁决？权限范围有多大？哪些问题必须请示上级才可以决定？对于以上问题，每个谈判者都要做到心中有数、目标明确。

在谈判过程中对谈判人员进行指导和调控。高层领导应与谈判者保持密切联系，随时给予谈判人员指导和调控，因为谈判的内部和外部环境是在不断发展变化的。谈判桌上有些重要决策需要高层领导批准；有时谈判外部形势发生变化、企业决策有重大调整，高层领导要给予谈判者及时的指导或建议，发挥出指挥谈判队伍的作用。一般来说，在遇到下述情况时，就有关问题与谈判人员进行联系是十分必要的：谈判桌上出现重大变化，与预料的情况差异很大，交易条件变化已超出授权界限时，需要高层领导做出策略调整，确定新的目标和策略。企业本部或谈判班子获得某些重要的新信息，需要对谈判目标、策略作重大调整时，高层领导应及时根据新信息做出决定，授权谈判班子执行。谈判队伍人员发生变动时，尤其是主谈发生变动时，要任命新的主谈，并明确调整后的分工职责。

关键时刻适当干预谈判。当谈判陷入僵局时，高层领导可以主动出面干预，可以会见谈判对方高层领导或谈判班子，表达友好合作意愿，调解矛盾，创造条件使谈判走出僵局，从而顺利实现理想目标。

3.4 模 拟 谈 判

3.4.1 模拟谈判的必要性

在谈判准备工作的最后阶段，企业有必要为即将开始的谈判举行一次模拟谈判，以检验自己的谈判方案，而且能使谈判人员提早进入实战状态。模拟谈判是在谈判正式开始前提出各种设想和臆测，进行谈判的想象练习和实际演习。

模拟谈判能使谈判者获得实际经验，提高谈判能力。正如舞蹈演员演出前在脑海里练习舞步、教师在上课前温习课程内容一样，都能起到重要的积极作用。正确的想象练习不仅能提高彩排者的能力，有时甚至比实际行动更有效。模拟谈判可以随时修正谈判中的错误，从而使谈判者获得必要的经验。而现实的谈判则只能在结束后总结经验、修正错误。模拟谈判的必要性表现在以下几个方面。

1. 提高应对困难的能力

模拟谈判可以使谈判者获得实际性的经验，提高应对各种困难的能力。很多成功谈判的实例和心理学研究成果都表明，正确的想象练习不仅能够提高谈判者的独立分析能力，而且在心理准备、心理承受、临场发挥等方面都是很有益处的。在模拟谈判中，谈判者可以一次又一次地扮演自己，甚至扮演对手，从而熟悉实际谈判中的各个环节。这对初次参加谈判的人来说尤为重要。

2. 检验谈判方案是否周密可行

谈判方案是在谈判小组负责人的主持下，由谈判小组成员具体制定的。它是对未来将要发生的正式谈判的预计，这本身就不可能完全反映出正式谈判中可能出现的意外情况。同时，谈判人员受到知识、经验、思维方式、考虑问题的立场和角度等因素的局限，谈判方案的制定就难免会有不足之处和漏洞。事实上，谈判方案是否完善，只有在正式谈判中方能得到真正检验，但这毕竟是一种事后检验，发现问题往往也为时已晚。模拟谈判是对实际正式谈判的模拟,与正式谈判比较接近。因此,能够较为全面严格地检验谈判方案是否切实可行,检查谈判方案存在的问题和不足,以便及时修正和调整谈判方案。

3. 训练和提高谈判能力

模拟谈判的对手是己方的人员,对自己的情况十分了解,这时站在对手的立场上提问题,有利于发现谈判方案中的错误,并且能预测对方可能从哪些方面提出问题,以便事先拟定出相应的对策。对于谈判人员来说,能有机会站在对方的立场上进行换位思考,是大有好处的。正如美国著名企业家维克多·金姆说的那样:"任何成功的谈判,从一开始就必须站在对方的立场来看问题。"这样角色扮演不但能使谈判人员了解对方,也能使谈判人员了解自己,因为它给谈判人员提供了客观分析自我的机会,注意到一些容易忽视的失误,例如,在与外国人谈判时使用过多的本国俚语、缺乏涵养的面部表情、争辩的观点含糊不清等。

3.4.2 模拟谈判的内容

模拟谈判的内容就是实际谈判中的内容。但为了更多地发现问题,模拟谈判的内容往往更具有针对性。模拟谈判的内容的选择与确定,不同类型的谈判也有所不同。如果这项谈判对企业很重要,谈判人员面对的又是一些新的问题,以前从未接触过对方谈判人员的风格特点,并且时间又允许,那么,模拟谈判的内容应尽量全面一些。相反,模拟谈判的内容也可少一些。

进行正确的想象练习,还要在拟定假设基础上想象整个谈判过程。有效的想象练习不只是想象事情的结果,而是想象事物的全过程,想象自己可能做出的一切行动,否则,想象练习是不完全的。

谈判前的想象练习应该按照谈判顺序进行,演习自己和对方面对面谈判的一切情形,包括谈判时的现场气氛、对方的面部表情、谈判中可能涉及的问题、对方会提出的各种反对意见、己方的各种答复及各种谈判方案的选择、各种谈判技巧的运用等,想象谈判可能涉及的各种要素。

进行正确的想象练习,不仅是个人的苦思冥想,而且是整个谈判队伍的集体模拟。集体模拟可采用"沙龙"或戏剧式两种主要形式。

"沙龙"式模拟是把谈判者聚集在一起,充分讨论,自由发表意见,共同想象谈判全过程。这种模拟的优点是利用人们的竞争心理,使谈判者充分发表意见,互相启发,共同提高谈判水平。谈判者的才干有了表现的机会,每个人都会开动脑筋,发挥创造性思维,在集体思考的强制性刺激及压力下,产生高水平的策略、方法及谈判技巧。

戏剧式模拟是指在谈判前进行模拟谈判,它和想象谈判不同。想象谈判主要是谈判者个人或集体的思维活动。戏剧式模拟谈判是真实地进行演出,每个谈判者都在模拟谈判中扮演特定的角色,随着剧情发展,谈判全过程会一一展现在每个谈判者面前。根据拟定的不同假设,安排各种谈判场面,从而增强每个谈判者的实际谈判经验,通过戏剧式模拟,能够使谈判的准备更充分、更准确;能使每个谈判者找到自己在谈判中的最佳位置;能够为分析己方谈判动机、思考问题方法等提供一次机会,最终将有助于商务谈判的成功。

3.4.3 模拟谈判的拟定假设

要使模拟谈判做到真正有效,还有赖于拟定正确的假设条件。

拟定假设是指根据某些既定的事实或常识,将某些事物承认为事实,不管这些事物现在(或将来)是否发生,但仍视其为事实进行推理。依照假设的内容,可以把假设条件分为三类,即对客观世界的假设、对谈判对手的假设和对己方的假设。

在谈判中,常常由于双方误解事实真相而浪费大量的时间,也许曲解事实的原因就在于一方或双方假设的错误。因此,谈判者必须牢记,自己所作的假设只是一种推测,如果把假设奉为必然去谈判,那将是非常危险的。

拟定假设的关键在于提高假设的精确度,使之更接近事实。为此,在拟定假设条件时要注意:

(1) 让具有丰富谈判经验的人作假设,这些人身经百战,提出假设的可靠度高。
(2) 必须按照正确的逻辑思维进行推理,遵守思维的一般规律。
(3) 必须以事实为基准,所拟定的事实越多、越全面,假设的准确度就越高。
(4) 要正确区分事实与经验、事实与主观臆断,只有事实才是靠得住的。

进行正确的想象练习,首先要拟定正确的假设或臆测。拟定假设是根据某些既定的事实或常识将某些事物承认(即臆测)为事实。例如,根据有钱总可以买到东西的常识,可以假设去商店买东西,只要出钱,对方就总会卖;根据车子可以在绿灯时自由前进的常识,可以假定在十字路口,当交通标志转变为绿灯时,车子就会往前开动。

根据假设的内容,可以把假设划分三类:一是对外界客观存在事物的假设;二是对对方的假设;三是对己方的假设。

(1) 对外界事物的假设包括对环境、时间、空间的假设。通过拟定假设,目的是要找出外在世界真实的东西;在商务谈判过程中,要通过对外界事物的假设进一步摸清事实,知己知彼,找出相应的对策。比如,在一次贸易洽谈中,若对方捧着许多材料进入谈判场所,我们需要判断出对方的材料与今天的谈判是否有直接关系。这需要我们在谈判时采取一定方式摸底。同时我们要假设,如果对方通过调查已经摸清了己方的底细,我们应如何对付?如果对方没有摸清己方的底细,仅是虚声恫吓,我们又应如何对付?

(2) 对对方的准确假设,常常是商务谈判的制胜法宝。对方在谈判中愿意冒险的程度,对商品价格、运输方式、商品质量等方面的要求,都需要我们根据事实加以假设,准确的假设能使己方在谈判中居于主动地位。

(3) 对己方的假设包括谈判者对自身心理素质、谈判能力的自测与自我评估,以及对己方经济实力、谈判实力、谈判策略、谈判准备等方面的评价。

无论是哪一种假设,都有可能出现偏差,不能把假设等同于事实,要对假设产生的意外结果有充分的心理准备。对于假设的事物要小心求证,不能轻易以假设为根据采取武断的做法,否则,会使己方误入谈判歧途,给自己带来重大损失。例如,当我们假设只要出钱就可买到东西时,如果对方无货或者对方展示的是样品,或者对方的产品质量、规格不对路,那么上面的假设就不正确。当我们假设十字路口的交通标志为绿灯,车子就会往前开动,如果道路前方发生车祸不能通行,那么上述假设也会落空。因此,拟定假设的关键在于提高假设的精确度,使之更接近事实。

提高假设的精确度必须明确区分哪些是事实，哪些是主观臆测。从语意学的观点看，事实有以下四种：

(1) 能够经过验证的东西。如物品重量、有光泽、食品可以吃等。
(2) 能够共同感受到的东西。如食品要经过生产才能制造出来等。
(3) 人们共同信仰的理论、真理。例如，某些自然科学和社会科学方面的理论知识。
(4) 根据真理能够加以推理并验证的东西。

人们经过长期的生活实践，总结出了许多经验，经过反复验证证明了这些经验是事实，因此，人们往往就在大脑中形成了固定的看法，把这些经验和事实等同起来，犯了经验主义的错误。事实上，这些经验仍然是假设，不是事实。例如，经过多次验证，证明了铅笔是木头制造的、机器是钢铁制造的、面包是面粉制造的……但面对未加验证的铅笔、机器及面包等，上述结论仍是假设。在商务谈判中，心理学家利用人们的这种错误观念，诱使别人犯错的事例比比皆是。因此，必须谨慎地调查了解，验证假设，不要轻易相信任何一个未加验证的事情或结论。

提高假设的精确度，还要以事实为基准拟定假设。所根据的事实越多，假设的精确度就越高。下面举例说明：

某家工厂的收益已连续 3 年越来越低(事实 A)，这 3 年内该工厂始终维持着原有的管理体制(事实 B)，同时，该工厂一直没有开发新产品、开拓新市场(事实 C)，立足这三个事实，我们可假设如下：

第一，假如事实 B 和事实 C 不变，该工厂明年的收益仍可能降低。

第二，为扭转这种局面，该工厂可能迫切需要技术人才、资金及开发新产品、新技术，需要转产或开拓新市场。

第三，如果我方与这家工厂进行谈判，由于对方对上述各方面有迫切需求，我方可提高要价，采取强硬立场，可能会取得成功。

假设的基石是假设，这种假设是十分靠不住的。如上述例子，这家经营不善的工厂可能明年收益会继续降低，立足这个假设还可以继续拟定下列假设：

第一，明年经营恶化，可能无法偿还债务。

第二，因为无法偿还债务，可能会不履行契约。

第三，企业可能会破产，使债权人蒙受重大损失。

第四，结论，根据上述假设，我方不能和这家工厂做交易，应取消谈判。

显然，上述拟定出来的假设是不足为信的，这种假设会使我方失去许多贸易机会。

3.4.4 模拟谈判的方式

模拟谈判的方式主要有以下两种。

1. 组成代表对手的谈判小组

如果时间允许，可以将自己的谈判人员分成两组，一组作为己方的谈判代表，另一组作为对方的谈判代表；也可以从企业内部的有关部门抽出一些职员，组成另一谈判小组。但是，无论用哪种办法，两个小组都应不断地互换角色。这是正规的模拟谈判，此方式可以全面检查谈判计划，并使谈判人员对每个环节和问题都有一个事先的了解。

2. 让一位谈判成员扮演对手

如果时间、费用和人员等因素不允许安排一次较正式的模拟谈判，那么小组负责人也应坚持让一位人员来扮演对方，对企业的交易条件进行磋商、盘问。这样做也有可能使谈判小组负责人意识到是否需要修改某些条件或者增加一部分论据等，而且会使企业人员提前认识到谈判中可能出现的问题。

3.4.5 模拟谈判的总结

模拟谈判的目的在于总结经验、发现问题、提出对策、完善谈判方案。所以，模拟谈判的总结是必不可少的。模拟谈判的总结应包括以下内容。

(1) 对方的观点、风格、精神。
(2) 对方的反对意见及解决办法。
(3) 自己的有利条件及运用状况。
(4) 自己的不足及改进措施。
(5) 谈判所需情报资料是否完善。
(6) 双方各自的妥协条件及可共同接受的条件。
(7) 谈判破裂与否的界限，等等。

可见，谈判总结涉及各方面的内容，只有通过总结，才能积累经验，吸取教训，完善谈判的准备工作。

本 章 小 结

本章首先介绍了谈判目标的确立，包括谈判目标的层次，如最高目标、实际需求目标、可接受目标、最低目标，以及目标如何保密，描述了商务活动有关的资料的收集活动，如商务谈判信息准备的内容、相关的市场信息资料、相关的环境资料；其次介绍谈判信息资料的搜集与整理的相关要求、方法、途径，信息资料的加工整理，谈判信息资料的传递与保密和谈判信息的作用；给出了谈判组织的构成原则和谈判组织的构成；最后，讲述了模拟谈判的必要性、模拟谈判的内容、模拟谈判的拟定假设、模拟谈判的方式以及模拟谈判的总结。

通过本章学习，读者应熟悉谈判目标的层次，掌握谈判目标的保密、商务谈判的内容、谈判组织的建立，理解谈判信息、谈判组织的构成原则，了解谈判信息资料的搜集与整理。

关键术语

最高目标　实际需求目标　可接受目标　最低目标　谈判信息　信息准备　资料搜集　谈判组织　模拟谈判

复习思考题

1. 填空题

(1) 谈判信息是指反映与商务谈判相联系的各种情况及其特征的有关_____。

(2) 摸清对方的真正需求，必须透过_____去辨别、发现。

(3) 政治状况关系到谈判项目是否成立和_____履行的结果。

(4) 直接观察法是调查者在调查现场对被调查事物及被调查者的行为与特点进行_____的一种信息资料准备方法。

(5) 筛选就是检查资料的_____，这是一个去粗取精的过程。

(6) 谈判队伍的具体人数如何确定，并没有统一的_____。

2. 选择题

(1) 经济谈判是一种手段，目的是要达成(　　)。
  A．妥协　　　　B．目标　　　　C．统一　　　　D．协议

(2) 谈判队伍中的谈判人员性格要(　　)。
  A．对立统一　　B．互补协调　　C．相互制约　　D．完全一致

(3) 模拟谈判能使谈判者获得(　　)。
  A．有效需求　　B．成功体验　　C．相关知识　　D．实际经验

(4) 模拟谈判可以随时修正谈判中的(　　)。
  A．布局　　　　B．错误　　　　C．记录　　　　D．答案

(5) 在谈判中，常常由于双方误解事实真相而浪费大量的(　　)。
  A．劳动　　　　B．精力　　　　C．成本　　　　D．时间

3. 名词解释

(1) 最高目标。
(2) 实际需求目标。
(3) 可接受目标。
(4) 最低目标。

4. 简答题

(1) 简述模拟谈判的方式。
(2) 简述模拟谈判的总结内容。
(3) 简述模拟谈判的必要性。
(4) 简述谈判组织的构成。

5. 论述题

试简要分析谈判目标的构成。

案例分析题

我国某冶金公司要向美国购买一套先进的组合炉，派一位高级工程师与美商谈判，为了不负使命，这位高工做了充分的准备工作，他查找了大量有关冶炼组合炉的资料，花了很大的精力对国际市场上组合炉的行情及美国这家公司的历史和现状、经营情况等了解得一清二楚。谈判开始，美商一开口便要价150万美元。中方工程师列举各国成交价格，使美商目瞪口呆，终于以80万美元达成协议。当谈判购买冶炼自动设备时，美商报价230万美元，经过讨价还价压到130万美元，中方仍然不同意，坚持出价100万美元。美商表示不愿继续谈下去了，把合同往中方工程师面前一扔，说："我们已经作了这么大的让步，贵公司仍不能合作，看来你们没有诚意，这笔生意就算了，明天我们回国了。"中方工程师闻言轻轻一笑，把手一伸，做了一个优雅的请的动作。美商真的走了，冶金公司的其他人有些着急，甚至埋怨工程师不该抠得这么紧。工程师说："放心吧，他们会回来的。同样的设备，去年他们卖给法国只有95万美元，国际市场上这种设备的价格100万美元是正常的。"果然不出所料，一个星期后美方又回来继续谈判了。工程师向美商点明了他们与法国的成交价格，美商又愣住了，没有想到眼前这位中国商人如此精明，于是不敢再报虚价，只得说："现在物价上涨得厉害，比不了去年。"工程师说："每年物价上涨指数没有超过6%。一年时间，你们算算，该涨多少？"美商被问得哑口无言，在事实面前，不得不让步，最终以101万美元达成了这笔交易。

问题：
分析中方在谈判中取得成功的原因及美方处于不利地位的原因。

第 4 章　商务谈判的开局

知识架构

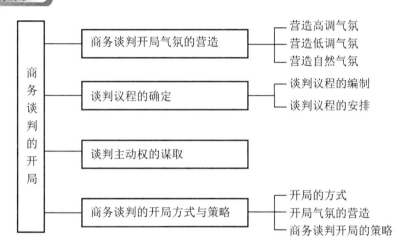

学习目标

通过本章的学习，读者应该能够：
- 掌握商务谈判开局气氛的营造特点
- 掌握商务谈判开局中的自然气氛
- 理解商务谈判议程的确定
- 掌握商务谈判主动权的谋取
- 掌握商务谈判开局的开局方式
- 掌握商务谈判开局气氛的营造
- 理解商务谈判开局的策略

 导入案例

一致式开局策略

1972年2月，美国总统尼克松访华，中美双方将要展开一场具有重大历史意义的国际谈判。为了营造一种融洽和谐的谈判环境和气氛，中国方面在周恩来总理的亲自领导下，对谈判过程中的各种环境都做了精心而又周密的准备和安排，甚至对宴会上要演奏的中美两国民间乐曲都进行了精心挑选。在欢迎尼克松一行的国宴上，当军乐队熟练地演奏起由周总理亲自选定的《美丽的亚美利加》时，尼克松总统简直听呆了，他怎么也没有想到能在中国的北京听到他如此熟悉的乐曲，因为，这是他平生最喜爱的并且指定在他的就职典礼上演奏的家乡乐曲。敬酒时，他特地到乐队前表示感谢，此时，国宴达到了高潮，而一种融洽而热烈的气氛也同时感染了美国客人。一个小小的精心安排，赢得了和谐融洽的谈判气氛，这不能不说是一种高超的谈判艺术。美国总统杰弗逊曾经针对谈判环境说过这样一句意味深长的话："在不舒适的环境下，人们可能会违背本意，言不由衷。"英国政界领袖欧内斯特·贝文则说，根据他平生参加的各种会谈的经验，他发现，在舒适明朗、色彩悦目的房间内举行的会谈，大多比较成功。

日本首相田中角荣20世纪70年代为恢复中日邦交正常化到达北京，他怀着等待中日间最高首脑会谈的紧张心情，在迎宾馆休息。迎宾馆内气温舒适，田中角荣的心情也十分舒畅，与随从的陪同人员谈笑风生。他的秘书早饭茂三仔细看了一下房间的温度计，是"17.8度"。这一田中角荣习惯的"17.8度"使得他心情舒畅，也为谈判的顺利进行创造了条件。

案例分析："美丽的亚美利加"乐曲、"17.8度"的房间温度，都是人们针对特定的谈判对手，为了更好地实现谈判的目标而进行的一致式谈判策略的运用。

4.1　商务谈判开局气氛的营造

谈判开局气氛对整个谈判过程起着相当重要的影响和制约作用。可以说，哪一方如果控制了谈判开局气氛，那么，在某种程度上就等于控制住了谈判对手。

根据谈判气氛的高低，可以把商务谈判的开局气氛分为高调气氛、低调气氛和自然气氛。

4.1.1　营造高调气氛

高调气氛是指谈判情势比较热烈，谈判双方情绪积极、态度主动，愉快因素成为谈判形势主导因素的谈判开局气氛。通常在下述情况下，谈判一方应努力营造高调的谈判开局气氛：本方占有较大优势，价格等主要条款对自己极为有利，本方希望尽早达成协议与对方签订合同。在高调气氛中，谈判对手往往只注意到对他自己的有利方面，而且对谈判前景的看法也倾向于乐观，因此，高调气氛可以促进协议的达成。

营造高调气氛通常有以下几种方法。

1. 感情攻击法

感情攻击法是指通过某一特殊事件来引发普遍存在于人们心中的感情因素，并使这种感情迸发出来，从而达到营造气氛的目的。

例如，中国一家彩电生产企业准备从日本引进一条生产线，于是与日本一家公司进行了接触。双方分别派出了一个谈判小组就此问题进行谈判。谈判那天，当双方谈判代表刚刚就座，中方的首席代表(副总经理)就站了起来，他对大家说："在谈判开始之前，我有一个好消息要与大家分享。我的太太在昨天夜里为我生了一个大胖儿子！"此话一出，中方职员纷纷站起来向他道贺。日方代表于是也纷纷站起来向他道贺。整个谈判会场的气氛顿时高涨起来，谈判进行得非常顺利。中方企业以合理的价格顺利地引进了一条生产线。

这位副总经理为什么要提自己太太生孩子的事呢？原来，这位副总经理在与日本企业的以往接触中发现，日本人很愿意板起面孔谈判，从而营造一种冰冷的谈判气氛，给对方造成一种心理压力，从而控制整个谈判，趁机抬高价码或提高条件。于是，他便想出了用自己的喜事来打破日本人的冰冷面孔，营造一种有利于己方的高调气氛。

2. 称赞法

称赞法是指通过称赞对方来削弱对方的心理防线，从而焕发出对方的谈判热情，调动对方的情绪，营造高调气氛。采用称赞法时应该注意以下几点。

(1) 选择恰当的称赞目标。选择称赞目标的基本原则是投其所好，即选择那些对方最引以为傲的，并希望己方注意的目标。

例如，东南亚某个国家的华人企业想要为日本一著名电子公司在当地做代理商。双方几次磋商均未达成协议。在最后的一次谈判中，华人企业的谈判代表发现日方代表喝茶及取放茶杯的姿势十分特别，于是他说道："从××君(日方的谈判代表)喝茶的姿势来看，您十分精通茶道，能否为我们介绍一下？"这句话正好点中了日方代表的兴趣所在，于是他滔滔不绝地讲述起来。结果，后面的谈判进行得异常顺利，那个华人企业终于拿到了他所希望的地区代理权。

(2) 选择恰当的称赞时机。如果时机选择得不好，称赞法往往会适得其反。

(3) 选择恰当的称赞方式。称赞方式一定要自然，不要让对方认为你是在刻意奉承他，否则会引起其反感。

3. 幽默法

幽默法是指用幽默的方式来消除谈判对手的戒备心理，使其积极参与到谈判中来，从而营造高调谈判开局气氛。但要恰如其分，尽量不要使用冷笑话，要多多积累经验，看别人说话的时候怎样做到不冷场，使用幽默方法的时候要看场合，注意不要把自己看成中心，幽默也要切合话题，不要牛头不对马嘴。

4. 问题挑逗法

问题挑逗法是指提出一些尖锐问题诱使对方与自己争议，通过争议使对方逐渐进入谈判角色。这种方法通常是在对方谈判热情不高时采用，有些类似于"激将法"。但是，这种方法很难把握好火候，在使用时应慎重一些，要选择好退路。

4.1.2 营造低调气氛

低调气氛是指谈判气氛十分严肃、低落,谈判的一方情绪消极、态度冷淡,不快因素构成谈判情势的主导因素。通常在下面这种情况下谈判一方应该努力营造低调的谈判开局气氛:本方有讨价还价的砝码,但是并不占有绝对优势,合同中某些条款并未达到本方的要求,如果本方施加压力,对方会在某些问题上做出让步。低调气氛会给谈判双方都造成较大的心理压力,在这种情况下,哪一方心理承受力弱,哪一方就往往会妥协让步。因此,在营造低调气氛时,本方一定要做好充分的心理准备并要有较强的心理承受能力。

营造低调气氛通常有以下几种方法。

1. 感情攻击法

这里的感情攻击法与营造高调气氛的感情攻击法性质相同,即都是以情感诱发作为营造气氛的手段,但两者的作用方向相反。在营造高调气氛的感情攻击中,是激起对方产生的积极的情感,使得谈判开局充满热烈的气氛;而在营造低调气氛时,是要诱发对方产生消极情感,致使一种低沉、严肃的气氛笼罩在谈判开始阶段。

2. 沉默法

沉默法是以沉默的方式来使谈判气氛降温,从而达到向对方施加心理压力的目的。注意,这里所讲的沉默并非是一言不发,而是指本方尽量避免对谈判的实质问题发表议论。采用沉默法要注意以下两点。

(1) 要有恰当的沉默理由。通常人们采用的理由有:假装对某项技术问题不理解;假装不理解对方对某个问题的陈述;假装对对方的某个礼仪失误表示十分不满。

(2) 要沉默有度,适时进行反击,迫使对方让步。

3. 疲劳战术

疲劳战术是指使对方对某一个问题或某几个问题反复进行陈述,从生理和心理上疲劳对手,降低对手的热情,从而达到控制对手并迫使其让步的目的。

一般来讲,人在疲劳的状态下,思维的敏捷程度会大幅下降,容易出现错误,热情降低,工作情绪不高,比较容易屈从于别人的看法。采用疲劳战术应注意以下两点。

(1) 多准备一些问题,而且问题要合理,每个问题都能起到疲劳对手的作用。

(2) 认真倾听对手的每一句话,抓住其错误并记录下来,作为迫使对方让步的砝码。

4. 指责法

指责法是指对对手的某项错误或礼仪失误严加指责,使其感到内疚,从而达到营造低调气氛,迫使谈判对手让步的目的。

例如,中国××公司到美国采购一套大型设备。中方谈判小组人员因交通堵塞耽误了时间,当他们赶到谈判会场时,比预定时间晚了近半个小时。美方代表对此大为不满,花了很长时间来指责中方代表的这一错误,中方代表感到很难为情,频频向美方代表道歉。谈判开始以后,美方代表似乎还对中方代表的错误耿耿于怀,一时间弄得中方代表手足无措,无心与美方讨价还价。等到合同签订以后,中方代表才发现自己吃了一个大亏。

4.1.3 营造自然气氛

自然气氛是指谈判双方情绪平稳,谈判气氛既不热烈,也不消沉。自然气氛无须刻意地去营造,许多谈判都是在这种气氛中开始的。这种谈判开局气氛便于向对手进行摸底,因为,谈判双方在自然气氛中传达的信息往往要比在高调气氛和低调气氛中传送的信息要准确、真实。当谈判一方对谈判对手的情况了解甚少,且对手的谈判态度不甚明朗时,谋求在平缓的气氛中开始对话是比较有利的。

营造自然气氛要做到以下几点。

(1) 注意自己的行为、礼仪。

(2) 要多听、多记,不要与谈判对手就某一问题过早发生争议。

(3) 要准备几个问题,询问方式要自然。

(4) 对对方的提问,能做正面回答的一定要正面回答;不能回答的,要采用恰当方式进行回避。

谈判气氛并非是一成不变的。在谈判中,谈判人员可以根据需要来营造适于自己的谈判气氛。但是,谈判气氛的形成并非完全是人为因素的结果,客观条件也会对谈判气氛有重要的影响,如节假日、天气情况、突发事件等。因此,在营造谈判气氛时,一定要注意外界客观因素的影响。

4.2 谈判议程的确定

4.2.1 谈判议程的编制

1. 议程涉及的内容

谈判议程是指有关谈判事项的程序安排,可由谈判一方编制,也可由双方编制。

典型的谈判议程包括"5W",即 When,谈判何时进行、为期多长;Where,谈判在何处举行;Who,谈判对手是谁;What,谈判涉及的内容有哪些;Write,谈判记录、协议起草。可概括为两个方面的内容:一是谈判主题,即双方谈判的中心议题、解决中心议题的原则、围绕中心议题的细节要求、即将对哪些问题展开讨论等;二是谈判日程,即议题的先后顺序、系列谈判各个轮次的划分、各方谈判人员在每轮次中的大致分工、讨论的时间等。

2. 己方拟定谈判议程时的注意事项

(1) 谈判的议程安排要依据己方的具体情况,在程序安排上能扬长避短。就是在谈判的程序安排上,保证己方的优势能得到充分的发挥。

(2) 议程的安排和布局要为自己出其不意地运用谈判策略埋下契机。对一个谈判老手来说,是绝不会放过利用拟定谈判议程的机会来运筹谋略的。

(3) 谈判议程内容要能够体现己方谈判的总体方案,统筹兼顾,引导或控制谈判的速度及己方让步的限度和步骤等。

(4) 在议程的安排上,不要过分伤害对方的自尊和利益,以免导致谈判的过早破裂。

(5) 不要将己方的谈判目标特别是最终谈判目标通过议程和盘托出，使己方处于不利地位。

当然，议程由自己安排也有短处。己方准备的议程往往透露了自己的某些意图，对方可分析猜出，在谈判前拟定对策，使己方处于不利地位。同时，对方如果未在谈判前对议程提出异议从而掩盖其真实意图，或者在谈判中提出修改某些议程，容易导致己方被动甚至谈判破裂。

3. 对方拟定谈判议程时己方应注意的几个方面

(1) 未经详细考虑后果之前，不要轻易接受对方提出的议程。

(2) 在安排问题之前，要给自己充分的思考时间。

(3) 详细研究对方所提出的议程，以便发现是否有什么问题被对方故意摒弃在议程之外，或者作为用来拟定对策的参考。

(4) 千万不要表现出你的要求是可以妥协的，应尽早表示你的决定。

(5) 对议程不满意时要有勇气去修改，绝不要被对方编排的议程束缚住手脚。

(6) 要注意利用对方议程中可能暴露的谈判意图，后发制人。谈判是一项技术性很强的工作。为了使谈判在不损害他人利益的基础上达成对己方更为有利的协议，可以运用谈判技巧，而且不为他人觉察。一个对己方有利的谈判议程，应该是己方能够驾驭谈判，这就好像双方作战一样，你可能被迫退却，你可能被击败，但是只要你能够左右敌人的行动，而不是听任敌人摆布，你就仍然在某种程度上占有优势。更重要的是，你的每个士兵和整个军队都将感到自己比对方高出一筹。

当然，议程只是一个事前计划，并不代表一个合同。如果任何一方在谈判开始之后对它的形式不满意，那么就必须有勇气去修改，否则，双方都负担不起因为忽视议程而导致的损失。

4.2.2 谈判议程的安排

谈判议程的安排对谈判双方非常重要，议程本身就是一种谈判策略，因此，必须高度重视这项工作。谈判议程一般要说明谈判时间的安排和谈判议题的确定。谈判议程可由一方准备，也可双方协商确定。议程包括通则议程和细则议程，前者由谈判双方共同使用，后者供己方使用。

1. 时间安排

时间安排即确定谈判在什么时间举行、多长时间、各个阶段时间如何分配、议题出现的时间顺序等。谈判时间的安排是议程中的重要环节。如果时间安排得很仓促，准备不充分，匆忙上阵的话，就容易心浮气躁，很难沉着冷静地在谈判中实施各种策略；如果时间安排得很拖延，不仅会耗费大量的时间和精力，而且随着时间的推延，各种因素都会发生变化，还可能会错过一些重要的机遇。从"时间就是金钱，效益就是生命"这一观点来看，精心安排好谈判时间是很必要的。

(1) 在确定何时开始谈判、谈判计划多长时间结束时要考虑以下几个因素。

① 谈判准备的程度。如果已经做好参加谈判的充分准备，谈判时间安排得越早越好，

而且不怕马拉松式的长时间谈判;如果没有做好充分准备,则不宜匆匆忙忙开始谈判,俗话说不打无准备之仗。

② 谈判人员的身体和情绪状况。如果参加谈判的人员年龄比较大,要考虑他们身体状况能否适应较长时间的谈判。如果身体状况不太好,可以将一项长时间谈判分割成几个较短时间的阶段谈判。

③ 市场形势的紧迫程度。如果所谈项目与市场形势密切相关,瞬息万变的市场形势不允许稳坐钓鱼台式的长时间谈判,谈判就要及早及时,不要拖太长的时间。

④ 谈判议题的需要。对于多项议题的大型谈判,不可能在短时间内解决问题,所需时间相对长一些;对于单项议题的小型谈判,没有必要耗费很长时间,力争在较短时间内达成一致。

(2) 谈判过程中时间的安排要讲策略。

对于主要的议题或争执较大的焦点问题,最好安排在总谈判时间的五分之三时提出来,这样既经过一定程度的交换意见,有一定基础,又不会因拖得太晚而显得仓促。

合理安排好己方各谈判人员发言的顺序和时间,尤其是关键人物提出的关键问题更应选择最成熟的时机,当然也要给对方人员足够的时间表达意向和提出问题。

对于不太重要的议题或容易达成一致的议题,可以放在谈判的开始阶段或即将结束阶段,其余大部分时间应用在关键性问题的磋商上。

己方的具体谈判期限要在谈判开始前保密,如果对方摸清己方谈判期限,就会在时间上用各种方法拖延,待到谈判期限快要临近时才开始谈正题,迫使己方因急于结束谈判而匆忙接受不理想的结果。

2. 确定谈判议题

谈判议题就是谈判双方提出和讨论的各种问题。确定谈判议题首先要明确己方要提出哪些问题和要讨论哪些问题。要把所有问题全盘进行比较和分析:哪些问题是主要议题,列入重点讨论范围;哪些问题是非重点问题;哪些问题可以忽略;这些问题之间是什么关系,在逻辑上有什么联系。还要预测对方要提出哪些问题,哪些问题是需要己方必须认真对待、全力以赴去解决的;哪些问题是可以根据情况做出让步;哪些问题是可以不予以讨论的。

3. 通则议程与细则议程的内容

1) 通则议程

通则议程是谈判双方共同遵照使用的日程安排,一般要经过双方协商同意后方能正式生效。在通则议程中,通常应确定以下一些内容。

(1) 谈判总体时间及各分阶段时间的安排。
(2) 双方谈判讨论的中心议题,尤其是第一阶段谈判的安排。
(3) 列入谈判范围的各种问题,以及问题讨论的顺序。
(4) 谈判中各种人员的安排。
(5) 谈判地点及招待事宜。

2) 细则议程

细则议程是对己方参加谈判的策略的具体安排,只供己方人员使用,具有保密性,其内容一般包括以下几个方面。

(1) 谈判中的统一口径：如发言的观点、文件资料的说明等。
(2) 对谈判过程中可能出现的各种情况的对策安排。
(3) 己方发言的策略：何时提出问题？提什么问题？向何人提问？谁来提问？谁来补充？谁来回答对方问题？谁来反驳对方提问？什么情况下要求暂时停止谈判？等等。
(4) 谈判人员更换的预先安排。
(5) 己方谈判时间的策略安排、谈判时间期限。

4.3　谈判主动权的谋取

商业谈判和其他谈判的共同之处在于：一是通过谈判加强双方或多方的沟通，加深了解。在化解矛盾和分歧基础上达成共识，以实现交易或合作的目的。二是这种短兵相接的沟通交流，力争在交易和合作中实现自身利益的最大化。三是谈判中许多谋略的设计和实施，都是在面对面的情况下进行的。即使是谈判前制定了一些必要的原则，谈判中也要根据具体情况的变化而变化，所以，人们又把商业谈判称之为面对面的谋略。为此，要想掌握商业谈判的主动权，就必须研究运用一些必要的谈判技巧。由于商业谈判具有灵活多变的特征，相应策略不可能一成不变，但有一些共性的基本技巧，如能灵活运用，可能会对参与商业谈判有所帮助。

1. 商业谈判要努力创造一种和谐的交流气氛

凡是商业谈判，双方都想通过沟通交流，实现自己一方的某种意图，所以是一种对立统一的关系。因此，往往就需要一个轻松愉快的谈判气氛。因为人在轻松和谐的气氛中，就有耐心听取不同意见，给对方更多的说话机会。高明的谈判者往往都是从中心议题之外开始，逐步引入正题的。正是所谓的"功夫在诗外"。什么天文地理、逸闻趣事、个人嗜好、轻松笑料等，可视对方的喜恶选择谈论的题目，谈酒可以成酒友，谈烟可以成烟友，谈网可以成网友，谈戏可以成票友，某一方面喜恶和见识都可能成为"知音"。如果能使对方有一种相见恨晚之感，就为谈判打下了很好的基础。轻松和谐的谈判气氛，能够拉近双方的距离。这样，切入正题之后就容易找到共同的语言，从而化解双方的分歧或矛盾。

2. 商业谈判中要善于倾听、分析和判断

因为谈判中要有一半左右的时间要听对方说话。常言说："锣鼓听声，听话听音。"会不会倾听？能不能听出对方的"音"？听了能不能做出正确的分析和判断？能不能找出对方的"软肋"或"破绽"，从而拿出应对的策略？这些都是能不能实现谈判目的的关键。所以，高明谈判者不仅善于倾听，还善于在不显山露水的情形下，启发对方多多地说、详细地说。最好把他们要说的话、想说的话尽量地都说出来。在对方说的时候，不要打断对方，不要怕"冷场"。在对方有一种"言多有失"的警觉时，要尽力地"循循善诱"。在倾听了对方的意见后，要从对方说话的神情、讲话的速度、声音的高低、说话的思维逻辑等方面，判断出对方是一个什么类型的谈判者，还要尽量判断出对方真实意图和水分。然后根据自己方面的原则立场，拿出一套应对的谋略。同时，还要随着对方策略的转换而转换，或者是设法把对方思路引向自己的策略中来。这样才能谈笑风生之中，掌握谈判的主动权。

3. 要打好商业谈判的"团体赛"

商业谈判也像乒乓球比赛一样，不仅有单打、双打，还有混合双打。凡是重要的商业谈判，往往都是"团体赛"。商业谈判的"团体赛"除了个人技术水平的发挥，更重要的是配合默契的团体技术。因此就需要注意以下几个问题：①要主次分明。常言说："家有千口，主事一人。"在一个谈判团体中，一定要有一个核心。所有的参与者都要为这个核心服务。②要分工明确，要根据谈判中自己所扮演的角色去"唱"，到位不要越位，如果角色不到位可能就不起作用，一旦越位了就可能自乱阵脚。所以，谈判中的配角比主角的难度还要大。③要会捧场、会补台，一旦主角出现口误或漏洞，配角要能为其自圆其说，使谈判团体步调一致、天衣无缝。④商业谈判中要根据需要，既要有唱红脸的，也要有唱黑脸的，有时还需要青衣、花旦之类的角色。因为谈判中由于礼节、原则等方面的原因，核心人物不能说、不便说的话，可以借助这些配角说出来。所以，商业谈判的团体赛只有各种角色的默契配合，才能演出有声有色的精彩剧目。

4. 商业谈判要有缜密的逻辑思维和举重若轻的谈判艺术

说话要瞻前顾后，不能顾此失彼，更不可前后矛盾。对说出的关键词、关键数字和关键性问题要牢记不忘。在讨论其他问题甚至闲聊时，也要避免说出和这些关键问题相矛盾的语言，否则将会引起对方的猜疑而导致被动。同时，尽量不要按照对方的思路走，要千方百计把对方的思维方式引导到你的思维方式上来。要学会举重若轻或举轻若重的利用。所谓举重若轻，就是在讨论重大问题、难点问题或双方分歧较大的问题时，可以用轻松的语言去交流。这样就不至于把谈判双方的神经搞得过于紧张，甚至引发谈判的僵局。所谓举轻若重，就是对那么双方分歧不大，甚至一些无关紧要的小事，倒可以严肃认真地去洽谈。一是表明认真负责的谈判态度，二是可以利用这些小事冲淡或化解关键的分歧。如果在某些关键问题上谈不去的时候，也可以采取迂回战术。

4.4　商务谈判的开局方式与策略

商务谈判的开局对整个商务谈判过程起着非常重要的作用，它往往关系到商务谈判双方对商务谈判所持有的态度、诚意，是积极进行还是消极应付，关系到商务谈判的格调和商务谈判的走向，一个良好的开局会为之后的商务谈判取得成功打下良好的基础。所谓开局，就是指一场谈判开始时谈判各方之间的寒暄和表态，以及对谈判对手的底细进行探测，为影响、控制谈判进程奠定基础。

开局阶段的具体目标是建立在轻松、诚挚气氛的基础上，力争继续巩固和发展已经建立起来的和谐气氛，并在进入实质性谈判前，双方就谈判程序及态度、意图等取得一致或交换一下意见。此外还要摸清对方的真正需要，尽快掌握对方有关谈判的经验、技巧、谈判作风方面的信息，以及使用的谈判谋略等，特别应注意摸清对方对要成交买卖的期望值的大致轮廓，做到心中有数。

对整场谈判而言，谈判开局对整个谈判过程有着相当重要的影响。它不仅决定着双方在谈判中的力量对比，决定着双方在谈判中采取的态度和方式，同时也决定着双方对谈判局面的控制,进而决定着谈判的结果。所以,谈判者应该研究谈判的开局,把握和控制谈判的局势。

俗话说"万事开头难""好的开始是成功的一半"。在商务谈判中,由于谈判开局是双方刚开始接触的阶段,是谈判的开始,谈判双方之间互相不了解,对谈判还没有实际的感性认识,各项工作又千头万绪,往往不知道该先谈什么、不该先谈什么,双方都会不同程度地出现紧张的感觉,容易出现停顿和冷场。这时就需要通过双方的寒暄来缓和紧张的气氛,进而营造一种适宜双方谈判的氛围。

4.4.1 开局的方式

如果谈判的准备工作已经全部完成,这时,就可以向对方主动提交洽谈方案,或者在对方提交的方案基础上给予相应的答复。向对方提交方案有以下几种方式。

1. 提交书面材料,不作口头陈述

这是一种局限性很大的方式,只在两种情况下运用:一种情况是,本部门在谈判规则的束缚下不可能有别的选择方式。比如,本部门向政府部门投标,这个政府部门规定在裁定的期间内不与投标者见面、磋商。另一种情况是,本部门准备把提交最初的书面材料也作为最后的交易条件。这时要求文字材料要明确具体,各项交易条件要准确无误,让对方一目了然,只需回答"是"与"不是",无须再作任何解释。如果是对对方所提出的交易条件进行还价,还价的交易条件也必须是终局的,对方要么全盘接受,要么全盘拒绝。

2. 提交书面材料,并作口头陈述

在会谈前将书面材料提交给对方,这种方法有很多优点,书面交易条件内容完整,能把复杂的内容用详细的文字表达出来,对方可一读再读,全面理解。提交书面交易条件也有缺点,如写上去的东西可能会成为对己方的限制,并难以更改。另外,文字形式的条款不如口语带有感情色彩,细微差别的表达也不如口语,特别是在不同语种之间,局限性更大。因此,谈判者应掌握不同形式下的谈判技巧。在提出书面交易条件之后,就应努力做到下述要点:让对方多发言,不可多回答对方提出的问题;尽量试探出对方反对意见的坚定性,即如果不作任何相应的让步,对方能否同意己方意见;不要只注意眼前利益,还要注意目前的合同与其他合同的内在联系;无论心里如何考虑,都要表现得冷静、泰然自若;要随时注意纠正对方的某些概念性错误,不要只在对本企业不利时才纠正。

3. 面谈提出交易条件

这种形势是在事先双方不提交任何书面形式的文件,仅在会谈时提出交易条件。这种谈判方式有许多优点:可以见机行事,有很大的灵活性;先磋商后承担义务;可充分利用感情因素建立个人关系、缓解谈判气氛等。但这种谈判方式也存在某些缺点:容易受到对方的反击;阐述复杂的统计数字与图表等相当困难;可能会因语言的不同而产生误会。

运用这种谈判方式应注意下述事项。

(1) 不要让会谈漫无边际地东拉西扯,而应明确所有要谈的内容,把握要点。

(2) 不要把精力只集中在一个问题上,而应把每一个问题都谈深、谈透,使双方都能明确各自的立场。

(3) 不要忙于自己承担义务，而应为谈判留有充分的余地。
(4) 同前所述，不要只注意眼前利益，要注意到目前的合同与其他合同的内容联系。
(5) 无论心里如何考虑，都要表现得镇定自若。
(6) 要随时注意纠正对方的某些概念性错误，不要只在对本方不利时才去纠正。

4.4.2 开局气氛的营造

1. 商务谈判开局气氛的含义

谈判气氛是谈判对手之间的相互态度，它能够影响谈判人员的心理、情绪和感觉，从而引起相应的反应。因此，谈判气氛对整个谈判过程具有重要的影响，其发展变化直接影响整个谈判的前途。

任何商务谈判都是在一定的气氛下进行的。每一场谈判都有其独特气氛：有的是冷淡的、对立的；有的是积极的、友好的；有的是平静的、严谨的；有的是简洁明快、节奏紧凑、速战速决；有的是咬文嚼字、慢条斯理、旷日持久。不同的谈判气氛对谈判的影响不同，一种谈判气氛可在不知不觉中把谈判朝某种方向推进。比如，热烈的、积极的、合作的气氛会把谈判朝着达成协议的方向推进，而冷淡的、对立的、紧张的气氛会把谈判推向僵局甚至造成谈判破裂。

因此，在谈判一开始，营造出一种合作的、诚挚的、轻松的、认真的和解决问题的气氛，对谈判可以起到十分积极的作用。

谈判气氛在谈判一开始就已形成，但它必须在整个谈判过程中得到保持，这就需要谈判人员的共同努力。谈判双方见面后的短暂接触，对谈判气氛的形成具有关键性的作用。谈判双方人员的目光、动作、姿态、表情、气质、谈话内容及语调、语速等的不同，会形成不同的谈判气氛。

实际上，当双方走到一起准备谈判时，洽谈的气氛就已经形成。热情还是冷漠，友好还是猜忌，轻松活泼还是拘谨紧张，都已基本确定，甚至整个谈判的进展(如谁主谈、谈多少、双方的策略)也都受到了很大的影响。当然，谈判气氛不仅受开局时的影响，双方见面之前的预先接触、谈判深入后的交流都会对谈判气氛产生影响，但谈判开始瞬间的影响最强烈，它奠定了谈判的基础。此后，谈判的气氛波动比较有限。

谈判开局气氛是由参与谈判的所有谈判者的情绪、态度与行为共同营造的，任何谈判个体的情绪、态度与行为都可能影响或改变谈判开局气氛；与此同时，任何谈判个体的情绪、思维都要受到谈判开局气氛的影响，并因此呈现出不同的状态。因此，营造一种有利的谈判开局气氛，从而控制谈判开局、控制谈判对手，对于谈判者来说就显得非常重要。

2. 商务谈判开局气氛的作用

商务谈判一般都是互惠式谈判，成熟的双方谈判人员都会努力寻求互利互惠的最佳结果。因为良好的气氛具有众多的良好影响：①为即将开始的谈判奠定良好的基础；②传达友好合作的信息；③能减少双方的防范情绪；④有利于协调双方的思想和行动；⑤能显示主谈人的文化修养和谈判诚意。

这些要点说明在谈判之初建立一种和谐、融洽、合作的谈判气氛无疑是非常重要的。如果商务谈判一开始就形成了良好的气氛，双方就容易沟通、便于协商，所以谈判者都愿意在一个良好的气氛中进行谈判。如果谈判一开始，双方就怒气冲天，见面时拒绝握手，甚至拒绝坐在一张谈判桌上，整个谈判无疑会因此蒙上一层阴影。

例如，1954年在日内瓦谈判越南问题时，曾经发生过美国前国务卿杜勒斯不准美国代表团成员与周总理率领的中国代表团成员握手的事情。尼克松为表示诚意，在1972年第一次访问中国下飞机时，要警卫人员把守机舱门，不让其他人下来，以便突出他一下飞机就主动地伸出手来和周总理握手的场面。握手的动作持续的时间不过几秒钟，却给这次谈判创造了一个良好的开端。相反，两伊战争后举行的两伊外长谈判，双方就拒绝握手。开始时甚至拒绝面对面的谈判，有关的谈判内容都是由联合国秘书长来回转达的。这样的谈判气氛，能谈出什么样的结果是可想而知的。

又比如，美国一家公司向一家日本公司推销一套先进的机器生产线。双方都派了一个技术力量很强的谈判小组进行谈判。美国方面的热情非常高，摆出一副志在必得的架势。谈判一开始，美方代表就喋喋不休地大谈他们的生产线是如何的先进、价格是如何的合理、售后服务是如何的周到。在美方代表高谈阔论的时候，日方代表一声不吭，只是埋头记录，将美方代表所谈的每一个问题都详细地记了下来。当美方代表兴致勃勃地讲完以后，问日方代表还有什么问题时，日方代表却摆出一脸茫然的样子表示没有听懂。如此反复了三四遍，美方代表一开始的那种热情不见了，谈判场面已不像谈判刚开始时那么热火朝天了。整个谈判气氛随着日本人走入了一种低沉的状态。日本代表看到时机已经成熟，于是"冷冰冰"地向美方代表提出一连串问题，问题的尖锐程度是美方代表始料不及的，美方代表顿时被弄得手忙脚乱，最后，日本方面把价格压低到了美方可以承受的极限。

其实，日本方面从一开始就听明白了美方代表所谈及的每一个问题。但是，他们注意到当时的谈判气氛完全被美方代表所控制，如果他们当时就提出自己的问题，那么，美方代表可能会趁着兴头对这些问题进行回击，到那时，自己很可能会被对方所控制，谈判结果可能对自己极为不利。于是，日方代表避开美方代表的锋芒，采取"疲劳战术"，逐渐控制了谈判气氛，使谈判向有利于自己的方向发展。

由这个案例我们可以看出，营造有利于自己的谈判开局气氛，对在谈判中争取"实地"，即实际利益是十分重要的。

3. 合理运用影响开局气氛的各种因素

一般情况下谈判双方的目的是一致的，为了达成一致的目的，洽谈的气氛应该是诚挚、合作、轻松和认真的。要想营造这样的洽谈气氛，不能洽谈开始就进入实质性谈判。需要花费一定时间来协调双方的思想或行动。

1) 表情、眼神

表情可以表明谈判人员的心情，是信心十足还是满腹狐疑，是轻松愉快还是剑拔弩张，是精力充沛还是疲惫不堪，这些都可以在人的表情上反映出来。反映表情最敏感的器官是头部、背部和肩膀。通过观察这些部位的变化，可以窥见谈判人员的心理状况。

以面部表情为例：面无表情，会使魅力与信用降低。面部表情要丰富并且使用恰当，才可能产生正确的交流作用。面部表情务必率真、自然。

面部表情的表达关键在于眼睛的变化和口唇的变化以及脸部肌肉变化。谈判人员目光的交流十分重要，眼睛是心灵的窗户，眼神可能暴露谈判人员的心理变化。双方均可通过对方眼神的变化来窥测其心理情况。西方心理学家认为，谈判双方第一次目光交流意义最大，对手是诚实还是狡猾，是活泼还是凝重，一眼就可以看出来。

2) 风度

风度是气质、知识及素质的外在表现。风度包括以下几个方面的内容。

(1) 饱满的精神状态。一入场就神采奕奕、精力充沛、自信而富有活力，这样能激发对方的兴趣，活跃会场的气氛。

(2) 诚恳的待人态度。谈判人员入场时应对所有的对手表现出诚恳而坦率的态度。应端庄而不冷漠，谦逊而不矫饰作伪，热情而不轻佻。

(3) 受欢迎的性格。性格是表现人的态度和行为方面较稳定的心理特征。性格是通过行为表现出来的，与风度密切相关，要使自己的风度得到别人的赞美，就应当加强自身的修养。要大方、自重、认真、活泼和直爽，尽量克服性格中的弱点，诸如轻佻、傲慢及幼稚等，千万不要因小失大。

(4) 幽默文雅的谈吐。美的风度在语言上体现为：言之有据，言之有理，言之有物，言之有味。语言是风度的窗口，如果出言不逊、满口粗话，就一点风度也谈不上了。

(5) 洒脱的仪表仪态。一个人仪表整洁、落落大方，就能使人乐于亲近。这种魅力不仅在于长相和衣着方面，更在于人的气质和仪态，这是人的内在品格的自然流露。

(6) 适当的表情动作。人的神态和表情，是沟通人的思想感情的非语言交往工具，是社会交往风度的具体表现方式，所以一定不可忽视表情动作——哪怕是细小的表情和动作也一定要注意。

3) 服饰

谈判人员的服装是决定其形象的重要因素。

色调是构成服装美的重要因素之一，要与环境、穿着者的年龄及职业相协调。服装的新颖款式可以给人增添魅力，能使自然美和气质美更加突出，也能使原有的体型、气质上的不足得到弥补。谈判人员的服装是影响谈判人员形象的重要因素。一般来说，谈判人员的着装应当美观、大方和整洁，但由于服饰属于文化习俗范围，不同的文化背景也就会有不同的要求。如在法国谈判或对方是法国人，就应穿整洁的深色服装。

4) 个人卫生

谈判人员的个人卫生对谈判气氛也会有所影响。衣着散乱、全身散发汗味或其他不洁味道的谈判人员都是不受欢迎的。

5) 动作

影响谈判气氛的因素还包括言语、手势和触碰行为。比如握手，动作简单，影响却是很大。在西方一些国家，如果右手握手的同时把左手放在对方肩上，就会引起对方的反感，被认为是过分轻狂、傲慢和自以为是。当然，由于各国文化习俗的差异，对各种动作的反应也不相同。仍以握手为例，在初次见面寒暄时，握手用些力气，有些外宾会认为这是相见恨晚的表现，心里就会油然而生亲近的感觉；也有些外宾则会觉得这是对方在炫耀力量，心里会有些不是滋味；更有甚者，有人认为这是故弄玄虚，是有意谄媚，从而产生厌恶之感。可见，我们必须了解谈判对手的背景和性格特点，针对不同的情况，采取不同的做法。

6) 中性话题

在谈判进入正式话题之前该谈些什么问题呢？一般来说，选择中性话题最为合适，这些话题轻松而且是非业务性的，容易引起双方共鸣，有利于创造和谐气氛。中性话题的内容通常有以下几种：第一，各自的旅途经历，如游览活动、旅游胜地及著名人士等；第二，文体新闻，如电影、球赛等；第三，私人问候，如骑马、钓鱼等业余爱好；第四，对于彼此有过交往的老客户，可以叙谈双方以往的合作经历和取得的成功。

7) 洽谈座位安排是有学问的

例如，面谈的主动一方像考官一样，背对窗户与阳光，坐在一把大椅子上，面前摆着一张大写字台；而被动的一方则在远离那张大写字台的一张小椅子上。这种座位安排显然使被动的一方处于不利的地位。阳光直射他的眼睛，使他感到很不自在；这种安排方式说明主动者一方丝毫不懂得交流的技巧，从一开始就使对方处于不快的状态当中。最好的办法是，撤掉写字台这个障碍物，使被动的一方避开刺眼的阳光；把被动者的位置安排在主动者的一侧，以增加亲近感。安排面谈不仅要摆放好桌椅，而且要适时适量地提供一些茶点、冷饮等。

8) 传播媒介

利用传播媒介制造谈判舆论或气氛，是指谈判的主体通过传播媒介向对方传递意图，施加心理影响，制造有利于自己的谈判气氛或启动谈判的背景。在现代社会，许多谈判在没有正式开始以前，舆论的准备往往就已经开始了，并发挥相当大的作用。有效地制造谈判舆论或气氛，可以引导谈判双方走到谈判桌前并开始谈判。制造谈判舆论或气氛，通常涉及谈判主体，即由谁来从事这一工作，可以是谈判者，也可以是其他的人；采用的工具，即采用哪种传播媒介；接受对象，即我们所造就的舆论和气氛要影响和感染哪些人；采用的方式，即结合我方谈判的目的及谈判对象的特点，确定以什么形式、什么内容，来最有效地影响谈判对象，为谈判的正式开始做好铺垫。在这四个要素中，前三者构成了制造谈判舆论或气氛的基本条件，最后一个要素是必要条件，四者缺一不可。古往今来，大家都非常注意利用传播媒介来制造谈判舆论或气氛。大众传播媒介的形式从过去影响范围极小的口头传播、手抄传播，发展到现在的大规模的印刷传播，以及传播迅速、影响极其广泛的电子传播。它的发展使得传播媒介从仅是沟通某种情况、传递某个信息的作用，发展到影响人们的思考直至改变其生活方式和价值取向的作用。各种谈判被形形色色的传播工具运载，使得谈判信息比比皆是，使得制造谈判舆论或气氛的重要性日益突出。因此，传播媒介已成为商务谈判，尤其是大型商务谈判不可或缺的工具。

4. 谈判开局气氛的营造

谈判开局气氛对整个谈判过程起着相当重要的影响和制约作用。可以说，哪一方如果控制了谈判开局气氛，哪一方就等于在某种程度上控制住了谈判对手。根据谈判气氛的高低，可以把商务谈判的开局气氛分为高调气氛、低调气氛和自然气氛。

1) 营造高调气氛

高调气氛是指谈判情势比较热烈，谈判双方情绪积极、态度主动，愉快因素成为谈判情势主导因素的谈判开局气氛。通常在下述情况下，谈判一方应努力营造高调的谈判开局气氛：本方占有较大优势，价格等主要条款对自己极为有利，本方希望尽早达成协议与对方签订合同。在高调气氛中,谈判对手往往只注意到对他自己的有利方面,而且对谈判前景的看法也倾向于乐观,因此,高调气氛可以促进协议的达成。

营造高调气氛通常有以下几种方法。

(1) 感情攻击法。感情攻击法是指通过某一特殊事件来引发普遍存在于人们心中的感情因素,并使这种感情迸发出来,从而达到营造气氛的目的。

(2) 称赞法。称赞法是指通过称赞对方来削弱对方的心理防线,从而焕发出对方的谈判热情,调动对方的情绪,营造高调气氛。采用称赞法时应该注意以下几点。

① 选择恰当的称赞目标。选择称赞目标的基本原则是投其所好,即选择那些对方最引以为自豪的,并希望己方注意的目标。

例如,东南亚某个国家的华人企业想要成为日本一著名电子公司的当地代理商。双方经几次磋商均未达成协议。在最后的一次谈判中,华人企业的谈判代表发现日方代表喝茶及取放茶杯的姿势十分特别,于是他说道:"从××君(日方的谈判代表)喝茶的姿势来看,您十分精通茶道,能否为我们介绍一下?"这句话正好点中了日方代表的兴趣所在,于是他滔滔不绝地讲述起来。结果,后面的谈判进行得异常顺利,那个华人企业终于拿到了他所希望的地区代理权。

② 选择恰当的称赞时机。如果时机选择得不好,称赞法往往会适得其反。

③ 选择恰当的称赞方式。称赞方式一定要自然,不要让对方认为你是在刻意奉承他,否则会引起其反感。

(3) 幽默法。幽默法是指用幽默的方式来消除谈判对手的戒备心理,使其积极参与到谈判中来,从而营造高调谈判开局气氛。采用幽默法时要注意的是:①选择恰当的时机;②采取适当的方式;③要收发有度。

(4) 问题挑逗法。问题挑逗法是指提出一些尖锐问题诱使对方与自己争议,通过争议使对方逐渐进入谈判角色。这种方法通常是在对方谈判热情不高时采用,有些类似于"激将法"。但是,这种方法很难把握好火候,在使用时应慎重一些,要选择好退路。

2) 营造低调气氛

低调气氛是指谈判气氛十分严肃、低落,谈判的一方情绪消极、态度冷淡,不快因素构成谈判情势的主导因素。通常在下面这种情况下谈判一方应该努力营造低调的谈判开局气氛:本方有讨价还价的砝码,但是并不占有绝对优势,合同中某些条款并未达到本方的要求,如果本方施加压力,对方会在某些问题上做出让步。低调气氛会给谈判双方都造成较大的心理压力,在这种情况下,哪一方心理承受力弱,哪一方往往会妥协让步。因此,在营造低调气氛时,本方一定要做好充分的心理准备并要有较强的心理承受能力。

营造低调气氛通常有以下几种方法。

(1) 感情攻击法。这里的感情攻击法与营造高调气氛的感情攻击法性质相同,即都是以情感诱发作为营造气氛的手段,但两者的作用方向相反。在营造高调气氛的感情攻击中,是激起对方产生的积极的情感,使得谈判开局充满热烈的气氛;而在营造低调气氛时,是要诱发对方产生消极情感,致使一种低沉、严肃的气氛笼罩在谈判开始阶段。

(2) 沉默法。沉默法是以沉默的方式来使谈判气氛降温,从而达到向对方施加心理压力的目的。注意这里所讲的沉默并非是一言不发，而是指本方尽量避免对谈判的实质问题发表看法。

采用沉默法要注意以下两点。

① 要有恰当的沉默理由。通常人们采用的理由有：假装对某项技术问题不理解；假装不理解对方对某个问题的陈述；假装对对方的某个礼仪失误表示十分不满。

② 要沉默有度，适时进行反击，迫使对方让步。

(3) 疲劳战术。疲劳战术是指使对方对某一个问题或某几个问题反复进行陈述，从生理和心理上使对手疲劳，降低对手的热情，从而达到控制对手并迫使其让步的目的。在前面的案例中，日方代表就是将沉默法和疲劳战术结合起来使用来营造谈判气氛的。

一般来讲，人在疲劳的状态下，思维的敏捷程度会大幅下降，容易出现错误，热情降低，工作情绪不高，比较容易屈从于别人的看法。

采用疲劳战术应注意以下两点。

① 多准备一些问题，而且问题要合理，每个问题都能起到疲劳对手的作用。

② 认真倾听对手的每一句话，抓住错误、记录下来，作为迫使对方让步的砝码。

(4) 指责法。指责法是指对对手的某项错误或礼仪失误严加指责，使其感到内疚，从而达到营造低调气氛、迫使谈判对手让步的目的。

3) 营造自然气氛

自然气氛是指谈判双方情绪平稳，谈判气氛既不热烈，也不消沉。自然气氛无须刻意地去营造，许多谈判都是在这种气氛中开始的。这种谈判开局气氛便于向对手进行摸底，因为，谈判双方在自然气氛中传达的信息往往要比在高调气氛和低调气氛中传送的信息要准确、真实。当谈判一方对谈判对手的情况了解甚少，以及对方的谈判态度不甚明朗时，谋求在平缓的气氛中开始对话是比较有利的。

营造自然气氛要做到以下几点：注意自己的行为、礼仪。要多听、多记，不要与谈判对手就某一问题过早发生争议。要准备几个问题，询问方式要自然。对对方的提问，能做正面回答的一定要正面回答。不能回答的，要采用恰当方式进行回避。

谈判气氛并非是一成不变的。在谈判中，谈判人员可以根据需要来营造适于自己的谈判气氛。但是，谈判气氛的形成并非完全是人为因素的结果，客观条件也会对谈判气氛有重要的影响，例如，节假日、天气情况、突发事件等。因此，在营造谈判气氛时，一定要注意外界客观因素的影响。

4.4.3 商务谈判开局的策略

谈判开局策略是谈判者谋求谈判开局中有利地位和实现对谈判开局的控制而采取的行动方式或手段。在正常情况下，谈判双方都是抱着实现自己合理利益的目的与对方坐在谈判桌前的，因而双方都希望能在一个轻松、愉快的气氛中进行谈判。

商务谈判的过程就是运用策略的过程。有经验的谈判人员常常用热情的方式，在谈判双方刚刚正式接触的一瞬间，就抓住对成员中认识或曾经打过交道的人，先行招呼，并主动为双方初次见面的成员作一番热情的介绍，讲一些令双方都高兴的话，以活跃谈判气氛。

虽然每一次谈判的目标不同、谈判对手不同，但是彼此之间的相互寒暄是必不可少的。实际上，在双方的彼此寒暄的表情和言谈话语当中，就已展开了策略的较量。由于谈判开局关系到整个谈判的方向和进程。因此，涉及谈判开局的策略，在商务谈判中显得尤为重要，谁率先掌握了准确而又详尽的信息，谁就更容易施展自己的谋略，从而掌握谈判的主动权，控制谈判的方向、节奏，更好地为自己的利益服务。

任何商务谈判都是在特定的气氛中开始的，因而，谈判开局策略要根据特定的谈判开局气氛实施，谈判开局的气氛会影响谈判开局策略，与此同时，谈判的开局策略也会反作用于谈判气氛，成为影响或改变谈判气氛的手段。所以，当对方营造了一个不利于己方的谈判开局气氛时，谈判者可以采用适当的开局策略来改变这种气氛。在商务谈判策略体系中，涉及谈判开局的具体策略是很多的。谈判人员为了促使谈判成功，形成一个良好的谈判气氛，在开局阶段应该做到：态度诚恳、真挚友好、务实灵活、求大同存小异、不纠缠枝节问题、努力适应双方的利益需要等。

下面结合谈判实例，通过分析方法，介绍几种典型的、基本的谈判开局策略。

1. 商务谈判的开局策略

1) 一致式开局策略

所谓一致式开局策略，是指在谈判开始时，为使对方对自己产生好感，以"协商""肯定"的方式，创造或建立起对谈判的"一致"的感觉，从而使谈判双方在愉快友好的气氛中不断将谈判引向深入的一种开局策略。

现代心理学研究表明，人们通常会对那些与其想法一致的人产生好感，并愿意将自己的想法按照那些人的观点进行调整。这一研究结论正是一致式开局策略的心理学基础。

一致式开局策略的运用还有一种重要途径，就是在谈判开始时以问询方式或补充方式诱使谈判对手走入你的既定安排，从而在双方间达成一致和共识。所谓问询方式，是指将答案设计成问题来询问对方，例如，"你看我们把价格及付款方式问题放到后面讨论怎么样？"所谓补充方式，是指借以对对方意见的补充，使自己的意见变成对方的意见。采用问询方式或补充方式使谈判逐步进入开局。

一致式开局策略可以在高调气氛和自然气氛中运用，但尽量不要在低调气氛中使用。因为，在低调气氛中使用这种策略容易使自己陷入被动。一致式开局策略如果运用得好，可以将自然气氛转变为高调气氛。

2) 保留式开局策略

保留式开局策略是指在谈判开局时，对谈判对手提出的关键性问题不作彻底、确切的回答，而是有所保留，从而给对手造成一种神秘感，以吸引对手步入谈判。

比如，江西省余江工艺雕刻厂原是一家濒临倒闭的小厂，经过几年努力，发展成为年产值200多万元的大厂，产品打入日本，被誉为"天下第一雕刻"。有一年，日本3家株式会社的老板同一天接踵而来，到该厂订货。其中一家资本雄厚的大商社，要原价包销该厂的佛坛产品。这应该说是个好消息，但该厂想到，这几家原来都是经销韩国、中国台湾产品的商社，为什么不约而同、争先恐后地到本厂来订货？他们翻阅了日本市场的资料，得出结论是本厂的木材质量上乘、技艺高超是吸引外商订货的主要原因。于是该厂采取了"待价而沽""欲擒故纵"的谈判谋略。先不理那家大商社，而是积极抓住另外两家小客商求货急切的心理，把佛坛的梁、榴、椽、柱，分别与其他国家产品作比较：不怕不识货，只怕货比货，该厂的产品确实技高一筹。在此基础上，该厂将产品当金条似地争价钱、论成色，使其价格达到理想的高度。首先，与小客商拍板成交，造成那家大商社产生失去货源的危机感。那家客商不仅更急于订货，而且想垄断货源，于是大批订货，以致订货数量超过该厂现有生产能力的好几倍。该厂谋略成功的关键在于其策略不是盲目的、消极的。首先，该厂产品确实好，又由于几家客商求货心切，在货比货后让客商折服。其次，是善于审时度势。先和小客商洽谈，并非疏远大客商，而是以此牵制大客商，促其产生失去货源的危机感。这样订货数量和价格才有了大幅增加。

又比如，有一家日本公司与我国福建省一家公司进行了接触，双方互派代表就投资问题进行谈判。谈判一开始，日方代表就问道："贵公司的实力到底如何我们还不十分了解，能否请您向我们介绍一下以增加我方进行合作的信心"。中方代表回答道："不知贵方所指的实力包括哪几方面，但有一点我可以明确地告诉您，造飞机我们肯定不行，但是制茶我们是内行，我们的制茶技术是世界第一流的。福建有着丰富的茶叶资源，我们公司可以说是近水楼台。贵公司如果与我们合作的话，肯定会比与其他公司合作得满意。"

注意，采用保留式开局策略时不要违反商务谈判的道德原则，即以诚信为本，向对方传递的信息可以是模糊信息，但不能是虚假信息。否则，会将自己陷入非常难堪的局面。保留式开局策略适用于低调气氛和自然气氛，而不适用于高调气氛。保留式开局策略还可以将其他的谈判气氛转为低调气氛。

3) 坦诚式开局策略

坦诚式开局策略是指以开诚布公的方式向谈判对手陈述自己的观点或想法，从而为谈判打开局面。坦诚式开局策略比较适合于有长期的业务合作关系的双方，以往的合作双方比较满意，双方彼此又互相比较了解，不用太多的客套，减少了很多外交辞令，节省了时间，直接坦率地提出自己一方的观点、要求，反而更能使对方对己方产生信任感。采用这种开局策略时，要综合考虑多种因素，例如，自己的身份、与对方的关系、当时的谈判形势等。坦诚式开局策略有时也可用于谈判实力弱的一方谈判者。当本方的谈判实力明显不如谈判对方，并为双方所共知时，坦率地表明自己一方的弱点，让对方加以考虑，更能表明己方对谈判的真诚，同时也表明对谈判的信心和能力。例如，北京门头沟一位党委书记在同外商谈判时，发现对方对自己的身份持有强烈的戒备心理。这种状态妨碍了谈判的进行。于是，这位党委书记当机立断，站起来向对方说道："我是党委书记，但也懂经济、搞经济，并且拥有决策权。我们摊子小，实力不强，但人实在，愿真诚与贵方合作。咱们谈得成也好，谈不成也好，至少您这个外来的'洋'先生可以交一个我这样的中国的'土'朋友。"寥寥几句肺腑之言，一下子就打消了对方的疑虑，使谈判顺利进行。坦诚式开局策略可以在各种谈判气氛中应用。这种开局方式通常可以把低调气氛和自然气氛引向高调气氛。

4) 进攻式开局策略

进攻式开局策略是指通过语言或行为来表达己方强硬的姿态，从而获得谈判对手必要的尊重，并借以制造心理优势，使得谈判顺利地进行下去。采用进攻式开局策略一定要谨慎，因为，在谈判开局阶段就设法显示自己的实力，使谈判开局就处于剑拔弩张的气氛中，对谈判的进一步发展极为不利。进攻式开局策略通常只在这种情况下使用，即，发现谈判对手在刻意制造低调气氛，这种气氛对本方的讨价还价十分不利，如果不把这种气氛扭转过来，将损害本方的切实利益。我们来看下面的案例：日本有一家著名的汽车公司在美国刚刚"登陆"时，急需找一家美国代理商来为其销售产品，以弥补他们不了解美国市场的缺陷。当日本汽车公司准备与美国的一家公司就此问题进行谈判时，日本公司的谈判代表路上塞车迟到了。美国公司的代表抓住这件事紧紧不放，想要以此为手段获取更多的优惠条件。日本公司的代表发现无路可退，于是站起来说："我们十分抱歉耽误了你的时间，但是这绝非我们的本意，我们对美国的交通状况了解不足，所以导致了这个不愉快的结果，我希望我们不要再为这个无所谓的问题耽误宝贵的时间了，如果因为这件事怀疑到我们合作的诚意，那么，我们只好结束这次谈判。我认为，我们所提出的优惠代理条件是不会在美国找不到合作伙伴的。"日本代表的一席话说得美国代理商哑口无言，美国人也不想失去这次赚钱的机会，于是谈判顺利地进行下去。在这个案例中，日方谈判代表就是采取了进攻式的开局策略，阻止了美方谋求营造低调气氛的企图。

进攻式开局策略可以扭转不利于己方的低调气氛，使之走向自然气氛或高调气氛。但是，进攻式开局策略也可能使谈判陷入僵局。

5) 挑剔式开局策略

挑剔式开局策略是指开局时，对对手的某项错误或礼仪失误严加指责，使其感到内疚，从而达到营造低调气氛，迫使对手让步的目的。

2. 策划开局策略时应考虑的因素

不同内容和类型的谈判，需要有不同的开局策略与之对应。谈判开局策略的选择要受到谈判双方实力对比、谈判形势、谈判气氛营造等一系列因素的制约和影响，选择谈判开局策略，必须全面考虑这些因素，并且在实施时还要依据谈判经验对其进行调整。一般来说，确定恰当的开局策略需要考虑以下几个因素。

1) 考虑谈判双方之间的关系

谈判双方之间的关系，主要有这几种情况：①双方过去有过业务往来，且关系很好；②双方过去有过业务往来，关系一般；③双方过去有过业务往来，但我方对对方印象不佳；④双方过去没有过业务往来。

如果双方在过去有过业务往来，且关系很好，那么这种友好的关系应作为双方谈判的基础，在这种情况下，开局阶段的气氛应是热烈、真诚、友好和轻松愉快的。开局时，我方谈判人员在语言上应是热情洋溢的，内容上可以畅谈双方过去的友好合作关系，或两企业之间的人员交往，也可适当地称赞对方企业的进步与发展；态度上应该比较自由、放松、亲切。在结束寒暄后，可以这样将话题切入实质性谈判："过去我们双方一直合作得很愉快，我想，这次我们仍然会合作愉快的。"

如果双方有过业务往来，但关系一般，那么，开局的目标是要争取创造一个比较友好、和谐的气氛。但是，此时，我方的谈判人员在语言的热情程度上有所控制；在内容上，可以简单聊一聊双方过去的业务往来及人员交往，也可说一说双方谈判人员在日常生活中的兴趣和爱好；在姿态上，可以随和自然。寒暄结束后，可以这样把话题切入实质性谈判："过去我们双方一直保持着业务往来关系，我们希望通过这一次的交易磋商，将我们双方的关系推进到一个新的高度。"

如果双方过去有过一定的业务往来，但我方对对方的印象不好，那么开局阶段谈判气氛应是严肃、凝重的。我方谈判人员在开局时，语言上在注意礼貌的同时，应该比较严谨甚至可以带一点冷峻；内容上可以就过去双方的关系表示不满和遗憾，以及希望通过磋商来改变这种状况；在态度上应该充满正气，与对方保持一定距离。在寒暄结束后，可以这样将话题引入实质性谈判："过去我们双方有过一段合作关系，但遗憾的是并不那么令人愉快，我们希望这一次能成为一次令人愉快的合作。千里之行，始于足下。让我们从这里开始吧！"

如果过去双方人员并没有业务往来，那么，在第一次交往中，应力争营造一个真诚、友好的气氛；以淡化和消除双方的陌生感及由此带来的防备，为后面的实质性谈判奠定良好的基础。因此，本方谈判人员在语言上，应该表现得礼貌友好但又不失身份，内容以天气情况、途中见闻、个人爱好等比较轻松的话题为主，也可以就个人在公司的任职时间、负责的范围、专业经历进行一般性的询问和交谈，态度上是不卑不亢、沉稳又不失热情、自信但不傲气的，寒暄后，可以这样开始实质性谈判："这笔交易是我们双方的第一次业务交往，希望它能够成为我们双方发展长期友好合作关系的一个良好开端。我们都是带着希望而来的，我想，只要我们共同努力，我们一定会满意而归。"

2) 考虑双方的实力

就双方的实力而言，不外乎以下三种情况。

(1) 双方谈判实力相当，为了防止一开始就强化对手的戒备心理和激起对方的对立情绪，以致影响实质性谈判，在开局阶段，仍然要力求创造一个友好、轻松、和谐的气氛。本方谈判人员在语言和姿态上要做到轻松而不失严谨、礼貌而不失自信、热情而不失沉稳。

(2) 如果我方谈判实力明显强于对方，为了使对方能够清醒地意识到这一点，并且在谈判中不抱过高的期望值，从而产生威慑作用，同时，又不至于将对方吓跑，在开局阶段，在语言和姿态上，既要表现得礼貌友好，又要充分显示出本方的自信和气势。

(3) 如果我方谈判实力弱于对方，为了不使对方在气势上占上风，从而影响后面的实质性谈判，开局阶段，在语言和姿态上，一方面要表示得友好，积极合作；另一方面也要充满自信，举止沉稳，谈吐大方，使对方不至于轻视我们。

3. 引起谈判对手注意与兴趣的技巧

引起谈判对手的注意和兴趣，这是在谈判开局阶段使谈判能够顺利深入进行下去的"润滑剂"。如果本方谈判人员能够引起谈判对手的兴趣，那么，他们就可能以此为契机替公司争取更多的利益；如果本方谈判人员不能引起谈判对手的兴趣，那么，他们将很难从谈判对手那里获取利益；如果谈判双方对对方的问题均不感兴趣，谈判就有可能走向破裂。要引起谈判对手的兴趣，首先，应该了解对方的"兴趣点"，即对方最为关心的问题。了解对方"兴趣点"的工作通常是在谈判的准备阶段进行的。不过，在谈判开始后，谈判双方通过接触还可以继续进行摸底。其次，还要了解对方具体谈判人员的性格，这样才能够做到"对症下药"，针对不同的对手采用不同的引起谈判对手注意与兴趣的方法。引起注意与兴趣的方法常见的有以下几种。

1) 夸张法

夸张法是指对谈判对手所关心的兴趣点以夸张的方式进行渲染，从而引起谈判对手的兴趣或注意。应该注意的是，夸张要有现实做基础，即夸张不能偏离实际情况太远，而且要多使用模糊语言。否则，谈判对手会用本方的夸张语言为依据向本方施压，使本方处于不利境地。

2) 示范法

若要使对方对你的谈话发生兴趣，你就必须使他们清楚地意识到他们接受你的建议后会得到好处。这种说法相当富有哲理，但在实际谈判活动中，它又往往被人们所忽略。为了尽快引起对方的兴趣，你可以在谈判的开局就向对方介绍你的产品具有哪些优点，同时还必须证明你的产品确实具有这些优点。将杯子扔到坚硬的地面上看它是否能被摔坏，这种方法比任何口头宣传都更具有说服力。如果你的油漆没有异味，那你就不必费口舌，先让对方亲自闻一闻你的产品，然后再让他闻一闻气味浓重的竞争产品。为了证明你的小型装置坚固耐用，可以让对方用各种非规范的方法进行操作，看他能否把小型装置弄坏。示范的结果就会堵住对方的嘴，使他无话可说。在事实面前，他只能相信这种产品质量可靠。为了向对方说明一辆小汽车加速器的性能特点，你不必让他看那烦琐的数据，只需邀请他与你一同外出试车，就可以使他心服口服了。如果你想说服对方安装空调，就让他们到两间不同的办公室走一走，体验一下：其中一间安有空调设备，室内空气清新，凉爽宜人；而另一间没有空调设备，室内空气混浊，有令人窒息的感觉。因此，示范是谈判者向对方提供的一种有说服力的证据。

3) 创新法

谈判人员的目标和方法可以与别人不同，由于有这种不同才能引起对方的注意。谈判的方式不能仿效他人，特别是不能仿效你的竞争者，而且要尽可能与他们保持一定的距离。如果所有的谈判者都采用同一种谈判方法，那么，这种方法就会逐渐失去其效果。所以，谈判者的目标就是必须开创一条新路，不然你就会回到老路上去。商务谈判者所应坚持的不同应该表现在三个方面：与别人不同，与你的过去不同，与对方的设想不同。比如，在制订洽谈计划时，要充分考虑到提问式方法的优点。问题提得好可以使对方惊叹不已，引起他的注意，促使对方回答，使会谈顺利展开。所以，实用、新颖的会谈方式也是引起对方注意的好办法，它有出奇制胜的效果。

4) 竞争法

竞争法是指利用谈判对手的竞争心理，故意提及其竞争对手，以此来使其对自己的话题感兴趣。这种方法通常在谈判对手实力很强，而自己又有求于他们的情况下使用。

美国有一位杂志社的出版商，他在创立自己刊物时资金短缺，于是他希望通过刊登广告的方式来筹集资金。于是他来到了一栋写字楼，一家公司一家公司地推销其杂志广告。但是，由于他们的杂志是新办的，人们对它缺乏信心，因此，其推销工作十分艰难。在推销过程中，这个杂志出版商了解到：这栋写字楼最上面两层分别被两家不同的房地产公司承租了，这两家公司互为对手，竞争十分激烈。于是，他走进了其中一家公司，问他们是否愿意购买自己的广告版面，公司经理说对他的杂志不感兴趣。他扭头便往外走，边走嘴里边说："看来还是楼上先生(即楼上房地产公司的老板)更精明些。"这位经理一听，赶快把他叫了回来，问道："楼上那伙人购买你的广告了吗？"这位出版商耸了耸肩说："这是商业秘密，等杂志出版后你就会知道的。"这位房地产公司的经理想了想说："那么好吧，请把您准备的广告合同给我看一下。"就这样，这位杂志出版商获得了一份大买卖。用同样方法，他又使得楼上的房地产公司也购买了他的广告版面。注意，竞争法是建立在广泛收集信息基础上的。只有广泛地收集信息，全面了解谈判对手的各种资料，尤其是其在市场中所处地位的资料，才可能有效地使用竞争法引起谈判对手兴趣。

5) 让自己成为解决问题的专家

在谈判中，双方都会提出一些问题。只有在洽谈一开始提出一个使对方感到惊讶的问题，才会使对方对这个问题加以考虑。当然，这是一种手段，而不是目的。作为一名谈判人员，能够回答或解决对方的问题肯定会受欢迎。因此，今天的商务谈判者必须要成为解决某一方面问题的专家，在商务谈判中才会有优势。

6) 利益诱惑法

利益诱惑法是指在不影响本方根本利益的情况下，对谈判对手所关心的"兴趣点"进行较大程度的利益让步，以此来引起对方的兴趣或注意。通常来讲，谈判对手最关心的兴趣点就是价格，因此，利益诱惑法通常都是围绕价格做文章。

7) 胁迫法

胁迫法是指通过压迫或威胁的手段来引起对手的注意或兴趣的方法，这种方法通常是在本方处于战略优势的情况下采用的。英国某公司想要从我国购买一批猪鬃，于是，他们便和我国一家土畜产公司进行了联系，双方准备就此问题进行磋商。在磋商之前，该土畜产公司了解了一下市场行情，发现猪鬃价格正处于上涨阶段。在谈判过程中，英国公司为了压低中国的报价，表现出了一副无所谓的样子，好像这笔生意成功与否对他们的影响不大。中国代表见此情景，义正词严地说："现在世界猪鬃市场正在看好，价格上涨很快。我国的猪鬃从质量上来讲是世界上第一流的，价格是极为合理的。正因为如此，本公司在欧洲有很多做猪鬃生意的朋友最近纷纷打电话要求订货。如果××先生(英方谈判代表)认为这笔生意对贵公司无所谓，我看我们最好还是结束这次谈判，我们也好把货物留给欧洲的其他朋友。"这一番话正切中其要害，这个英国公司害怕失去其在欧洲市场的份额，于是，认认真真地同中国公司开始谈判，并接受了中方的所有条件。

8) 防止干扰

有时候，外部因素可能会使对方不能集中全部精力展开正常的业务谈判。例如，电话突然响起来，文件传送人、秘书或其他一些人进进出出等。在这种情况下，你可以使用巧妙的问话支开众人，如："李小姐，我们不知道您正在忙着。真抱歉！"如果期间对方让其他人参加洽谈，你应该把他看作洽谈的正式人员，并且对他表示尊重。你主动进行自我介绍，对方也会把其他人介绍给你，或其他人主动向你介绍。有时候，对方也可能让某个或某几个第三者参加洽谈，目的是让旁人做证，或者是有意制造一种人多势众的场面。受到干扰后，双方应立即检查一下正在进行的洽谈工作，目的是看一看对方是否忘记了洽谈的衔接处。有一次，正在进行一项机器产品的购销谈判，当洽谈受到干扰后，销售方的人员立即问道："哎，我们刚才谈到什么地方了？"这样就促使对方做出某种反应。如果你发现对方在受干扰后三心二意，你应该尽量控制自己的感情，不要大喊大叫，说话嗓音要柔和、适中，并搞清对方的可能意图。你讲话时，特别是讲到一半时，要适当停顿一下，但这种停顿最好短促、突然，停顿得越突然，效果往往也就越好。

本 章 小 结

本章首先介绍了商务谈判的开局方式与策略，包括开局的方式、开局气氛的营造、商务谈判开局的策略；其次给出了谈判议程的确定方法，如谈判议程的编制和谈判议程的安排；最后介绍了谈判主动权的谋取的方法和途径。

通过本章学习，读者应掌握商务谈判开局的开局方式、商务谈判开局气氛的营造、商务谈判主动权的谋取，理解商务谈判议程的确定和商务谈判开局的策略。

关键术语

开局气氛　自然气氛　情感攻击　称赞法　幽默法　问题挑逗法　谈判议程　时间安排　通则议程　细则议程

复习思考题

1. 填空题

(1) 要沉默有度，适时进行反击，迫使对方_____。

(2) 认真倾听对手的每一句话，抓住错误、记录下来，作为迫使对方让步的_____。

(3) 谈判议程是指有关谈判事项的_____。

(4) 在议程的安排上，不要过分伤害对方的自尊和利益，以免导致谈判的_____。

(5) 议程只是一个事前计划，并不代表一个_____。

2. 选择题

(1) 谈判议程的安排对谈判双方非常重要,议程本身就是一种谈判(　　)。
    A. 核心　　　　B. 目标　　　　C. 内容　　　　D. 策略

(2) 容易达成一致的议题可以放在谈判的开始阶段或即将(　　)。
    A. 开始阶段　　B. 结束阶段　　C. 磋商阶段　　D. 履约阶段

(3) 通则议程是谈判双方共同遵照使用的(　　)。
    A. 日程安排　　B. 谈判标准　　C. 协议内容　　D. 道德底线

(4) 商业谈判要有缜密的逻辑思维和举重若轻的谈判(　　)。
    A. 效用　　　　B. 艺术　　　　C. 质量　　　　D. 水平

(5) 谈判气氛是谈判对手之间的相互(　　)。
    A. 态度　　　　B. 了解　　　　C. 认同　　　　D. 激励

3. 名词解释

(1) 称赞法。
(2) 幽默法。
(3) 问题挑逗法。

4. 简答题

(1) 简述开局气氛的营造。
(2) 简述商务谈判开局的策略。

5. 论述题

试简要分析策划开局策略时应考虑的因素。

案例分析题

北京 A 工厂要引进环形灯生产技术及设备,并委托 N 进出口公司与日本 H 公司开始了谈判,N 公司从 A 工厂处知道:贵州 B 工厂、辽宁 C 工厂、江苏 D 工厂也有该计划。A 工厂担心把市场价格抬起来,N 公司建议把所有公司联合起来一起谈判,A 工厂表示同意。N 公司与各家联系后,建议在北京开会商讨联合对外谈判的可能。B、C、D 厂相关人员认为这是好事,因为有的厂正缺少这方面的技术信息,有的厂虽然也在与国外公司接触,但尚处探讨阶段。于是各单位约定在北京联合会谈。

四家工厂与 N 公司在北京开会交流了信息。各家引进技术范围略有不同,资金预算也不同。国外供应商在日本有两家,欧洲有一家。这三家均来过中国,与四家工厂中的某几家分别有过接触或技术交流,有的已经成为老朋友。根据这些情况,联合班子统一了谈判方案及谈判日程。

联合谈判班子邀请了国外三家主要供应商到北京谈判。一轮下来,彼此建立了关系也加深了了解,但对这"一揽子"方案,国外三家公司态度有些保留,对谈判条件咬得较紧,使谈判进度慢了下来。有的外商干脆中止了谈判。

在联合谈判班子正在研究如何破除僵局时,有的外商主动找到外地的工厂,借参观为名与其熟悉、感兴趣的工厂进行接触,接触过程中提出了某些优惠条件。有些厂家看到比联合谈判时给的条件还好,心里很高兴,两方在工厂进行秘密会谈。工厂直接从外商处获得较满意的条件后,即提出是否还联合的问题。

其他外商和工厂看联合谈判班子有分裂的趋势，也开始做单方面动作。有的外商故意对某工厂代表态度好，单独请工厂代表吃饭，暗地里许诺，对统一谈判代表反而更加强硬，使谈判局面更加混乱。N公司知道这些情况后，与各工厂代表协商，但彼此均为独立法人，也不是上下级关系，有意见只能说说而已。各工厂代表一看N公司也奈何不了他们，而外商又表示"友好"，自觉继续下去好处不大，于是提出退出联合谈判的要求。N公司眼看联合四分五裂，只有与A工厂代表叹息的份儿，却束手无策。

问题：

(1) 虽然没有政府机构出面组织，民间自愿组合的联合对外谈判就一定没有约束办法吗？法律手段、经济手段可否运用呢？

(2) 各家利益不同，客户感情深浅不同，有没有办法避免被分裂呢？

第 5 章　商务谈判的报价与磋商

知识架构

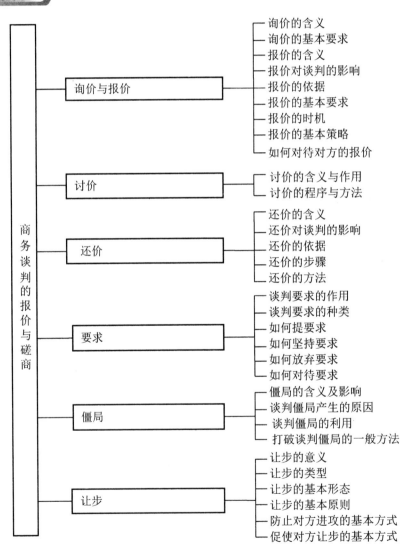

第 5 章
商务谈判的报价与磋商

学习目标

通过本章的学习，读者应该能够：
- 熟悉询价与报价
- 掌握讨价的作用与意义
- 理解还价对谈判的影响
- 掌握还价的步骤
- 掌握谈判要求的作用
- 熟悉僵局的含义及其影响
- 理解让步的基本形态

导入案例

真实意图信息的隐藏

"我不知道……"

美国一位著名谈判专家有一次替他邻居与保险公司交涉赔偿事宜。谈判是在专家的客厅里进行的，理赔员先发表了意见："先生，我知道你是交涉专家，一向都是针对巨额款项的谈判，恐怕我无法承受你的要价，我们公司若是只出 100 元的赔偿金，你觉得如何？"

专家表情严肃地沉默着。根据以往经验，不论对方提出的条件如何，都应表示出不满意，因为当对方提出第一个条件后，总是暗示着可以提出第二个，甚至第三个。

理赔员果然沉不住气了："抱歉，请勿介意我刚才的提议，我再加一点，200 元如何？"

"加一点，抱歉，无法接受。"

理赔员继续说："好吧，那么 300 元如何？"

专家等了一会儿道："300？嗯……我不知道。"

理赔员显得有点慌张，他说："好吧，400 元。"

"400？嗯……我不知道。"

"就赔 500 元吧！"

"500？嗯……我不知道。"

"这样吧，600 元。"

专家无疑又用了"嗯……我不知道"，最后这件理赔案终于在 950 元的条件下达成协议，而邻居原本只希望要 300 元！

这位专家事后认为，"嗯……我不知道"这样的回答真是效力无穷。

案例分析：谈判是一项双向的交涉活动，双方都在认真地捕捉对方的反应，以随时调整自己原先的方案，一方干脆不表明自己的态度，只用"不知道"这个可以从多种角度去理解的词，竟然使得理赔员心中没了底，价钱一个劲儿地自动往上涨。既然来参加谈判，就不可能对谈判目标不知道，"不知道"的真正含义恐怕是不想告诉你你想知道的吧！这是一种不传达的信息传达。

商务谈判中利益与需要的分割过程表现为谈判主体之间互相交流各种信息及物质条件等的过程。其中，关于价格的沟通，即买方或卖方的报价，以及随之而来的价格磋商是这一过程的核心。商务谈判的报价与磋商阶段是继谈判开局阶段任务完成以后，议题不断深入的中心阶段，即指谈判开始之后到谈判终局之前，谈判各方就实质性事项进行报价与磋商的全过程。它不仅是谈判主体间的实力、智力和技术的具体较量阶段，而且也是谈判主体间求同存异、合作谅解让步的阶段。由于此阶段是全部谈判活动中最为重要的阶段，故其投入精力最多、占有时间最长、涉及问题最多。

5.1 询价与报价

5.1.1 询价的含义

询价是指交易的一方以口头或书面的形式向另一方发出交易信息，联络、询问、征求交易意向和条件的表示。询价一般没有特定的询价对象，大多是通过报刊、广播、电视、展销、传单等进行公开发布，面对公众。在对外商务活动中，由于交易双方相距甚远，信息广告、传递费用高，询价一般又都有特定的对象，例如一国向另一国发出询价。

询价的特点是公开、笼统地表示某一商务活动的意图；不具有任何法律效力，对发出方没有任何约束力。其意义是询价发出方在陈述自己需求意向和期望后，借此了解市场行情和供求态势；有助于摸清对方情况，窥测对方意图，捕捉对方利益目标、条件要求；占据主动地位，以期寻求商务谈判的贸易伙伴。

5.1.2 询价的基本要求

询价无论是以口头还是以书面形式发布信息，都有以下基本要求：笼统、公开地介绍己方的需求、意图；语言文字表达要精练、简短，叙述要明白、准确；依据主客观条件和己方供求情况，合理选择询价形式的媒体；寻找贸易伙伴，要采取公开广泛发布信息和选择预定对象相结合的方法；适当重复询价，补充说明条件内容。根据己方供求情况取舍询价内容的详略，贸易双方都可以主动提出。

5.1.3 报价的含义

报价并不是指双方在谈判中提出的价格条件，而是指谈判一方主动或根据买方询价向对方提出自己的所有要求。当然，在所有这些要求中，价格是其核心。

5.1.4 报价对谈判的影响

报价标志着商务谈判进入实质性阶段，也标志着双方的物质性要求在谈判桌上"亮相"。报价是商务谈判过程中非常关键的一步，许多贸易谈判成功与否，都与报价是否恰当密切相关。同时，它与谈判双方在价格谈判合理范围内的盈余分割息息相关，对实现己方既定的经济利益具有举足轻重的意义。因此，要提高报价的成功率，就必须了解影响报价的基本因素，掌握报价的技巧。

5.1.5 报价的依据

报价决策不是由报价一方随心所欲制定的。报价的有效性首先取决于双方价格谈判的合理范围，同时，还受市场供求状况、竞争等多方面因素的制约。因此，报价决策是根据所搜集、掌握的来自各种渠道的商业情报和市场信息，对其进行分析、判断，在预测的基础上加以制定的。掌握市场行情是报价的基础。市场行情的内涵包括许多方面，但就制定报价策略、掌握报价幅度这一目的而言，成本、需求、品质、竞争、政策等因素应是着重研究的内容。

1. 成本因素

成本是影响报价的最基本因素，商品的报价是在成本的基础上加上合理的利润。当商品的报价一定时，成本的高低直接影响着经营成果，成本越低，盈利越多；成本越高，盈利则越少。因此，在决定商品的报价时，不仅要考虑现在的成本、将来的成本，以及降低成本的可能性，而且要考虑竞争对手的成本。要依据有关成本资料，恰当地报出商品的价格。

2. 需求因素

市场需求对价格最为敏感。在一般情况下，商品价格提高，会使需求量减少；反之，商品价格下降，会使需求量增加。市场需求与价格之间这种关系可用需求价格弹性来反映。需求价格弹性是指某种商品的需求量对价格变动的反应灵敏程度。如果某商品的价格稍有变动就引起对该商品的需求量的较大变动，则为需求弹性大；反之，某商品价格有较大的变动，但引起需求量的变动并不大，则为需求弹性小。需求弹性的大小可用需求价格弹性系数来计算。需求价格弹性系数是指需求量变化与价格变化的比率，即需求价格弹性系数=需求变化的百分比/价格变化的百分比。当需求价格弹性系数大于 1 时，该商品需求弹性大；当需求价格弹性系数小于 1 时，该商品需求弹性小。一般来说，属于有弹性的商品，其弹性系数大，报价提高，总收入减少；报价降低，总收入增加；而属于相对无弹性的商品，其弹性系数小，报价提高，总收入增加；报价降低，总收入减少，降价并不能刺激需求。因此，企业在确定商品报价时，必须先确定该商品的需求弹性系数，然后再考虑对其报价是提高还是降低，以求得总收入的增加或者减少。

3. 品质因素

商品的品质是指商品的内在质量和外观形式。它是由商品自然属性决定的，包括品种、质量、规格、花色、等级、式样等特性，商品的不同特性具有不同的使用价值或用途，可以满足消费者不同的需要。商品的品质是消费者最关心的问题，也是交谈双方必须洽商的问题。因此，商品的报价必须考虑商品的品质，要按质报价。

4. 竞争因素

商品竞争激烈程度不同，对报价的影响也不同。竞争越激烈，对报价的影响也就越大。由于竞争会影响报价，因此要做好报价，除了考虑商品成本、市场需求及商品品质外，还必须关注竞争对手的价格，特别是竞争对手的报价策略及新的竞争市场的加入。

5. 政策因素

每个国家都有自己的经济政策,对市场价格的高低和变动都有相应的限制和法律规定。同时,国家还利用生产、市场、货币金融、海关等经济手段间接调节价格,因而商品的报价必须遵守国家政策要求。例如,国家对某种商品的最高限价和最低限价的规定就直接制约着报价的高低。在国际贸易中,各国政府对价格的限制就更多了,卖方更应了解所在国对进口商品的限制,并以此作为自己报价的依据。在国际市场中,垄断组织也常常采用各种手段对价格进行调节。他们利用竞争,通过限制或扩大商品生产和销售,巧妙地利用库存和其他方式,造成为己所需的供求关系,以此来调节价格。

另外,在报价时,对方的内行程度、对方可能的还价、谈判双方相互信任的程度及合作的前景、交易的次数等都应是报价时考虑的因素。

5.1.6 报价的基本要求

1. 报价起点的基本要求

(1) 期望要高。报价方期望水平的高低往往对最终成交水平具有实质性的影响。即期望高,报价水平就高,最终成交价的水平也就比较高;期望低,报价水平低,最终成交价的水平也相应地比较低。

(2) 留出余地。报价水平较高,能够为以后的讨价还价留下充分的回旋余地,使报价方在谈判中更富有弹性,便于掌握成交时机。

(3) 显示诚意。在商务谈判中,谈判双方即买方与卖方处于对立统一体之中,它们既互相制约又互相统一。因此,报价起点的高低不是由报价一方随心所欲就可以决定的,报价只有在显示诚意后对方能够接受的情况下才能产生预期的结果。因此,谈判一方在报价时,不仅要考虑报价所能获得的利益,还要考虑报价是否有诚意、能否被对方接受。

(4) 要有根据。报价必须合乎情理、有根有据。对于卖方报价来说,期望高,也即是报价水平较高,但绝不是漫天要价、毫无根据,恰恰相反,高报价的同时必须合乎情理、必须能够讲得通才行。可以想象,如果报价过高又讲不出道理,那么对方必然会认为卖方缺少谈判的诚意,或者被逼无奈而中止谈判,扬长而去;或者以其人之道还治其人之身,相对地来个"漫天还价";抑或一一提出质疑,而卖方又无法解释,其结果只好是被迫无条件地让步。在这种情况下,有时即使已将交易条件降低到较公平合理的水平上,对方仍会认为尚有"水分"可挤,因而还会穷追不舍。可见,报价脱离现实,便会自找麻烦。对于买方来说,也不能"漫天杀价",这会使对方感到买方没有常识,而对买方失去信心,或将买方一一驳倒,使买方陷于难堪之境。所以,无论是买方还是卖方,在报价时都要有根有据、合乎情理。

2. 报价表达的基本要求

(1) 先粗后细。报价时,先报总体价格,在必要时,再报具体的价格构成。

(2) 诚恳自信。报价的态度要诚恳、自信,这样才能得到对方的信任。

(3) 坚决果断。报价要坚定、果断,不保留任何语尾,并且要毫不犹豫。这样做能够给对方留下己方是认真而诚实的好印象。要记住,任何欲言又止、吞吞吐吐的行为,必然会导致对方的不良感受,甚至会产生不信任感。

(4) 明确清楚。报价要明确、清晰而完整，以便对方能够准确地了解己方的期望。实践表明，报价时含糊不清最容易使对方产生误解，从而扰乱己方所定步骤，对己不利。

(5) 不加解释。报价时不要对己方所报价格作过多的解释、说明和辩解，因为对方不管己方报价的水分多少都会提出质疑的。若是在对方还没有提出问题之前便主动加以说明，会提醒对方意识到己方最关心的问题，而这种问题有可能是对方尚未考虑过的问题。因此，有时过多的说明和解释，会使对方从中找出破绽或突破口，对己方进行猛烈的反击，有时甚至会使己方十分难堪，无法收场。

3. 报价解释的基本要求

通常情况下，一方报价完毕之后，另一方会要求报价方进行价格解释。那么在做价格解释时，必须遵循一定的原则，符合以下基本要求。

(1) 不问不答是指买方不主动问及的问题不要回答。其实，买方未问到的一切问题，都不要进行解释或答复，以免言多有失。

(2) 有问必答是指对对方提出的所有有关问题，都要一一做出回答，并且要很流畅、很痛快地予以回答。经验告诉人们，既然要回答问题，就不能吞吞吐吐、欲言又止，这样极易引起对方的怀疑，甚至会提醒对方注意，从而穷追不舍。

(3) 避虚就实是指对己方报价中比较实质的部分应多讲一些，对于比较虚的部分，或者说水分含量较大的部分，应该少讲一些，甚至不讲。

(4) 能言不书是指能用口头表达和解释的，就不要用文字来书写，因为当自己表达中有误时，口述和笔写的东西对自己的影响是截然不同的。有些国家的商人只承认笔上的信息，而不重视口头信息，因此要格外慎重。

5.1.7 报价的时机

1. 对方对产品的使用价值有所了解

不管一方的报价多么合理，但价格本身并不能使对方产生成交欲望，对方注重的首先是所谈对象自身的使用价值。所以，谈判报价时，应先谈项目的使用价值，等对方对项目的使用价值有所了解以后，再谈项目价格问题。

2. 对方对价格兴趣高涨

谈判中提出报价的最佳时机应是对方对价格兴趣高涨的时候，因为这时候提出己方的报价是水到渠成的事情，可以减少谈判的阻力。

3. 价格已成为最主要的谈判障碍

此时，对方坚持要马上答复价格问题，再拖延就是不尊重对方了。谈判者应当建设性地回答价格问题，把价格与使用寿命等联系起来回答，或者把价格与达成协议可得到的好处联系起来回答。

5.1.8 报价的基本策略

1. 先报价和后报价

根据报价的先后，可分为先报价和后报价。

1) 先报价

先报价的利弊。无论是卖方还是买方先报价，其有利之处在于：对谈判影响较大，而且为谈判划定了一个框框，即使是报出来的价很高或很低，只要对方能坐下来谈判，结果往往对先报价者有利。

然而，先报价也有不利之处，因为你一旦先报价，首先显示了你的报价与对方事先掌握的价格之间的距离。如果你的报价比对方掌握的价格低，那么就使你失去了本来可以获得的更大利益；如果你的报价比对方掌握的价格高，对方会集中力量对你的价格发起攻击，逼你降价，而你并不知道对方掌握的价格，变成你在明处，他在暗处，降到哪里才好，心里没有底，往往在对方的攻击之下，降得太多，以至于遭到了不必要的损失。

2) 后报价

后报价的利弊。后报价的利弊似乎正好和先报价相反。其有利之处在于：对方在明处，自己在暗处，可以根据对方的报价及时地修改己方的谈判方案，以争取最大的利益。然而，后报价的弊病也很明显，即被对方占据了主动，而且必须在对方划定的框框内谈判。

3) 注意事项

关于先、后报价孰优孰劣，要视具体情况而言。一般来说，应注意以下几点。

(1) 在高度竞争或高度冲突的场合，先报价有利。

(2) 在友好合作的谈判背景下，先、后报价无实质性区别。

(3) 如果对方不是"行家"，以后报价为好。

(4) 如果对方是"行家"，以先报价为好。

(5) 双方都是"行家"，则先、后报价也无实质性区别。

另外，商业性谈判的惯例是：发起谈判者，一般应由发起者先报价。投标者与招标者之间，一般应由投标者先报价。卖方与买方之间，一般应由卖方先报价。

2. 书面报价和口头报价

根据报价的方式，可分为书面报价和口头报价。

1) 书面报价

书面报价主要有以下两种形式。

(1) 书面报价，不作口头补充：提出书面交易条件必须事先为报价提供较详尽的文字材料、数据图表等，将己方愿意承担的义务表达清楚。这种方式基本上否定了谈判双方磋商的可能。最好用印刷的报价单，这会使对方产生一种严肃且合法的感觉。这种方式在商贸谈判中是一种不常用的报价形式。

(2) 书面报价，口头补充：以这一方式提出交易条件，较前一种方式要灵活一些。它的优点是提供书面材料，能使谈判安排得更为紧凑；能使对方仔细考虑己方提出的要点；利于对比较复杂的条款的准确表达。

以上两种报价方式的缺点是书面材料将成为己方言行的永久性记录，由此加大了条文的约束性，限制了己方在谈判后期的让步和变化，同时书面材料使对方掌握了更多的己方准备做出的让步，增加了对方在谈判中的主动性；其次文字性的东西缺少"热情"，限制了谈判者发挥其能动性的作用。

2) 口头报价

口头报价是不提交任何书面形式的文件，而只是以口语方式提出交易条件。这一方式与前一种方式相比具有更大的灵活性，从而使谈判富有变化。它的优点是可以察言观色、见机行事，建立某种个人关系来缓和谈判气氛，此为这种方式的最大长处；可根据谈判进程调整变更谈判策略来实现谈判目标，具有很大的灵活性；同时，先磋商后承担义务，没有那种义务感约束，还可充分利用个人沟通技巧，利用感情因素促进交易的达成。

口头报价的缺点是对方可以从己方的言行中推测己方所选定的最终目标及追求最终目标的坚定性；一些复杂的要点及统计数字、计划图表难以阐述清楚，容易因没有被真正的理解而产生误会；容易偏离主题而转向枝节问题；可能影响谈判进度。由于对方事先对情况一无所知，对方有可能一开始很有礼貌地听取己方的条件，然后就退出谈判，直到准备好了才回来谈判。

在报价阶段，应根据具体情况选择提出交易条件的方式。但不论选择哪种方式，都应对下列问题加以注意：一是在己方所提出的报价中，哪些部分可能被对方所接受；二是哪些部分对方不大可能接受；三是尽可能预测出一种谈判双方都可以接受的最佳交易条款。对以上问题做到心中有数，就能为下一阶段的商务谈判奠定坚实的基础。

3. 西欧报价和日本报价

根据报价的战术，可分为西欧式报价术与日本式报价术。

1) 西欧式报价术

西欧式报价战术与前述的有关报价原则是一致的。其一般的模式是，首先提出留有较大余地的价格；然后根据买卖双方的实力对比和该笔交易的外部竞争状况，通过给予各种优惠，如数量折扣、价格折扣、佣金和支付条件上的优惠(如延长支付期限、提供优惠信贷等)来逐步软化和接近买方的市场和条件，最终达成成交的目的。实践表明，这种报价方法只要能够稳住买方，往往会有一个不错的结果。

2) 日本式报价术

日本式报价战术一般的做法是，将最低价格列在价格表上，以求首先引起买主的兴趣。由于这种低价格一般是以对卖方最有利的结算条件为前提条件的，并且在这种低价格交易条件下，各个方面都很难全部满足买方的需求，如果买主要求改变有关条件，则卖主就会相应提高价格。因此，买卖双方最后成交的价格，往往高于价格表中的价格。日本式报价在面临众多外部对手时，是一种比较艺术和策略的报价方式。因为一方面可以排斥竞争对手而将买方吸引过来，取得与其他卖主竞争中的优势和胜利；另一方面，当其他卖主败下阵来纷纷走掉时，买主原有的买方市场的优势已不复存在了，原来是一个买主对多个卖主，谈判中显然优势在买主手中，而当其他卖主不存在的情况下，变成了一个买主对一个卖主的情况，双方谁也不占优势，从而可以坐下来细细地谈，而买主这时要想达到一定的需求，只好任卖主一点一点地把价格抬高才能实现。聪明的谈判者是不愿陷入日本式报价的圈套的。避免陷入日本式报价的最好做法就是把对方的报价内容与其他客商的报价内容进行一一对比，看看它们所包含的内容是否一样，从而判断其报价与其他客商的报价是否具有可比性。不可因只看表现形式、不顾内容实质而误入圈套。如果在对比中发现内容不一致，即从中判断其内容与价格的关系，不可盲目从事。需要指出的是，如果报价内容不具备直接的可比性，那就要进行相应的调整，使之具有可比性，然后再作比较和决策。切忌只注意最后的价格，在对其报价所包含的内容没有进行认真的分析、比较的情况下，匆忙决策，造成不应有的被动和损失。另外，即使某个客商的报价的确比其他厂商优惠，富有竞争力，也不要完全放弃与其他客商的接触与联系，要知道这样做实际上就是要给对方一个持续的竞争压力，迫使其继续做出让步。

综上两种报价战术，虽说日本式报价较西欧式报价更具有竞争实力，但它不适合买方的心理，因为一般人总是习惯于价格由高到低，逐步降低，而不是不断地提高。因此，对于那些谈判高手，会一眼识破日本报价者的计谋，而不至于陷入其做好的圈套。

4. 整体报价和分割报价

根据报价的计量，可分为整体报价和分割报价。

1) 整体报价

整体报价即按整体商品的总价进行报价。

2) 分割报价

分割报价这种报价策略利用了对方的求廉心理，卖方报价时，采用这种策略，能造成买方心理上的价格便宜感。价格分割策略包括两种形式：用较小单位的价格报价，即按商品的最小计量单位报价。把整体商品拆分成各构成单元分别报价。这种报价使本来数额很大的价格变得较小，因而容易为对方所接受。

5. 统一报价和针对报价

根据报价的对象，可分为统一报价和针对报价。

1) 统一报价

当同类、同质产品的流向、客户需求急缓程度、购买数量、购买时间、付款方式相同时，采用统一报价的策略。

2) 针对报价

当同类、同质产品因它的流向、客户需求急缓程度、购买数量、购买时间、付款方式不同时，采用针对报价的策略。一般来说，对于老客户或大批量需求的客户，价格可适当打折扣，以建立稳定的需求。对于新谈判对手，有时为了扩大市场面或挖掘潜在需求，也可给予适当优惠，在不违反国家有关物价政策的前提下，对于价格弹性低的项目可实行适当高价策略，但要视谈判对手的反应相机而定。

例如，谈判对手对价格的弹性反应通常有以下几种情况，此时可采用高价策略。

① 对方"等米下锅"时，就不大会计较价格，这时他最关心的是到货时间。

② 当对方认为购买某产品是一项投资时，就不大计较价格，这时他所关心的是产品的质量、效用。

③ 对于名牌产品或高科技产品，对方宁愿出高价达成协议。但切忌乘人之危哄抬价格，高价是指合理范围内的定价，而非漫天要价。

④ 有些中间商对产品价格的高低不大感兴趣，对产品的获利大小十分关心。

⑤ 当对方遇到技术难题或某个经济运行环节出现问题时，就会降低对价格的敏感性，这时他最关心的是达成协议的时间。

5.1.9　如何对待对方的报价

在对方报价过程中，要认真倾听并尽力完整、准确、清楚地把握住对方的报价内容。在对方报价结束之后，对某些不清楚的地方可以要求对方予以解答。同时，应尽可能地将己方对对方报价的理解进行归纳和总结，并力求加以复述，以便对方确认自己的理解是正确无误的，之后方可进行下一步。

在对方报价完毕之后，比较策略的做法是不急于还价，而是要求对方对其价格的构成、报价依据、计算的基础及方式方法等做出详细的解释，即所谓的价格解释。通过对方的价格解释，可以了解对方报价的实质、态势、意图及其诚意，以便从中寻找破绽，从而动摇对方报价的基础，为己方争取重要的利益。

价格解释之后，针对对方的报价，有两种选择：一是要求对方降低其要价。这是一种比较有利的选择，因为这实质上是对对方报价的一种反击，如果反击成功，即可争取到对方的让步，而己方既没有暴露自己的报价内容，也没有做出任何相应的让步。二是提出自己的报价。这种做法一般不采用，除非特殊情况，否则采用此法对己方不利。

5.2　讨　　价

在谈判一方报价之后，商务谈判就进入了磋商阶段。不论是面对面使用语言对话，还是身处两地，运用信件、电话、传真、上网的联络，双方为了交易成功，其磋商过程一般需要经历讨价、还价、要求、异议、让步甚至僵局等阶段。

5.2.1　讨价的含义与作用

讨价，是在一方报价之后，另一方认为其报价离己方的期望目标太远，而要求报价一方重新报价或改善报价的行为。讨价可以是实质性的，也可以是策略性的。为了继续谈判，动之以情，晓之以理，说服对方，表明己方的合理要求，改变对方的期望值，要求对方重新报价或改善报价，为己方还价做好准备。

5.2.2　讨价的程序与方法

1. 讨价的程序

(1) 全面讨价。全面讨价是讨价者根据交易条件全面入手，要求报价者从整体上改变价格，重新报价。这种讨价不仅使用一次，还可以根据情况使用两次、三次或更多次。

(2) 针对性讨价。针对性讨价是讨价者有针对性地从交易条款中选择某些条款，要求报价者重新报价。这些被选择到的条款可以是一项，也可以是若干项；可以同时是几项，也可以是逐条逐项。

(3) 总体讨价。总体讨价是讨价者从总体出发综合分析交易条件，运用策略，改变报价者的理想目标，降低其期望值，使其考虑重新报价。

讨价的这三个阶段是可以不断重复、连续进行的过程。讨价次数的多少，应根据心中的保留价格与对方价格改善的情况而定。每一次讨价，争取都能得到对方的一些让步。

2. 讨价的态度

谈判双方在报价时，往往是卖方喊价高，买方递价低，这是谈判心理或策略要求留有讨价还价的余地。对于对方的重新报价或改善报价，应保持平和的心态，不要被"盲目杀价""漫天要价"吓晕，应仔细倾听、诱导发言，试探虚实，发现纰漏，认真分析，正确理解报价。这些都取决于讨价者的素质与经验。

(1) 仔细倾听。认真仔细地倾听对方的报价，是尊重对方的一种表现。它能鼓励对方多发言，能从健谈的报价者那里得到有用的资料，捕捉还价的理由；也能从内向的报价者那里引出其心中的秘密，掌握对方的期望值。要倾听谈判对方的副手或经验不足的新手发言，倾听会使这些人自我感觉其"地位上升"，自我感觉良好，继续刺激增强其兴奋度，甚至还会满足其虚荣心，导致这部分人无所不言，让己方从中获取更重要的信息。

(2) 试探虚实是指在不打断对方说话时，顺着对方话题发问，提出种种假设条件，要求对方回答，并捕捉对方回答中对己方有利的信息，以便抓住机会，搜集还价的资料。试探利于掌握对方意图，更好地伺机还价。其假设条件围绕着交易价格而展开，常见用语有假如、如果等。"假如我购买的数量较多呢？""如果订货数量加倍或减半呢？""是否批量作价？"这些提问，都是买方投出去的"石头"，用来试探对方心中的价格秘密。对方这时就会不知不觉地为买方的还价指点迷津。"假如降低价格，你会多买多少？""如果我们送货上门，你会出什么价？"这又是卖方在试探买方，是卖方在捕捉对方信息，试探虚实。弄清买者的诚意和需求，就是卖方还价准备的工作。

3. 讨价的基本方法

讨价是针对对方的不适宜或不合理报价而提出来的，其基本方法有以下几种。

(1) 举证法。亦称引经据典法。为了增加讨价的力度，使对方难以抗拒，谈判者以事实为依据，要求对方改善报价。这种事实可以是市场的行情、竞争者的价格、对方的成本、过去的交易惯例、产品的质量与性能、研究成果、公认的结论等，总之是有说服力的证据。证据要求客观实在，起码是对方难以反驳或难以查证的(如竞争者的状况、己方过去的交往记录等)，而不是凭空杜撰的证据或对方一揭就穿的证据。

(2) 求疵法讨价是针对对方报价条款的缺漏、差错、失误。有经验的谈判者都会以严格的标准要求对方，以敏锐挑剔的目光寻找对方的瑕疵，并引经据典、列举旁证来降低对方的期望值，要求对方重新报价或改善报价。买方讨价，是要求卖方降低价格。这时，买方不能轻易赞美对方标的的质量及报价条款内容，而把赞美或略带恭维的话语送给谈判者个人。在赞美其"能干""会经营""懂得做人"声中，融进了生意场中朋友的感情，又指出其谈判标的条款的问题，使对方不得不承认其条款的不足，再按谈判者的权限、成交的决心和己方对商品需求的数量、缓急，尽力向前推进，及早改变对方的期望值。卖方讨价，是要求买方提高价格。这时卖方对买方的报价要指出其报价缺乏的依据，或依据的资料不准确，引证同类标的市场的行情和最低价格，同数量报价更高的竞争者的报价，交易成功的买者和具体的报价。

(3) 假设法。以假设更优惠条件的口吻来向对方讨价，如以更大数量的购买、更优惠的付款条件、更长期的合作等优惠条件来向对方再次讨价，这种方法往往可以摸清对方可以承受的大致底价。假设不一定会真正履行，但因其是假设，所以留有余地。

(4) 多次法讨价是针对对方策略性虚拟价格的水分，它是卖方向买方要求加价，买方要求卖方降价的一种表示。不论是加价还是降价都不是一步到位的，都需要分步实施。只要每一次的讨价都会得到改善，即使对方的理由并不都合乎逻辑，只要对己方有利都应表示欢迎。讨价刚开始，无论哪一方都会固守自己的价格，不会轻易改变，并会提出许多理由加以解释。所以，讨价需要反复多次方可有较大的收效。谈判中应抓住主要矛盾，一般是对重要、关键的条款予以讨价，要求改善；也可以同时针对若干项，形成多方位强大攻势的讨价。这些方法和条款内容的选择，要综合考虑报价的不合理现状及依据，对价格的解释、分析、改善及谈判素质、谈判风格、特点等因素，依据谈判者的总体谈判策略而定。另外，卖方通常会通过软性"封门"、佯装亏损等来打动买方，以期改善报价。例如，"若出这个价肯卖，早就给人搬光了""都出你报的价，我们要关门喝西北风了""老板，财大气粗，给点小利算什么"，等等。对于卖方的报价，买方要保持耐心，指出其不实，并摘引有关数字资料加以解释；对于某些难题和焦点，要快刀斩乱麻，直截了当地提出看法，不能犹豫；对于不便回答的问题或次要问题要"绕道"回避；对无理的报价，要说明反驳。

5.3 还 价

5.3.1 还价的含义

还价，实际上就是针对谈判对手的首次报价，己方所作出的反应报价。还价以讨价作为基础，在一方首先报价以后，另一方一般不会全盘接受，而是根据对方的报价，在经过一次或几次讨价之后，估计其保留价格和策略性虚报部分，推测对方可妥协的范围；然后根据己方的既定策略，提出自己可接受的价格反馈给对方。

5.3.2 还价对谈判的影响

如果说报价划定了讨价还价范围的一个边界的话，那么，还价将划定与其对立的另一条边界，双方将在这两条边界所规定的界区内展开激烈的讨价还价。还价的目的不仅提供与对方报价的差异，而应着眼于如何使对方承认这些差异，并愿意向双方互利性的协议靠拢。还价表现为还价者对谈判的诚意程度，它关系到谈判的前景，影响着谈判的结局，所以要慎重考虑。

5.3.3 还价的依据

在还价的过程中，最关键的问题首先就是明确还价的依据，以此确定还价的起点和幅度。还价起点和幅度的高低不仅直接关系到己方的利益，也反映出谈判者的谈判水平。因此，还价的总体要求是：既要力求使自己的还价给对方造成压力，影响或改变对方的判断，又要接近对方的目标，使对方有接受的可能性。还价的依据有下述三个。

1. 对方的报价

在还价之前必须充分了解对方报价的全部内容，准确了解对方提出条件的真实意图，要做到这一点，还价之前设法摸清对方报价中的条件哪些是关键的、主要的；哪些是附加的、次要的；哪些是虚设的或诱惑性的；甚至有的条件的提出，仅仅是交换性的筹码。只有把这一切搞清楚,才能科学而策略地还价。为了摸清对方报价的真实意图,要逐项核对对方报价中所提的各项交易条件,探究其报价根据或弹性幅度,注意倾听对方的解释和说明,但不要评论,更不可主观地猜测对方的动机和意图,以免给对方的反击提供机会。

2. 己方的目标

对方报价与己方的目标价格的差距是确定如何还价的第二项依据,目标价格是己方根据自身利益需要、他人利益需要和各种客观因素的可能制定的,并力图经过讨价还价达到的成交价格。因此,对方的每一个报价,己方都会拿它与自己的目标价格相比较,然后,根据差距决定自己的行动。对方报价离自己的价格目标越远,其还价起点越低;对方报价离自己的价格目标越近,其还价起点越高。但无论还价起点高低,都要低于自己准备成交的价格,为以后的讨价还价留下余地。

3. 己方准备还价的次数

己方准备还价的次数是确定如何还价的第三项依据。在每次还价的幅度已定的情况下,当自己准备还价的次数较多时,还价的起点就要较低,当准备还价的次数少时,还价的起点就应较高。依照上述三个因素确定一个好的还价起点与幅度,就敲好了对谈判双方起决定作用的第一锤。

5.3.4 还价的步骤

还价是谈判双方对峙争议的表现。一般情况下,报价后不会立即还价,需要有研究、分析的准备过程,在这段时间内必须制定出还价的步骤。还价步骤,就是在还价前,为保证还价能达到谈判目的所拟订的设想计划,还价步骤的内容有计算、判向、列表等。

1. 计算

根据对方报价的内容和己方掌握的比价资料,推算估计对方报价的策略性虚拟的水分。并将其虚头最大、依据最不充分,而己方反驳证据最充分的条款定为还价的主要突破口,或以对方报价内容计算的结果为基础选择还价策略,调整己方的期望值和心中的保留价格。

2. 判向

根据倾听和掌握的资料及计算来判断对方动向。这是通过耳听、目察、口问,仔细了解对方的态度是否坚决、果断、明确;对价格的解释是否合理、有根有据。及时捕获信息,掌握实情,判断动向,寻找还价的根据和选准还价的突破口。

3. 列表

为了更好地还价,将面临的问题分门别类,区分问题的轻重缓急,编制成表格。这将保证谈判人员在还价过程中的总设想和意图得到贯彻,不至于临场慌乱。通常列表是设计两张表格:提问表和实施要点表。提问表是将还价中要提出的问题,按提出问题的先后顺序进行排列而成的表。其顺序一般是在对方对各项条款进行价格解释后,双方面对面地从实力出发,检查竞争条件,针对薄弱环节和纰漏进行提问,最后对准价格条款。实施要点表是将还价过程中需要注意区分的要点按报价者或还价者是否可以让步的内容一一对应设置排列的表格。其要点内容有交易双方对各项条款中估计可以让步的内容和估计不能让步的内容。

5.3.5 还价的方法

谈判者要确保己方的利益要求,就必须采用不同的还价方法。根据步骤的先后顺序还价时,可采用下述两种方法还价。

1. 比价法

它是指以搜集相同或基本相同的贸易业务价格为依据,参照比较,给予还价。这种方式既便于操作,又容易被接受。

2. 成本法

这是指运用成本构成的资料进行计算分析,并考虑一定的利润,最后构成商品的价格,并以该价格作为还价的依据。这样,可以明晰地估计对方的利润额,判断其策略性虚拟价格的水分,还价有力、准确。

5.4 要 求

要求驱动着谈判。谈判者一方面要表达自己的要求,另一方面要面对对方的要求,或同意或拒绝,围绕着要求与反要求,构成了谈判的实质运动。作为谈判者,必须善于提出要求和应对要求。谈判者通过提出一个个要求并予以实现,来达成谈判目标;反之,如果谈判者不准备要求、不善提要求、不坚持要求,就无法实现谈判目的。

5.4.1 谈判要求的作用

1. 引导谈判

由于谈判要求自身反映了一方关于交易条件的立场,因此,每个要求都会使谈判更加接近成交。为了成交,双方都会有很多要求,这些要求会影响谈判的成功与破裂。同时,在谈判中,谈判者还可以利用它来控制谈判的进程和方向。例如,谈判者放松要求,谈判进程就会加快;谈判者坚持要求,就会阻碍谈判进程。又如,谈判者在某些方面提出要求,谈判就会在这一方面激战。

2. 平衡利益

谈判要求可以平衡谈判双方的利益。谈判要求本质上反映了一种义务和利益,向对方提的要求越多,就意味着对方的义务加大,己方的利益增加;反之,则意味着己方的义务加大,利益减少。要求犹如交易天平两边的砝码,当一边砝码过重时,另一边也要加上点砝码保持平衡。谈判者正是利用其平衡利益的功用来提出要求和权衡利益的。

5.4.2 谈判要求的种类

谈判者在谈判过程中提出的要求并不是无序的,因为谈判中的要求均有其各自的特性,这种特性取决于它所属的要求类别。从特性来看，要求可以分为以下种类。

1. 有理和无理要求

这是从要求的公正性和合理性的角度来分类的。这类要求反映了其动因，有理要求即合理的要求，是公正的；而无理要求是站不住脚的，是没有根据的。例如，要求质量为一流水平，但出价只为三流水平，就是无理要求；而优质优价则是合理要求。以行业规范或市场行情作为参照条件，要求的合理程度可分为合理、不太合理和很不合理。谈判者要善于提出合理要求，尽量避免无理要求。

2. 可行和不可行要求

这是从要求的可实现程度来分类的。它既可能因无理而不可行；也可能虽然合理，但因要求涉及多种因素而根本不可能或暂时不可能实现。例如，谈判者的权限有限，你硬是要他答应你的要求，纵然你的要求是合理的，在他获得授权之前，就是不可行的，或至少是暂时不可行的。从这个意义上讲，谈判者应尽量提出可行要求，避免不可行要求。

3. 对等与不对等要求

这是从谈判双方相互作用的角度来分类的。对等要求是指一方提出要求后，另一方提出作用力度相等或利益对等的要求，体现了一种平等互利的态度，因此常常是合理的、可行的；而不对等要求，就是一方提出要求后，另一方提出比对方更高条件、更多利益的要求，它常常构成谈判者的一种反击策略。例如，当买方要求提高商品的质量时，卖方就要求相应地提高价格，这是对等要求；如果卖方要求大幅提高价格，超越了质量的相应水平，那么就是不对等要求。要求的"等"与"不等"，一方面取决于客观的评价标准；另一方面取决于谈判者的心理认识和期望。

4. 适时与不适时要求

这是从要求提出的时机来分类的。谈判提出的要求据其内容是否合时宜，或是否掌握适当的火候，可能存在适时要求与不适时要求之别。适时，可以从两个方面来理解：一是谈判者应该考虑提要求的时机，例如，当双方还在讨论技术问题的时候，提出价格要求就显得过早；二是谈判者需要提要求的时机，如为了减轻谈判压力或转移对方的注意力，故意提出某个要求，形成新的讨论焦点。

5. 求果与不求果要求

这是从要求的实施力度来分类的。谈判者可能在某个要求提出后必须实现它，也可能在提出要求后并不刻意要求对方满足。前者为求果的要求，后者为不求果的要求。应该看到，谈判者即使提出不求果的要求也应尽力追求结果，否则便会被对手认为"虚晃一枪"而置之不理，进而影响求果要求的实现。因此，不求果的要求也不能表现出不求果的态度来，而应将其理解为可以商榷的要求。谈判中要善于运用不求果的要求，作为与对方讨价还价的筹码。

5.4.3 如何提要求

提要求是运用谈判要求的核心，也是谈判者的基本功。一个不会提要求的谈判者绝不是一个合格的谈判者。因此，必须学会和善于提要求。

1. 依谈判目的提要求

根据谈判的目的提要求表现为：一是为准备谈判而提要求；二是为向谈判目标推进而提要求；三是为平衡双方的利益而提要求；四是为制造谈判僵局或中止谈判而提要求。

（1）为谈判准备而提要求，是指谈判者为了谈判的准备和开始工作而提出的要求，如要求对方介绍有关情况、提供相关资料，以及对谈判地点、时间和议题的要求等。

（2）为向谈判目标推进而提要求，是指谈判者为引导谈判的进展而提出的要求，可能涉及交易相关内容明确细化的要求，如对谈判的议题，或者交易的质量、数量、技术、价格、付款、验收、服务等某个具体问题提出的要求。

（3）为平衡双方的利益而提要求，是指谈判者为了维护己方的合理利益而提出的对等或不对等的要求，如价格与质量、数量、付款方式、服务等的关系，让步与互让的关系等。

（4）为制造谈判僵局而提要求是一种策略性的要求，谈判者提出坚持不让的高要求或对方不能接受的要求，一旦对方不能满足，就会出现僵局。制造僵局的目的是给对方施加压力，迫使对方做出适当的让步或使其满足己方其他方面的要求。

（5）为中止谈判而提要求，是指为了尽快中断或结束谈判而提出的要求，它往往是一种通牒式的、求果的要求。例如，最后的价格、最后的让步等，如果对手不能满足它，则谈判就会中止或破裂。

2. 依谈判态度提要求

根据谈判者的态度，要求可以分为强硬的要求、可协商的要求和可放弃的要求三种。

（1）强硬的要求是指态度坚决、不可更改的要求，诸如"贵方必须……""贵方只有……"等语气；甚至提出一些不讲理的要求，诸如只提要求，不讲理由，拒听对方的解释，态度强硬，势在必得。

（2）可协商的要求是指具有灵活性且可以妥协的要求，它往往属于试探性、根据对方情况可以调整的要求，应该说，谈判中大多数都是可协商的要求。

（3）可放弃的要求是指不求果的要求，可能涉及可有可无、影响不大的要求，如交货时间、付款方式、支付比例、验收方式等迟点早点、多点少点的要求；也可能是一种策略性的要求，仅将其作为谈判的筹码。

3. 依谈判地位提要求

根据谈判双方在谈判中的地位优劣来看，谈判者有三种可能的态势：谈判地位主动，谈判地位被动，谈判地位均等。处在不同的谈判地位上，提要求的情况不同，提要求的方式也不同。

1）谈判地位主动时提要求

（1）针对性要求：针对己方的某个有利情况而提出的要求，例如，针对某个论点确立而提出的要求、针对对方的失误而提出的要求、针对对方的让步而提出进一步的要求等。

（2）追击性要求：即对真理在手、对方难以抗拒的情况而提出的要求，如："我方刚才已说得贵方哑口无言，请贵方对我方的要求做出回答""我认为，该问题不解决，不能继续谈判"等。

(3) 重复性要求：即反复对对方未答复的要求再提要求，这类要求大多反映在有理、有利也有节的要求未予以解决时，坚持再提同一要求。如："贵方在避重就轻地答复我方要求""贵方的答复只解决了我方所提要求中的一小部分，还有很大一部分有待解决"等。

2) 谈判地位被动时提要求

(1) 反击式要求：即被动中的一种进攻性的、以攻为守的要求。例如，在对方针对性和追击性要求下，一方面可以表示考虑对手的要求；另一方面也可提出己方的进攻性要求，促使对手降低其要求的力度、尺度。

(2) 平行式要求：即在对方要求的同时在别的问题上提出要求，在准备表示考虑接受对方合理要求的同时，让对方也考虑并接受己方的合理要求。

3) 谈判地位平等时提要求

(1) 主动要求：即按照谈判议题的安排，己方主动提出要求。

(2) 被动要求：即对方按谈判议题提出要求后，己方针对该要求反提要求。

4) 依谈判阶段提要求

谈判初期，都从准备角度提要求；谈判中期，都为促进谈判进程、制造僵局或平衡双方的利益提要求；谈判后期，都为平衡利益或中止谈判提要求。

5.4.4 如何坚持要求

谈判者除要善于提要求外，还要善于坚持要求。优秀的谈判者一般"不提则已，言出必有果"，否则，就会影响自己的形象，助长对方的气焰。因此，学会坚持要求十分重要。

1. 坚持要求的方法

(1) 依理，即依据理由坚持要求。要求的提出总会伴随着一些理由，当理由充足时，坚持就有力；当理由不是很充分时，谈判者一方面要坚持有理部分，另一方面要做好"理喻"工作，使对手尽可能地信服己方更多的要求。

(2) 依势，即依据在谈判中所处的态势坚持要求。当处在优势地位时，要求必定要坚持，并以势压对方尽快接受要求，不过在以势压人的过程中，要注意尊重对方；当处在劣势地位时，要求仍应坚持，不过要有信心、有理和灵活，因为有势不等于有理，只要充满信心、理由充分、讲究策略，要求是可以实现的。

(3) 依时，即依据时机坚持要求，利用时效来实施压力，支持坚持要求的力度。它反映在时间与机会上。时间上，如拖延谈判进度、不解决要求就不往下谈、使用最后期限让对方作出答复等；机会上，如双方的上司出场谈判、双方谈判者的喜庆事宜、新的竞争者出现、市场行情的变化等。

2. 坚持要求的层次

坚持要求的目的是实现要求，谈判中实现要求存在不同的层次，也即要求的实现形式多种多样。

(1) 追求结果，即达到要求，这是要求的最终目的。根据实现的程度，追求结果，可以分为全部结果、大部分结果和小部分结果，谈判者起码应追求大部分结果，坚持要求才能成功。

(2) 追求响应，即引起对方重视，这个要求的最低目标起码要得到面子。对方响应的方式有多种，如我未听清、请给予时间考虑、目前条件还不成熟，即使对方不应允，也算给了己方面子。如果要求提出后，对方没有任何反应，就要重复提，否则实在丢面子。因此，对要求的响应是起码的要求，无论响应是积极的还是消极的。

(3) 追求记账，即不兑现就必须记账，以便日后算账用。例如，对方对要求即使响应了，但要研究、请示、联系其他议题等，使要求延迟兑现。无论哪种情况，谈判者坚持要求就必须"记账"，而且是明示记账，向对方声明，己方的要求是不会放弃的，或者单方约定在何时再提此要求。

5.4.5 如何放弃要求

坚持要求是为了推动谈判，放弃要求也是为了推动谈判。前者是以得为进，后者是以失为进。其中的得失应有一个客观的规则。

1. 放弃要求的前提

在谈判过程中，谈判者会提出各种各样、大大小小的要求，通过协商彼此都会满足对方的一些要求，同时也会有一些要求被搁置或需要放弃。实现要求是积极的结果，放弃要求应在消极中求积极，这取决于掌握好放弃要求的条件。

(1) 策略性的要求。这是一种谈判筹码，由于是筹码，其表现形式可能为夸大的或不切实际的要求，其目的在于压制对手的要求或支持己方其他要求，当其目的达到时，其存在的必要性也就消失了。

(2) 已做交换处理的要求。即在谈判中以该要求逼迫对手放弃或改变了某个要求，或对手以其他条件交换了该要求，此时，该要求也就可以放弃了。

(3) 已被别的要求涵盖的要求。这类要求可能在逻辑关系上被别的要求所涵盖或代替，也可能在数量上被别的要求所代替。例如，对产品质量的要求可能被售后服务的保证所代替。

2. 放弃要求的方式

(1) 声明放弃，即在谈判过程中明确表示对该要求的放弃，其目的在于渲染己方的诚意、公正和积极的态度，是为继续施压或让对方放弃要求树立"榜样"。

(2) 沉默放弃，即不表态，听其自然地放弃，沉默的方式是不再提出该要求。

5.4.6 如何对待要求

谈判者除了提出要求、坚持要求和放弃要求外，在谈判中很重要的工作是如何对付对方的要求。对付对方的要求与争取己方的要求是相互联系的。

1. 明确要求

明确要求是对付对方要求的重要一步，即通过向对方了解其要求的意义来确定其要求的实质分量，同时，可以进一步试探对方的灵活性和追求目标。它既有收集信息的作用，又有反击的作用，即通过找出对方要求中的不合理或自相矛盾的成分予以回击，让其难以成立。

2. 缓冲要求

面对对手的要求，尤其是分量和影响较为敏感的要求，最好的对策是先缓冲其压力、冲力后再解决，以求代价最小。缓冲的方法有借口研究和挑剔对手。

(1) 借口研究，是以研究对方要求为借口，避免即刻答复。该方法是顺着对方的意思而考虑要求，不易激怒对方，并获得时间上的宽容。

(2) 挑剔对手，指从对手要求的理由和动机出发，找出其不足之处、无理之处并以此进行反击。该方法系逆向缓冲，即顺着对方要求而来，反驳对方要求而去，如"贵方的要求有一定的道理，但是……"。

3. 避重就轻

这是一种故意将对方的要求以大化小，或满足其一部分要求而代替整个要求的做法。以大化小，是指将对方的要求分解成几个等级，取尽量小的等级来搪塞对手要求的做法，如对手要求100，取较低的等级，如对20表示同意，以抵挡其100的要求。满足其一部分要求，是指从对方要求的构成内容中选择一部分予以满足，以抵消其整个要求。

4. 考验记忆

它是利用谈判的内容多、时间长来制造对手记忆上可能遗忘的错误，从而达到挡住对方要求的做法。其具体做法有记下要求和开"远期支票"。

(1) 记下要求是在谈判中只记下对手要求并不马上作答的做法。记下要求表示尊重对方，表示己方会予以考虑。事后，对方不提，就不答；对方若提，就表示忘了。

(2) 开"远期支票"是对对方要求表示在某个时间或某个议题讨论之后给予答复的做法。该做法给对手以希望，以为答复了要求就是承诺了要求，易使对手丧失警惕。当时间推移后，由于忙或细节太多，某些"期票"就可能会被忘却。

5. 反提要求

它是面对对手无法摆脱的要求而采取的以攻为守的策略，是针对对手要求提出己方新的要求，以达到缓解或抵御对方要求的做法。反提要求的分量要与对手要求相当或更重才能达到阻止对方要求的目的。此外，反提要求不等于不理睬对方要求，而是将双方的要求同时考虑，统一解决。

5.5 僵　　局

僵局是商务谈判中经常遇到的现象。实际上，僵局是"地雷阵"，谈判者可以布置它们以打击对手，争取有利的形势。反过来，如果对方布置它们，就有可能损伤己方，有必要将其排除。

商务谈判中僵局是谈判中一种不进不退的状态。当双方均不对分歧作妥协时，谈判进程就会出现停顿，谈判也就进入了僵局。

5.5.1 僵局的含义及影响

1. 僵局的含义

谈判在进入实际的磋商阶段之后，谈判各方往往会由于某种原因而相持不下，陷于进退两难的境地。谈判中的僵局即是指在谈判过程中，双方因暂时不可调和的矛盾而形成的对峙。当然，并不一定在每次谈判中都会出现僵局，但也可能在一次谈判中出现几次僵局。谈判之所以陷于僵局，一般不是因为各方之间存在不可解决的矛盾，而多数是由于各方基于感情、立场、原则等主客观因素所致。所以，谈判者在谈判开始之后，在维护己方实际利益的前提下，应尽量避免由于一些非本质性的问题而坚持强硬的立场，以免导致谈判僵局的产生。一旦谈判陷于僵局，谈判各方应探究原因，积极主动地寻找解决的方案，切勿因一时陷于谈判僵局而终止谈判。

2. 僵局对谈判的影响

僵局使谈判双方陷入尴尬难堪的境地，它不仅会影响谈判效率，还会挫伤谈判者的自尊心。出现僵局不等于谈判破裂，但它严重影响谈判的进程，如果不能很好地解决，就会导致谈判破裂。因此，应尽量避免在谈判中出现僵局。

3. 正确地对待僵局

在僵局已经形成的情况下，应采取什么对策来缓和双方的对立情绪，使谈判出现新的转机呢？应抛弃旧的传统观念，正确认识谈判中的僵局。许多谈判者把僵局视为失败，竭力避免它，在这种思想指导下，不是采取积极的措施加以缓和，而是消极躲避。在谈判开始之前，就祈祷能顺利地与对方达成协议，完成交易，别出意外麻烦。特别是当他负有与对方签约的使命时，这种心情就更为迫切。这样一来，为避免出现僵局，就事事处处迁就对方，一旦陷入僵局，就会很快地失去信心和耐心，甚至怀疑起自己的判断力，对预先制订的计划也产生了动摇，还有的人后悔当初如何如何……这种思想阻碍了谈判者更好地运用谈判策略，事事处处迁就的结果，就是达成一个对己不利的协议。

应该看到，僵局的出现对双方都不利。如果能正确认识、恰当处理，那么会变不利为有利。一方面，可以把僵局视为一种策略，运用它胁迫对手妥协让步；另一方面，在僵局面前，又不能一味地妥协退让，如果这样，不但僵局避免不了，还会使自己十分被动。只要具备勇气和耐心，在保全对方面子的前提下，灵活运用各种策略、技巧，僵局就能攻克。

5.5.2 谈判僵局产生的原因

谈判僵局的产生来自三个方面：一是自己制造的僵局，二是对方制造的僵局，三是由于双方的原因产生的僵局。除了己方有意制造的僵局外，其他原因形成的僵局对己方均是不利的。这类僵局又分为两种情况：一种是在谈判中可以预见的，即可以通过预先的工作避免其产生；另一种则是无法预见和避免的。对于前一种僵局，其处理办法是尽量避免；对于后一种僵局，则需通过有效的方法打破僵局，使谈判取得有利的结果。要避免谈判僵局的出现，打破僵局使谈判进一步向前发展，就必须了解谈判僵局可能产生的原因，从而对症下药，找出处理僵局的办法。一般来说谈判僵局产生的原因有下述几种。

(1) 情绪性僵局。在谈判中，由于一方言行不慎，伤害对方的感情或使对方丢了面子，因此形成僵局，而且较难处理。一些有经验的谈判专家认为，许多谈判者维护个人的面子甚于维护公司的利益。如果在谈判中，一方感到丢了面子，他会奋起反击，挽回面子，甚至不惜退出谈判。这时，这种人的心态处于一种激动不安的状态，态度也特别固执，语言也富于攻击性，明明是一个微不足道的小问题，也毫不妥协退让，自然，双方就很难继续交谈，从而陷入僵局。

(2) 客观性僵局。在商务谈判中，由于某些客观因素的影响，谈判双方会形成分歧，从而使谈判陷入僵持状态，这就是由客观障碍而呈现出来的僵局状态。导致谈判进入僵局最主要的客观障碍是谈判者知识的局限性或缺陷性。例如，不了解产品的性能和用途；不清楚产品的价格构成；缺乏对谈判对手的文化背景、社会传统和风俗习惯的了解；缺乏对相应的法律与政策的理解；缺乏对市场行情的把握；等等。

(3) 策略性僵局。即利用主观行为刻意制造僵持局面，其一般方法是向对方提出较高的要求，要对方全面接受自己的条件。对方可能只接受己方的部分条件，即做出少量让步后便要求己方做出让步，己方此时如果坚持自己的条件，而对方又不能再进一步做出更大让步时，谈判便陷入僵局。

(4) 利益性僵局。谈判的双方势均力敌，同时，双方各自的目的、利益都集中在某几个问题上。例如，一宗商品买卖交易，买卖的双方都非常关注商品价格、付款方式这两个条款。这样双方通融、协调的余地就比较小，很容易在此问题上抬价压价，互不让步，从而形成僵局。例如，一桩进口机械设备买卖，卖方要价为 20 万元，而买方报价为 10 万元；卖方要一次性付款，买方则坚持两次付清。这样一来，要协调双方的要求就比较困难。通常的办法是双方各打五十大板，都作同等让步，以 15 万元的价格成交。如果有任何一方不妥协，那么僵局就会形成。

(5) 偏见性僵局。人们对客观事物的认识是一个主动的反映过程，这一过程强烈地受到个体的需要、期望、经验等众多因素的制约。当个体对客观事物的反映与客观事物本身发生分离时，人的认识就变成了主观偏见。商务谈判中，主观偏见往往导致谈判一方忽视客观事实，而与对方产生不必要的分歧，使谈判陷入僵局。

(6) 偶发性僵局。商务谈判是一个过程，要经历一定的时间，在这个时限内或许会有一些偶发因素出现。当这些因素涉及谈判其中一方的利益得失时，谈判就有可能由于这些因素的出现而陷入僵局。偶发因素可产生于谈判内部，也可产生于谈判外部。当谈判一方发生变化，导致他们对谈判的看法、前景预测等问题的认识发生改变，从而与对方产生冲突和分歧时，这种来自于谈判活动之中的偶发因素将可能导致谈判进入僵持状态；当谈判过程的外部环境因素发生改变，使谈判一方若履行原承诺就会蒙受利益损失时，他或许会推翻原有承诺，从而使谈判陷入僵局。例如，在国际商务谈判中，汇率突然大幅度地变动，往往会使谈判双方在价格上重新产生分歧，从而使谈判陷入僵持状态。

上述是造成谈判僵局的几种主要因素，当谈判陷入僵持状态以后，要使谈判继续进行下去，必须设法打破僵局。

5.5.3 谈判僵局的利用

在商务谈判过程中，当僵局出现的时候，所形成的压力或许会使谈判另一方的信心产生动摇,并以己方的某些让步为打破僵局创造条件。可见,作为一个成熟的谈判者,可以利用谈判僵局的出现为己方服务。

1. 利用谈判僵局的原因

谈判者在谈判过程中利用谈判僵局,主要有以下两种原因。

(1) 改变已有的谈判形势,提高自己在谈判中的地位。这是那些处于不利地位的谈判者利用僵局的动机。由于谈判各方实力对比的差异,弱者在整个谈判过程中处于不利地位,他们没有力量与对方抗衡,为了提高自己的谈判地位,便采用制造僵局来拖延谈判时间,以便利用时间来达到自己的目标。

(2) 争取有利的谈判条件。这是那些处于平等地位的谈判者利用僵局的动机。有些谈判要求仅在势均力敌的情况下是无法达到的,为了取得更有利的谈判条件,谈判者便谋求利用制造僵局的办法来提高自己的地位,使对方在僵局的压力下不断降低其期望值。当己方的地位提高和对方的期望值降低以后,再采用折中方式结束谈判,使己方得到更有利的条件。

谈判僵局出现后,会有两种后果:打破僵局继续谈判或谈判破裂。对于第二种后果,这是制造僵局的谈判者所不愿意看到的。因此,制造僵局是有风险的,如何使所制造的僵局为自己带来更大的利益,就成为谈判者必须认真研究的问题。

2. 制造僵局的方法

制造僵局是谈判者的主观行为,方法是向对方提出较高的要求,并迫使对方全面接受自己的条件。此时,如果己方坚持原来的条件,而对方又不愿意做出更大的让步时,谈判就陷入了僵局。

5.5.4 打破谈判僵局的一般方法

谈判出现僵局,会影响谈判协议的达成,这无疑是谈判者都不愿看到的。因此,在双方都有诚意的谈判中,应尽量避免出现僵局。但是,不论是和风细雨的谈判,还是激烈争辩的谈判,出现僵局几乎是不可避免的,仅从主观愿望上不愿出现谈判僵局是不够的,也是不现实的。必须正确认识、慎重对待这一问题,掌握打破僵局的一般方法,使己方更好地争取主动,从而达成谈判协议,取得有利的结果。下面是一些常用的打破僵局的方法。

1. 劝导法

当双方在同一问题上发生尖锐对立,并且各自理由充足,均既无法说服对方,又不能接受对方的条件,从而使谈判陷入僵局时,可采用劝导法。如让双方从各自的眼前利益和长远利益的结合上看问题,使双方都认识到:如果都只追求眼前利益,可能都会失去长远利益,这对双方都是不利的,只有双方都做出让步,以协调双方的关系,才能保证双方利益都得到实现。劝导法可以使双方采取合作的态度共同打破僵局。

2. 多方案选择法

当对方坚持条件而使谈判陷入僵局时,己方可以由过去是否接受对方的条件改为让对方选择自己的条件来打破僵局,即提出多种谈判条件的组合,让对方从中选择所能接受的条件。当对方认为其中的某一条件可以接受时,已形成的僵局就会自行消失。该方法实施的基础是对方对其他项目也有较高要求,因而,当其他条件优越时,对方便会放弃原来的要求。

3. 转移法

转移视线不失为一个有效方法。有时谈判之所以出现僵局,就是因为双方僵持在某个问题上。这时,可以把这个问题避开,磋商其他条款。例如,双方在价格条款上互不相让、僵持不下时,可以把这一问题暂时抛在一边,洽谈交货日期、付款方式、运输、保险等条款。如果在这些问题处理上双方都比较满意,就可能坚定了双方解决问题的信心。如果一方特别满意,很可能对价格条款做出适当让步。

4. 攻击法

当对方通过制造僵局给己方施加压力时,妥协退让已无法满足对方的欲望,则应采用攻击的方法向对方反击,让对方自动放弃过高的要求。具体做法有以下两种。

(1) 揭露对方制造僵局的用心,让对方自己放弃所要求的条件。由于策略只有当他人不了解时才能奏效,而他人一旦掌握了策略的内容及破解方法,该策略便失去了效用。因此,当公开揭露对方的不友好做法时,有些谈判对手便会自动降低自己的要求,使谈判得以进行下去。

(2) 离开谈判桌,以显示自己的强硬立场。如果对方想与己方谈成这笔生意,那么对方会再来找己方的,这时,他们的要求就会降低,谈判的主动权就掌握在己方的手里了。

5. 妥协法

当谈判因各抒己见、互不相让而陷入僵局时,可以采用妥协退让的办法打破僵局。即首先在某些条件上做出让步,然后要求对方让步。当然,自己先让步的条件是那些非原则性问题或对己方不很重要的问题。由于妥协是谈判具有诚意的表现,因而在己方做出妥协后,对方也必然要做出让步,否则,可把造成僵局的罪名加在对方头上。这样,谈判就会继续下去。

6. 休会法

谈判出现僵局,双方情绪都比较激动、紧张,会谈一时也难以继续进行。这时,提出休会是一个较好的缓和办法,东道主可征得客人的同意,宣布休会。双方可借休会时机冷静下来,仔细考虑争议的问题,也可以召集各自谈判小组成员,集思广益,商量具体的解决办法;同时,各方可进一步对市场形势进行研究,以证实自己原观点的正确性。当双方再按预定的时间、地点坐在一起时,会对原来的观点提出修正的看法。这时,僵局就会较容易地打破。

7. 换人法

当谈判僵持的双方已产生对立情绪且不可调和时,可考虑更换谈判者,或者请地位较高的人出面协商谈判问题。双方谈判人员如果互相产生成见,特别是主要谈判者,那么谈判就很难继续进行下去。即使是改变谈判场所,或采取其他缓和措施,也难以从根本上解决问题。形成这种局面的主要原因,是由于在谈判中不能很好地处理人与问题的关系,由对问题的分歧发展为双方个人之间的矛盾。当然,也不能忽视不同文化背景下人们不同的价值观念的影响。在有些情况下，如协议的大部分条款都已商定，却因一两个关键问题尚未解决而无法签订合同时，己方也可由地位较高的负责人出面谈判，表示对僵持问题的关心和重视。同时，这也是向对方施加一定的心理压力，迫使对方放弃原先较高的要求，做出一些妥协，以利协议的达成。

8. 调停法

当谈判双方话不投机，出现横眉冷对的场面时，僵局已无法在场内打破，此时可以到场外寻找打破僵局的办法。其具体办法是在场外与对方进行非正式谈判，多方面寻找解决问题的途径。如请对方人员参加己方组织的参观游览、运动娱乐、宴会舞会等，也可以到游艺室、俱乐部等处娱乐、休息。这样，在轻松愉快的环境中，大家的心情自然也就放松了。更主要的是，通过游玩、休息、私下接触，双方可以进一步增进了解，清除彼此间的隔阂，增进友谊，也可以不拘形式地就僵持的问题继续交换意见，把严肃的讨论融入轻松活泼、融洽愉快的气氛之中。这时，彼此间心情愉快，人也会变得慷慨大方。谈判桌上争论了几个小时无法解决的问题，在这儿也许会迎刃而解。经验表明，双方推心置腹的诚恳交谈对缓和僵局十分有效。如强调双方成功合作的重要性、双方之间的共同利益、以往合作的愉快经历、友好的交往等，以促进对方态度的转化。在必要时，双方会谈的负责人也可以单独磋商。也可以利用调节人。

当出现了比较严重的僵持局面时，彼此间的感情可能都受到了伤害。因此，即使一方提出缓和建议，另一方在感情上也难以接受。在这种情况下，最好寻找一个双方都能够接受的中间人作为调节人或仲裁人。仲裁人或调节人可以起到以下作用：①提出符合实际的解决办法；②出面邀请对立的双方继续会谈；③刺激、启发双方提出有创造性的建议；④不带偏见地倾听和采纳双方的意见；⑤综合双方观点，提出妥协的方案，促进交易达成。

调节人可以是公司内的人，也可以是公司外的人。最好的仲裁者往往是和谈判双方都没有直接关系的第三者，一般要具有丰富的社会经验、较高的社会地位、渊博的学识和公正的品格。总之，调节人的威望越高，越能获得双方的信任，越能缓和双方矛盾，达成谅解。当然，打破僵局的方法还有很多，例如，可以放弃双方各自的谈判方案，共同来寻求一种可以兼顾各方利益的第三种方案；也可以提请各方专家单独会谈，有助于产生解决问题的新方案等。

5.6　让　步

让步是商贸谈判磋商阶段中的重要一环。在谈判进行讨价、还价、要求之后，通常要做出某些让步，最后达成协议。每个谈判者必须重视让步，学会让步，掌握让步，从让步中获益。

5.6.1　让步的意义

1. 让步的含义

让步，在谈判中是指谈判双方向对方妥协，退让己方的理想目标，降低己方的利益要求，向双方期望目标靠拢的谈判过程。

2. 让步的意义

让步是为了避免谈判出现僵局。若双方争议不下时，便会出现僵局。而让步就是解决僵局的好办法。让步是为了谈判成功，达成交易。僵局的避免，可以使谈判者回到谈判中来继续谈判，可以使争论不休的问题得以解决。这样，双方通过让步，逐渐向对方靠近，最后达成双方认可的期望目标，交易就成立了。让步本身就是一种策略，它体现了谈判者用主动满足对方需要的方式来换取自己需要得到满足的精神实质。如何把让步作为谈判中的一种基本技巧和手段加以运用，这是让步策略的基本意义。

3. 正确地对待让步

在谈判桌上，不应该有无谓的让步，每一次让步都应该有实际的效果。由于每次让步都要让出自己的利益，而给对方带来某种满足，因此，以最小让步换取谈判的成功、以局部利益换取整体利益是己方让步的出发点。如果向对方做出让步承诺，那么就应该争取到对方在另一个问题上也向自己做出让步。理想的让步是互惠、双向的让步。

为了实现让步，谈判者可以试探着做一次假设的以物易物的交换："看，你想从我们手中得到这个东西，而我们想从你那里得到那个东西，假如我们从自己方面再考虑一下这个问题，贵方是否准备同样进行考虑呢？"这样，谈判者就能把双方可能相互做出让步的两个问题联系在一起，并且建议说这里可能有做交易的余地。

5.6.2 让步的类型

1. 按照让步的姿态分类

(1) 积极让步是以某些谈判条款上的妥协来换取主要方式或基本方面的利益的让步。采用积极让步应是：谈判的一方具有谈判实力和优势；搜集掌握了较充分的资料，取得了较准确的数据；并经事先安排，制订合理科学的让步计划和幅度。

(2) 消极让步是以单纯的自我牺牲、退让部分利益，以求得打破僵局、达成交易的让步。采用消极让步应是：谈判的一方有求于人；急于达成交易；报价的水分、虚头被揭开，价格解释于情于理都说不过去；谈判处于劣势。

2. 按照让步的实质分类

(1) 实质让步。即利益上的真正让步，目的是以己方的让步换取对方的合作与让步。

(2) 虚置让步。虚置让步并不是真正的让步，只不过是让步的形式，而没有任何实质内容，即并未让出自己的任何利益。虚置让步方式是阻抗谈判对手让步压力的一种较好方式，它可以扰乱谈判对手视线，拖延时间，从而为己方扭转不利局势赢得时间。虚置让步是一种"让步陷阱"，因为在谈判对抗中，运用虚置让步方式会冒一定道德风险，虽然如此，却屡见不鲜。商务谈判的基本精神是合作与坦诚，但由于双方利益关系错综复杂，市场行情变化莫测，所以在谈判中也不乏尔虞我诈。因此，虚置让步方式也常常运用于实际的谈判让步中。

(3) 象征让步。在双方僵持不下时，一方做出让步是必要的，但让步除利益的要求降低以外，还有非利益要求补偿的方式，即以同等价值的替代方案换取对方立场的松动，使对方心理上得到满足，从而达成贸易的成交。这就是象征让步。在许多由立场性争执引起的谈判僵局中，一些谈判人员明知自己理应改变谈问题的角度，但常常因考虑"面子"问题，如谈判人员自身或所代表的集团的声誉、尊严等，不是实事求是地修订目标方案，而是固守这种谈问题的角度。

3. 按照让步的时间分类

(1) 主要让步。主要让步是在谈判最后期限之前做出，以便让对方有足够的时间来品味。这就犹如一席丰盛的酒宴，主要让步恰似一道大菜，在酒宴上掀起一个高潮。

(2) 次要让步。次要让步作为最后的"甜头"，是安排在最后时刻做出的让步。这犹如酒宴结束时上桌的最后一碟水果，使人吃后感到十分舒心。有时，当谈判进展到最后，双方只是在最后的某一两个问题上尚有不同意见，需要通过最后的让步才能求得一致，签订协议。

5.6.3 让步的基本形态

让步的基本形态，见表5-1。

表5-1 让步的基本形态　　　　　　　　　　　　　　　　　　　单位：元

让步形态	让步金额	第一次	第二次	第三次	第四次
坚定式	100	0	0	0	100
等额式	100	25	25	25	25
慢递增式	100	10	20	30	40
快递增式	100	20	30	50	0
慢递减式	100	40	30	20	10
快递减式	100	50	30	20	0
不定式	100	60	40	-10	10
一步到位式	100	100	0	0	0

1. 坚定式让步

不到关键时刻绝不让步，让对方一直以为妥协无望。若是一个软弱的买主，可能就会因不想再努力而放弃与卖主讨价还价了。

2. 等额式让步

这种让步模式的特点就是逐步诱导，让步幅度较小，但让步次数较多，很容易刺激谈判对手继续期待更进一步的让步。当他争取到一定数额的让步时，他就可能认为再努力一番，说不定还可以争取到同样的让步，结果他成功了。然后他会继续这样想，继续要求让步，如果卖主坚持不再让步，买主可能就会失望，很可能达不到成交的目标。

3. 递增式让步

就是每一次让步的数额是逐渐增加的，可以分为慢递增式让步和快递增式让步。这种让步模式往往会造成卖主重大的损失。因为它将买主的胃口越吊越高，买主会认为只要坚持下去，就可达成希望的价格。买主的期望值会随着时间的推移而越来越大，对卖主极为不利。

4. 递减式让步

这是一种由大到小、渐次下降的让步形态，可以分为慢递减式让步和快递减式让步。这种让步形态比较自然、坦率，同时显示出卖主的立场越来越坚定，给予对方的期望越来越小。

5. 不定式让步

这种让步模式即在己方所提条件较高的情况下，面对对方的讨价还价，采取灵活多变的方式进行让步。可以先高后低，然后再拔高，也可以高低错落综合运用，其关键是谈判者要了解对方情况，能控制局面、灵活掌握。

6. 一步到位式让步

这种让步模式对于买主会产生极强烈的影响。如一下削价 100 元，使买主顿时充满了信心和希望，但接下来的便是失望，如果卖主不再降价，就有谈判破裂的危险。

从实际谈判的情况来看，采用较多的是第四种让步形态。这种让步形态对卖方来说是步步为营，使买方的期望值逐步降低，较适应一般人的心理，因而比较容易为对方所接受。第六种让步形态的采用要看双方的诚意和合作关系，如果运用得好，可以迅速达成交易；但如若运用得不好，则往往使卖方做出更多的让步或造成谈判的僵局。第二种和第三种让步形态实际采用得很少，而第一种让步形态则基本不被采用。

总的来说，对于卖主而言，较理想的让步形态是：开始作大一点的让步，然后在长时间内很缓慢地让步；对买主而言，开始让步幅度应该较小，然后在长时间内缓慢让步。

5.6.4 让步的基本原则

让步不是为满足对方的单方面苛求，而是要以满足双方的利益为标准。是否让步不能草率，让步多少也应三思。在商务谈判中，让步应遵循以下原则。

(1) 必争。每次让步都应争取对方相应的让步和优惠。

(2) 有序。让步事先应有计划安排，不能临场随便退让，手忙脚乱。

(3) 适度。让步幅度要适度，不宜太大，次数不宜过多。幅度太大、次数过多会增大对方的自信心，导致对方的高期望值。

(4) 互让。每一次让步必须换回一定的利益，不要做无谓的牺牲，有失应该也有得。

(5) 动心。以小幅度的让步，换取对方最大的心理满足，让对方在心理上觉得自己已经赢了，感到成功的自豪，但要使其明白赢得不容易。

(6) 忍耐。谈判中要顶得住，不论是受到赞美吹捧，还是恶语相讥、人身攻击，都应忍下来，记住"小不忍则乱大谋"。

(7) 撤销。如果已经做出了不妥当的让步，要想收回，也不要感到不好开口，应找一个理由撤销、收回。

5.6.5 防止对方进攻的基本方式

前面已经提到,商务谈判中让步是必需的,没有适当的让步,谈判就无法进行下去。但事实上,谈判的任何一方都不可能一味地让步,因为这是根本不现实的,也是有害于己方利益的,因此,必须设法阻止对方的进攻。

1. 防范式

1) 先苦后甜

这是一种先用苛刻的虚假条件使对方产生疑虑、压抑、无望等心态,以大幅度降低其期望值;然后在实际谈判中逐步给予优惠或让步,使对方满意地签订合同,己方从中获取较大利益的策略。这种谈判策略来源于实际生活中的常见现象。

2) 既成事实

既成事实在阻挡对方进攻上也很有效。这个原则非常简单,就是采取某些对方意料之外的行动,造成某种既成事实,使己方处于有利的地位。既成事实并不能决定交易的完成,不过它可以影响双方权利的平衡,直至影响最后的结果。如有些时候,己方在谈判中会说:"我们已经做了……现在让我们来谈一谈吧!"

2. 阻挡式

1) 权力有限

就一般情况而言,参加商务谈判的所有人员,其所拥有的权力都是有限的。这种权力的大小主要取决于三个方面:一是上司的授权。上司给予其多大权力,他就有多大权力,不能超过权力界限来处理事务。二是国家的法律和公司的政策。任何谈判人员都不能不顾国家法律和公司的政策谈判。三是一些贸易惯例。任何谈判人员都不可违反贸易惯例来决定某件事。其实,从某种意义上讲,一个在权力上受到限制的谈判人员要比大权独揽、一个人即可拍案签约的谈判者处于更有利的地位。在谈判者权力受到限制的时候,往往可以使他的立场更加坚定,更能够自然地说出一个"不"字。因为任何一个谈判者,在他本身受到诸如上司授权、国家法律规定、公司政策、贸易惯例等限制的时候,谈判对手不能强迫他超越其权限来答应己方的要求。

根据以往的经验,任何在谈判桌上声称自己可以决定一切的谈判者都是不合格的谈判者。因为这时如果对方有充分的理由要求其让步时,他就只能是接受让步,而没有借口来回绝,这其实等于丢掉了自己的保护伞,这是不可取的做法。但这种利用权力限制因素来阻止对方进攻的技巧也不能频繁使用,用多了对方会怀疑其诚意,甚至会置之不理,因此,必须掌握时机,恰当地运用。

2) 资料不足

在商务谈判过程中,当对方要求就某一个问题进行进一步解释,或要求己方让步时,可以用抱歉的口气告诉对方:实在对不起,有关这个问题方面的详细资料我方手头暂时没有,或者没有备齐,或者这属于本公司方面的商业机密,概不透露,因此暂时还不能作出答复。这就是利用资料限制因素阻止对方进攻的常用策略。当对方听了这番话之后,即可暂时将问题放下,这就很简单地阻止了对方咄咄逼人的攻势,从而化解了对方的进攻。同样,利用资料限制因素来阻止对方进攻的策略也不能经常使用,经验表明,使用的频率与效率是成反比的，会使对方怀疑己方无诚心谈判，或者请己方将资料备齐后再来谈，这就很被动了。

3) 最后价格

谈判中常有"这是最后价格，我们再也不能让步了"这种话，如果另一方相信这一点，就不会要求己方继续作价格让步，这笔生意就能成交；如果不相信，也可能双方继续讨价还价，也可能因此牺牲了这笔交易。要使最后出价产生较好的效果，提出的时间和方式很重要。如果双方剑拔弩张、各不相让，甚至在对峙状况下，提出最后报价，无异于向对方发出最后通牒，这很可能会被对方视为一种威胁。为了反击，他会干脆地拒绝你的最后报价。比较好的方法是，当双方就价格问题不能达成一致时，如果报价一方看出对方有明显的达成协议的倾向，这时提出比较合适。让对方产生这样一种感觉："在这个问题上双方已耗费了较多的时间，我方在原有出价的基础上最后一次报价。这是我们所能承受的最大限度了。"在提出最后报价时，尽量让对方感到这是己方所能接受的最合适的价格了，而且报价的口气一定要委婉诚恳，这样，对方才能容易接受。最后报价可与原报价有一定的出入，以证明己方的诚意。同时，督促对方也尽快采取和解姿态，以达成协议。当然，最后报价能够帮助也会损害提出一方的议价力量。如果对方相信，提出方就胜利了；如果不相信，提出方的气势也会被削弱。这时的遣词造句、见机而行，与这一策略的成功与否休戚相关。

4) 没有先例

通常是指握有优势的一方坚持自己提出的交易条件，尤其是价格条件而不愿让步的一种强硬方式。如果买方所提的要求使卖方不能接受时，则卖方谈判者向买方解释说：如果答应了买主这一次的要求，对卖方来说，就等于开了一个交易先例，这样就会使卖方今后在遇到类似的其他客户发生交易行为时，也至少必须提供同样的优惠，而这是卖方客观上承担不起的。买方除非已有确实情报可予揭穿，否则只能凭主观来判断，要么相信，要么不相信，别无其他办法。

当谈判中出现以下情况时，卖方可以选择运用"没有先例"的策略。

① 谈判内容属保密性交易活动时，如高级生产技术的转让、特殊商品的出口等。

② 交易商品属于垄断经营时。

③ 市场有利于卖方，而买主急于达成交易时。

④ 当买主提出交易条件难以接受时，这一策略性回答也是退出谈判最有礼貌的托词。

⑤ 其他借口。

除了以上方式外，还常用自然环境、人力资源、生产技术要求、时间因素等来作为阻止对方进攻的工具，在运用得当的时候，效果也非常不错。

3. 融化式

1) 求得同情

一般情况下，人们总是倾向于同情和怜悯弱者，不愿落井下石，置之于死地，比较容易答应弱者的要求。当对方就某一问题要求己方做出让步时，如果己方无正当理由加以拒绝，但又不愿意在这方面做出让步，就可以装出一副可怜的样子，向对方恳求。例如，可以说，假如按照他们的要求去做，我们的公司就有可能破产；或者说，这个要求不符合公司规定，如果我答应了，很可能会被公司解雇，我家中上有老母下有幼儿，都要靠我来养活，等等，说出诸如此类的话来要求对方让步。如果你的陈述让对方觉得真实可信，他们很可能会被你迷惑而手软让步。

2）坦白从宽

其基本做法是：当己方在谈判中被对方进逼得难以招架时，干脆把己方对本次交易的真实希望和要求，以及所受的限制条件和盘托出，以期求得对方的理解和宽容，从而阻止对方的进攻。这种策略能否成功，取决于对方谈判者的个性，以及对方对己方所坦白的内容的相信程度，因此该策略具有较大的冒险性。

4. 对攻式

1）针锋相对

谈判中往往可以发现有些难缠的人，类似"铁公鸡——一毛不拔"，他们往往报价很高，然后在很长的时间内拒不让步。如果你因按捺不住而做出让步，他们就会设法迫使你接着做出一个又一个的让步。

2）以一换一

在对方就某个问题要求己方让步时，己方可以把这个问题与另外一个问题联系起来，也要求对方在另一个问题上让步，即以让步易让步。假如对方要求己方降低价格，己方就可以要求对方增加订购数量、延长己方交货期，或者改变支付方式，以非现金结算，等等。这样做，或是双方都让步，或者是都不让步，从而阻止了对方的进攻。假如对方提出的要求损害了己方的根本利益，或者他们的要求在己方看来根本是无理的，己方也可以提出一个对方根本无法答应或者荒谬的要求回敬他们，让对方明白对于他们的进攻，己方是有所准备的，没有丝毫让步的余地。面对己方同样激烈的反攻，对方很快会偃旗息鼓，进而放弃他们的要求。

5.6.6 促使对方让步的基本方式

对谈判人员来讲，谈判中的利益可以分为三个部分：一是可以放弃的利益；二是应该维护的利益；三是必须坚持的利益。对于第二、第三部分的利益，特别是第三部分的利益，在谈判中不是轻易可以获得的，往往需要通过激烈的讨价还价才能迫使对方让步。那么，有哪些谈判方式可以帮助谈判者在这个问题上获得成功呢？

1. 软化式

（1）戴高帽。"戴高帽"是软化式促使对方让步的一种手段。即以切合实际有时甚至是不切实际的好话颂扬对方，使对方产生一种友善甚至是恩宠的好感，进而放松警惕，软化对方的谈判立场，从而使己方目标得以实现的做法。例如，抓住对方主谈人的年龄特征，如年老，则讲"老当益壮""久经沙场"；若年轻，则讲"年轻有为""反应灵活""精明强干""前途无量"。又如，当对方迟迟不肯答应己方要求时，己方不妨恭维对方几句："您一向是爽快人，办事利索、干脆，够朋友，我知道您是不会为难我们的。"这些话或许有不切题之处，但作为言者，目的是为了感化对方，促使对方让步。恭维应该适可而止，如果过了头，就成了一种赤裸裸的拍马屁行为，不但起不到正面作用，反而会适得其反。

（2）借恻隐。即通过装扮可怜相、为难状，唤起对方同情心，从而达到阻止对方进攻的做法。常用的手法有说可怜话，诸如："这样决定下来的话，回去要被批评……。""我已退到崖边,要掉下去了。""求求您,高抬贵手!"等等。装可怜相,诸如在谈判桌上尽量表现得痛苦。

但是,恻隐术的运用要注意人格,同时在用词与扮相上不宜太过分。特别是当谈判者作为政府或国有企业代表时,除了人格之外,还有国格之分寸,在此种情形下,就绝不能采用这种恻隐术。此外,使用恻隐术还应看谈判对象,要知道,毫无同情心的谈判对手,非但不吃软招,反会讥笑这种行为。

(3) 磨时间是以时间做论战工具。即在一段时间里表示同一观点,等对方改变。可反复说理,态度和气。不讲话也突出无奈,在"无可奈何"的表情中等待着谈判时间流逝,以此达到促使对方让步的目的。这一招,对在异地或异国谈判的人压力很大。

(4) 抱怨。在商务谈判中数落抱怨,是经常发生的现象。抱怨,可以分为两大类:一类是真正的不满;另一类则是隐藏性的拒绝。前者是正常意见,后者是买主由于种种原因,包括借口拖延、蓄意反对、杀价、试探等原因而产生的,其目的很明显,即促使对方让步。

2. 强攻式

1) 情绪爆发

在谈判过程中,当双方在某一个问题上相持不下时,或者对方的态度、行为欠妥或者要求不太合理时,可以抓住这一时机,突然之间情绪爆发,大发脾气,严厉斥责对方的无理,没有谈判的诚意,有意制造僵局。情绪爆发的强烈程度应该视当时的谈判环境和气氛而定。但不管怎样,烈度应该保持在较高水平上,甚至拂袖而去,这样才能震撼对方,产生足够的威慑作用和影响。在一般情况下,如果对方不是谈判经验丰富的行家,在这突然而来的激烈冲突和巨大压力下,往往会手足无措,动摇自己的信心和立场,甚至怀疑和检讨自己是否做得太过分,从而重新调整和确定自己的谈判方针和目标,做出某些让步。

在运用"情绪爆发"这一策略迫使对方让步时,必须把握住时机和强烈程度。无由而发会使对方一眼看穿;烈度过小,起不到震撼、威慑对方的作用;烈度过大,或者让对方感到小题大做,失去真实感,会使谈判陷入破裂而无法修复。

2) 下通牒

所谓下通牒,就是指给谈判规定最后的期限,如果对方在这个期限内不接受己方的交易条件,那么己方就宣布谈判破裂而退出谈判。这种策略常常在双方争执不下、对方不愿意做出让步的情况下使用,以逼迫对方让步。

下通牒是一种行之有效的策略。在谈判中,人们对时间总是非常敏感的。特别是在最后关头,经过激烈的讨价还价,在许多交易条件上已经达成一致,只是在最后的一两个问题上相持不下。这时,如果一方发出最后通牒,另一方就必须要考虑一下自己是不是准备放弃这次交易,前面已经投入了巨大的谈判成本,这时候再放弃往往不值得。如果对手没有足够的勇气和谈判经验,那么,他往往选择的就是退却,做出让步以求成交,这样己方就大功告成了。要想成功地运用这一策略来迫使对方让步,必须具备以下条件,否则,如意算盘也会落空的。

① 最后通牒应令对方无法拒绝:出最后通牒,必须是在对方走投无路的情况下,对方

想抽身已晚,因为此时他已为谈判投入了许多金钱、时间和精力。切忌在谈判刚开始,对方有路可走的时候发出。

② 最后通牒应令对方无法反击:如果对方能进行有力的反击,就无所谓最后通牒,对方会按照自己所预期的那样做,必须有理由确信对方会按照自己所预期的那样做。

③ 发出最后通牒言辞不能太尖锐:必须尽可能委婉地发出最后通牒。最后通牒本身就具有很强的攻击性,如果谈判者再言辞激烈,极度伤害了对方的感情,则会适得其反。

3) 激将法

在谈判过程中,事态的发展往往取决于主谈人。因此,双方常常围绕主谈人或主谈人的重要助手出现激烈的争辩,以实现己方的目的。以话语刺激对方的主谈人或其重要助手,使其感到如果仍坚持自己的观点和立场,就会直接损害自己的形象、自尊心、荣誉,从而动摇或改变其所持的态度和条件。通常把这种做法称之为激将法。

这种激将类似"将军",不吃也得吃,躲是躲不过去的。激将的武器大多为"能力大小""权力高低""信誉好坏"等与自尊心直接相关的话。使用此计时值得注意的是:首先,要善于运用话题,而不是态度。既要让所说的话切中对方心理和个性,又要切合所追求的谈判目标;其次,语言应掌握分寸,不应过分牵扯说话人本身,以防激怒对手并迁怒于己。

4) 竞争法

再没有什么武器比制造和利用竞争来迫使对方做出让步更奏效的了。谈判一方在存在竞争对手的时候,其谈判实力就会大为削弱,处于劣势。对于大多数卖主而言,总有同行与之竞争,他们出售同类产品,为达成交易而进行不断的、激烈的竞争,谁都担心竞争对手超过自己,即便知道自己比对手强也是一样。此时,如果他的谈判对手聪明地让他注意到竞争者的存在,这个聪明人就可以较容易地令对方让步。有的时候,对方实际上并不存在竞争对手,但谈判者仍可巧妙地制造假象来迷惑对方,借此向对方施加压力。

本 章 小 结

本章首先介绍了询价与报价的知识,包括询价的含义和基本要求、报价的含义及报价对谈判的影响、报价的依据、基本要求、时机和基本策略,给出了讨价的含义与作用、讨价的程序与方法;其次介绍了还价的含义、还价对谈判的影响,以及还价的依据、步骤与方法,给出了谈判要求的作用、种类以及提出要求的各种策略;最后,对商务谈判中僵局和让步进行了论述。

通过本章学习,读者应熟悉询价与报价、僵局的含义及影响,掌握讨价作用与意义、谈判要求的作用、还价的步骤,理解还价对谈判的影响和让步的基本形态。

关键术语

询价　报价　书面报价　口头报价　西欧报价　日本报价　整体报价　分割报价　讨价　还价　僵局　让步

复习思考题

1. 填空题

(1) 还价，实际上就是针对谈判对手的首次报价，已方所作出的_____。
(2) 在还价的过程中，最关键的问题首先就是明确还价的_____。
(3) 在还价之前必须充分了解对方报价的全部内容，准确了解对方提出条件的_____。
(4) 一般情况下，报价后不会立即_____。
(5) 根据对方报价的内容和己方掌握的比价资料，推算估计对方报价的策略性虚拟的_____。

2. 选择题

(1) 为了更好地还价，将面临的问题分门别类，区分问题的轻重缓急，编制成(　　)。
　　A．视频　　　　B．图像　　　　C．模型　　　　D．表格
(2) 每一要求都会使谈判更加接近(　　)。
　　A．矛盾　　　　B．理解　　　　C．磋商　　　　D．成交
(3) 当买方要求提高商品的质量时，卖方就要求相应地提高价格，这是对等(　　)。
　　A．准则　　　　B．结果　　　　C．条件　　　　D．要求
(4) 坚持要求的目的是实现要求，谈判中实现要求存在不同的(　　)。
　　A．可能　　　　B．标准　　　　C．步骤　　　　D．层次
(5) 追求响应即引起对方重视，这个要求的最低目标起码要得到(　　)。
　　A．威慑　　　　B．答复　　　　C．尊敬　　　　D．面子

3. 名词解释

(1) 还价。
(2) 报价。
(3) 僵局。
(4) 书面报价。
(5) 口头报价。

4. 简答题

(1) 简述如何放弃要求。
(2) 简述谈判僵局产生的原因。
(3) 简述打破谈判僵局的一般方法。

5. 论述题

试简要分析让步的基本原则。

案例分析题

生活在这世界上的每个人都有其需要和爱好,并且希望能得到满足。一旦有人能够理解和满足其需要和爱好,就会对对方产生一种信任和好感,也乐于同对方进行合作与交流。这样一来,满足他人需要和爱好的人,本身的需要和爱好也能从对方那里得到满足。正是根据这个道理,人们乐于用投其所好的策略和技巧来达到自己的目的。

将投其所好作为一种谈判的技巧和方法用于谈判实践中,其基本的思想,就是为了使谈判达成有利于己方或有利于双方的协议,谈判者根据对方的需要、爱好、有意思地迎合对方,使双方达成共识,在找到了共同点的基础上再进一步提出自己的要求和条件,使对方容易接受和认可,进而使自己的谈判企图和目标得以实现。

迪吧诺公司是纽约有名的面包公司,该公司的面包远近闻名,纽约很多的大酒店和餐饮消费场所都与迪吧诺公司有合作业务,因此,其面包销量越来越大。与多数饭店不同的是,迪吧诺公司附近一家大型的饭店却一直没有向他们订购面包。这种局面长达四年。期间,销售经理及公司创始人,迪吧诺先生每周都去拜访这家大饭店的经理,参加他们举行的会议,甚至以客人的身份入住该饭店,想方设法同饭店方进行接触,一次又一次地同他们进行推销谈判。但无论采用任何手段,迪吧诺公司的一片苦心就是不能促成双方谈判成功。这种僵持局面令迪吧诺暗自下定决心,不达到目的决不罢休。

从此之后,迪吧诺一改过去的推销策略和谈判技巧,开始对这家饭店的经理所关心和爱好的问题进行调查。通过长时间详尽细致的调查,迪吧诺发现,饭店的经理是美国饭店协会的会员,而且由于热衷于协会的事业,还担任会长一职。这一重大发现给了迪吧诺很大帮助,当他再一次去拜会饭店经理时,就以饭店协会为话题,围绕协会的创立和发展及有关事项与饭店经理交谈起来。果然起到了意想不到的效果,这一话题引起了饭店经理的极大兴趣,他的眼里闪着兴奋的光芒,和迪吧诺谈起了饭店协会的事情,还说这个协会如何给他带来无穷的乐趣,而且邀请了迪吧诺参加这个协会。

这一次同饭店经理谈判时,迪吧诺丝毫不提关于面包销售方面的事,只就饭店经理所关心和感兴趣的协会话题,取得了很多一致性的见解和意见。饭店经理甚至表示同迪吧诺有相见恨晚之感。

几天以后,那家饭店的采购部门突然给迪吧诺打去电话,让他立刻把面包的样品及价格表送到饭店去。饭店的采购组负责人在双方的谈判过程中笑着对迪吧诺说:"我真猜不出您究竟使用了什么样的绝招,使我们的老板那么赏识你,并且决定与你们公司进行长期的业务合作。"听了对方的话,迪吧诺有些哭笑不得,向他们推销了4年面包,进行了若干次推销谈判,竟连一块面包都没销售出去。如今是对他关心的事表示关注而已,却发生了180度的转变。否则,恐怕到现在为止还跟在他身后穷追不舍地推销自己的面包呢!

问题:

(1) 这次谈判成功的关键是什么?

(2) "买卖不成仁义在"是不是谈判需要坚持的原则?

(3) 在谈判中,到底是坚韧不拔的意志重要,还是突发奇想的策略重要?

第 6 章 签约履约与风险规避

> 知识架构

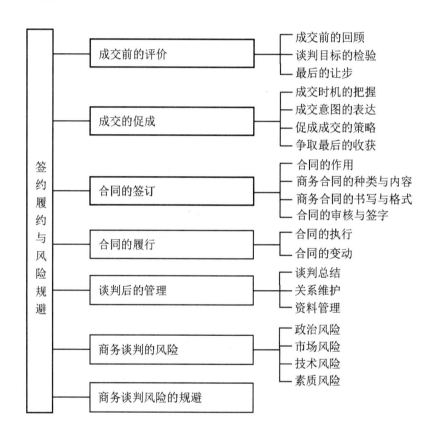

> 学习目标

通过本章的学习，读者应该能够：
- 熟悉成交前的评价
- 掌握促成成交的策略
- 熟悉商务合同的种类与内容
- 掌握商务合同的书写与格式

第6章 签约履约与风险规避

- 掌握合同的执行
- 熟悉谈判后的管理
- 熟悉谈判后的管理资料
- 了解商务谈判中的风险
- 掌握风险的规避方法

 导入案例

11个农夫和1个农夫

在美国的一个边远小镇上,由于法官和法律人员有限,因此组成了一个由12名农民组成的陪审团。按照当地的法律规定,只有当这12名陪审团成员都同意时,某项判决才能成立,才具有法律效力。有一次,陪审团在审理一起案件时,其中11名陪审团成员已达成一致看法,认定被告有罪,但另一名认为应该宣告被告无罪。由于陪审团内意见不一致,审判陷入了僵局。其中11名企图说服另一名,但是这位代表是个年纪很大、头脑很顽固的人,就是不肯改变自己的看法。从早上到下午,审判一直不能结束,11名农夫有些心神疲倦,但另一个还没有丝毫让步的意见。

就在11名农夫一筹莫展时,突然天空布满了阴云,一场大雨即将来临。此时正值秋收过后,各家各户的粮食都晒在场院里。眼看一场大雨即将来临,那11名代表都在为自家的粮食着急,他们都希望赶快结束这次判决,尽快回去收粮食。于是都对另一个农夫说:"老兄,你就别再坚持了,眼看就要下雨了,我们的粮食在外面晒着,赶快结束判决回家收粮食吧!"可那个农夫丝毫不为之所动,坚持说:"不成,我们是陪审团的成员,我们要坚持公正,这是国家赋予我们的责任,岂能轻易做出决定,在我们没有达成一致意见之前,谁也不能擅自做出判决!"这令那几个农夫更加着急,哪有心思讨论判决的事情。为了尽快结束这令人难受的讨论,11名农夫开始动摇了,考虑开始改变自己的立场。这时一声惊雷震破了11名农夫的心,他们再也忍受不住了、纷纷表示愿意改变自己的态度,转而投票赞成那一位农夫的意见,宣告被告无罪。

按理说,11个人的力量要比1个人的力量大。可是由于那1个坚持己见,更由于大雨的即将来临,使那11个人在不经意中的为自己定了一个最后期限:下雨之前,最终被迫改变了看法,转而投向另一方。在这个故事中,并不是那1个农夫主动运用了最后的期限法,而是那11个农夫为自己设计了一个最后的期限,并掉进了自设的陷阱。

案例分析:在众多谈判中,有意识地使用最后期限法以加快谈判的进程,并最终达到自己的目的的高明的谈判者往往利用最后期限的谈判技巧,巧妙地设定一个最后期限,使谈判过程中纠缠不清、难以达成的协议在期限的压力下得以尽快解决。

6.1 成交前的评价

6.1.1 成交前的回顾

谈判双方在起草合同前,有必要就整个谈判过程、谈判内容作一次回顾,以便最后确认双方在哪些方面达成了一致,对那些没有达成共识的问题是否有必要作最后的磋商与妥协。

这种回顾要以双方会谈的书面记录为依据。回顾的主要内容包括以下几个方面。

(1) 已达成一致的地方。
(2) 尚需讨论的地方。
(3) 谈判目标达成的检验。
(4) 最后的价格和让步评估。
(5) 最后的谈判策略和技巧。

这种回顾的时间和形式取决于谈判的规模,例如,它可安排在一天谈判结束后的 20 分钟休息时间里,也可安排在一个正式的会议上。

6.1.2 谈判目标的检验

商务谈判目标是一种目标体系。谈判者在制订商务谈判计划时,对商品的品质、数量、包装、价格、运输、保险、支付条件、商品检验、违约索赔、仲裁、不可抗力等各项交易条件,一般按照其可实现程度,把商务谈判的目标分为三个层次:理想目标、可接受目标和最低目标。在谈判进入签约阶段前,应就各项交易条件谈判目标的实现情况作评估,明确哪些交易条件谈判目标实现得比较理想,哪些交易条件谈判目标实现得不足,哪些交易条件谈判目标实现的程度尚需争取。

例如,某谈判项目范围共有四个要点:价格、支付条件、交货期和担保条件。其中价格是这笔交易的关键条件;担保是次要条件;支付条件、交货期居中。通过前一阶段的磋商,各项交易条件的商务谈判目标最低目标、可接受目标可实现程度见表 6-1。

表 6-1 商务谈判目标已达程度分析表 单位:%

内容	最低目标		可接受目标	
	计划实现	已达程度	计划实现	已达程度
价格	100	100	100	85
支付条件	100	100	100	80
交货期	100	100	100	100
担保条件	100	0	100	0

由表 6-1 可见,在交货期一项上,最低目标、可接受目标的实现程度都是 100%,说明这一项交易条件谈判目标的实现程度是比较理想的。而在担保条件这项交易上,连最低谈判目标也没实现,是谈判的不足之处。因为它是次要条件,这时谈判者就要做出抉择:在全面交易的最后确定中,如果对方继续坚持不让步,己方是放弃谈判还是在这个次要条件

上让步，以求得整个谈判的成功。在支付条件上最低目标已圆满实现，可接受目标实现了80%，实现程度较高，可以说已经基本上达到了己方所期望的谈判目标。在价格一项上，虽然最低目标已达到，但离可接受目标的实现程度还有差距，而价格是这一谈判的关键条件，因此，在全面交易条件的最后确定中，价格仍是尚需争取的地方。

6.1.3 最后的让步

在谈判进行到最后，双方只在最后一两个问题上尚有个别意见需要让步才能求得一致，缔结协议。在这种情况下，怎样让步才是合理的呢？为此，需要把握以下两个方面。

1. 最后让步的时机

一般来说，如果让步过早，对方会认为这是前一阶段讨价还价的结果，而不认为这是己方为达成协议而作的终局性的最后让步。这样，对方有可能得寸进尺，继续步步紧逼。如果让步时间过晚，往往会削弱对对方的影响和刺激作用，并增加了谈判前面的难度。为了选择最佳的让步时间，使最后的让步达到最佳的效果，最好的办法是将最后的让步方式分成两部分。主要部分在最后期限之前做出，而次要部分在最后时刻做出。

2. 最后让步的幅度

一般来说，如果让步的幅度太大，对方反而不相信这是最后的让步；如果让步的幅度太小，对方则认为微不足道，难以得到满足。那么，多大幅度的让步才是合适的呢？这里只能提出一个让步的原则性的问题：通常情况下，到谈判的最后关头，对方管理部门的重要高级主管会出面参加或主持谈判。因此，在最后让步幅度时，所要考虑的一个重要因素是对方接受让步的人在对方组织中的地位或级别。为此，最后的让步幅度必须满足两个要求：①幅度比较大，大到刚好满足该主管维持他的地位和尊严的需要，即要给其足够的面子。②幅度又不能过大，如果过大，往往会使主管指责他的部下没有做好，并要求他们继续谈判。换句话说，还要顾全谈判人员的面子。在己方做了最后的让步后，必须保持坚定，因为对方会想方设法来验证己方的立场，判断己方的让步是否真正是最后的让步。

6.2 成交的促成

6.2.1 成交时机的把握

1. 成交时机把握的重要性

成交时机的把握在很大程度上是一种掌握火候的艺术。在谈判的最后阶段，虽然双方经过讨价还价使得谈判内容涉及的每一个问题都取得了不少进展，交易已经趋向明朗，双方看到了谈判即将结束的希望，这往往是由于一方发出了成交的信号，此时，另一方要善于捕捉这些信号，采取促成缔结协议的策略，有助于完成此次谈判；反之，如果没有抓住这些成交信号，也许会功亏一篑，前功尽弃。

2. 几种可靠的成交信号

经过反复磋商，克服了一个又一个障碍和分歧，谈判双方都会不同程度地向对方发出有缔结协议意愿的信号。谈判者使用的成交信号通常有以下几种。

① 对方表示谈判可以结束了。

② 对方的形体语言已表明该结束了。

③ 对方的成交意愿已显露出来。

④ 经过讨价还价，双方的差距已很小。

这几种成交的信号有助于推动对方脱离勉勉强强或惰性十足的状态，设法使对方行动起来而达成一个承诺。这时应该注意的是，如果过分使用高压政策，有时谈判对手就会退后一步；如果过分表示想成交的热情，对方可能会一步不让地向你进攻。

6.2.2 成交意图的表达

谈判双方对彼此的预期已相当接近时，都会产生成交、结束谈判的愿望，那么成交的意图如何表达呢？以下做法可供参考。

1. 成交意图表达的基本态度

(1) 不急不躁。

(2) 不卑不亢。

(3) 口气坚定。

(4) 话语简单。

2. 成交意图表达的主要方式

1) 向对方发出信号

谈判收尾，在很大程度上是一种掌握火候的艺术，通常会发现，一场谈判旷日持久但进展甚微，尔后由于某种原因，大量的问题神速地得到解决，一方的让步有可能使对方相应也做出让步，反过来，又引起新一轮的让步，多米诺效应的出现会使双方的相互让步很快接近平衡点，而最后的细节在几分钟内即可拍板。在即将达成交易时，谈判双方都会处于一种准备完成时的兴奋，而这种兴奋状态的出现往往是由于一方发出成交的信号所致。常见的成交信号有以下几种。

(1) 谈判人员所提出的建议是完整的，绝对没有不明确之处；如果他的建议未被接受，除非中断谈判，谈判者没有别的出路。

(2) 谈判者用最少的言辞阐明自己的立场，谈话中表达出一定的承诺思想，但不含有讹诈的成分，比如："好，这就是我最后的主张了，现在您的意见如何？"

(3) 谈判者在阐明自己的立场时，完全是一种最后决定的语气，身体坐直，双臂交叉，文件放在一边，两眼紧盯着对方，不卑不亢，没有任何紧张的表示。

(4) 回答对方的任何问题尽可能简单，常常只回答一个"是"或"否"，使用短词，很少用论据，表明确实没有折中的余地。

(5) 一再向对方保证，现在结束对他是最有利的，并告诉他理由。

发出这些信号，目的在于促进对方脱离勉强或惰性十足的状态，设法使对方行动起来，从而达成一个承诺。这时应该注意，若过分使用高压政策，有些谈判对手就会退出；如果过分表示出你希望成交的热情，对方就有可能一步不让地向你发起进攻。

2) 最后一次报价

在一方发出签约意向的信号，而对方又有同感的时候，谈判双方都需要作最后一次报价。对于最终报价，要注意以下几点。

(1) 不要过于匆忙报价，否则，会被认为是另一个让步，令对方觉得还可以再努力争取到另一些让步；如果报价过晚，对局面已不起作用或影响很小，也是不妥的。为了选好时机，最好把最后的让步分成两步，主要部分在最后期限之前提出，刚好给对方留一定时间回顾和考虑。次要部分，如果有必要的话，应作为最后的"甜头"，安排在最后时刻做出。

(2) 最后让步的幅度大小。最后让步必须足以成为预示最后成交的标志。在决定最后让步幅度时，一个主要因素是看对方接受这一让步的人在对方组织中的位置。如果让的幅度比较大，应是大到刚好满足较高职位的人维持他的地位和尊严的需要。

(3) 让步与要求同时并提，除非己方的让步是全面接受对方现时的要求，否则，必须让对方知道，不管在己方做出最后让步之前或做出让步的过程都希望对方予以响应，做出相应的让步。比如，在提出己方让步时，示意对方这是谈判个人自己的主张，很可能会受到上级的批评，所以要求对方予以同样的回报。

3) 最后的总结

在发出成交信号、最终报价和交易达成的会谈之前，很有必要对以下内容进行最后的回顾和总结。

(1) 搞清是否所有的内容都已谈妥，是否还有一些未得到解决的问题，以及这些问题的最后处理。

(2) 明确所有交易条件的谈判结果是否已达到己方期望的交易结果或谈判目标。

(3) 最后的让步项目和幅度。

(4) 决定采用何种特殊的结尾技巧。

(5) 着手安排交易记录事宜。

这种回顾的时间和形式取决于谈判的规模，可以安排在一个正式的会议上，也可以安排在一天谈判结束后的 20 分钟休息时间里。一般而言，成交意图表达的主要方式通常有以下几种。

(1) 最后决定的语言谈判者用最少的言辞阐明自己的立场，谈话中表达出一定的承诺意思，但不包含任何讹诈的成分，如："好，这就是我方最后的主张，现在就看贵方的了。"

(2) 行为语言暗示谈判者阐明自己的立场时，完全是一种最后决定的语调，身体坐直，双臂交叉，文件放在一边，两眼紧盯对方，不卑不亢，没有任何紧张的表示。

(3) 给对方两种选择谈判者所提出的建议是完整的，绝对没有不明确之处，如果他的建议未被接受，除非中断谈判，对方没有别的出路。

(4) 说明现在成交的好处向对方保证，现在结束对他最有利，告诉他一些有利的理由。

6.2.3 促成成交的策略

1. 场外交易法

场外交易彼此可以无拘无束地谈判，既可谈交易的分歧，也可谈与交易无关的问题，诸如公司的规章制度、子女教育、文体新闻等，这些话不仅可以增进感情，了解对方的人品、习惯，而且可以成为消除分歧的润滑剂。正式谈判的参与者往往身份对等，以示公平和合乎面子,而非正式谈判没有这一限制。在场外交易中,后台老板或其他不宜露面的人物可以从容商谈,并对一些不宜公开谈判的问题达成默契。在会议桌上,有些事难以启齿,可是在酒足饭饱的时候向对方提出某些要求,或向对方表示自己可以妥协的态度,则既能解决问题又不会失去面子,可谓一举两得。

2. 最后让步法

谈判到了最后,要对最后还未达成一致的一两个问题作最后的让步,以谋求一致。除了要把握好最后让步的时间选择、幅度大小外,还应让步与要求同时并提,除非己方的让步是全面接受对方的要求,否则必须让对方知道,在己方做出最后让步的过程中都指望对方予以响应,做出相应的让步。例如,在提出己方让步时,示意对方这是谈判者个人的主张,很可能会受到上级的批评,所以要求对方予以同样的回报。

3. 最后期限法

期限对大多数人都具有催眠作用,因为它可以使人采取适当的行动以符合要求。例如,住旅馆的住客大多数都会在接近中午的时间交出房间,以便符合 12:00 交出房间这个期限的要求。西方人在购买圣诞礼物时都会在 12 月 24 日那天才采取行动,以便符合 12 月 25 日的期限要求。在谈判场合中,期限同样发挥着重要作用,因为绝大多数的谈判都是到期限将至之时才达成协议。基于这个道理,懂得设定期限的人,在谈判时颇能占优势,因为他能借期限约束对方的活动范围。

例:卖方利用期限力量促成签约的方法常有下述几种:"7 月 1 日起将调高价格","我们提供的优惠条件在 15 天内有效"。买方利用期限力量促成签约的方法常有下述几种:"6 月 10 日之后我们将不再受理投标案件","我们的所有采购事宜均须得到总经理的批准,但他将于后天出国考察业务"。一般人如此尊重期限,恐怕是因为他们都认为遵从它比不遵从它更令人安心。鉴于此,在任何谈判场合,最好能依照有利于自己的方式为对方设定期限。但必须注意的是:只有当对方对达成协议的需要比你更加迫切时你设定的期限才能真正发挥作用,否则将会作茧自缚。

4. 细节征求法

在谈判进行到最后,在个别细节问题上征求对方的意见,这一策略可以达到尊重对方的目的,使对方感到自己是谈判的主角和中心,从而也为己方考虑,以促进在最后的细节问题上尽快达成一致。

5. 假设成交法

假设双方已经成交,做出成交以后的举动,如收拾资料准备离场、商定合同的细节、考虑合同如何履行等,如果对方无异议,就等于默认了成交。

6.2.4 争取最后的收获

1. 签约前的小小要求

谈判进入双方可接受的成交范围时,谈判一方向另一方提出最后一个条件作为结束谈判、签订合同的前提,不过这最后一个条件是"小数",不宜过大,以免因小失大。

2. 给对方一定的称赞

在谈判终了时，最好能给予谈判对手以正面评价，并可稳健中肯地把谈过的议题予以归纳。例如："您在这次谈判中表现很出色，给我留下深刻的印象。""您处理问题大刀阔斧，钦佩、钦佩！"一般情况下在谈判结束时对对方给予的合作表示谢意、对对方的出色表现给予肯定是谈判者应有的礼节，对今后的谈判也是有益的。

6.3 合同的签订

6.3.1 合同的作用

商务谈判中的各项谈判工作固然重要，但是，即使谈成了业务，如果不签订合同，双方的权利义务关系不固定下来，以后执行就可能成为问题。所以说，合同的签订不可忽视，而且合同的签订也是商务谈判取得成果的标志。

谈判双方经过你来我往多个回合的讨价还价、较量与让步，就商务交往中的各项重要内容完全达成一致以后，为了明确彼此之间的权利和义务，同时也为了给以后的履行提供一个标准，取得法律的确认和保护，一般都要签订商务合同。因此，签约工作做得好坏关系到整个商务谈判是否取得了成功，它是全部谈判过程的重要组成部分，是谈判活动的最终落脚点。签约意味着全部谈判工作的结束。

有经验的谈判者总是善于在关键的、恰当的时刻，抓住对方隐含的签约意向，巧妙地表明自己的签约意向，趁热打铁，促成交易的达成与实现。如何洞察、把握签约的意向，向协议的达成迈进？如何抓住最佳时机、当机立断，立即签约？这是谈判者应该掌握的基本技巧。

6.3.2 商务合同的种类与内容

1. 商务合同的概念

商务合同又称经济合同，是经济组织之间，或其他社会组织(科研机构、院校、社会团体等)或个人之间，为进行经济合作和贸易往来，通过协商一致即谈判而共同订立的，以明确合作与往来目的，明确相互之间的权利、义务、责任、承诺的协议。涉外商务合同的当事人必须有一方为境外经济组织、社会组织或个人。订立商务合同是一种经济法律行为，它所明确规定的当事人的权利、义务、责任及承诺等，均有法律效力，任何一方违约或毁约，都必须承担法律上的经济责任。因此，它最典型地体现了商品市场经济的契约性质，是此性质的最高表现形式。

2. 商务合同的基本内容

商务合同的种类、形式极多，具体内容各异，不少国家的合同法对此均有各自的明确规定。但其基本的共性内容则是稳定的，主要包括以下条款。

(1) 品质条款。品质条款的基本内容包括品名、规格和牌名等。在凭样品买卖时，一般应列出各样品的编号和寄送日期。在凭标准买卖时，应列明引用的标准和标准物版本年份。

(2) 数量条款。合同中数量条款的最基本内容是交货的数量和计量单位。约定每个计量单位的数量或重量，约定长短装条款。

(3) 包装条款。约定运输包装的方法、运输包装的尺寸与重量、包装材料、唛头(运输标)的式样。约定销售包装的方法、包装内的容量或重量、包装的填塞物。

(4) 价格条款。约定价格条款的种类、价格的构成条件、计价的币种、计价的单位和价格变动风险的承担。

(5) 装运条款。合同中的装运条款，主要包括运输方式、装运期限、装卸地点、时间、装卸率、装运通知和装运单据等内容。

(6) 支付条款。主要内容是约定付款期限、付款方式、付款币种及约定支付条款的中间银行。

(7) 保险条款。进出口货物的保险主要是货物运输的保险。货运保险按运输方式不同，可分为海洋、陆上、航空和邮电运输保险等，其中最主要的是海洋运输货物保险。

(8) 检验条款。凡是进出口货物，都需要进行检验。对外贸易的商品检验，是指对进出口货物的品质、重量、数量、包装等项实施检验和公证鉴定，以确定是否与合同中的有关标准规定一致。检验条款的内容主要有检验权、检验机构、检验的项目、检验的时间和地点、标准的方法和标准、检验费用的负担和检验的法律效力。

(9) 索赔条款。索赔是指国际货物买卖中遭受损失的当事人，向违约方或对损失负有赔偿责任的当事人提出赔偿损失的要求。

(10) 仲裁条款。在履行进出口合同中，买卖双方若发生争议，按国际惯例，买卖双方如愿通过仲裁解决争议，则可在合同中订立仲裁条款。

6.3.3 商务合同的书写与格式

1. 商务合同书写的要求

(1) 确定固化内容。书写合同并非任意撰写，必须严格根据双方谈妥的内容书写，也就是谈过什么写什么。因此，书写要依据谈判的原始文件进行，原始文件不全或有遗漏之处，必须经谈判双方人员共同认可才能形成合同文字。书写合同必须是对谈判内容严格、准确的文字表达，此即固化谈判内容，所以应该避虚就实。

(2) 明晰深化思想。口头语言与文字语言在表达形式和表达程度上不可避免地存在一定的差异。书写合同时必须将口头讨论过的内容明晰化、具体化，使之可以切实操作、执行。在口头谈判中，可能来不及对谈判的某些内容进行可行性研究，也就是对实现这些内容即合同标的条件来不及作具体详尽深入的分析，对未来有关情况及条件的变化，也未作深入探讨。在口头讨论中，这些情况司空见惯，但将之形成文字，会为以后的履约制造极大的麻烦，留下极大的漏洞，因此，在形成具有法律效力的谈判文件时，必须充分考虑到这一点，尽力弥补合同中的漏洞，此即深化谈判内容的思想。其实质就是思考、推敲有关谈判的内容，口头达成标的的影响因素、条件、可行性及将来可能产生的有利或不利的情况变化，将之诉诸文字表达，使合同无懈可击，以巩固谈判的成果，并保证合同本身不至于成为违约的依据。

(3) 完善具体细节口头谈判结束后，不少细节问题需要借合同书写过程逐一解决，使谈判结果具体完善。当然这些细节问题绝不是谈判内容中所没有的，而是包含在原谈判内容中的，是谈判内容的具体延伸。

(4) 具备法律效力合同是体现谈判成果的法律性文件，因此，它才具有权威性，才能保障合同当事人的权益。所以，合同的书写是一种将谈判内容整理、汇总为一个具有法律权威性的文件。

(5) 语言文字要严格、准确、清晰，不能含混、模糊不清。陈述必须相容、无矛盾，不能前后相互否定，包括逻辑上内涵的矛盾与否定。

(6) 双方共同参加书写合同是双方谈判成果落实于文字，应该双方共同参加，切忌一方独揽。一方独揽的合同常会因有效问题陷入争论。谈判双方应共同推举合同撰写者，双方人数对等，以确保公平互利原则贯彻始终。

(7) 符合行业特点合同的书写应符合行业的特点、习惯与要求。

2. 商务合同的基本格式

商务合同应由以下四部分构成。

(1) 合同的首部。合同的首部称约首，注明序言、名称、编号、缔约日期、缔约地点、签约双方的名称和地址等。在前文中必须注意：要把缔约方的全名和详细地址写明，因为有些国家的法律规定，全名称和详细地址是合同正式成立的条件。合同签订地与适用的法规有关，若是涉外合同，则与适用的法律有关。

(2) 合同的正文规定交易的各项条款，写明买卖双方的权利和义务，是合同的主要部分。它包括合同标的与范围、数量与质量及其规范、价格与支付条款及相应条件、违约责任、合同效力等。此部分是合同关键所在，书写应明确、具体。

(3) 尾部为合同的结束部分，内容包括合同的份数、合同的有效期、通信地址、合同的签署与批准，等等。

(4) 附件是对合同有关的条款作进一步的解释与规范，对有关技术问题作详细阐释与规定，对有关标的的操作性细则作说明与安排的部分。

书写合同的具体格式在世界各国并无统一的规定，因此，在具体写作中可有一定的灵活性。但有的国家政府为了便于审查批准，对某些涉外合同的格式有具体专门的规定，书写时必须参照。

6.3.4 合同的审核与签字

1. 签字前的审核

(1) 核对合同。文本在两种文字情况下，要核对合同文本的一致性；在一种文字情况下，要核对谈判协议条件与文本的一致性。

(2) 核对批件。核对各种批件，主要是项目批件(许可证、设备分交文件、用汇证明、订货卡等)是否完备、合同内容与批件内容是否相符。对核对中发现的问题要及时相互通告，态度要好，通过再谈判，达到谅解一致，并要调整签约时间。

2. 签字人的确认

商务合同的签字是出于对合同履行的保证，一般情况下由企业法人代表签字。例如，签字人的选择有如下几种。

(1) 普通货物，成交额在百万美元以下的合同由业务员或部门经理签字。

(2) 普通货物，成交额在百万美元以上的合同由部门经理签字。

(3) 普通货物，成交额在五百万美元以上的合同由公司领导签字。

(4) 成交额数巨大，在千万美元以上的，或合同内容为高新技术的，由公司领导签字，同时，与合同相关的协议由政府代表、企业代表共同签字。若签字人就是公司、企业的最高领导，可不出具"授权书"，但也需以某种方式证明其身份；若签字人不是企业、公司的最高领导，则需要出具所属企业或公司最高领导人签发的授权书。

3. 签字仪式的安排

签字仪式的举行没有固定的模式，仪式的繁简取决于双方的态度、经济上的可能和合同分量的影响。一般合同的签订，签字仪式可以很简单，与会人可站可坐，一切取决于双方的要求与意愿。重要的合同由政府官员出席，仪式也要隆重些。签字仪式要专门安排，诸如备好专门签字的桌子、场所、席间祝酒、签字后的宴请，宴请安排桌次、座次要严格按来宾身份排列，双方代表的宴会前祝词，约请电视台和新闻记者采访报道。签字时，双方贵宾和高级领导人站在签字桌后，以示隆重和祝贺。

6.4 合同的履行

6.4.1 合同的执行

1. 合同有效的条件

(1) 合法。即合同标的和合同的内容符合、遵从国家法律法规和政府政策的规范与要求。若是涉外合同，其标的与内容必须符合、遵从双方当事人所属国家及政府的法律法规政策的规范与要求。这是合同有效的法律依据，也是其有效性的法律保证。

(2) 双方签署。合同必须经双方当事人及其代表人签署。合同签字者必须具有完全的缔约权力与能力，即合同签字者必须或为企业及组织的法人代表，或为享有拥有企业及组织的充分授权的代表人，或为自然人(若谈判一方为个人的话)。

(3) 不损害公众利益。合同不得侵害社会公众利益，不得违反社会公德，否则合同无效。

(4) 当事人自愿订立。合同必须出自当事人的自觉意愿而订立。合同必须在当事人对各种条件、因素知晓、把握的情况下订立。

2. 保证与服务

当今的国际经营活动中，为了满足买方的需求，为了从更长远的角度打开商品的销路，使之成为畅销不衰的物品，企业的经营活动已经延伸到交易的实现之后，交易各方纷纷履行保证和服务的功能。

1) 保证

保证是指销售方对购买方所允诺的在成交后担负的某种义务，如在保修期内提供免费维修等。保证可以减少买方所冒的风险，树立卖方的信誉和良好形象，提高其竞争力，有利于日后的竞争和商务谈判。同时，保证又可以使卖方对其产品所负的责任限制在一定的范围内，超出保证包括的部分，卖方即可表示不负责任，从而保护了自己。另外，保证有一定的有效期，过期即可不负任何责任；在保证书中说明，必须在规定的条件下发生问题时，销售方才负责任；因使用者过失发生损坏将不适用的程度限制；免费范围限制等。

2) 服务谈判后的服务工作

(1) 技术服务：包括咨询服务、技术培训、提供产品说明书、代客户技术设计、产品维修、实行"三包"。

(2) 追踪管理：为了了解新老客户和潜在客户的需求情况和对产品的各种意见与要求，企业应加强对产品、对用户的追踪管理。追踪管理的方式可采取调查、信访、邮寄问卷、电话询问、登门拜访等方式进行。

(3) 财务服务：是指企业在财务结算上对购买本企业产品所提供的方便。这是一种商业信用，可为购买者解决缺乏购货资金的困难，又可加快产品的销售速度。其主要形式有延期付款和分期付款两种。

3. 合同的鉴证与公证

(1) 合同的鉴证。在合同正式签订前，要认真审查复核所要签订的合同的合法性、成交条件的内容、主要条款是否清楚可行、权利与义务是否平，等等。实行鉴证制度是为了增强合同的有效性，也有利于加强对商务合同的管理、监督和指导。按我国相关法律规定，重要的合同必须鉴证，当事人一方要求鉴证的也应进行鉴证。商务合同的鉴证一般由国家设立的公证机关负责或由合同管理机关负责进行。

(2) 合同的公证。合同的公证是指国家公证机关根据当事人的申请，依据法定程序证明当事人签订合同真实、合法的司法证明活动。它是国家对合同的签订和履行实施监督管理，以此维护当事人的合法权益。合同的公证在于对合同的真实性、合法性加以认可，赋予其法律上的证明力，以此预防纠纷的发生。

4. 合同的履行

合同的履行是指合同订立后，即具有法律约束力，当事人必须按照合同的条件、时间、地点、方法努力完成自己承担的义务并取得应有的权利。任何一方不得擅自变更或者解除合同。如果一方当事人不履行合同或者不按约定条件履行合同就构成违约，就要承担相应的法律后果。合同履约的条件主要有以下三种。

(1) 先决条件，是指要求在某一事件或行为必须发生在履行以此为条件的允诺之前，如甲方8月份交货必须以乙方7月1日前将信用证开到甲方为先决条件。

(2) 后随条件，如合同中的品质索赔期限，可以规定为货到目的地后，收货方须在60天内向交货方提出，收货方如果不在规定的期限内提出索赔，便失去了获得索赔的权力。

(3) 同时条件，是指合同中要求缔约的当事人双方都要同时行动的条款。如销售合同中的一手交钱一手交货。

合同的履行包括备货、审证和改证、装运、制单、结汇等几个程序。

6.4.2 合同的变动

1. 合同变动的原因

(1) 需经审批的合同，审批手续不全或不能齐备，它分为以下三种情况：①审批手续迟迟不能完成，即上级主管部门或上级领导对合同迟迟不予首肯批准，致使合同草签后产生无限期拖延的可能性或造成合同实际上的无限期拖延。②部分审批手续迟滞，如设备许可证具备了(进口或出口)，培训许可证却没有。③审批手续不可能完成。这种情况大多起因于事先需报请批准或申报备忘的谈判未按章办理，而事后以既定事实迫使上级认可，而上级予以否决。

(2) 经济(背景)条件变化。所谓经济(背景)条件，是指谈判双方达成协议时，也即双方达成相互承诺时所依据的经济条件。它可以是当时的条件，也可以是以当时的条件为基础做出一定(近期)预期的条件。这些条件是成交的前提和基础，若其发生变化，并且变化的幅度超出可承受的预期幅度，则意味着原来成交前提已经不复存在。在这种情况下，导致合同变动。对于时限较长的合同而言，遇到这种情况的概率并不低。如涉外合同中的成套项目合同，或在合同条款中明确规定最后的审批期限为60～90天，等等。

(3) 技术(背景)条件变化。所谓技术(背景)条件，是指谈判双方达成协议时所依据的承诺的技术条件。它可以是当时的条件或是做出一定(近期)预期的条件。这些条件共同构成成交的前提与基础之一，若其发生变化，并且变化的波动幅度超出可承受的预期幅度，则意味着原来成交条件已剧变或不复存在，由此导致合同变动。对于期限较长的合同，特别是以科学技术或以科技含量较高的产品为交易内容的合同，完全可能碰上这种情况。如计算机交易合同，如果交易期限较长，完全可能在货物交割时原合同标的机型已陈旧，市场上新机型已推出，并逐渐取而代之。

(4) 违约，是指合同一方违反合同条款，或是部分违反，或是全部违反，不论违反程度与范围如何，只要履约行为与合同条款所作规定不符，均属违约范畴。违约既可以是蓄意、故意的，也可以是失误、无意的。但不论主观因素如何，凡属违约，均必须承担法律与信用后果，均会导致合同变动。

(5) 验收失败。有的成套设备交易合同、大宗贸易合同等，在其逐步交付的过程中，即使交付不符也看不出来，此阶段不易检验，甚至即使全部交付也看不出来，尽管其确为交付不符，非得待其使用，见其达不到合同标的规定，才能知其不符。至交易完成阶段也即履约完成阶段检验出其与合同标的不符者，统称为验收失败，这也必然引起合同的变动。

(6) 不可抗力。因不可抗力会影响合同生效与执行，必导致合同的变动。

2. 合同的变更与解除

合同的变更与解除的条件主要包括：发生不可抗力事件，致使合同的全部义务及其责任不能履行；由于合同当事人一方违约，使履行合同成为不必要或不可能，受害的一方可依据法律程序变更或解除合同；合同当事人的一方在合同规定的期限内没有履行合同并已被确认和罚款，同时又被对方允许推迟履行的期限，但在此期限内，合同仍未得到履行，合同当事者的另一方可以要求变更或宣布解除合同。依据法定条件及程序变更与解除合同，属合法行为。但其常因违约而起,所以,必须追究负有责任一方及违约方的经济责任,且要求并迫使其承担赔偿经济损失。

3. 合同的转让

合同的转让是指合同当事者的一方将合同中对其所规定的权利、义务、责任全部或部分转让给第三者。转让的一方称让与人(者),接受转让的一方称受让人(者)。合同的转让包括以下两种具体情况。

(1) 部分转让。即让与者将合同中对其所规定的权利、义务、责任的一部分转让给受让者,这样,原合同主体由双方变成三方。

(2) 全部转让。即让与者将合同中对其所规定的权利、义务、责任的全部转让给受让者。这时合同的主体仍为两方,但更换了一方合同的当事者。

4. 合同的终止

合同的终止指基于一定的法律事实,合同所规定的当事者双方的权利、义务及责任在客观上已不复存在。

合同的终止包括以下三种情况。

(1) 合同因履行结束而终止。
(2) 合同因双方协议而终止。
(3) 合同的强制性终止。

6.5 谈判后的管理

6.5.1 谈判总结

谈判结束后,不管是成功还是破裂,都要对过去的谈判工作进行全面、系统的总结。总结从准备工作开始,直至结束,对整个谈判进程都要回顾、检查、分析和评定,吸取每次谈判的经验和教训,不断提高谈判水平。

(1) 谈判成败得失的总结。要从总体上对己方本次谈判的组织准备工作、谈判的方针、策略和战术进行再度评价,即事后检验,检查哪些是成功的、哪些是失败的、哪些是有待于今后改进的。同时,每个谈判者还应从个人的角度,对自己在该次谈判中的工作进行反思,总结经验和教训。通过这样的总结,有效地培养和提高己方谈判人员的谈判能力。

(2) 对签订合同的再审查。虽然合同已经签字生效,在一般情况下没有更改的可能,但是如果能尽早地发现其中的不足和隐患,就可以主动地设想对策,采取补救措施,早做防范工作,这样可以避免因事情突然发生而不知所措。

6.5.2 关系维护

合同签字并不意味着交易双方关系的了结,相反,它表明双方的关系进入了一个新的阶段。从近期来讲,合同把双方紧紧地联系在一起;从远期来讲,该次交易为今后双方的继续合作奠定了基础。因此,为了确保合同得到认真彻底的履行,以及考虑到今后双方的业务关系，应该安排专人负责同对方进行经常性的联系，谈判者个人也应和对方谈判人员保持经常的私人交往，使双方的关系保持良好的状态。

6.5.3 资料管理

1. 谈判资料的整理

谈判后资料的整理包括：该回收的谈判文件；及时回收根据谈判的原始档案或已签订的协议撰写和分发谈判纪要；谈判材料和原始档案及协议、合同的立卷归档；如需要，还应准备好宣传报道工作等。

2. 谈判资料的保存与保密

对该次谈判的资料，包括总结材料，均应整理成客户档案妥善保存。这样，以后再与对方进行交易时，上述材料就可成为非常有用的参考资料。在妥善保存谈判资料的同时，还应注意给予一定程度的保密。如果有关该次谈判的资料，特别是其中关于己方的谈判方针、策略和技巧方面的资料为对方所了解，那么，不仅对方在今后的交易中更了解己方、更容易把握己方的行动，而且有可能直接损害目前合同的履行和双方的关系。例如，在谈判中，某个问题上本来对方可以不让步的，或者可以争取己方的让步，结果因己方采取了某些策略和技巧而使对方作了让步，或没有争取到己方的让步。这一信息如果被对方了解的话，其心中必然懊悔不已，并产生想重新把损失捞回去的念头。这样，其履行合同的热情和诚意就会大大减少，甚至荡然无存，报复的心理转而占了上风。所以，对于客户的档案，非有关人员，未经许可，一律不得调阅，这应成为企业的一项制度。

6.6　商务谈判的风险

商务谈判中的风险既包括谈判进行过程中存在的风险，也包括由谈判活动本身所带来的风险。有风险不一定是坏事，因为风险越大，报酬越高，但谈判者必须懂得如何巧妙合理地规避风险！

6.6.1　政治风险

经济作为社会生活和政治的基础，决定着政治格局，政治又反过来推动或抑制着经济的发展。自古以来，两者之间的这种辩证关系不断反映在国际政治经济生活中，17 世纪下半叶，著名的三次英荷战争的目的就是为了争夺殖民地市场和国际贸易中的优势。18 世纪 70 年代，英国加强对北美经济的掠夺，最终导致了持续 7 年的美国独立战争。20 世纪以来，由于经济利益冲突带来的地区战争不断发生，海湾战争、科索沃战争就是较近的例证。此外，出于政治上的原因而对友方的经济援助，形成经济同盟，对敌方的经济封锁，终止贸易往来等做法更是屡见不鲜。比如，20 世纪 50 年代西方国家对新中国的经济封锁，第二次世界大战后美、英、法等国对战败国日、德的"输血"扶持，以及近年来欧盟的扩张、北美自由贸易区的建立、西方国家对某些国家实行贸易禁运等。这些都是政治与经济相互联系的典型例子。在商务活动中，政治风险首先是指由于政治局势的变化或国际冲突给有关商务谈判活动的参与者带来的可能的危害和损失。例如，第二次世界大战后一些发展中国家先后实行国有化政策，一夜之间外来资本被剥夺，至今这一做法仍使不少发达国家在考虑向发展中国家进行投资时顾虑重重。再如，两伊战争时许多国家蒙受了巨大的损失，我国也由于在两伊的工程承包项目被迫停止，与两国的货物贸易合同得不到履行而损失巨大。其次，政治风险也包括由于商务合作上的不当或者误会给国家间的政治关系蒙上阴影。

由此可见，政治因素确实与商务谈判活动有着千丝万缕的联系，而且这种联系决定了政治风险的客观存在，一旦造成不良后果，往往难以挽回消极影响，损失也难以弥补。因此，提高预见和预防政治风险的能力是开展国际商务合作的重要条件。

6.6.2 市场风险

1. 汇率风险

汇率风险是指在较长的付款期中，由于汇率变动而造成结汇损失的风险。在国际货币市场上，各种货币之间汇率的涨落天天发生。然而当这种涨落十分微小而货币交易量又不大时，对于交易双方来说其损益状况可能都是微不足道的。当这种涨落在一段时期内变得十分明显，而且涉及巨额货币交易量时，其结果会使一方欢欣不已，另一方则痛心疾首。

2. 利率风险

利率是金融市场的杠杆，利率的变动制约着资金的供给与需求的方向和数量。由于国际货币基金组织、世界银行及各国政府提供的贷款一般具有还款期限长、固定利率低的特点，因此，这种含有捐助性质的贷款一般不存在利率风险。利率风险主要是指国际金融市场上，由于各种商业贷款利率的变动而可能给当事人带来损失的风险。

如果贷款以固定利率计息，则同种贷款利率升高或降低，就会使放款人损失或得益，受款人得益或损失，这种利率风险对借贷双方都是同时存在并反向作用的。自 20 世纪 70 年代以来，由于各国受日趋严重的通货膨胀的影响，国际金融市场利率波动的幅度较大，金融机构很少贷出利率固定的长期贷款，因为放出长期贷款需要有相应的资金来源做支持。由于资金来源主要是短期贷款，而短期贷款利率接近市场利率，因此，在通货膨胀的情况下，借入短期贷款而放出长期贷款的机构显然就要承受风险损失。为了避免这种损失，在国际信贷业务中逐渐形成在长期贷款中按不同的利率计息，主要有变动利率、浮动利率和期货利率，这些利率都有按金融市场行情变化而变化的特点。因此，在通货膨胀的情况下，放出贷款的机构可由此得以降低损失。

但对于因开展国际商务活动而需筹措资金者，就应该根据具体情况采取相应的措施。如果筹资时市场利率估计已达顶峰，有回跌的趋势，则以先借短期贷款或以浮动利率借入长期贷款为宜。这样，在利率回跌时就可再更新短期借款。如果筹资时市场利率较低，并有回升的趋势，则应争取设法借入固定利率的长期借款。由于对国际金融市场行情的观察角度不一、认识深度不一，对行情趋势分析也会不同，因此，利用国际商业贷款从事商务活动，其承担的利率风险是不可避免的。

3. 投资风险

1) 汇率变动会影响投资成本

就合资企业而言，如果各方投资商的出资货币与资本的计算货币不一致，就会因汇率的变动而影响投资的成本。因此，在合资企业的出资中，如果出资者的出资货币与投资总额或注册资本的计价货币不一致，当实际出资时计价货币对出资货币的汇率高于合同规定的汇率时，投资者即可少出资，从而降低投资成本；反之，当实际出资时计价货币对出资货币的汇率低于合同规定的汇率时，投资者就要多出资，从而提高投资成本；如果出资者的出资货币与投资总额或注册资本的计价货币一致，那么该出资者就无外汇风险。

2) 汇率变动会影响投资利润汇出

汇率变动对投资利润汇出的影响与前面对投资成本的影响相似。还是以合资企业为例，在合资企业的利润以东道国的货币计价的情况下，就东道国一方的合营者而言，不存在外汇风险，因为没有货币兑换的问题，而外国合营者所分得的利润存在外汇风险。

当东道国的货币对外方合营者国家的货币汇率下跌时，外国合营者分得的以东道国货币计价的利润在兑换本国货币汇回国时，就会减少；反之，当东道国的货币对外方合营者国家的货币的汇率上升时，外国合营者分得的以东道国货币计价的利润在兑换本国货币汇回国时，就会增加。

3) 汇率变动对企业产品的进出口会产生影响

当企业所在国的货币对外贬值、汇率下降时，以东道国货币计价的进口物资或产品的价格就会提高，从而使得企业的成本上升、利润减少，而出口产品的价格则降低，从而有助于加强产品在国际市场上的竞争能力，导致出口增加，并且出口收入的外汇在兑换成东道国的货币时会增加，从而又会提高利润。若东道国的货币对外升值，汇率上升时，情况正好与之相反，进口物资的价格降低，从而进口成本较低，使得利润增加；而出口产品的价格提高，产品出口竞争能力减弱，会减少利润从汇率变动对企业产品的进出口影响。从中可以看到，当东道国货币贬值，汇率趋于下跌时，企业应尽力争取出口减少进口，以多创利润；而当东道国货币升值，汇率趋于上升时，企业应适当扩大进口，降低成本，以扩大在东道国国内市场的销售为主而多创利润。

由于汇率变动对企业的投资成本、投资者的利润汇出和产品进出口的影响，我们在进行有关投资环境的分析、投资项目的可行性研究及具体的谈判时，必须高度重视和考虑外汇风险的问题。

4. 价格风险

这里谈的价格风险是狭义的价格风险，它撇开了作为外汇价格的汇率和作为资金价格的利率的风险问题。它主要是对于投资规模较大、延续时间较长的项目而言的。例如，大型工程所需要的部分设备往往要在项目建设后期提供。由此，在项目建设的初期，甚至在合同谈判阶段就把这些设备的价格确定下来并予以固定是具有风险的，影响工程设备远期价格的因素很多，主要有以下几个。

(1) 原材料价格。一般来说，钢材、有色金属、木材等价格随着时间的推移一般是要上升的。

(2) 工资也是一项不断增长的费用。

(3) 汇率、利率风险。

(4) 国内外其他政治经济情况的变动。如地区冲突、石油禁运等。

因此，在合同标的金额较大、建设周期较长的情况下，若硬性要求对方以固定价格形式报价,就会使对方片面夸大那些不确定的因素,并把它全部转移到固定价格中,使固定价格最终偏高,并构成一种风险。

一般来说,价格形式除了固定价格以外,还有浮动价格和期货价格。期货价格既有避险的动因,也有投机的动因,然而无论是哪一种都表明了其隐含的风险。当我们对国际期货市场买卖尚缺乏经验时,采用浮动价格形式不失为一种积极的、稳妥的方法。采用浮动价格形式,虽然不能同时避免汇率风险、利率风险,但至少可以在决定原材料、工资等方面时更具有客观性、公平性与合理性。由此,在一些大型涉外项目合作中,对于那些需要外商在项目建设开始后 5 年、7 年才提供的有关设备,就可采用浮动价格形式。这样可以避免外商夸大原材料价格、工资等上涨因素,相对节约了项目投资。国际商务往来中价格风险不仅存在于硬件价格中,同时也存在于软件价格中。长期以来,我们对软件方面的投资不够重视。其实一定的软件投资对于发展中国家来说不仅是重要的,而且是必要的;然而,计算合理的软件价格是一件十分困难的事情。虽然在理论上,可将对机会成本、市场占有率等因素的分析作为计算的依据,但是受市场供求关系的影响,确定软件价格的弹性很大。因此,我们可以充分利用国外著名的管理咨询公司、专利事务所、律师事务所、会计事务所等,通过它们的帮助来确定软件价格。

综上所述,市场需求的起伏波动决定着国际市场中外汇、资金、生产资料和劳务的价格变动,其中风险时时处处都存在。值得注意的是,汇率、利率、价格的变动往往不是单一的,它们既可能归之于某一种共同因素的影响,又可能在它们之间构成互为因果的作用,所以,汇率风险、利率风险、价格风险常常是错综复杂、交织在一起的。在涉外商务活动中,如果以外币表示或计价的是债权,而本国货币对外币的汇率在下跌,那么外汇风险的结果就表现为收益;反之,如果汇率在上升,那么外汇风险的结果就表现为损失。如果以外币表示或计价的是债务,情况与债权正好相反。

6.6.3 技术风险

1. 技术上过分奢求引起的风险

在涉及引进技术、引进设备等项目谈判中,引进方在进行项目技术谈判时,常有不适当地提出过高技术指标的情况。这种情况对于发展中国家来讲是比较普遍的现象,特别是那些参与谈判的工程技术人员总是希望对方提供的技术越先进、越完善、功能越全面越好,这样做实际上也为项目成本的大幅度增长埋下了种子。

俗话说,一分价钱一分货。在项目合作中,我们在向外方提出任何技术要求时,都要有承担相应费用的准备,而且需要明白的是,费用的上升幅度有时会大大超过功能、精度提高的增长幅度。事实上我们会发现,这些要求中相当部分在实际运用中往往是不必要的。

例如,在一项远距离控制系统设备的引进及项目管理中,我方技术人员向外方提出了过多的要求,这给我方商务人员在合同价格谈判时带来了很大的困难。需要指出的是,在项目管理中,我方要求外方承担部分责任,外方感到要使用这种技术,承担这种责任存在过多的不确定因素。因此,外方认为做这些事情风险很大,他们提出的报价就比较高。他们企图在最大的风险条件下依旧能获得稳定的收益,通过抬高合同价格的途径把风险重新转移给我方。

由此可见,奢求也会带来风险,所以,我们的工程技术人员和谈判人员在提出相关要求时,应考虑这些要求既要能符合我方的需要,又要能符合对方的技术规范。这样不仅在技术上可行,在经济上也可以达到合理的目标,并且有助于商务谈判的顺利发展。

2. 合作伙伴选择不当引起的风险

发展中国家在开展国际经济合作中,常常以引进资金、技术、设备及管理为主要内容。但能否如愿以偿地从发达国家的合作伙伴中得到这些内容,却往往不是十分确定的。不能仅仅认为对方是发达国家的企业,拥有先进技术,就一定能保证合作顺利成功。

在我国某市的一个大型项目中,谈判者选择了美国的一家中型企业作为技术设备供应商。但实践证明,这个选择是不慎重的,这家公司技术比较先进,但它的资金实力、商务协调能力比较差,对中国的情况不了解,缺乏在中国开展活动的经验。特别是它在美国收购了另一家公司,此家公司曾向银行借贷了一笔款项,到期无力偿还,这笔债务就转而由这家公司承担。然而,这家公司此时又无足够资金抵债,于是被银行冻结了它的银行账务往来,各项业务被迫停止,并累及与我国某市合同的履行。鉴于此项目的重要性,本已紧张的工期不能够再拖延,最后我方只得采取非常措施帮助该公司继续履行合同,使其摆脱困境,才使该工程得以完成。

所以,在商务合作项目中,除了考虑合作伙伴的技术状况之外,考察其资信条件、管理经验等方面的情况也是一个相当重要的问题。只有选择了合适的伙伴,才有可能保证项目合作达到预定的目的,对于那些重要的敏感的工程,我们更要寻找信誉良好、有实力的合作伙伴,就是为此承担稍高一些的合同价格也是完全值得的。

合作伙伴选择不当,不但会使项目在合作进程中出现一些难以预料甚至难以逆转的困难,造成不可挽回的损失,而且在项目尚未确定之时,就有可能使我们蒙受机会成本的损失。例如,亚洲开发银行曾有一个大型贷款项目进行国际招标,我国两家公司同A国一家公司、B国一家公司、C国一家公司联合参加了投标。然而C国公司在联合投标过程中采取了不太合作的态度,不仅对其将要承担的部分报价过高,而且对合作者提出了一些令人难以接受的要求,给我方牵头的联合投标报价造成了极大的困难。最后经过反复权衡,我方与A、B两国公司毅然决定"抛弃"这家C国公司,由另一家较为合作的E公司替代。终于使联合投标行动以7900万美元的标的额夺得了第一标。如果当初不"甩掉"先前C国那家公司,我们就会因伙伴不配合而丧失成功的机会,所以,在商务活动中,合作伙伴的选择是存在相当大的风险的。

3. 强迫性要求造成的风险

在国际政治事务上,往往会有一些大国凭借自己的实力强迫弱小国家接受它们提出的方案,否则就以各种制裁相威胁。在这种形势下,事态的发展要么以弱小国家屈服妥协为结局,要么导致冲突加剧升级,甚至可能带来战争的危险。

与此类似,在国际商务活动中,一些发达国家的企业在与发展中国家的企业交往中,利用发展中国家的企业有求于发达国家的特点,如希望给予政府贷款、要求转让某些技术等,因而在项目合作条件中,对发展中国家提出苛刻要求的事也是时有发生的。于是,发展中国家的企业就面临着强迫风险:要么接受不公平的条件,承受利益分配上的不平等;要么拒绝无理要求,承受机会成本的损失。对于发展中国家来讲,既要维护与发达国家企业的合作,又要维护自己的合理利益,这确实是有相当难度的一个两难选择。反过来,发展中国家的有些企业在开展对外商务合作时，对国外客商的合作条件横加挑剔，强迫对方做一些他们根本做不到或者做不好的事情，甚至以为这是理所当然的，唯有如此才能保证自己的利益不受侵犯。殊不知，这样一来，谈判就容易陷入僵局，如果对方知趣撤退，到头来自己只会落得一个"鸡飞蛋打"的下场，而且也不会其他的客商自愿挨宰。即使最终对方被迫让步，接受了我们的要求，但是商人不做亏本的买卖的禀性使他们在日后的合作中一定会伺机把他们先前损失的利益再找回去。这种明亏暗补的做法，最明显的莫过于偷工减料，因此也会对整个项目造成危害。对于这些商务谈判者来说，其结果也只能是真正领受一次"捡了芝麻，丢了西瓜"的滋味而已。例如，曾有一个重大工程项目由中方某公司与外方某公司联合承包，由中方公司提供部分技术和设备。在合同谈判中，中方公司为了降低自己的风险，坚持要求外方公司负责整个项目的管理工作。外方公司认为整个项目主要是由中方公司承担的，这部分项目管理工作不应由外方公司负责，外方公司不愿因此承担连带责任，由于外方公司曾在十多年前因连带责任陷入危机，险些破产，心有余悸，因此谈判陷入僵局。后来，中方有关部门作了适当的让步，矛盾才得以解决。

事实上，发展中国家在商务谈判中采取"强迫"的做法是与"奢求"的思想一脉相承的，当奢求的愿望变得愈加强烈，那么，强迫就会发生，同时，风险也随之而来了。

由此看来，在对外商务合作中，我们既要反对国外合作伙伴的大国沙文主义立场，也要警惕我们自身的某种强人所难的态度和做法可能给合作带来的危害。

6.6.4 素质风险

在开展商务活动中，参与者的素质不高会给谈判造成不必要的损失。我们把造成这种损失的可能称之为素质风险。实际上，把商务谈判过程中可能出现的各种风险划分为非人员风险和人员风险，就是说明前者主要是由环境因素决定、后者主要是受人员素质影响的特征。从根本上讲，各种状况的技术风险是因为人员素质不高造成的。这些现象反映了商务活动参与者，包括谈判人员经验不足，以及管理水平、谈判水平亟待提高的事实。除此之外，项目实施与管理过程中表现出来的人员素质缺陷，在很多情况下也构成了对商务合作潜在利益的威胁。

有的谈判人员在谈判过程中表现出急躁情绪如急于求成、好表现自己或者拖泥带水、迟缓犹豫、怕承担责任，并由此造成不能真正把握时机争取最佳获益。事实上，造成这种风险固然有谈判人员先天的性格因素，但更重要的往往是谈判作风方面的问题。

有些谈判人员不敢承担责任，一遇到来自对方的压力或来自自己上司的压力，就无所适从。具体表现为：有时在未与对方充分交涉洽商的情况下匆忙做出承诺，使经过努力争取可以获得更大利益的局面丧失殆尽；有时则久拖不决，不从工作出发，而是沉湎于谈判结果对于个人得失的影响，不能争取更有吸引力的合作前景。

有的谈判人员刚愎自用，自我表现欲望过强，在谈判中坚持一切都要以他的建议为合作条件，寸步不让，从而使有些合作伙伴不得不知难而退。例如，我国某企业打算引进一批先进设备，经有关部门牵线搭桥和多方比较，最终选定某国 A 公司的产品。A 公司以前从未与中国有过直接的业务来往，因而合作态度十分积极，希望借此机会开拓中国市场。为此，A 公司在商务谈判中报出了非常优惠的价格。然而，中方主谈者是一位新上任的副厂长，为了表现自己，把谈判看成了一场胜负赛，不顾实际情况再三地向对方压价，并在合同条款上向 A 公司提出了许多实在难以让人接受的条件，如对于一台定制设备，要求 A 公司交货后必须 10 天内安装调试完毕，等等。这位副厂长还公然声称："合同签订七八个都可以，大不了再改吗！"这种表面看来有些毛糙的性格，实际上却是作风不踏实、责任心不强的反映，显然，这种做法也只会把客商吓跑，从而使自己丧失一个好的合作机会。

在商务活动中，由于缺乏必需的知识，又没有充分的调查与研究及细心地向专家请教，也会带来隐患。其实，在商务合作中，对客观环境不够了解、对专业问题不够熟悉是很正常的事情，关键是谈判人员要正视自己的这种不足。那些应该掌握的情况、可以预知的知识缺陷是可以通过一定的途径、方式加以了解和弥补的。否则，就可能蒙受不必要的经济损失，如果我们所面临的未知因素是事先无法预测和控制的，即主要是由外界环境的意外变化引起与决定的，那么自然我们也只能被动应付。尽管有些情况反映了我们在专业知识方面存在不足，但是只要我们事先能充分地进行调查分析、认真全面地做好可行性研究，特别是聘请一些专家顾问，如工程技术人员、律师、会计师等参与可行性研究，那么，就可能对这些客观因素的影响做出预先的估计，并可相应地采取一些防范措施。

因此，在商务活动中，我们要不断保持风险意识，积累实践经验，仔细观察，虚心求教，从而降低风险的发生概率。

6.7 商务谈判风险的规避

1. 提高谈判人员的素质

在商务合作过程中，风险可谓无时无处不在。谈判主题一经明确，谈判人员一经确定，风险即已形成。谈判人员应当按照一定的素质要求挑选，并在谈判实践中不断磨炼、提高。但由于谈判责任重大，需要对谈判人员，特别是首席谈判代表提出严格的要求。最终选定的谈判人员应有较强的自控能力，敢于负责。这样才能避免因人员素质问题导致的风险。

谈判人员应该知识面广、谦虚好学。例如，我国某公司曾在泰国承包了一个工程项目。由于不了解施工期是泰国的雨季，运过去的轮胎式机械在泥泞的施工场地上根本无法施展身手，只得重新将履带式机械运输到施工现场，并因此延误了工期，导致对方提出索赔。如果当初我方谈判人员能够多懂一点世界地理知识，知道泰国的气候特点或主动向专家了解一下在泰国施工可能遇到的困难，那么后来最终蒙受的经济损失和信誉损失就会得以避免。

谈判人员应该做到深入细致、洞察力强、信息渠道多、善于营造竞争局面并多方择优，由此可以克服伙伴选择方面的风险隐患。

谈判人员要懂得"一分价钱一分货"的道理，既要坚持合理要求，又不要提出过分的条件，那么奢求风险也就不复存在了。

谈判人员还应该对政治与经济的辩证关系有深刻而清醒的认识。从事商务活动的人应该不断提高对政治形势的分析预测能力，并由此提高对政治风险的控制能力。商务谈判人员要通过不断提高自身的素质来避免或减少因其素质水平引发的各种谈判风险。

2. 主动向专家征询

即使一个商务谈判人员的知识面再宽,整个商务谈判班子的知识结构再合理,也不可能面面俱到,特别是对于某些专业知识方面的问题会缺乏全面的把握与深刻的了解。请教专家、聘请专家做顾问常常是商务谈判取得成功必不可少的条件。

专家首先可以帮助谈判人员了解客观环境。就拿前面的泰国承包工程案例来看,如果当初能事先向专家求教地理环境、气候条件等方面的情况对施工的影响,一开始就组织履带式机械施工,就能避免赔款的发生。又如,我国在菲律宾承包的一个工程因打桩造成噪声污染而向附近一家医院赔款。如果当时能够事先聘请一位当地律师,请他审查合同条款是否有疏漏,请他来施工现场作一番考察,那么因噪声污染而影响医院一事就会被及时发现,通过采取必要预控措施就可避免向这家医院赔款的风险。

选择国外合作伙伴时,主动征询专家的意见有助于我们避免因伙伴选择不当而造成的风险损失。这种专家渠道有很多,它既可以是国内的有关专业外贸公司、同行业企业,也可以是国外的公司、企业,特别是项目所涉及的有关国家的政府部门、行业机构,甚至还可以是国内外银行等金融机构、外国驻我国使领馆和我国驻外国使领馆,等等。特别值得一提的是,以往我们不太重视从银行渠道获得开展商务活动所需要的信息。专家不能保证完全消除这些风险,但总要比外行更了解这些风险,而这些正是商务谈判人员所需要的。

3. 审时度势,果断出击

一个谈判人员是否能够审时度势、当机立断,在很大程度上要归结于心理素质,以及谈判的准备是否充分。然而,实际情况是十分复杂的,要做出最佳选择往往是非常困难的。或者说,即使人们花了大量的时间、精力、钱财,经过反复研究、演算、论证找到了这样一个理想的方案,似乎据此便可以做出最优决策,但是事实上极可能由于决策成本过高,或者由于贻误时机,使这种决策最终丧失了其优化的特性,甚至变得一文不值。

商务谈判工作既不可急于求成,也不可当断不断。有些商人利用我们有求于他的心理,在谈判中提出苛刻的合作条件,如果我们急于求成,就要承受价格不合理的风险。相反,在谈判中表现出过多的犹豫,想把方方面面的情况、条件包括各种细微之处都考虑周全后再作决策,那就得承受失去合作机会的风险。

风险不会一成不变,在商务活动中,大量存在的是投机风险,即损失与收益的机会同时存在。因此,要想彻底消灭风险,那也就彻底消灭了收益的机会。对于投机风险不应该简单地、消极地运用完全回避风险的策略,而应该以积极、主动的态度去对待它。

在商务谈判中,在有些方面上必须相当谨慎细致地反复推敲权衡,但在总体上不能过于计较细节,一旦条件基本成熟,就应当当机立断。

4. 通过财务手段化解风险

对于市场风险中所涉及的汇率风险、利率风险、价格风险,是可以通过一定的财务手段予以调节和转化的。作为商品交换的高级形式,期货期权交易在这方面充当了主要的角色。

由于政治、经济等因素的影响，供求关系会不断变化。由此而引起的价格波动，对买方和卖方均会产生不利影响。为减少这种风险，交易者通过在期货期权市场公开竞争，以其认为最适当的价格随时转售或补进商品，与现货交易对冲，从而将价格波动的风险转移给第三者，达到保值的目的。与此同时，利用价格的时间差、地区差，从事买空卖空、牟取暴利的投机商也伴随着这样一个交易过程而产生了。因此，期货交易价格反映了市场参与者对三个月、六个月或一年以后乃至更长的时间里的供求关系、价格走势的综合判断。随着世界期货期权交易的蓬勃发展，交易商品也日趋多样化，目前已发展成为四大类：一是商品期货交易，如谷物、棉花、橡胶及金属等；二是黄金期货交易；三是金融工具期货交易，如债券、股票指数、利率等；四是外汇期货交易。虽然诸如远期买卖、期货买卖、期权买卖这些调节和改变市场风险手段的运用本身就隐藏着风险，但是在专家建议与指导下，这种操作会显出合乎理性的特点。

5. 利用保险市场和信贷担保工具

在商务活动中，向保险商投保已经成为一种相当普遍的转移风险的方式。与价格浮动、汇率风险这种投机风险不同，保险一般仅适用于纯风险。关于保险的一些细节，如是否要就项目中存在的纯风险投保、向哪家保险公司投保、承包事项如何确定、选择什么档次的保险费、如何与合作方分担保险费，谈判人员还应咨询保险专家。

在商务活动中，信贷担保不仅是一种支付手段，而且在某种意义上也具有规避风险的作用。例如，在大型工程项目中，为了预防因承包商出现差错而延误工程进度，业主为了保护自己的利益，可以要求承包商或供应商在签订合同时提供银行担保。通常这类担保必须由银行做出，一般分为以下三种。

(1) 投标保证书。为了阻止投标者在中标后不依照投标报价签订合同，要求投标者在投标的同时提供银行的投标保证书。开标后如投标者未中标，或未正式签订合同，银行的担保责任即告解除。

(2) 履约保证书。为了防止供应商或承包商不履行合同，业主可以要求供应商等提供银行担保，一旦发生不履约的情况业主就可以得到补偿。

(3) 预付款担保。在业主向供应商等按合同支付预付款的时候，可向供应商等索取银行担保，以保证自身的利益。

6. 公平负担

在项目合作过程中，合作双方经常要共同承担风险。因此，如何分担这些风险就成了谈判的一个重要的议题。当不测事件发生后，如何处理共同的风险损失就构成了合作双方需要磋商的内容。在谈判过程中，坚持公平负担原则是带来合理结局的唯一出路。

例如，分担国际市场的风险是合作双方经常讨论的问题。如 A 方要求 B 方在结算时支付欧元，而 B 方则只愿支付英镑。在焦点的背后隐藏着双方共同的认识，欧元在未来一段时间内会日趋坚挺，而英镑会日趋疲软，所以双方谁都不愿意承担外汇风险。于是一个合理的解决方案是双方共同到外汇市场上去做套期保值，或双方自行约定一个用于结算的英镑对欧元的汇率。这样，无论 B 方最终向 A 方结付英镑还是欧元，对双方都是公平的。市场价格波动也是一件令人头痛的事。对大型项目的一些后期供应的设备选择浮动价格形式,这既考虑了若干年限内原材料、工资等价格上涨的因素,又避免了因供应商片面夸大这些不确定因素而使用户承受过高固定价格的风险。对于交易双方来讲,这样彼此都合理地承担了各自应负的风险责任。

本 章 小 结

本章首先介绍了商务谈判成交的评价,包括成交前的回顾、谈判目标的检验、最后的让步和成交的促成,包括成交时机的把握、成交意图的表达、促成成交的策略和争取最后的收获;然后介绍了合同的签订,如商务合同的种类与内容、商务合同的书写与格式、合同的审核与签字,给出了合同的履行和谈判后的管理相关内容,如合同的执行、合同的变动、谈判总结、关系维护、资料管理;最后,给出了商务谈判的风险及风险规避方法。

通过本章学习,读者应熟悉成交前的评价、谈判后的管理,掌握促成成交的策略、商务合同的书写与格式、合同的执行、风险的规避等相关的内容,熟悉商务合同的种类与内容、谈判后的管理资料,以及了解商务谈判的风险。

关键术语

回顾　成交时机　成交意图　审核　签字　执行　变动　关系维护　资料管理　风险　风险规避

复习思考题

1. 填空题

(1) 谈判双方在起草合同前,有必要就整个谈判过程、谈判内容作一次_____。

(2) 一般来说,如果_____,对方会认为这是前一阶段讨价还价的结果。

(3) 一般来说,如果让步的幅度太大,对方反而不相信这是_____的让步。

(4) 成交时机的把握在很大程度上是一种掌握火候的_____。

(5) _____彼此可以无拘无束地谈判。

(6) 期限对大多数人都具有_____,因为它可以使人采取适当的行动以符合要求。

2. 选择题

(1) 在谈判终了时,最好能给予谈判对手以(　　)。
　　A. 正面评价　　B. 负面评价　　C. 礼物赠送　　D. 热情握手

(2) 合同的签订也是商务谈判取得成果的(　　)。
　　A. 保障　　　　B. 条件　　　　C. 效益　　　　D. 标志

(3) 商务合同又称(　　)。
　　A．经济合同　　　　B．格式条款　　　　C．法律文书　　　　D．实施契约
(4) 确定固化内容书写合同并非任意(　　)。
　　A．选择　　　　　　B．撰写　　　　　　C．规划　　　　　　D．设计
(5) 核对合同文本在两种文字情况下,要核对合同文本的(　　)。
　　A．便利性　　　　　B．正确性　　　　　C．一致性　　　　　D．差异性

3．名词解释

(1) 合法。
(2) 保证。
(3) 财务服务。
(4) 公证。
(5) 汇率风险。
(6) 利率。

4．简答题

(1) 简述成交信号的种类。
(2) 简述成交意图表达的基本态度。

5．论述题

试简要分析商务合同的基本内容。

案例分析题

意大利某公司与中国某公司谈判出售某项技术。由于谈判已进行了一周,但仍进展不快,于是意方代表罗尼先生在前一天作了一次问后告诉中方代表李先生:"我还有两天时间,希望贵方配合在次日拿出新的方案来。"次日上午李先生经过分析研究后,拿出一个新方案,新方案对意做出一定的让步(由要求意方降价40%变为要求意方降价35%)。罗尼先生说:"李先生,我已降了两次价,计15%,还要再降35%实在有困难。"双方相互评论、解释后,建议休会,下午2:00再谈。

下午复会后,意方先要中方报新的条件,李先生将其定价的基础和理由向意方做了解释并再次要求意方考虑其要求。罗尼先生又讲了一遍他的理由,抱怨中方要求太苛刻。谈判到4:00时,罗尼先生说:"我为表示诚意向贵方拿出最后的价格,请贵方考虑,最迟明天12:00以前告诉我是否接受。若不接受我就乘下午2:30的飞机回国。"说着把机票从包里抽出在李先生面前晃了一下。中方把意方的方案厘清后(意方再降5%)表示仍有困难。但可以研究,当天谈判即结束。

中方研究意方方案后认为报价距我方要求还差15%,但能不能再压价呢?明天怎么答复?李先生一方面向领导汇报,与助手、项目单位商量对策,一方面派人调查明天下午2:30是否有飞欧洲的航班。

调查结果明天下午2:30没有飞欧洲的航班,李先生认为意方的最后还价、机票是演戏,判定意方可能还有条件。于是在次日10点给罗尼先生去了电话,表示:"贵方的努力,我方很赞赏,但双方距离仍存在,需要双方进一步努力。作为响应,我方可以在贵方改善的基础上,再降5%,即从30%降到25%。"

意方代表罗尼先生听完中方代表李先生的意见后,没有立刻回国。只是认为中方的要求仍然太高。

问题：

(1) 意方的戏做得如何？效果如何？他还有别的方式做戏吗？
(2) 你如何评价中方破戏的戏？
(3) 意方和中方在谈判的进取性上各表现得如何？

第 7 章 商务谈判的技巧

> 知识架构

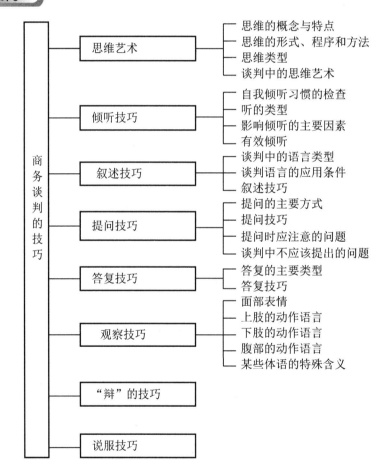

> 学习目标

通过本章的学习,读者应该能够:
- 熟悉思维艺术的概念与特征
- 掌握谈判中的思维艺术
- 理解倾听的技巧

第 7 章 商务谈判的技巧

- 了解影响倾听的主要因素
- 掌握叙述技巧
- 掌握提问的主要方式
- 理解某些体语的特殊含义

导入案例

博弈中的策略

上海甲公司引进外墙防水涂料生产线,日本乙公司与香港丙公司报价分别为22万美元和18万美元。经调查了解,两家公司技术与服务条件大致相当,甲有意与丙公司成交。在终局谈判中,甲公司安排总经理与总工程师同乙公司谈判,而全权委托技术科长与丙公司谈判。丙公司得知此消息后,主动大幅度降价至10万美元与甲签约。

案例分析:这是商务谈判战术中典型的兵不厌诈。在这个谈判中,甲公司采用了兵不厌诈战术,让丙公司认为自己无意和他合作,从而使其主动降价,以期与甲公司达成交易。丙公司中计,这在商业谈判中是不可取的,因为丙公司没有坚持自己的底线。

7.1 思 维 艺 术

"行成于思",说明了行为的成功取决于思维。把思维艺术运用到谈判中来指导谈判、预见谈判,使成功具有必然性,是商务谈判人员必须掌握的技巧之一。谈判人员想要在谈判中及时准确地分析判断谈判形势、恰当地选用谈判策略、分析对手谈判心理,就必须具备一定的思维能力,潜心研究和领会思维中的艺术,以便有效运用这一工具。

7.1.1 思维的概念与特点

思维的概念:思维是人们认识事物、分析事物的行为与过程。

思维的特点:主观能动性,指人们有意识地、能动地反映客观事物;客观性,指思维对象是客观存在的;目的性,指思维有一定的目的性,即满足人们需要;差别性,指思维受个人行为、经验、知识的影响,导致观点不一致。

7.1.2 思维的形式、程序和方法

1. 思维的形式

人类的思维形式从低级到高级有四种形式:概念、判断、推理和论证。

概念是指对事物普遍的、本质的、概括性的反映,是反映事物的本质和内部联系的思维方式。在商务谈判中,概念是抓住议题本质及其内部联系的基础,是谈判开始的第一思考。如果概念混淆,则抓不住对方的实际弱点,严重时还会迷失谈判方向。若在任一议题

展开之前，先从概念入手，那么谈判双方就可能在同一事物上寻找解决问题的方案。谈判中常用的概念技巧包括：大概念与小概念的细分技术、抽象概念与具体概念的量化技术、概念内涵与外延的演变技术。

判断，指对事物具有或不具有某种特性的认识和认定，是对客观事物的矛盾性有所断定的思维形式，是比概念更进一步的思维形式。这种思维形式有四个对立统一的方面，也是商务谈判中用以判定的思维工具：同一与差异、肯定与否定、个别与一般、现象与本质。

推理，是在分析客观事物矛盾运动的基础上，从已有的知识中推出新知识的思维方式。推理是人们从已有的判断中按照一定的逻辑规则推导出新的判断和结论，是更复杂的思维形式，由前提和结论构成。商务谈判中的说服与驳斥对方的过程就是复杂的推理过程。

论证，是根据事物的内部联系，应用辩证的矛盾分析法，以一些已被证实为真的判断来确定某个判断的真实性或虚假性的思维过程，也是综合运用各种思维形式及其规律的过程，是认识矛盾、解决矛盾的过程。论证一般由论题、论据和论证三个因素构成。谈判者在整个论证过程中应遵循全面性、本质性和具体性三个原则。

2. 思维的程序

思维的程序是指人类思维的过程和流向的逻辑程序，也叫逻辑思维。人类思维的一般逻辑是：逻辑起点→逻辑中介→逻辑终点。具体地说，就是从反映事物本质的概念开始，通过认识和揭示概念之间的有机联系和关系，从而达到对事物各方面本质的全面把握。

3. 思维的方法

人们的思维方法从初级到高级有三种方式：比较、抽象和概括；类比、归纳和演绎；分析和综合。比较、抽象和概括属于初级思维方法。比较是确定事物之间的异同关系，抽象和概括是在比较的基础之上对事物认识的逐步深化。类比、归纳和演绎属于中级思维方法。类比，是将同类事物进行比较，从而发现其共性和个性的思维过程；归纳，是由个别到一般的过程；演绎是由一般到个别的过程。分析和综合属于高级思维方式。分析是指"化整为零，各个击破"；综合是把各部分各方面有机统一综合起来。

7.1.3 思维类型

人类的思维可以从不同的角度、用不同的标准来加以分类。

1. 发散性思维和收敛性思维

1）发散性思维

发散性思维，是指沿着不同的方向、从不同的角度思考问题，从多方面寻找问题答案的方式，属于多思路、多角度、多方向、多方面的思考。其表现形式多种多样，主要有多向思维、侧向思维和逆向思维。

多向思维是发散性思维的最重要表现形式。它要求充分发挥思维的活力，从尽可能多的方面考虑同一问题。侧向思维是相对于正向思维而言的，正向思维是局限于本专业、本领域内对事物进行考察和分析，寻找解决问题答案的思维方式；而侧向思维则不同，它是将本专业或本领域与其他专业或领域交叉结合起来，并从别的领域取得思维的灵感，来解决本专业或领域问题的思维方式。逆向思维，就是从与通常情况下思考问题的相反方向来考虑问题的思维方式。

发散性思维具有以下几个主要特点。

(1) 流畅性，发散性思维用于某一方向时能够迅速地沿着这一方向散射出去，从而获得同一方向的丰富内容。

(2) 变换性，即发散性思维能在思维的角度、方向上不断调整，从而形成立体思维。

(3) 独特性，由于发散性思维比其他思维在思维方向、思维角度上更多、更广，因而其思维的结果也与众不同。

2) 收敛性思维

收敛性思维，是一种以集中为特点的逻辑思维方式。其特点表现为以下几方面。

(1) 经验性，收敛性思维非常注重经验，习惯于从以往的经验中寻找和导引出解决问题的办法。它要求人们尽量排除事物的差异，从相同的方面去考虑问题，这往往就会限制人们的思路和视野。

(2) 程序性，收敛性思维在思维过程中遵循着比较严格的程序。

(3) 选择性，收敛性思维往往注重在有限的若干途径、方案中权衡利弊，选择其中一种较好的途径和方案，而不注重创新和设计尽可能多的方案。

以上两种思维方式各有其优缺点，在思维过程中，必须将两者有机结合起来，才能使人类思维更加完善。只发散，不收敛，则立意较多，但不能统一确定最终解决问题的方案；反之，只收敛而无发散，则将使我们的思维陷入僵化，压抑思维的创造活力，进而难以找到解决问题的最好方案。

2. 单一化思维和多样化思维

单一化思维是一种以片面性和绝对性为特征的思维方式，它只从某个方面来观察事物，把事物都归结于这一方面；而且它往往还把这一方面绝对化，做无限的、直线的扩大和延伸，以求说明全部的问题。因此，单一化思维难以正确反映复杂多变的客观事物和事物多方面的属性、关系和过程。

多样化思维是以任何事物都不会孤立存在，必然与其他事物发生这样或那样的相互联系的认识为指导，从不同方面、角度，用不同思维程序来考虑问题的思维方式。多样化思维使人们认识内容更宽阔，能发现更新的事物。

3. 纵向思维和横向思维

纵向思维是以时间或历史作为思维的轴线，把事物放在其过去、现在、将来的对比分析中，从而发现不同历史阶段上的特点和前后联系，并以此来把握事物本质的一种思维方式。横向思维是以历史某一横断面为背景，分析研究同一事物在不同状况下的发展状况及其异同的一种思维方式，因而它往往能揭示纵向思维所不易发现的事物的特点和联系。

4. 静态思维和动态思维

静态思维是一种以程序性、重复性、稳定性为特点的定型化思维方式。它要求思维的规格化、统一化、模式化，而排斥任何在思维程序、方向及内容上的变动，因而静态思维过程是可以重复再现的。

动态思维是一种依据客观外界的变动情况，不断调整和优化思维的程序、方向和内容，以达到思维目标的一种思维活动。动态思维强调在思维过程中与客观外界环境的信息交流与协调，通过信息的交流与协调来不断地调整和修正思维的方向和目标，提高思维的正确性和有效性。

5. 反馈思维和超前思维

反馈思维是一种以历史的联系和经验、过去的原则和规范来影响与制约现在，力图使现在变为过去的继续和再现的思维方法。它忽视事物的发展和变革，把过去的思维结果照搬到现在，并作为考察、分析事物的唯一依据。反馈思维反映了一种不愿进取变革和承担风险、因循守旧的心理。

超前思维是一种在充分认识和把握事物发展规律的基础上，对未来的各种可能性进行预测和分析，并以此对现在进行弹性调整的思维方式。因此，超前思维也称预测性思维，不可避免地带有一定程度的不确定性和模糊性。

7.1.4 谈判中的思维艺术

不同的思维方法，其思维效果也不一样。作为商务谈判人员，我们应该科学地、艺术地运用各种思维方法，提高思维的效率和效果，从而更好地实现谈判的目标。

1. 注意概念的理解和把握

在商务谈判中，概念是谈判双方交换意见的重要载体。如果没有概念或发生概念错误，我们就无法把握住对方意见的实质。例如，在涉外技术贸易谈判中，对技术转让费有一种称为"提成支付"的方式。"提成支付"的准确概念是，在技术转让合同签订后，不支付任何费用，而生产出合同产品以后，每年按照合同产品净销售额的一定比例，提取一定的金额支付给技术转让方。这里就有提成基数(净销售额)这个概念需要准确理解，如果我们自己概念不清、理解不准，吃亏上当就在所难免。在对概念的把握和运用上，我们应该注意把握概念的全面性(外延、内涵)、确定性和灵活性。

2. 注意正确、灵活运用各种思维方法

1) 比较、抽象和概括方法的运用

比较方法是在商务谈判中运用最多的一种思维方法，"不怕不识货，就怕货比货"充分说明了比较的重要性。运用比较法时应注意两个问题：第一个问题是比什么，即比较的内容和标准是什么；第二个问题是比较的前提与条件。我们在谈判中要防止对方把不可比的条款作比较，或者只作部分比较，从而得出错误的结论来欺骗我方。

对于比较法，我们除了强调可比性外，还强调比较内容的全面性，以保证比较结论的正确性，但是由于两样事物在其属性方面各有千秋，如两国的投资环境各有所长，如果简单地进行比较，就很难做出最终的判断和评价。这就需要用抽象法来解决，即把事物的非本质、非主要因素或属性撇开，而只把事物的本质方面和主要方面提取出来进行考虑和分析。这实际上就是抓住主要矛盾，这样，问题就可以迎刃而解。

概括就是在抽象的基础上，给抽象的结果赋予普遍的意义。就投资环境的评价而言，就是要概括出一个适应于各国情况的一般的投资环境的评价分析方法。只有这样，我们才能正确地比较和把握各国投资环境。在谈判中充分发挥思维的抽象能力和概括能力，抓住主要矛盾，形成一般的"理想的方案"作为实际行动的指南。

2) 归纳与演绎方法的运用

在谈判中，运用归纳法能使我们把发散性思维的成果集中起来，深入到事物的本质中去说明问题，从而使论点显得比较可信。例如，在涉外商务谈判中，我们要对外商的资信情况进行审查，可以调查该客商与其他公司企业的交易情况。如该客商与甲公司、乙公司、丙公司等许多公司的交易是诚实可靠、讲究信誉的，那么我们就可以从这一个一个的具体交易中得出一般性结论：该客商的信誉很好、诚实可靠。需要注意的是，我们在运用归纳法时必须扩大样本的数量，提高样本的代表性，从而提高归纳结论的正确性。

演绎法把一般性的结论作为前提来推断出个别事物也具有相同或类似的性质。在谈判中，运用惯例来说明问题就是一种演绎思维的方法。在长期的国际经济贸易交往中，人们形成了许多惯例。比如，在合资企业中，根据投资比例的多少分配董事会的席位，由投资最多的一方担任董事长；根据投资比例来分配利润、分担亏损和风险。又如，在国际货物买卖中，对 FOB、CIF 和 CFR 的含义的理解；在技术贸易中，转让方对技术质量的保证等。因此，我们应熟悉和掌握国际惯例。在谈判中运用演绎法应注意两点：第一，演绎的前提是否正确；第二，演绎推论的事物在性质上是否与演绎前提一致。

3) 分析和综合法的运用

在谈判中，有时对方提出的某个建议或提供的某个资料比较复杂，很难直接从外部总体上判断其真伪，我们就可以利用分析法。例如，在技术贸易谈判中，转让方往往只报一个一揽子的总价格。对于这个总价格，我们利用分析法，可以将对方所报的一揽子总价拆开，分解为各个单项内容的价格，如分成技术设备的价格、技术资料的价格、咨询与培训费用。经过分解，我们就可以将各个单项的价格与正常的价格进行比较，从而比较清楚地看出其是否有"水分"，以及有多大"水分"。这样，在要求对方让价时，就有了针对性和依据，从而避免盲目地还价。

3. 注意思维的艺术和技巧

现代思维具有三个特点：思维方式由封闭走向开放；思维方式由单一走向多样；思维方式由静态转变为动态。这些特点要求我们应注意以下几个方面。

(1) 促使思维的发散化，力求充分发挥思维的形象力、创造力，开阔思路和视野，从多个角度和多个方向不断地对事物进行全方位的扫描透视。

(2) 促使思维多样化，要从事物之间的直接联系和间接联系、内部联系和外部联系、必然联系和偶然联系及因果联系等普遍联系中，寻找解决问题的新路子、新方法。

(3) 促使思维动态化，在动态中调整和优化思维。事物是不断发展的，事物之间联系也是不断改变的，如果我们的思维是静态的，就会脱离实际。商务谈判的特点之一是其复杂性和多变性，我们的思维必须紧紧抓住这种变动，迅速地调整思维的方向、重点和角度，优化思维的过程和结构。

(4) 争取思维的超前。谈判中，我们如果能在思维上领先于对方一步，就能更好地掌握主动权。但超前谈判的思维艺术不是一夜之间就能掌握的，必须在长期的实践中经过有意识的学习、培养和锻炼而不断积累，才能日臻完善。

7.2 倾听技巧

有位哲人曾经说过：造物主之所以赐给我们两只耳朵与一张嘴巴，就是希望我们多听少说！谈判中，我们了解和把握对方观点与立场的主要手段和途径就是听。商务谈判人员只有在清楚地了解对方观点和立场的真实含义之后，才能准确地提出我方的方针和政策。

从心理学和日常的生活经验来看，当我们专心地倾听别人讲话时，表示我们对讲话者的内容很感兴趣或很重视，这样在无形之中就能提高对方的自信心，加深彼此的感情，为谈判成功创造和谐融洽的环境与气氛。正如富兰克林曾经说过的那样："与人交谈取得成功的重要秘诀，就是多听，永远不要不懂装懂。"因此，作为商务谈判人员，一定要学会如何"听"，在认真、专注倾听的同时，积极地对讲话者做出反应，以便获得较好的倾听效果。

7.2.1 自我倾听习惯的检查

下面我们给出 10 个问题，仅供读者自我测试。

(1) 一般人听话和思考的速度为讲话速度的 4 倍。你在听取他人讲话时，是否用多余的时间去想别的事情？

(2) 当某人讲话时，你是否只听他讲话中所传达的事实，而没有注意其中蕴含的观念和用意？

(3) 你是否有意回避听取你认为难以理解的话语？

(4) 你是否根据一个人的外表及说话的方式来判断他是否能讲出值得你听的话？

(5) 当某人正对你讲话时，你并不聚精会神地听他讲，这时候你是否能装出专心听讲的姿态？

(6) 当对方说出你不乐意听的话时，你是否不想听下去？

(7) 当你认为对方再不会讲出使你感兴趣的话时，你是否当场就去想别的事情？

(8) 当你正在听对方讲话时，是否很容易受外界的干扰而分心？

(9) 当对方的某些讲话冒犯了你，你是否在他说话之前就试图打断他的话，甚至于向他提出反驳？

(10) 当你听对方讲话时，是否只在思考如何回答，而不太注意这个人已讲的话？

对于以上 10 个问题，你若回答是，即是你在听取对方说话时所犯的错误，为谈判者所不取，必须予以改进。

7.2.2 听的类型

听不仅指听的动作本身，更重要的指听的效果。美国著名心理学家朱迪·C. 皮尔逊博士把"听"分为三种形式，即积极倾听、消极倾听和有效倾听。

1. 积极倾听

积极倾听的特点：倾听者全神贯注，调动自身所有知识、经验储备及感情，使大脑处于紧张状态，接收到信号后立即进行识别、归类、解码，并作出相应的反应，表示理解、疑惑、支持、反驳、愉快接受。

要做到积极倾听就必须：与说话人密切呼应，既包括对语言的反馈，也包括对非语言的反馈。听的人要不断地调整自己的分析系统，修正自己的理解，以便与说话人同步。例如，英语考试中的听力考试，就必须运用积极倾听的方法，否则就无法进行判断和回答问题。

2. 消极倾听

消极倾听的特点：大脑处于比较松弛的状态，随意地接收信息。消极倾听是一种自我保护，如人们在大多数情况下都处于消极倾听状态。

3. 有效倾听

有效倾听的特点：能够完整、准确、正确、及时地理解对方讲话的内容和含义。

一般来说，积极倾听有助于我们更多地了解信息，启发思考。但在大多数情况下，消极倾听也是一种必要的自我保护形式。谈判是双方沟通和交流的活动，掌握信息是十分重要的。倾听能使你更真实地了解对方的立场、观点、态度，了解对方的沟通方式、内部关系，甚至是小组内成员的意见分歧，从而使你掌握谈判的主动权。

例如，一家日本公司同美国公司的谈判，就是运用倾听的方法获得了谈判的成功。日本一家公司向美国某公司购买技术设备，方案确定后一直是美国人滔滔不绝地介绍。日本人在第一个谈判小组回国后，又派出了第二个谈判小组，又是提问题，又是作记录，美国代表照讲不误。然后日本人又派了第三个谈判小组，还是故伎重演，美国人已经讲得不耐烦了，但也搞不清日本人在耍什么花招。等到美国人几乎对达成协议不抱什么希望时，日本人又派出了前几个小组联合组成的代表团来同美国人谈判，弄得美国人不知所措。因为他们完全不了解日本人的企图和打算，而他们自己的底细则全盘交给了日本人。当然，结果是日本人大获全胜，以最不利的交易条件争取到了最大的利益。可见，会利用倾听是一种非常有用的谈判战术。

拉夫·尼可拉斯是位专门研究如何"听"的大学问家。经过多年的研究，他发现，即使是积极地听对方讲话，听者也仅仅能记住不到 50% 的讲话内容，而且其中只有 1/3 的讲话内容按原意听取了，1/3 被曲解地听取了，另外 1/3 则丝毫没有听进去，而且不同的人对于自己听取的 1/3 的理解也是不同的。一系列试验表明，"听"是受一定因素影响并存在听力障碍的。

7.2.3 影响倾听的主要因素

在商务谈判中，谈判者彼此频繁地进行着微妙、复杂的信息交流，如果谈判者一时疏忽，将会失去不可再得的信息。为了能够听得完全、听得清晰，就必须了解听力障碍。在人们相互交谈的过程中，影响倾听的障碍主要有以下几种。

1. 判断性障碍

心理学家通过多年的实践得出结论：人们都喜欢对别人的讲话进行判断、评价，然后决定赞成或不赞成，这是造成不能有效倾听的重要原因之一。人们喜欢判断耳闻目睹的一切，并且总是从自己的立场出发来判断别人的话。你的反应会干扰对方说话，打乱对方的思维过程，迫使对方改变思维过程，这样就不可避免地使对方采取防御手段，结果更可能使对方坚持自己的观点，因此，须力争隐藏自己的思想和感情。即使是赞美对方的话，也会造成听的障碍，因为赞美往往使他陶醉于其中，从而使他不能保持原来的思维过程。

2. 精力不集中，或思路较对方慢，或观点不同而造成少听、漏听

商务谈判是一项十分耗费精力的活动。如果谈判日程安排得紧张，而谈判人员又得不到充分的休息，特别是在谈判的中后期，如连日征战，则消耗更大，此时即使是精力十分旺盛的人，也会出现因精力不集中而产生少听或漏听的现象(谈判人员的精力和注意力的变化是有一定规律的，在谈判导论中已详细介绍)。另外，由于人与人之间客观上存在着思维方式的不同，如果一方的思维属于收敛型，而另一方的思维属于发散型，那么，由于收敛型的人思维速度较慢，发散型的人思维速度较快，双方就很难做到听与讲的一致，就会因思路跟不上对方或思路不同而造成少听或漏听。

3. 带有偏见的听

在谈判中以下几种常见的偏见也会造成倾听的障碍。

(1) 许多人认为：只有说话才是表白自己、说服对方的唯一有效方式，若要掌握主动，便只有说。

(2) 先入为主的印象妨碍了我们耐心地倾听对方的讲话，如对某人看法不佳。

(3) 急于反驳对方的观点，好像若不尽早反对，就表示了我们的妥协。

(4) 在所有的证据尚未拿出之前，轻易地做出结论。

(5) 常常主观地认定谈话没有实际内容或没有兴趣，不注意倾听或假装自己很注意听。

(6) 人们会主动摒弃他们不喜欢的资料、消息。

(7) 有的人喜欢定式思维，自己先把别人要说的话定个标准或价值上的估计，再去听别人的话。不论别人讲什么，他都马上用自己的标准去估计、用自己的方去理解。

倾听和谈话一样具有说服力，它常常使我们不花费任何力气就可以取得意外的收获。让我们看下面一个例子：有一家美国汽车公司，想要选用一种布料装饰汽车内部，有三家公司提供样品，供汽车公司选用。公司董事会经过研究后，请他们每一家来公司作最后的说明，然后决定与谁签约。三家厂商中，有一家的业务代表患有严重的喉头炎，无法流利地讲话，只能由汽车公司的董事长代为说明。董事长按公司的产品介绍讲了产品的优点、特点，各单位有关人员纷纷表达意见，董事长代为回答，而布料公司的业务代表则以微笑、点头或各种动作来表达谢意，结果，他博得了大家的好感。会谈结束后，这位不能说话的业务代表却获得几百万美元的订单，这是他有生以来获得的最大的一笔订单。事后，他总结说，如果他当时没有生病，嗓子还可以说话的话，他很可能得不到这笔大数目的订单，因为他过去都是按照自己的一套办法去做生意，并不觉得让对方表达意见很重要。

4. 受专业知识、语言水平等的限制，听不懂对方的讲话内容

商务谈判总是针对某一具体业务而言的，毫无疑问地会涉及大量的专业知识，因此，如果谈判人员对专业知识掌握得有限，在谈判中一旦涉及这方面知识，就会造成由于知识水平的限制而形成收听障碍。特别是对于外贸商务谈判，语言上的差别、翻译人员业务知识不够全面、词语不同的解释，都会造成收听障碍。

5. 环境干扰形成的听力障碍

由于各地环境不同，商务谈判环境也是千差万别。由于环境的干扰，常常会使人们的注意力分散，从而形成听力障碍。比如，因天气突然变化而电闪雷鸣、过往行人及车辆、修建房屋的噪声等，都会使收听者分散注意力。生活中我们也有体验：我们不可能同时听清楚两个人的讲话内容，当我们需要进行复述时，我们只能复述清楚一个人的讲话内容而放弃另一个，否则就会什么也没听见。

7.2.4 有效倾听

作为一名商务谈判人员，应该养成有耐心地倾听对方讲话的习惯，这也是一个良好的谈判人员个人修养的标志。有效倾听的方法可归纳为五"要"、五"不要"，其中五"要"分别是：

① 要保持大脑的高度警觉；
② 要通过记笔记来集中精力；
③ 要有鉴别地倾听；
④ 要克服先入为主的倾听；
⑤ 要选择适当的谈判场所，创造良好的谈判环境。

五"不要"分别是：

① 不要因轻视对方而抢话，因急于反驳而放弃聆听；
② 不要使自己陷入争论；
③ 不要为了急于判断问题而误听；
④ 不要回避难以应付的话题；
⑤ 不要不懂装懂，逃避交往的责任。

如果能从以上几个方面进行努力，谈判过程中"听"的障碍就可以减轻或消除，也就很少或不会产生因听不见、听不清、没听懂而使双方相互猜忌、争执不下的现象。

谈判中的倾听，不仅指运用耳朵这个器官去倾听，听到、听清楚、听明白，而且要用眼睛去观察对方的表情、反应，用心去感觉谈判的气氛及对手的原来构想、洞察对手话语背后的动机，即在倾听中要做到耳到、眼到、心到。

7.3 叙 述 技 巧

"叙"是基于己方的立场、观点、方案等，通过陈述来表达对各种问题的具体看法，或是对客观事物的具体阐述，以便让对方有所了解。商务谈判中"叙"是一种不受对方提出问题的方向、范围制约，带有主动性的阐述，是传递信息、沟通情感的方法之一。因此，谈判者能否正确、有效地运用叙述的功能，把握叙述的要领，会直接影响谈判的效果。

7.3.1 谈判中的语言类型

1. 礼节性的交际语言

特征：语言的表达讲究文明礼貌、语调温和、态度中性圆滑，带有很强的装饰性。

功用：缓和与消除谈判双方的陌生感和戒备敌对的心理，联络双方的感情，营造一种轻松、自然、和谐的气氛。

2. 专业性的交易语言

专业性语言是商务谈判的主体语言，具有以下几个特征。

(1) 专业性，指交易用语用同一定义和同一词汇来表达。

(2) 规范性，表达的形式符号化、规格化。

(3) 严谨性，为使双方的权利、责任、义务落到实处，确保执行，减少各种风险，必须使用严密的措辞、逻辑性很强的语句来对此加以描述和规定。

专业性语言的功用：分清双方责任、义务和权利，构成商务谈判的主体语言。

3. 留有余地的弹性语言

特征：灵活、适应性强。

功用：使谈判者进退有余，并且可以避免过早地暴露自己的意愿和实力，使谈判者避开直接压力，争取主动。

4. 威胁性语言

特征：干脆、简明、坚定、自信、不容置疑、对抗性强、冷酷无情。如："你这样做是不给自己留后路"，"如果你这样做，后果自负"。

功用：强化态度、加速谈判进程。

不利：强化敌对意识，使谈判气氛紧张。

5. 劝诱性语言

特征：和风细雨，使对方在轻松、舒畅的心境中改变立场，接受本方观点。

功用：掌握主动，主导谈判方向，左右谈判进程。

6. 幽默诙谐语言

特征：诙谐、生动、富于表现力和感染力，能引起对方强烈的共鸣。

功用：使双方获得精神上的快感，润滑人际关系，消除紧张和忧虑。

7.3.2 谈判语言的应用条件

根据谈判对象、话题、气氛、关系、时机的不同，谈判时使用的语言类型也不同。

1. 谈判对象

谈判对象不同，所用语言不同。应该考虑谈判对手的职位、年龄、性别、性格、态度等。

2. 谈判话题

谈判的不同阶段，谈判话题不同，针对不同的话题，应用不同的语言，做到言辞切题。

(1) 见面寒暄、相互介绍、场下闲聊，一般使用礼节性语言，根据环境可适当使用幽默、诙谐性语言。

(2) 谈判过程及合同条文，以专业性语言为主，以求准确、严谨地表达意见。

(3) 遇到障碍，双方争执不下，可以运用威胁性语言来迫使对方让步或用幽默语言来缓和谈判气氛。

3. 谈判气氛

(1) 谈判开始，多用礼节性语言。
(2) 气氛紧张时，运用幽默语言。
(3) 出现僵局时，用威胁、劝诱语言。

4. 双方关系

(1) 双方经常接触，相互了解时，以必要的礼节性语言、专业性语言为主，配以幽默诙谐性语言，可以使双方关系更为密切。
(2) 双方初次接触，不太了解时，应以礼节性语言贯穿始终，以提高对方谈判兴趣；注意弹性语言的应用，以专业语言为主，进行友好过渡。

5. 谈判时机

(1) 对于吃不准的问题，运用弹性语言。
(2) 当本方占优势时，可以采取威胁、劝诱语言。
(3) 需要打破僵局时，运用幽默语言。
(4) 涉及合同条款问题，运用专业性语言。

7.3.3 叙述技巧

谈判过程中的叙述大体包括"入题""阐述"两个部分。按照常理，谈判者在叙述问题、表达观点和意见时，应当态度诚恳、观点明朗，语言生动、流畅，层次清楚、紧凑。具体地讲，谈判中的叙述应把握以下几个技巧。

1. 入题技巧

谈判双方在刚进入谈判场所时，难免会感到拘谨，尤其是谈判新手，在重要谈判中，往往会产生忐忑不安的心理。采用适当的入题方法，将有助于消除这种尴尬心理，轻松地开始会谈。

1) 迂回入题

与熟人交谈，自然可以开门见山地直接引出各种话题。但参加一次商务谈判活动，则应考虑如何选择适当的开场白，使双方顺利地进入一种有共同语言可以交流协商的谈判境界。开场白通常是谈判顺利进行的先导，谈判伊始的"开场白"也备受谈判人员的重视。为避免谈判时因单刀直入、过于直白而影响谈判的融洽气氛，谈判时可以采用迂回入题的方法。常用的迂回入题技巧有以下几种。

① 从题外话入题。通常可将有关季节或天气情况、目前流行的事物及有关社会新闻、旅行、艺术、社会名人等作为话题。通过上述题外话入题，要做到新颖、巧妙，不落俗套。

② 从"自谦"入题。如果对方是在我方所在地谈判，可谦虚地表示各方面照顾不周、谦称自己才疏学浅、缺乏经验、希望对方多多关照，等等。当然，自谦要适度，不要给对方以虚伪或缺乏诚意的感觉。

③ 从介绍己方谈判人员入题。通常可简略介绍己方人员的职务、学历、经历等，这样

既打开了话题，消除了对方的不安心理，又显示了己方的强大阵容，使对方不敢轻视。

④ 从介绍己方的生产、经营、财务状况等入题。这样做可先声夺人，提供给对方一些必要的资料，充分显示己方雄厚的财力、良好的信誉和质优价廉的产品等基本情况，也给对方以充分的讨论空间。

2) 先谈一般原则问题，再谈细节问题

一些大型的对外商务谈判，由于需要洽谈的问题千头万绪，双方的高级人员不应该也不可能介入全部谈判，往往要分成若干等级进行多次谈判，这就需要采取先谈一般原则问题，再谈细节问题的方法。一般原则问题达成一致后，洽谈细节问题也就有了依据。

3) 从具体的议题入题

一般而言，大型的对外商务谈判总是由具体的一次次谈判组成的，在每次具体的谈判会议上，双方可以首先确定本次会议的谈判议题，然后从这一具体的议题入手进行洽谈。这样做可以避免谈判时无从下手，提高谈判效率。

2. 阐述技巧

谈判入题后，接下来便是双方阐述各自的观点，这也是谈判的一个重要环节。一般来说，在阐述问题时，要论点突出、论据充分、逻辑层次清楚且简明扼要。

1) 开场阐述

己方开场阐述要做到以下几点。

(1) 开宗明义，明确本次会谈所要解决的主题，以集中双方注意力，统一双方的认识。

(2) 表明我方通过洽谈应当得到的利益，尤其是对我方至关重要的利益。

(3) 表明我方的基本立场，既可以回顾双方以前合作的成果，说明我方所享有的信誉；也可以展望或预测今后双方合作中可能出现的机遇或障碍；还可以表示我方将采取何种方式，以便为双方共同获得利益做出贡献等。

(4) 开场阐述应是原则的，而不是具体的，应尽可能简明扼要。

(5) 开场阐述的目的是让对方明白我方的意图，以营造协调的洽谈气氛，因此，阐述应以诚挚和轻松的方式来表达。

对方阐述时，主要注意以下几点。

(1) 认真耐心地倾听对方的开场阐述，归纳理清对方开场阐述的内容，思考和理解对方阐述的关键问题，以免产生误会。

(2) 如果对方开场阐述的内容与己方的意见差距较大，切记不要打断对方的阐述，更不要立即与对方争执，而应当先让对方说完，认同对方之后再巧妙地转开话题，从侧面进行反驳。

2) 让对方先谈

在商务谈判中，当你对市场态势和产品定价的新情况不是很了解，或者当你尚未确定购买何种产品，或者你无权直接决定购买与否的时候，你一定要坚持让对方首先说明可提供何种产品、产品的性能如何、产品的价格如何等，然后，再审慎地表达意见。有时即使你对市场和产品定价比较了解，心中有较为明确的购买意图，而且能够直接决定购买与否，也不妨先让对方阐述利益要求、报价和介绍产品，然后，你再在此基础上提出自己的要求。这种方式常能收到奇效。

3) 注意正确使用语言

在谈判过程中，所使用的语言要力求规范、通俗，应达到以下要求：叙述应简洁，通俗易懂；简明扼要，层次清楚；语言简明，紧扣主题；具体生动，体现真实；叙述观点要正确；不要拐弯抹角；重复叙述有时是必要的；第一次就要说对，切莫信口雌黄；以肯定措辞表示不同意见；切莫以否定性语言来结束谈判，要给对手以正面评价。

4) 叙述时发现错误要及时纠正

谈判人员在商务谈判的叙述当中，常常会由于种种原因而出现叙述上的错误，谈判者应及时发现并及时纠正，以防造成不应有的损失。有些谈判人员，当叙述中有错误时，碍于面子，而采取顺水推舟、将错就错的做法，这是坚决要予以反对的。因为这样做往往会使对方产生误解，从而影响谈判的顺利进行。还有些谈判人员，当发现自己叙述中有错误时采取事后自圆其说、文过饰非的做法，结果不但没能"饰非"，反而愈描愈黑，对自己的信誉和形象实在是有损无益的，更严重的是可能会失去合作伙伴，后果不堪设想。

总之，商务谈判中的叙述，应从谈判的实际需要出发，灵活把握上述技巧，以达到预期效果。

7.4 提问技巧

提问是一种十分流行的谈判技巧，在谈判中占有明显地位。商务谈判中的"问"可以用来摸清对方需要，掌握对方心理，表达自己感情，如何"问"是很有讲究的。重视和灵活运用发问的技巧，不仅可以引起双方的讨论、获取信息，而且可以控制谈判的方向。我们来看一个例子：美国大财阀摩根想从洛克菲勒手中买一大块明尼苏达州的矿地，洛克菲勒派了手下一个叫约翰的人出面与摩根交涉。见面后，摩根问："你准备开什么价？"约翰答道："摩根先生，我想你说的话恐怕有点不对，我来这儿并非卖什么，而是你要买什么才对。"简单的几句话，就说明了问题的实质，并掌握了谈判的主动权。到底哪些问题可以问，哪些问题不可以问，为了达到某一个目的应该怎样问，以及问的时机、场合、环境等，都有许多基本常识和技巧知识需要了解和掌握。我们从问的方式来加以说明。

7.4.1 提问的主要方式

1. 一般性提问

这种提问没有特定的界限，对方可以根据自己的理解作相应答复。由于没有特定的界限，双方可以畅所欲言，提问者可以了解对方对某问题的看法和见解。例如："你对自己当前工作表现有什么看法？"

2. 直接性提问

这种提问有特定的界限，并且要求有特定的答复。采取直接性提问，提问者对提问的结果能够得到一定控制。例如："您认为售后服务应怎样改进？"

3. 澄清性提问

澄清性提问要求对方对问题做出进一步的说明或解释。澄清性提问的目的在于双方共同认定某一事实,它可以增进提问者对对方态度及谈判事实的了解,使谈判能够取得明确可靠的效果。例如:"您刚才说对目前进行中的这一宗买卖你可以作取舍,这是不是说你拥有全权跟我们进行谈判?"

4. 探索性提问

探索性提问常常是针对某一具体问题或针对对方的答复要求引申的提问方式。探索性提问不但可以挖掘更多的信息,而且表现对谈判对手的重视,能够引起对方的好感,增加谈判的合作性。比如:"这样行得通吗?""你说可以如期履约,有什么事实可以说明吗?""假设我们运用这种方案会怎样?""你谈到谈判上存在困难,能不能告诉我主要存在哪些困难?"

5. 选择性提问

选择性提问是把自己的意见提供给对方,让对方在一定的范围内进行选择。选择性提问带有很强的主观色彩,往往要求对方做出非此即彼的抉择,因此,除非有特定的需要,谈判者要尽量避免采取用这种提问方式,否则,有可能导致谈判陷入僵局。例如:"贵方是采用一次性总付方式,还是提成支付方式?"

6. 引导性提问

引导性提问是要求对方按照自己的意愿进行回答的提问方式。引导性提问常常暗示对方做出什么样的回答,并且几乎使对方毫无选择余地地按提问者所设计的答案作答。谈判者采用引导性提问通常是为了增强自己观点的合理性。由于这种方式的答案具有可控性,可以收到预期的效果。比如:"贵方如果违约是应该承担责任的,对不对?""谈到现在,我看给我方的折扣可以定为3%,你一定会同意的,是吗?"

7. 多层次提问

多层次提问是含有多种主题的问句,即一个问句中包含有多种内容。这类问句因含有多个主题而导致对方难以周全把握。比如:"贵国当地的水质、电力资源、运输状况,以及自然资源情况怎样?""你是否就该协议产生的背景、履约情况、违约的责任及双方的看法和态度谈一谈?"专家建议:一个问题最好只包含一个主题。

8. 证明性提问

证明性提问旨在通过自己的提问,使对方对问题做出证明或理解。比如:"为什么要更改原已订好的计划?""请说明原因,好吗?"

9. 强调性提问

强调性提问旨在强调自己的观点,强调本方的立场。例如:"这个协议不是要经过公证之后才生效吗?""怎么能够忘记我们上次合作得十分愉快呢?""按照贵方要求,我们的观点不是已经阐述清楚了吗?"

10. 协商式提问

协商式提问指为使对方同意自己的观点,采用商量的口吻向对方提问。例如:"你看给我方的折扣定为10%是否妥当?"这种提问,语气平和,对方容易接受。而且,即使对方没有接受你的条件,谈判的气氛也仍能保持融洽,双方仍有继续合作的可能。

提问的技巧重要吗?许多人对此不以为然,下面这个小例子很能说明这个问题。有一位牧师问一位长老:"我可以在祈祷时吸烟吗?"他的请求遭到坚决拒绝。另一位牧师又问同一位长老:"我可以在吸烟时祈祷吗?"因为提出问题的措辞不同,结果,他被允许了。这就是问话的技巧。谈判者必须审慎地、有选择地运用提问手段。因此,谈判者除了掌握提问的方式外,还必须掌握提问的要领。

7.4.2 提问技巧

1. 明确提问内容

提问者首先应该明白自己问的是什么。如果你要对方明确地回答你,那么你的问话也要明确具体。例如:"你的运费是怎么计算的?是按每吨重计算的,还是按交易次数估算的?"提问一般只是一句话,因此,一定要用语准确、简练,不要含混不清,以免使人产生不必要的误解。

2. 注意提问措辞

问话的措辞也很重要,因为提问容易使对方陷入窘境,从而引起对方的焦虑与担心。因此,在措辞上一定要慎重,不能有中伤、为难对方的表现。即使你是谈判中的决策人物、核心人物,也不要显示自己的特殊地位,表现出咄咄逼人的气势,否则,问话就会产生相反的效果。

3. 注意提问时机

把握提问时机表现为注意提问的时间,一定要等到谈判双方代表各自阐述自己的立场、观点后再提问。同时,在交谈时出现某一问题时,应该等对方充分表达之后再提问,过早或过晚提问都会打断对方的思路,并且显得不礼貌。

4. 选择提问方式

提问的方式不同,提问的角度不同,引起对方的反应也就不同,得到的回答自然也不同。例如:"你们的报价这么高,我们能接受吗?"如此提问就带有挑衅的意思,会给对方以压迫感和威胁感。如果这样问:"你们的开价远远超出我们的估计,有商量的余地吗?"效果显然比第一种更好。

5. 提问之前充分准备

为了更好地发挥问话的作用,问话之前的思考、准备是十分必要的。思考的内容包括:我要问什么?对方会有什么反应?能否达到我的目的?提问之前准备好问题,同时准备好应对对方的反问。

6. 以正常语速提问

提问时既不要语速太快,也不要太慢,应该以自己说话的正常速度提问。太快,给人以匆忙之感,容易让对方听不清楚;太慢,给人以傲慢、拖沓之感,容易引起对方的反感。

7. 提问由一般提问开始，逐步深入提问

提问时最好先提出一般性问题，例如："你对我们公司印象如何？""你认为我们的这款新产品如何？"然后再逐步深入提问："你认为我们这款新产品与其他同类产品相比，有什么特点？其市场前景如何？"

8. 尽量保持问题的连续性

提问时最好能够保持问题的连续性，不能够东一榔头西一棒槌，让被提问的人晕头转向，无所适从，不知如何回答问题，这样就失去了提问的意义。

以上几点技巧，是基于谈判者之间的诚意与合作这一命题提出来的，旨在使谈判者更好地运用提问的艺术来发掘问题，获取信息，把握谈判的方向。切忌将这些变成限制谈判者、为了自己的利益而进行必要竞争的教条。

7.4.3 提问时应该注意的问题

(1) 预先准备好问题，这样能取得意想不到的效果。
(2) 对方发言时，不要制止对方讲话而仓促提问。
(3) 在适当的时候，验证对方的诚实与处世态度。
(4) 不要以法官的态度询问对方。
(5) 提问后应闭口不言，听对方回答。
(6) 有耐心继续追问。
(7) 转换角度，激发对方回答问题的兴趣。
(8) 以诚恳的态度提出问题。
(9) 避免采用威胁性、讽刺性语气提问。
(10) 提出敏感性问题时，应该说明理由。
(11) 提出问题后，给对方适当的答复时间。
(12) 征得对方同意后再提出提问。

7.4.4 谈判中不应该提出的问题

1. 不应提出带有敌意的问题

不应抱着敌对心理进行谈判，应尽量避免那些可能会刺激对方产生敌意的问题，因为一旦问题含有敌意，就会损害双方的关系，最终会影响交易的成功。

2. 不应提出有关对方个人生活、工作方面的问题

对于大多数国家和地区的人来讲，回避询问个人生活和工作方面的问题已经成为一种习惯。比如，对方的收入、家庭情况、女士的年龄等问题都是不应涉及的。另外，也不要涉及对方国家或地区的政党、宗教等方面的问题。

3. 不要直接指责对方品质和信誉方面的问题

切忌直接指责对方在某个问题上不够诚实等，这样做不仅会使对方感到不快，而且会影响彼此之间的真诚合作。有时，这样做非但无法使他变得更诚实，反而还会引起他的不

满,甚至是怨恨。事实上,商务谈判双方的真真假假、虚虚实实是很难用是否诚实这一标准来评价的。若真的需要审查对方是否诚实,可以通过其他途径来进行。如果我们发现对方在某些方面不够诚实时,我们可把我们已经了解到或掌握的真实情况陈述给对方,对方自然会明白我们的用意。

4. 不要为了表现自己而故意提问

为了表现自己而故意提问会引起对方的反感,特别是不能提出与谈判内容无关的问题以显示自己的"好问"。要知道,故作卖弄的结果往往是弄巧成拙,被人蔑视。

7.5 答复技巧

有问必有答,正像提问是交谈中所必需的一样,答复也是交谈中不可缺少的一部分。"问"有艺术,"答"也有技巧。问得不当,不利于谈判;答得不好,同样会使己方陷入被动。提问是主动的,回答是被动的。因此,一个谈判者水平的高低,在很大程度上取决于其答复问题的水平。

7.5.1 答复的主要类型

1. 按答复问题的方式分类

按答复问题的方式,可以将答复分为正面回答和侧面回答。所谓正面回答,就是问什么答什么,有问必有答。一般比较直截了当,这样有利于谈判双方的互相沟通。所谓侧面回答,是指在谈判交往中有些问题一时难以答复,应当回答说"让我考虑考虑"或者"研究研究再说"。这种回答说是没有答复,又已经作了答复;说是作了答复,又等于没有答复。

2. 按答复问题的性质分类

按答复问题的性质,可以将答复分为肯定性回答、否定性回答和模棱两可的回答。所谓肯定性回答,就是肯定对方的意见。按肯定的程度可区分为几种不同的情况,如完全同意谈判对方的答复、加以补充的回答和附加条件的回答。所谓否定性回答,就是不同意对方的意见。否定性回答要讲究方式,要委婉曲折地把意思说清,说明难以同意的理由,使对方理解,不要生硬地推回去,使发问者不好下台。模棱两可的回答,是指既不表示同意,也不表示不同意,似乎是同意,又似乎是不同意。这种方式不宜多用,尤其是在熟识的对手或朋友之间进行谈判时,不要闪烁其词,令人不可捉摸。

总之,在不同的谈判场合,回答问题要讲究技巧,不宜太急太直,要尽量委婉曲折,动之以情,晓之以理,不伤彼此感情,以保持双方之间良好的合作关系。

7.5.2 答复技巧

如果对所有的问题都正面提供答案,并不一定是最好的答复,所以答复也必须运用一定的技巧。

1. 不要马上回答,要给自己留有思考时间

在谈判过程中,绝不是回答问题的速度越快越好,因为它与竞赛抢答是性质截然不同

的。有些人在谈判中对方提问的声音刚落,就急着回答问题。这些人认为,如果对方问话与我方回答之间所间隔的时间越长,就会让对方感觉我们对此问题欠缺准备,或以为我们几乎被问住了;如果回答得很迅速,就显示出我们已有充分的准备,也显示了我方的实力。其实不然,谈判经验告诉我们,在对方提出问题之后,你可通过喝一口水或调整一下自己坐的姿势和椅子,或整理一下桌子上的资料,或翻一翻笔记本等动作来延缓时间,考虑一下对方的问题。这样做既显得自然、得体,又可以让对方看得见,从而减轻消除对方的上述那种感觉。

2. 针对提问者的真实心理答复

谈判者在谈判桌上提出问题的目的往往是多样的,动机也往往是复杂的,如果我们在没有经过深思熟虑,弄清对方的动机之前,就按照常规做出回答,结果往往是效果不佳的。如果我们经过周密思考,准确判断对方的用意,便可做出一个高水准的回答。

3. 不要彻底地回答问题

不要彻底回答,就是指答话人将问话的范围缩小,或只回答问题的某一部分。有时对方问话,全部回答不利于我方。例如,对方问:"你们对这个方案怎么看,同意吗?"这时,如果马上回答同意,时机尚未成熟,你可以说:"我们正在考虑、推敲,关于付款方式只讲两点,我看是否再加上……"这样,就避开了对方问话的主题,同时,也把对方的思路引到你讲的内容上来。

4. 逃避问题的方法是避正答偏,顾左右而言他

有时,对方提出的某个问题我方可能很难直接从正面回答,但又不能拒绝回答,逃避问题。这时,谈判高手往往用避正答偏的办法来回答,即在回答这类问题时,故意避开问题的实质,而将话题引向歧路,借以破解对方的进攻。比如,可跟对方讲一些与此问题既有关系又无关系的问题,东拉西扯,不着边际。说了一大堆话,看上去回答了问题,其实并没有回答,因为其中没有几句话是管用的。经验丰富的谈判人员往往在谈判中运用这一方法。此法看上去似乎是头脑糊涂、思维有问题,其实这种人高明得很,对方也拿这类人毫无办法。

例如,一位西方记者曾经问周恩来总理:"请问,中国人民银行有多少资金?"周总理深知对方是在讥笑中国的贫困,如果实话实讲,自然会使对方的计谋得逞,于是答道:"中国人民银行货币资金嘛,有十八元八角八分。中国银行发行面额为十元、五元、二元、一元、五角、二角、一角、五分、二分、一分的十种主辅人民币,合计为十八元八角八分。"周总理巧妙地避开了对方的话锋,使对方无机可乘,被传为佳话。

5. 对于不知道的问题不要回答

商务谈判人员不是全能全知的。尽管我们准备得充分,也经常会遇到陌生难解的问题,这时,谈判者切不可为了维护自己的面子而强作答复。有这样一个实例,我国某公司与美国外商谈判合资建厂事宜时,外商提出有关减免税收的请求。中方代表恰好对此不是很有研究,或者说是一知半解,可为了能够谈成,就盲目地答复了,结果使我方陷入十分被动的局面。经验和教训一再告诫我们:谈判者对不懂的问题,应坦率地告诉对方不能回答,或暂不回答,以避免付出不应付出的代价。

6. 答非所问也是一技

答非所问在知识考试或学术研究中是一大忌。然而从谈判技巧角度来研究，却是一种对不能不答的问题的一种行之有效的答复方法。有些问题可以通过答非所问来给自己解围。例如，古代有一个较为精明的骗子，他从别人那里借来一匹马，便牵去与一个财主进行交换，财主问："你的马是从哪里来的？"他回答道："我想卖马的念头有两年了。"财主又问："为什么要换？"他回答道："这马比你的马跑得快。"这两句话的回答全是答非所问，换马的骗子就是这样运用灵巧的方式，回避了一个事实，即马是他人的，换马是想要骗走财主的马，此人的计谋于是得逞了。谈判中我们并不主张像这个骗子一样在谈判双方之间行骗，因为谈判必须是建立在相互信赖基础上的，但是在双方利益相冲突时，在如何巧妙地回答对方的有关利益分割方面的问题上，倒是可以从这一案例中取得借鉴。

7. 以问代答又是一招

谈判中有时可以以问代答。此法如同把对方踢过来的球又踢了回去，请对方在自己的领域内反思后寻找答案。例如，在谈判进展不是很顺利的情况下，其中一方问："你对合作的前景怎样看？"这个问题在此时可谓十分难回答的问题，善于处理这类问题的对方可以采取以问代答的方式："那么，你对双方合作的前景又是怎样看的呢？"这时双方自然会在各自的脑海中加以思考和重视，对于打破窘境会起到较好的作用。商务谈判中运用以问代答的方法，对于应付一些不便回答的问题是非常有效的。

8. 使问话者失去问话的兴趣

在许多场合下，提问者会采取连珠炮的形式提问，这对回答者很不利。特别是当对方有准备时，会诱使答话者落入其圈套。因此，要尽量使问话者找不到继续追问的话题和借口。比较好的方法是，在回答时，可以说明许多客观理由，却避开自己的原因。例如，"我们交货延期，是由于铁路运输……许可证办理……"但不说自己公司方面可能出现的问题。

9. "重申"和"打岔"有时也很有效

商务谈判中，要求对方再次阐明其所问的问题，实际上是为自己争取思考问题的时间的好办法。在对方再次阐述其问题时，我们可以根本不去听，而只是考虑如何做出回答，当然，这种心理不应让对手有所察觉，以防其加大进攻的力度。有人打岔那是件好事，因为这可为我们赢得更多的时间来思考。有些富有谈判经验的谈判人员估计到谈判中会碰到某些自己一时难以回答而又必须回答的、出乎意料的棘手问题，于是，为了赢得更多的时间，就事先在本组内部安排好某个人，专门在关键时刻打岔。打岔的方式多种多样，如借口外面有某某先生电话、有某某紧急的文件需要某某先生出来签个字，等等。有时，回答问题的人自己可以借口去洗手间方便一下或去打个电话等来拖延时间，冲淡回答的气氛。

总之，在实际谈判中，回答问题的要领在于知道该说什么和不该说什么，而不必考虑回答的问题是否切题。谈判是双方在各自实力的基础上斗智斗勇的过程。在回答问题时要有艺术性和技巧，谈判人员必须熟练地加以掌握和运用。

7.6 观察技巧

谈判不仅是语言的交流,同时也是行为的交流。非言语行为是一种不可见文字,人类的非言语行为,不管是有意的还是无意的,都是一种符号,传递了一定的信息。这就要求我们在谈判中,不仅要听其言,还要观其行。在谈判中察言观色是很重要的,我们可以通过仔细观察对方的举止言谈,捕捉其内心活动的蛛丝马迹;也可以揣摩对方的姿态神情,探索引发这类行为的心理因素。运用观察技巧,不仅可以判断对方的思想变化,决定己方对策,同时可以有意识地运用行为语言传达信息,促使谈判朝着有利于己方的方向发展。

外国心理学家发现:人类感情的表达,来自说话内容的占7%,借助动作、表情、姿势的占55%。中国有句俗话"此时无声胜有声",即说明有些时候,人们通过姿势、动作等无声的语言传递的信息,有时可以代替甚至超过有声语言所起的作用。有声语言与姿态、动作等语言均可传递信息,但是从这两种语言发出者与控制者的角度来看,他们在对这两种语言的控制与利用方面是有很大区别的。通过有声语言这种方式来传递信息,对信息发出者来讲,是可以控制的;但是通过无声的姿态和动作语言来传递信息,有时是其信息的发出者难以控制的。因为有声语言本身是人们有目的、有意识地发出来的,而姿态和动作语言,虽然人们也可以有意识地去控制它,但它们更多地处在人们无意识之中,或是在下意识中进行的。按常理,人们的某些习惯动作是这个人内心心理的长期一致的外在化表现。可以肯定地说,人们在无意识或下意识中完成的姿态和动作语言,其传递的信息往往是比较真实可信的。

据一位在第二次世界大战期间服役于德国情报局的人讲,他当时抓获了许多美国的情报人员,依据的线索是:这些人在用餐时,往往用右手拿叉子,没有严格地训练成欧洲人吃东西用叉子的方法;另外,他们在就座的时候,两腿交叉的姿势是美国式而不是欧洲式的。因此说,对谈判对手姿态和动作的观察、分析,是我们获得谈判者信息、了解对手的一个极为重要的方法和手段。如果需要判断对方通过有声的语言传递的信息是真是假、可信度如何,我们可以通过对对方动作的姿态和表情,特别是讲话时的动作姿态和表情的观察来证实。姿态和动作语言所传递的信息是真实可信的,对对方姿态和动作的分析具有重要的意义。

人的举止包括身体动作、手势、面部表情等。在这里仅就面部表情,上、下肢及腰、腹部的主要动作,以及它们所传递出来的信息或所代表的意义作简要介绍。

7.6.1 面部表情

1. 注重眼睛所传达的信息

"人的眼睛和舌头所说的话一样多,不需要词典,却能够从眼睛的语言中了解整个世界,这是它的好处。"这是爱默生关于眼睛的一段精辟论述。眼睛具有反映人们深层心理的功能,其动作、神情、状态是最明确的情感表现,因此,眼睛被人们誉为"心灵的窗口"。

眼睛的动作及所传达的信息主要有以下几方面。

(1) 根据目光凝视讲话者时间的长短来判断听者的心理感受。通常,与人交谈时,视线接触对方脸部的时间正常情况下应占全部谈话时间的 30%～60%。超过这一平均值的，可认为听者对谈话者本人比对谈话内容更感兴趣。

(2) 眨眼频率有不同的含义。正常情况下，一般人每分钟眨眼 5～8 次，每次眨眼，一般不超过 1 秒钟。如果每分钟眨眼次数超过 5～8 次这个范围，一方面表示神情活跃，对某事物感兴趣；另一方面也表示个性怯懦或羞涩，因而不敢正眼直视对方，做出不停眨眼的动作。在谈判中，通常是指前者。从眨眼时间来看，如果超过 1 秒钟的时间，一方面表示厌烦，不感兴趣；另一方面也表示自己比对方优越，因而对对方不屑一顾。

(3) 倾听对方谈话时，几乎不看对方，那是试图掩饰什么的表现。

(4) 眼睛瞳孔放大且炯炯有神，表示此人处于欢喜与兴奋状态；瞳孔缩小，神情呆滞，目光无神，愁眉紧锁，则表示此人处于消极、戒备或愤怒的状态。实验证明，瞳孔所传达的信息是无法用人的意志来控制的。现代的企业家、政治家或职业赌徒为了防止对方察觉到自己瞳孔的变化，往往喜欢配上有色眼镜。如果谈判桌上有人戴着有色眼镜，就应加以提防，因为他可能很有经验。

(5) 眼睛闪烁不定，这是一种反常的举动，常被认为是掩饰的一种手段或是性格上不诚实的表现。一个做事虚伪或者当场撒谎的人，其眼睛常常闪烁不定，以此来掩饰其内心的秘密。

(6) 瞪大眼睛看对方是对对方有很大兴趣的表示。

眼神传递的信息远不止这些，人类眼睛所表达的思想，有些确实是只能意会而难以言传的，这就要靠谈判人员在实践中用心加以观察和思考，不断积累经验，争取把握种种眼睛的动作所传达的信息。

2. 注重眉毛所传达的信息

眉毛和眼睛的配合是密不可分的，二者的动作往往共同表达一个含义，但单凭眉毛也能反映出人的许多情绪变化。

(1) 眉毛上耸，表示处于惊喜或惊恐状态。即所谓"喜上眉梢"之说。

(2) 眉角下拉或倒竖，表示处于愤怒或气恼状态。人们常说"剑眉倒竖"，即形容这种气怒的状态。

(3) 眉毛迅速地上下运动，表示亲切、同意或愉快。

(4) 紧皱眉头，表示人们处于困窘、不愉快、不赞同的状态。

(5) 眉毛向上挑起，则表示询问或疑问。

上述有关眉毛传达的动作语言是不容忽视的。人们常常认为没有眉毛的脸十分可怕，因为它给人一种毫无表情的感觉。

3. 嘴的动作所传达的信息

人的嘴巴除了说话、吃喝和呼吸以外，还可以有许多动作，借以反映人的心理状态。

(1) 紧紧地抿住嘴，往往表现出意志坚决。

(2) 撅起嘴是不满意和准备攻击对方的表现。

(3) 遭受失败时，人们往往咬嘴唇，这是一种自我惩罚的动作，有时也可解释为自我解嘲和内疚的心情。

(4) 嘴角稍稍向后拉或向上拉，表示听者是比较注意倾听的。

(5) 嘴角向下拉，是不满和固执的表现。

7.6.2 上肢的动作语言

手和臂膀是人体比较灵活的部位，也是使用最多的部位。借助手势可以帮助我们判断对方的心理活动或心理状态。

1. 手的动作所传达的信息

(1) 拳头紧握，表示向对方挑战或自我紧张的情绪。

(2) 用手指或手中的笔敲打桌面，或在纸上乱涂乱画，往往表示对对方的话题不感兴趣、不同意或不耐烦的意思。这样做，一方面可以打发和消磨时间；另一方面也起到暗示或提醒对方注意的作用。

(3) 吸手指或指甲。成年人做出这样的动作是个性或性格不成熟的表现，即所谓"乳臭未干"。

(4) 两掌伸开，并且随便自在地放在大腿上，身子稳稳地坐在座位上，就会给人一种镇静自若、轻松自如的感觉。

2. 手臂联动所传达的信息

(1) 两手手指并拢并置于胸的前上方呈尖塔状，表示充满信心。这种动作在西方常见，特别是在主持会议、领导者讲话、教师授课等情况下常见。一般来讲，塔尖式手势分为两种：一种是凸起式，另一种是凹下式。据专家们观察：大多数自信的男士喜欢用凸起式，而大多数自信的女士喜欢用凹下式。这种手势通常可表现出讲话者的高傲与独断的心理状态，起到一种震慑听话者的作用。

(2) 手与手连接放在胸腹部的位置，是谦逊、矜持或略带不安的心情的反映。在给获奖运动员颁奖之前，主持人宣读比赛成绩时，运动员常常有这种动作。两臂交叉于胸前，表示保守或防卫；两臂交叉于胸前并握拳，往往是怀有敌意的标志。

(3) 双手交叉，十指合十，放在头后，表示"一切都不在话下"，这是那种有权威、占优势或对某事抱有信心的人惯用的一种姿态。如会计师、律师、银行经理等人经常使用这种典型的高傲姿态。这种体语也是一种暗示所有权的信号，表明当事者对某物的所有权利。

3. 握手所传达的信息

握手的动作来自原始时代的生活。原始人在狩猎或战争时，手中常持有石块和棍棒等武器。如果是没有任何恶意的两个陌生人相遇，常常是放下手中的所有东西，并伸开手掌，让对方摸一摸自己的掌心，以此来表示手中未持武器。久而久之，这种习惯逐渐演变成为今天的"握手"动作。原始意义上的握手不仅表示问候，而且表示一种信赖、契约和下保证之意。标准的握手姿势应该是，用手指稍稍用力握住对方的手掌，对方用同样的姿势用手指稍稍用力回握，用力握手的时间为 2~3 秒。如果双方握手出现与标准姿势不符时，便有除问候、礼貌以外的附加意义，主要包括以下几种情况。

(1) 如果感觉对方手掌出汗，表示对方处于兴奋、紧张或情绪不稳定的心理状态。

(2) 如果对方用力同我们握手，则表明此人具有好动、热情的性格，这类人往往做事喜欢主动。美国人大都喜欢采用这种握手方式，这与他们好动的性格是分不开的。如果感觉对方的握手不用力，一方面，可能是该人个性懦弱，缺乏气魄；另一方面，可能是傲慢矜持，爱摆架子的表现。

(3) 握手前先凝视对方片刻，再伸手相握，在某种程度上，这种人是想在心理上先战胜对方，将对手置于心理上的劣势地位。先注视对方片刻，意味着对对方的一个审视，观察对方是否值得自己去同其握手。

(4) 掌心向上伸出与对方握手，往往表现其性格软弱，处于被动、劣势或受人支配的状态，在某种程度上，手掌心向上伸出握手，有一种向对方投靠的含义。如果是掌心向下伸出与对方握手，则表示想取得主动、优势或支配地位；另外，手掌心向下，也有居高临下的意思。

(5) 用双手紧握对方一只手，并上下摆手，往往是表示热烈欢迎对方的到来，也表示真诚感谢，或有求于人，或肯定契约关系等含义。在荧屏上或是现实生活中，我们常常可以看到，人们为了表示感谢对方、欢迎对方或恳求对方等，往往会用双手用力去握住对方的一只手。

7.6.3 下肢的动作语言

腿部和足部虽然是身体的下端，但它往往是最先表露潜意识情感的部位，它主要的动作和所传达的信息如下所述。

1. 坐姿所传递的信息

(1) 摇动足部，或用足尖拍打地板，或抖动腿部，都表示焦躁不安、无可奈何、不耐烦或欲摆脱某种紧张感。通常，在候车室等车的旅客常常伴随此动作，谈判桌上这种动作也是常见的。

(2) 双足交叉而坐，对男性来讲，往往表示从心理上压制自己的表面情绪。如对某人某事持保留态度，表示警惕、防范；或表示尽量压制自己的紧张或恐惧。对女性来讲，如果再将两膝盖并拢起来，则表示拒绝对方或一种防御的心理状态。这往往是比较含蓄而委婉的举动。

(3) 张开腿而坐，表明此人很自信，并愿意接受对方的挑战。

(4) 如果一条腿架到另一条腿上就座，一般在无意识中表示拒绝对方并保护自己的势力范围，使之不让他人侵犯。

(5) 如果频繁变换架腿姿势，则表示情绪不稳定、焦躁不安或不耐烦。

(6) 两腿和两脚跟紧紧地并拢，两手放在两膝盖上，表示此人性格内向、为人谦逊、感情世界封闭，不愿与人交谈。

(7) 两腿和两脚跟紧紧地并拢，两手交叉放在大腿两侧，表示此人性格古板，不愿意接受别人意见。

(8) 两膝盖并在一起，小腿随着脚分开成一个"八"字样，两手掌相对，放在两膝盖中间，表示此人比较害羞。

(9) 大腿分开，两脚跟并拢，两手习惯于在肚脐部位，表示此人很有男子汉气概，也有决断力。

(10) 半躺半坐，双手抱于脑后，表示怡然自得、为人随和，也善于控制自己的情绪。

2. 走路所传递的信息

(1) 用大步走路，表示情绪急躁。

(2) 走路步伐平缓，表示缺乏激情与理想，做事慢腾腾。

(3) 喜欢走角落，表示自卑，性格怪异、孤僻。

(4) 喜欢踱方步，表示做事冷静、四平八稳。

7.6.4 腹部的动作语言

腹部位于人体的中央部位，它的动作带有极丰富的表情与含义。在我国，一直重视腹部的精神含义，把腹、肚、肠视为高级精神活动与文化的来源及知识、智慧的储藏所。

(1) 凸出腹部，表现出自己的心理优势、自信与满足感，可谓腹部是意志和胆量的象征。这一动作也反映了扩大势力范围的意图，是威慑对方，使自己处于优势或支配地位的表现。

(2) 解开上衣纽扣而露出腹部，表示开放自己的势力范围，对于对方不存戒备之心。

(3) 抱腹龟缩，表现出不安、消沉、沮丧等情绪，防卫心理的病人、乞丐常常这样做。

(4) 腹部起伏不停，反映出兴奋或愤怒，心理极度起伏，意味着即将爆发的兴奋与激动状态。

(5) 轻拍自己的腹部，表示自己有风度、雅量，同时也包含着经一番较量之后的得意心情。

7.6.5 某些体语的特殊含义

1. 表示"我不同意"的体语

在谈判中，要特别注意那些表示"我不同意"的综合体语。遇到这种情形，就不适合再谈下去，应该当机立断，迅速结束该轮谈判，起身告辞，或者改变话题。常见的表示"我不同意"的体语有以下几种。

(1) 在胸腹前两手握拳。

(2) 双肘打开，两手平放在大腿上。

(3) 两手交叉放在脑后，身体向后摇动。

(4) 手指面对你，做数字状。

(5) 与对方谈话时，不断移动桌面东西。

(6) 把抽屉打开又关上，状似寻找东西。

(7) 用手指压在额头中间。

(8) 用双手托着下巴。

(9) 用手掌轻轻拍打东西。

2. 表示"我同意"的体语

在谈判中，当你试图说服对手时，对方虽然没有明确表示接受，却出现了表示"我同意"的体语,这时,你可以进一步与对方沟通,直至达到谈判目的。常见的表示"我同意"的体语有以下几种。

(1) 手腕放松,没有握拳。
(2) 手掌张开,放在桌上。
(3) 拿开桌上的障碍物。
(4) 单手托下巴。

3. 令人反感的行为与体语

据专家统计分析,在日常交往中,有三种体语是令人反感的。对此谈判人员要格外自警,尽量避免出现这些体语。这三种令人反感的体语分别是:

(1) 目空一切,自以为是。
(2) 虚与委蛇,心不在焉。
(3) 抠鼻挖耳,旁若无人。

4. 令人反感的听说方式

据专家统计分析,在日常交往中,还有五种人的听说方式也是令人反感的。它们分别是:

(1) 没有勇气的声音。
(2) 高声说话,以声音向对方显示自己的声势。
(3) 抱着胳膊听人说话。
(4) 高抬下巴说话,给人以自尊自大的感觉。
(5) 斜眼看人,给人以阴险的印象。

以上是谈判及交往中常见动作语言及其能传送的信息。当然,不同的民族、地区,不同的文化层次及个人习惯,其在动作、姿态及其所传达的信息方面都是不同的,应在具体问题上区别对待。另外,我们在观察对方动作和姿态时,不能只从某一个孤立的、静止的动作或姿态去进行判断,而应从其连续的、一系列的动作进行分析和观察,特别是应结合讲话时的语气、语调等进行综合分析,这样才能得出比较真实、全面、可信的结论。

7.7 "辩"的技巧

"辩"最能体现谈判的特征,谈判中的讨价还价就集中体现在"辩"上。谈判中的"辩"与"听""问""答""看""叙"不同,它具有谈判双方相互依赖、相互对抗的二重性,是人类语言艺术和思维艺术的综合运用,具有较强的技巧性。作为一名谈判人员,要想训练自己的雄辩能力,在商务谈判中获得良好的辩论效果,应注意以下几点有关"辩"的技巧。

1. 观点要明确,立场要坚定

商务谈判中的"辩"的目的,就是论证己方观点,反驳对方观点。论辩的过程就是通过摆事实、讲道理,说明自己的观点和立场。为了能更清晰地论证自己的观点和立场的正确性及公正性，在论辩时要运用客观材料及所有能够支持己方论点的证据，以增强自己的论辩效果，反驳对方的观点。

2. 思路要敏捷、严密，语言要逻辑性强

商务谈判中的辩论，往往是在双方进行磋商遇到难解的问题时才发生的。一个优秀的辩手，应该头脑冷静、思维敏捷、辩论严密且富有逻辑性，只有具有这种素质的人才能应付各种各样的困难，摆脱困境。任何一个成功的论辩，都具有思路敏捷、语言逻辑性强的特点，为此，商务谈判人员应加强这方面的基本功的训练，培养自己的逻辑思维能力，以便在谈判中以不变应万变。特别是在谈判条件相当的情况下，在相互辩驳过程中只有思路敏捷、严密，语言逻辑性强的人，才能在谈判中立于不败之地。

3. 抓住主要矛盾，不纠缠细枝末节

在辩论过程中，要有战略眼光，掌握大的方向、前提及原则。辩论过程中不要在枝节问题上与对方纠缠不休，但在主要问题上一定要集中精力，把握主动。在反驳对方的错误观点时，要能够切中要害，做到有的放矢。

4. 辩论时应掌握好进攻的尺度

辩论的目的是要证明本方的立场、观点的正确性，反驳对方的立场、观点上的不足，以便能够争取有利于本方的谈判结果。切不可认为辩论是一场对抗赛，必须置对方于死地。因此，辩论时应掌握好进攻的尺度，一旦已经达到目的，就应适可而止，切不应穷追不舍，得理不饶人。因为谈判中，如果某一方被另一方逼得走投无路，陷于绝境，则往往会产生更强的敌对心理，甚至反击的念头更强烈，这样即使对方暂时可能认可某些事情，事后也不会善罢甘休，最终会对双方的合作不利。

5. 态度要客观公正，措辞要准确严密

文明的谈判准则要求：不论辩论双方如何针锋相对，争论多么激烈，谈判双方都必须以客观公正的态度，准确地措辞，切忌用侮辱诽谤、尖酸刻薄的语言进行人身攻击。如果某一方违背了这一准则，其结果只能是损害自己的形象，降低了本方的谈判质量和谈判实力，不仅不会给谈判带来丝毫帮助，反而可能置谈判于破裂的边缘。

6. 要善于处理辩论中的优劣势

在商务谈判的辩论中，双方可能在某一阶段你占优势、我居劣势，可过一阶段又有可能你处劣势、我占优势，那么，当我们处于两种不同状态时，就必须处理好辩论中的优劣势，这是衡量商务谈判是否合格的一个条件。当我们处于优势状态时，谈判人员要注意以优势压顶，并注意借助语调、手势的配合，渲染己方的观点，以维护己方的立场，切忌当己方处于优势时，表现出轻狂、放纵和得意忘形。要时刻牢记：谈判中的优势与劣势是相对而言的，而且是可以转化的。相反，当我们处于劣势状态时，要记住这是暂时的，应沉着冷静、从容不迫，既不可怄气、得理不饶人，也不可在劣势时显得沮丧、泄气、慌乱。因为这样对于挽救己方的劣势是毫无帮助的。在劣势状态下，只有沉着冷静，思考对策，保持己方阵脚不乱，才会对对方构成潜在的威胁，从而使对方不敢贸然进犯。

7. 注意辩论中个人的举止和气度

在辩论中,一定要注意自己的举止和气度。有些行为,如语调高亢、唾沫四溅、指手画脚等,都是没有气质的表现,更无气度可言。辩论中良好的举止和气度,不仅会在谈判桌上给人留下良好的印象,而且在一定程度上可以左右谈判辩论气氛的健康发展。

7.8 说服技巧

商务谈判中,很重要的工作就是说服,它常常贯穿于谈判的始终。那么,谈判者在谈判中能否说服对方接受自己的观点,以及应当怎样说服对方,从而促成谈判的和局,就成了谈判能否最后成功的一个关键。

谈判中的说服,是综合运用"听""问""答""看""叙"及"辩"的各种技巧,改变对方最初的想法,接受己方的意见。说服是谈判中最艰巨、最复杂,也是最富有技巧性的工作。

谈判之前,双方都有设法说服对方的意图。然而实际操作起来,到底是谁能说服谁,或者彼此都没有被说服,或者相互说服,达成了一种折中意见,这三种结局往往是事先不好断言的。谈判者只有进入谈判实际中,才能一较高低,得出答案。

生活中,人们常常有这样的感觉,即同一件事,不同的人去做,其效果截然不同。有时明明自己的观点是正确的,却不能说服对方,甚至还反过来被对方"驳"得哑口无言。其实,要想说服他人,不仅要掌握正确的观点,而且要掌握一定的交往技术。在此,我们从谈判者行为心理角度,结合商务谈判实践,提出以下有关说服的技巧。

1. 说服他人的基本要诀

想要说服他人的人,总是希望自己能够成功,但是如果不讲究手法,不掌握要领,急于求成,往往会事与愿违。人们在说服他人时常犯的弊病如下所述。

① 先想好几个理由,然后才去和对方辩论;
② 站在领导者的角度上,以教训人的口气,指点他人应该怎样做;
③ 不分场合和时间,先批评对方一通,然后强迫对方接受其观点等。

这些做法,其实未必能够说服对方。因为这样做,实质是先把对方推到错误的一边,也就等于告诉对方,我已经对你失去信心了,因此,效果往往十分不理想。

说服他人的基本要诀主要包括以下几个方面。

1) 建立良好的人际关系,取得他人的信任

当一个人考虑是否接受他人意见时,一般情况下,总是先衡量一下他与说服者之间的熟悉程度和友好程度。如果相互熟悉、相互信任,对方就会正确、友好地理解你的观点和理由,因此,说服他人时取得他人的信任,是非常重要的。

2) 分析你的意见可能导致的影响

首先应向对方诚恳说明要他接受你的意见的充分理由,以及对方一旦被你说服将产生什么利弊得失。其次要坦率承认如果对方接受你的意见,你也将获得一定利益。这样一来,对方觉得你诚实可信,就容易被说服。

3) 简化对方接受说服的程序

当对方初步接受你的意见的时候，为避免对方中途变卦，要设法简化确认这一成果的程序。例如，在需要书面协议的场合，可提前准备一份原则性的协议草案，告诉对方"只需在这份原则性的协议草案上签名即可，至于正式的协议书我会在一周内准备好。"这样往往可当场取得被说服者的承诺，并避免了在细节问题上出现过多的纠缠。

4) 站在他人的角度设身处地地谈问题，不要只说自己的理由

要说服对方，就要考虑到对方的观点或行为存在的客观理由，即要设身处地地为对方想一想，从而使对方对你产生一种"自己人"的感觉。这样，对方就会信任你，就会感到你是在为他着想，效果将会十分明显。

5) 消除对方的戒心，创造出良好的"是"的氛围

从谈话一开始，就要创造一个说"是"的气氛，而不要形成一个"否"的气氛。在说服他人时，要把对方看作能够做或同意做的。比如，"我知道你是能够把这件事情做得很好，却不愿意去做而已"；又比如，"你一定会对这个问题感兴趣的"；等等。商务谈判事实表明，从积极的、主动的角度去启发、鼓励对方，就会帮助对方提高自信心，并接受己方的意见。

美国著名学者霍华曾经提出让别人说"是"的30条指南，现摘录几条如下，供谈判者参考：尽量以简单明了的方式说明你的要求；要照顾对方的情绪；要以充满信心的态度去说服对方；找出引起对方兴趣的话题，并使他继续感兴趣；让对方感觉到，你非常感谢他的协助，如果对方遇到困难，你就应该努力帮助他解决；直率地说出自己的希望；向对方反复说明，他对你的协助的重要性；切忌以高压的手段强迫对方；要表现出亲切的态度；掌握对方的好奇心；让对方了解你，并非是"取"，而是在于给让对方自由发表意见；要让对方证明，为什么赞成你是最好的决定；让对方知道，你只要在他身旁，便觉得很快乐。

6) 说服用语要推敲

在商务谈判中，如欲说服对方，用语一定要推敲。事实上，说服他人时，用语的色彩不一样，说服的效果也会截然不同。通常情况下，在说服他人时要避免用"愤怒""怨恨""生气"或"恼怒"这类字眼儿，即使在表述自己的情绪时，像担心、失意、害怕、忧虑等，也要在用词上注意推敲，这样才会收到良好的效果。同时，忌用胁迫或欺诈的手法进行说服。

7) 运用实例证明或逻辑分析来说服对方

善于劝说的人大都清楚人们做事主要受个人经验的影响，抽象地讲大道理远不如运用经验和实例更有说服力。

第二次世界大战期间，一些美国科学家试图说服罗斯福总统重视原子弹的研制，以便最有效地打击德国法西斯，尽快结束战争，减少无谓的人员伤亡。他们委托总统的私人顾问经济学家萨克斯出面说服总统。但不论是科学家爱因斯坦的长信，还是萨克斯的陈述，总统一概不感兴趣，为了表示歉意，总统邀请萨克斯次日共进早餐。第二天早上一见面，罗斯福就以攻为守地说："今天不许再谈爱因斯坦的信，一句也不谈，明白吗？"萨克斯说："英法战争期间，在欧洲大陆上不可一世的拿破仑，在海上屡战屡败。这时，一位年轻的美国发明家富尔顿来到了这位法国皇帝面前，建议把法国战船的桅杆砍掉，撤去风帆，装上

蒸汽机，把木板换成钢板。可是拿破仑想，船没有帆就不能行走，木板换成钢板就会沉没，于是他二话没说就把富尔顿轰了出去。历史学家们在评论这段历史时认为，如果拿破仑采纳了富尔顿的建议，欧洲历史就得重写。"萨克斯说完，目光深沉地望着总统。罗斯福总统默默沉思了几分钟，然后取出一瓶拿破仑时代的法国白兰地，斟满了酒递给萨克斯，轻缓地说："你胜利了。"萨克斯顿时热泪盈眶，他终于成功地说服了总统做出美国历史上最重要的决策。

2. 说服"顽固者"的技巧

在商务往来过程中，我们相信多数对手是通情达理的，但也会遇到固执己见、难以说服的对手。对于后一种，人们常常感到难以对付。事实上，只要我们抓住他们的性格特点，掌握他们的心理活动规律，采取适宜的说服方法，晓之以理，动之以情，他们是完全可以被说服的。"顽固者"往往比较固执己见，这通常是性格比较倔强所致。有时他们尽管明知自己已经错了，但由于自尊心的作用，也不会轻易地承认自己的错误，除非你给他一个台阶。因此，在说服"顽固者"时，通常可采取以下几种方法。

1) "下台阶"法

当对方自尊心很强，不愿承认自己的错误，从而使你的说服无济于事时，你不妨先给对方一个"台阶"下，说一说他正确的地方，或者说一说他错误存在的客观根据，这也就是给对方提供一些自我安慰的条件和机会，这样，他就会感到没有失掉面子，因而容易接受你善意的说服。

2) 等待法

有些人可能一时难以说服，不妨等待一段时间，对方虽没有当面表示改变看法，但对你的态度和你所讲的话，事后他会加以回忆和思考的。必须指出，等待不等于放弃。给他人留有一定的思考和选择的时间。同样，在说服他人时，不可急于求成，给他人留有一定的思考和选择的时间，等待时机成熟时再和他交谈，效果往往比较好。

3) 迂回法

当有的人很难听进正面道理时，不要强行或硬逼着他进行辩论，而应该采取迂回前进的方法。当正面道理很难说服对方时，就要暂时避开主题，谈论一些对方感兴趣的事情，并从中找到对方的弱点，逐渐针对这些弱点，发表己方的看法，让他感到你的话对他来说是有用的，使他感到你是可信服的，这样你再逐渐把话转入主题，晓之以利害，他就会更加冷静地考虑你的意见，容易接受你的说服。

4) 沉默法

当对方提出反驳意见或者有意刁难时，有时是可以作些解释的；但是对于那些不值得反驳的抗议，倒是需要你讲求一点艺术手法，不要有强烈的反应，相反倒可以表示沉默。对于一些纠缠不清的问题，如果又遇上了不讲道理的人，只有当作没听见，不予理睬，对方就会觉得他所提出的问题可能没有什么道理，人家根本就没有在意，于是自己也就会感到没趣，从而可能会不再坚持自己的意见了。

3. "认同"的技巧

在商务谈判中要想说服对方，除了要赢得对方的信任、消除对方的对抗情绪，还要用双方共同感兴趣的问题作为跳板，因势利导地解开对方思想的纽结，说服才能奏效。事实证明，"认同"是双方相互理解的有效方法，也是说服他人的一种有效方法。现代人都在呼吁：要沟通彼此的心灵。心灵的沟通，被视为社会生活的最高境界。"认同"，就是人们之间心灵沟通的一种有效方式。所谓认同，就是人们把自己的说服对象视为与自己相同的人，寻找双方的共同点，这是人与人之间心灵沟通的桥梁，也是说服对方的基础。在人与人的交往中，首先应求同，然后随着谈话深入，即使是对陌生人，也会发现越来越多的共同点。商务谈判更是如此，双方是本着合作的态度走到一起来的，共同的东西本来就很多，随着谈判的进展，双方也就越来越熟悉，在某种程度上会感到比较亲近，这时某些心理上的疑虑和戒心也会减轻，从而也就便于说服对方了，同时对方也容易相信和接受己方的看法和意见。寻找共同点可以从以下几个方面入手。

第一，寻找双方工作上的共同点。比如，共同的职业、共同的追求、共同的目标等。

第二，寻找双方在生活方面的共同点。比如，共同的国籍、共同的生活经历、共同的信仰等。

第三，寻找双方兴趣、爱好上的共同点。比如，共同喜欢的电视剧、体育比赛、国内外大事等。

第四，寻找双方共同熟悉的第三者，作为认同的媒介。比如，在同陌生人交往时，想说服他，可以寻找双方共同熟悉的另外一个人，通过各自与另外一个人的熟悉程度和友好关系，相互之间也就有了一定的认同，从而也就容易说服对方了。

总之，说服工作的关键在于抓住对方的心，在此基础上，再结合前边所述"听""说""问""答""看""叙""辩"的技巧，本着谈判的需求原理，综合地加以运用、统筹兼顾，才能收到良好的效果。

本 章 小 结

本章首先介绍了思维艺术，包括思维的概念与特点、形式，程序与方法、类型，谈判中的思维艺术，给出了倾听的技巧，如自我倾听习惯的检查、听的类型、影响倾听的主要因素及如何有效倾听；接下来阐述了叙述的技巧、提问的技巧、答复的技巧、观察的技巧；最后给出了"辩"的技巧及说服的技巧。

通过本章学习，读者应熟悉思维艺术的概念与特征，掌握谈判中的思维艺术、叙述技巧、提问的主要方式，掌握倾听的技巧和某些体语的特殊含义，并了解影响倾听的主要因素。

关键术语

思维　概念　判断　推理　论证　多向思维　侧向思维　逆向思维　收敛性思维　多样化思维　纵向思维　横向思维　倾听　提问　答复　说服

复习思考题

1. 填空题

(1) 静态思维是一种以程序性、重复性、稳定性为特点的_____思维方式。

(2) 动态思维强调在思维过程中与客观外界环境的信息交流与_____。

(3) 对于比较法,我们除了强调可比性外,还强调比较内容的_____。

(4) 一般来说,_____倾听有助于我们更多地了解信息,启发思考。

(5) 商务谈判总是针对某一具体_____而言的,毫无疑问地会涉及大量的专业知识。

(6) 养成有耐心地倾听对方讲话的习惯,这也是一个良好的谈判人员个人_____的标志。

2. 选择题

(1) 对于吃不准的问题,运用弹性(　　)。
　　A．语言　　　　B．条款　　　　C．思维　　　　D．手段

(2) 谈判人员在商务谈判的叙述当中,常常会由于种种原因而出现叙述上的(　　)。
　　A．优势　　　　B．模糊　　　　C．压力　　　　D．错误

(3) 澄清性提问要求对方对问题做出进一步的说明或(　　)。
　　A．确认　　　　B．理解　　　　C．反问　　　　D．解释

(4) 选择性提问带有很强的(　　)。
　　A．分析技巧　　B．限制条件　　C．心理暗示　　D．主观色彩

(5) 提问时最好能够保持问题的(　　)。
　　A．连续性　　　B．突然性　　　C．敏感性　　　D．自然性

3. 名词解释

(1) 多向思维。
(2) 侧向思维。
(3) 逆向思维。
(4) 收敛性思维。

4. 简答题

(1) 简述谈判中不应该提出的问题。
(2) 简述答复的主要类型。
(3) 简述上肢的动作语言。
(4) 简述"辩"的技巧。

5. 论述题

试简要分析答复技巧。

案例分析题

澳大利亚A公司、德国B公司与中国C公司，谈判在中国合作投资滑石矿事宜，中方C公司欲控制出口货源，但又不能为该合作投入现金，只想用人力与无形资产投入。A公司和B公司代表来华欲参观考察矿山，C公司派人配合并陪同前往，整个日程安排周到，准备有效，在有限的时间里满足了A公司和B公司对该次访问的要求。双方在预备会和小结会上对合作投资方式进行了讨论。

A公司：我公司是较大的滑石产品的专业公司，产品在国际市场占有相当份额，尤其在精细滑石产品方面。

B公司：他们在中国投资过，但失败了，正在纠纷中，但他们认为中国资源丰富，潜在市场大，很想找一个合作伙伴再重新干。

C公司：贵公司算找对了人了。谢谢贵方这么看重我公司，贵方想如何与我公司合作呢？

A公司：我公司计划在中国找一个有信誉有能力的大公司，一起投资中国矿山。

C公司：我公司是出口滑石的公司，若要投资则需集团审批，据我集团的近期发展规划看这个行业不是投资重点。

B公司：贵公司的情况，我们理解，不过A公司却有诚心在中国投资，由于第一次的失败，使这次投资十分犹豫。

C公司：的确，中国是个投资环境不平衡的地方。有的地区发达，有的地区不发达，要钱时，说得很好，钱到手后就不是那么回事了，尤其是采矿投资，与地质条件关系很大，而当矿床跨越不同村镇时，还发生所有权的问题。过去，我们已遇到这类的问题，作为外国投资者需要解决：地质探测、矿山合伙人的选择、国家政策、人文、商务法律、市场等问题。这些均影响投资成本和成败。

A公司：贵公司讲的正是我们担忧的，我们希望像贵公司这样的公司可以解决这些问题。

C公司：我公司是国际化的公司，按国际规范进行工作，尽管我们是中国人，但我们认为，使中国企业按国际规范与外国投资者合作是中国经济发展的重要条件。

B公司：若贵公司能参与合作，将是有意义的。

C公司：刚才我们已谈到贵方这样投资的问题所在，但我们十分赞赏贵公司对中国投资的勇气，作为中国公司，我们很愿意提供帮助，不过，我方将不以现金投入，而可以我们的商誉和协助解决上述问题的义务投入。

A公司：贵方这种投入也是有意义的。

C公司：如贵方认为是有价值的，那么我建议贵方可以将它罗列出来，并予以作价。当贵方与中方矿山谈判合资时，我方可与贵方作为一方谈判。我方在合资企业的股份，将从贵方所占份额中划出。

B公司：贵方的建议可以考虑。

C公司：若贵方同意我方合作的方式，那么，请贵方提供协议方案以确定双方关系，便于以后的工作。

C公司：待我回国汇报后，将书面回答贵方。

A、B公司代表回国后三周，给C公司来电，同意C公司以其商誉和服务入股。C公司为保出口货源和不出现金入股的方案谈判成功。

问题：

(1) C公司在谈判中运用了什么策略？

(2) A、B公司的谈判呢？

(3) A、B、C：公司的谈判结果如何评价？

第 8 章 商务谈判中的礼仪与文化

知识架构

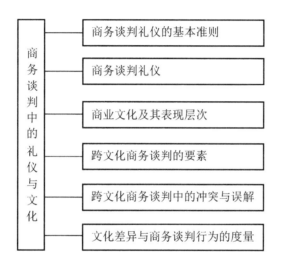

学习目标

通过本章的学习，读者应该能够：
- 掌握商务谈判礼仪的基本准则
- 理解商务谈判的礼仪
- 熟悉商业文化及其表现层次的特征
- 掌握跨文化商务谈判要素的特征
- 理解跨文化商务谈判中的冲突
- 了解跨文化商务谈判中的误解
- 掌握文化差异与商务谈判行为的度量

 导入案例

进攻式开局策略

日本一家著名的汽车公司在美国刚刚"登陆"时,急需找一家美国代理商来为其销售产品,以弥补他们不了解美国市场的缺陷。当日本汽车公司准备与美国的一家公司就此问题进行谈判时,日本公司的谈判代表因路上塞车迟到了。美国公司的代表抓住这件事紧紧不放,想要以此为手段获取更多的优惠条件。日本公司的代表发现无路可退,于是站起来说:"我们十分抱歉耽误了你的时间,但是这绝非我们的本意,我们对美国的交通状况了解不足,所以导致了这个不愉快的结果,我希望我们不要再为这个无所谓的问题耽误宝贵的时间了,如果因为这件事怀疑到我们合作的诚意,那么,我们只好结束这次谈判。我认为,我们所提出的优惠代理条件是不会在美国找不到合作伙伴的。"

日本代表的一席话说得美国代理商哑口无言,美国人也不想失去这次赚钱的机会,于是谈判顺利地进行下去。

案例分析:进攻式开局策略是指通过语言或行为来表达己方强硬的姿态,从而获得对方必要的尊重,并借以制造心理优势,使得谈判顺利地进行下去。采用进攻式开局策略一定要谨慎,因为,在谈判开局阶段就设法显示自己的实力,使谈判开局就处于剑拔弩张的气氛中,对谈判的进一步发展极为不利。

进攻式开局策略通常只在这种情况下使用:发现谈判对手在刻意制造低调气氛,这种气氛对己方的讨价还价十分不利,如果不把这种气氛扭转过来,将损害己方的切身利益。

本案例中,日本谈判代表采取进攻式的开局策略,阻止了美方谋求营造低调气氛的企图。

进攻式开局策略可以扭转不利于己方的低调气氛,使之走向自然气氛或高调气氛。但是,进攻式开局策略也可能使谈判一开始就陷入僵局。

8.1 商务谈判礼仪的基本准则

在商务谈判中,礼仪处处有所体现。举手投足,音容笑貌,尽显谈判人员是否"知礼"的本色。而礼仪又是如此烦琐,要想对每一个细节做出具体规定几乎是不可能的。而且,谈判也没有固定划一的格式。内容、方式及谈判双方的关系等方面都不尽相同。因此,对于谈判礼仪,遵守起来也不必僵硬、刻板,而是应该按照商务谈判礼仪的一些基本准则,因时因地、因人因事地灵活运用,以创造最佳的效果。商务谈判礼仪的基本准则包括以下几个方面。

1. 自重

尊重他人并不意味着失去自尊,自重者人重。谈判人员的修养与自尊会间接或直接地影响对方对己方实力的认定与评估。举止优雅,会令人肃然起敬;行为粗俗,必被人看轻。另一方面,过分的自谦,也会引起别人的误解。因为在强调实际的西方人眼里,这常常是缺乏实力或者无诚意的表现。听到对方的赞誉之词,应礼貌地致谢,而不应连声说不,否则对方会认为他的判断力有问题,或者认为你是在拒绝他的好意。

2. 理解

谈判是利益矛盾的双方力求走向一致的过程。差异、矛盾甚至冲突的出现是正常的，不能因为对方与己方意见相左，就面露愠色、话语尖刻，甚至恶语相加。即使是涉及坚持原则的事情，也应有理有节，以理示人。谈判中往往会出现这种情况：设身处地地对对方不同的观点和立场表现出充分的、善意的理解，会影响、转化对方的态度，促使对方也采取同样的态度来看待我方的观点和立场，从而寻得妥协办法，走出僵局。另外，由于谈判双方在文化背景、风俗习惯上有差异，不少矛盾是由误解造成的。例如，有的西方人不出门，或者不起身送客，如果知道这是他们的习俗，而非傲慢之举，我们心中的不快就会自然消除。再如，接受礼物，我们习惯于等客人走后再打开，英美人却愿意当着客人面打开，虽然方式不一样，但同样都是出自好意。

3. 适度

对待任何事情，都应把握好分寸，即做到适度。在商务交往中，热情待客固然可取，但也要考虑到对方的风俗习惯和价值观念。切不可一厢情愿、强加于人，否则也会事与愿违，好心办坏事。例如一美国客商来华谈判合作业务，我方人员为表示热情，三天一小宴，五天一大宴，每次都让客人喝得酩酊大醉，该美国客商当面不便表示不快，回国后即表示，我方如此铺张，他对今后合作的前景表示忧虑，合作自然告吹。适度的重要性由此可见一斑。适度的内涵包括：热情友好而不显曲意相迎；落落大方、挥洒自如而不显粗野放肆、有悖常规；处顺境时不喜形于色、乐不可支，处逆境时不垂头丧气、心烦意乱。

4. 守时践约

信守时间、信守约定，这是社交活动中的基本要求，也是文明礼貌的重要表现，社会越发展就越强调这一点。因此，主办各种活动都要遵守时间，按时进行。拖延时间，让客人等待，是失礼的行为。如果在我方所在地进行洽谈一定要提前在指定地点等候客人，宁可自己等客人，也不可让客人等自己。赴约要准时到达，迟到或不到，不仅使对方焦虑、难堪、恼怒、引起误解，更重要的是误事、影响组织信誉，在正式交往中这都属于"礼宾事故"。如万一发生临时情况不能赴约，要尽可能提前通知对方，表示歉意，解释清楚，想法补救，或再约时间。一旦赴约迟到，要真诚地向对方道歉，争取对方的谅解。当然，守时践约也并不是"越早越好"，这样也会使对方感到不便，而是要按预定时间，适时到达。

5. 女士优先

欧美社会尊重妇女，在日常生活中都是奉行"女士第一"(lady first)的信条。如今，这种做法已成为国际通行礼仪的重要准则。在社交场合女士享有一系列的特权。例如，乘车要给她们让座，要给她们开车门，让她们先上；走路要让她们靠没有危险的那一边走；登楼要让她们走前面，下楼要让她们走后面，一旦失足，男子可以扶持帮助；握手时她可以坐着不起身，也可以不脱去手套……总之，处处都给她们以优待。参加社交活动，客人到达时见到男女主人，应先与女主人打招呼。女客人进场，先到的男士要站起来迎接。在以下场合，男士要尽可能地为自己身边的女士服务，如帮助挂大衣，拉出或调整座椅,递送咖啡、茶、饮料等。如果有攀谈的机会,男士要主动攀谈,但不要打听对方的年龄和其他隐私。

6. 礼宾次序

在正式交际场合,一般以右为大、为长、为尊,以左为小、为次、为幼。二人同行,前者、右者为尊;三人并行,中间为尊,右者次之,左又次之;三人前后行,前者为尊。进门、上车时,应让尊者先行。尊者由右边上车,位低者待尊者上车后,再绕到左边车门,坐在尊者左手位。乘坐小轿车,后排右边为尊位,左边次之。前排靠司机的座位为最次,一般为译员位置。但如果主人亲自驾车,则司机旁为尊位。在日常交往中,一般应让尊者、女士先行,让他们坐尊位。上楼时,尊者、女士在前;下楼时,尤其是陡梯时,尊者、女士在后。迎接宾客,给其引路时,主人走在前面;送宾客时,主人应走在后面。在室内,以正对着门的座位为尊。

在礼宾排名上常规做法是,官方活动以职务高低排列,多边活动以参加国或参加人姓名的字母顺序排列,一般以英文字母排列居多。双边谈判时,通常可用长方桌、圆形桌或椭圆形桌,宾主相对而坐,以正门为准,主人居背门一侧,客人居面对正门一侧,主谈人居中。我国习惯把译员安排在主谈人右侧,但有些国家不同,一般尊重主人的安排。其他人按礼宾顺序排列。记录人员安排在后面,如果参加会谈人数较少时,也可在会谈桌旁就座。

7. 注意禁忌

世界各国都有趋吉避凶的习惯,长期以来,便形成了一系列禁忌。了解各国的禁忌和爱好,趋其所喜,避其所忌,也是商务谈判人员所应注意的。

1) 数字的禁忌

西方人普遍忌讳 13,认为这是一个带来不幸的数字。他们不在 13 号举行活动,甚至连门牌号、宾馆房号、层号、席次号、汽车编号都没有 13(103、1013 等不忌),很多地方就用 12A 代替 13。

这种习俗起源的一种说法是耶稣的弟子犹大为贪图 30 枚银币出卖了耶稣,在最后的晚餐时,耶稣及其弟子共 12 人聚会,第 13 个进来的便是犹大。这个故事在西方流传很广,加上达·芬奇名画《最后的晚餐》的影响,在西方几乎是家喻户晓。耶稣被钉死在十字架那天是周五,所以,如果 13 号那天恰逢星期五,就会被认为是非常不吉利的一天,被称作"黑色星期五"。

西方人喜欢 3 和 7,认为这两个数字大吉大利,会给人带来幸福和愉快。送火给别人点烟时,不可连点 3 支。这一迷信来源于 1899 年的英布战争,夜间战壕里用同一根火柴点烟的第三个士兵很多都被打死。自那以后便沿袭至今。因此,到第 3 人时需另点一根火柴。

数字的禁忌在世界各国都普遍存在。拉美各国也普遍忌讳 13,中国人送礼,喜双不喜单,西方人则喜单不喜双。大多数非洲国家认为单数带消极色彩。但在日本,奇数被看作吉祥福星的数字,对偶数则不感兴趣。

2) 花卉的禁忌

鲜花是受人欢迎的礼物,但并不是任何鲜花都可以作为礼物送人的。送鲜花的朵数不能是双数,也不能是 13 朵,在欧美,13 和双数都是不吉利的。

差不多整个欧洲，菊花都是在丧礼和追悼时使用的。拉美人则认为菊花是妖花。同样，杜鹃花、黄色花、纸花也被他们认为是不吉利的，因为黄色是不忠诚的象征。在巴黎，紫色花也不能用来送人，因为那是死亡的标志；法国人同时认为核桃也不吉利。

在国际社交场合，一律不用假花(纸花、塑料花等)，也不用黄色花，忌用菊花、杜鹃花、山竹花，这差不多已成定则。日本人喜欢菊花，认为它生命力强，但一般不能用作礼品，因为那是皇室的标志，同时他们还忌用荷花和山茶花。在法国和德国，情人之间才送红玫瑰。玫瑰花是美国的国花。红玫瑰不能送瑞士人。百合花不能送英国人和加拿大人，因为在那里，百合花代表死亡。西班牙人不能送菊花和大丽花，拉美人认为菊花是死亡的象征。在墨西哥，鲜花一般不用作礼物，他们认为黄花意味死亡、红花带来晦气，但白花备受欢迎，他们认为可以驱邪，仙人掌是墨西哥的国花，因为仙人掌类植物多开白花。

3) 食品的禁忌

由于宗教的原因，伊斯兰国家和地区的居民，都不吃猪肉、无鳞鱼和奇形怪状的食品。信奉印度教的国家和地区，不吃牛肉。西方发达国家，几乎不吃肥肉和动物内脏。日本人不吃羊肉。俄罗斯、东欧及非洲许多国家，普遍不喜欢吃海产品。

8.2 商务谈判礼仪

商务谈判礼仪是日常社交礼仪在商业活动中的具体体现。一般的社交礼仪，如注意个人形象、服饰得体等，在商务谈判活动中同样非常重要。同时，商务谈判，特别是对外谈判，由于本身的商业性、涉外性和正规性，对礼仪方面有着一些特殊的要求。下面择其要点予以介绍。

1. 迎送

迎接为谈判礼节的序幕，事关谈判氛围。利益对抗较剧烈的双方，可能会因为一方迎接周到得当而化解双方矛盾，促成谈判的成功。利益较为协调的双方，也完全可能因迎接不热情、不得当，致使双方情绪对立，谈判氛围恶化，使谈判无功而返。英美俗谚"第一次印象也就是最后的印象"，说的正是这个道理。迎接安排热情周到，就完全可以制造出关于谈判的良好的"第一次印象"。欢送则为谈判礼节的终结，关系到双方的信任信用、协议的贯彻维护、继续合作与继续谈判等，也是为之奠定感情基础的环节，所以万万不可认为谈判已结束或中断，便随随便便应付。迎送均应善始善终，不可虎头蛇尾。迎送的具体做法如下所述。

1) 确定迎送规格

迎送规格，应当依据前来谈判人员的身份和目的、己方与被迎送者之间的关系，以及惯例决定。主要迎送人的身份和地位通常应与来者相差不多，以对口对等为宜。如果当事人因故不能出面，或者不能保证对等，可适当变通，由职位相当人士或副职出面。当事人因故不能出面，应从礼貌出发，向对方做出解释。只有当对方与己方关系特别密切，或者己方出于某种特殊需要时，方可破格接待。除此之外，均应按常规接待。

2) 掌握抵达和离开的时间

迎候人员应当准确掌握对方抵达时间，提前到达机场、车站或码头，以示对对方的尊重，而且只能是迎候人员去等候客人，绝不能让客人等迎候人员。客人经过长途跋涉到达目的地，如果一下飞机、轮船或火车，就看见有人在等候，一定会感到十分愉快的；如果是第一次来这个地方，则能因此而获得安全感。如果你迟到了，对方会立即陷于失望和焦虑不安之中。不论事后怎样解释，都很难使对方改变对你失职的印象。同样，送行人员也应事先了解对方离开的准确时间，提前到达来宾住宿的宾馆，陪同来宾一同前往机场、码头或车站，也可直接前往机场、码头或车站恭候来宾，与来宾道别。在来宾临上飞机、轮船或火车之前，送行人员应按一定顺序同来宾一一握手话别。飞机起飞或轮船、火车开动之后，送行人员应向来宾挥手致意。直至飞机、轮船或火车在视野里消失，送行人员方可离去。不到机场、码头或车站送行，或者客人抵达后才匆忙赶到，对来宾都是失礼的；来宾一登上飞机、轮船或火车，送行人员立即离去，也是不妥当的，尽管只是几分钟的小事情，但也可能因小失大。

3) 做好接待的准备工作

在得知来宾抵达日期后应首先考虑到其住宿安排问题。对方尚未启程前，先问清楚对方是否已经自己联系好住宿，如未联系好，或者对方系初到此地，可为其代预订旅馆房间，最好是等级较高、条件较好的旅馆。客人到达后，通常只需稍加寒暄，即陪客人前往旅馆，在行车途中或在旅馆简单介绍一下情况，征询一下对方意见，即可告辞。客人到达的当天，最好只谈第二天的安排，另外的日程安排可在以后详细讨论。

2. 介绍

在与来宾见面时，通常有两种介绍方式：一是第三者作介绍；二是自我介绍。自我介绍适用于人数多、分散活动而无人代为介绍的时候，自我介绍时应先将自己的姓名、职务告诉来宾。各国的介绍顺序不大一致，我国习惯是优先介绍年纪大的人，而西方国家是妇女优先，只有男士是年纪很大的人时才例外，在公事场合一般是职位高者在先。介绍时，应先将来宾向我方人员介绍，随即将我方人员向对方介绍。如果对方是我方人员都熟悉的人，就只需将我方人员介绍给对方即可。介绍我方人员时，要把姓名、职务说清楚，介绍到具体人时应有礼貌地以手示意，不要用手指指点点，更不要用手拍打别人。正式介绍时，除妇女和年长者外，一定得站起来，但在宴会或会谈桌上，可以不必起立，被介绍者只要微笑点头有所表示即可。在赠送名片时，应持恭敬态度，双手递予对方。接受时名片也应双手接过，认真看一下，有时可有意识地重复一下对方的姓名和职务以示尊敬，切不可随手就将名片装入口袋。

3. 握手

谈判双方人员，见面和离别时一般都以握手作为友好的表示。握手的动作虽然平常简单，但通过这一动作，确能起到增进双方亲密感的作用。

1) 握手的主动与被动

一般情况下，主动和对方握手，表示友好、感激或尊重。在别人前来拜访时，主人应先伸出手去握客人的手，用以表示欢迎和感谢。但在离别时，例如一次会见活动结束，作为主人则禁忌主动握手，因为此时主动握手等于催促客人赶快离开。所以，离别之际先伸手握别的应是客方，其意在于表达"再见"或对接待的感谢之情。主、客双方在别人介绍或引见时，一般是主方、身份较高或年龄较大的人先伸手，借此表示对客方、身份较低的或年龄较小者的尊重，握手时应微微欠身、面带笑容或双手握住对方的手，以表示对对方的敬意。

在异性谈判人员之间，男性一般不宜主动向女方伸手。如果女性主动伸手时，男方要注意女方伸手的高低，当断定女方确实要握手时才可以去握。若女性只是点头示意，则男性以点头回敬不为失礼。

2) 握手时间的长与短

谈判双方握手的时间，以 3~5 秒为宜。如果握手的时间过短，彼此手一接触便即刻松开，表明双方完全出于客套、应酬或没有进一步加深交往的愿望。如果一方握对方的手时间过长，尤其是第一次见面的时候，则易被对方视为热情过度，不懂社交礼仪。当然，如果双方之间的关系十分密切，握手的时间可适当延长，并可使握着的手上下摇晃几下，表示热烈、真诚的感情。

3) 握手的力度与握手者之间距离

握手时，一般应走到对方的面前，不能在与他人交谈时，漫不经心地侧面与对方握手。握手者的身体不宜靠得太近，但也不宜离得太远。特别要注意的是，不要从他人的头顶上或会议桌上方与对方握手，如果在就餐时确有握手的需要，应注意不要在餐桌或食物上方握手，以免令人生厌。双方握手时用力的大小，常常表示感情深浅的程度。握得有力，表示握手者充满热情、诚意、信任或感激之情。当然，也要注意，握手也不要用力过大、过猛致使对方有痛感，那样也不会收到预期的效果。

4) 握手的面部表情与身体弯度

握手者的面部表情是配合握手行为的一种辅助动作，通常可以起到加深情感和印象的作用。因此，握手时双方应面对面地对视，面部表情要流露出发自内心的喜悦和表达真诚的笑容。谈判双方握手时，切忌表情呆滞冷淡、心不在焉。握手者身体的弯度，要根据对方的情况确定。例如，与地位相等的人握手，身体稍微前倾即可；以握手形式表达谢意时，则要稍微躬腰；与长辈握手，则应以深躬表示尊重。除非有特别用意，一般不要挺胸昂首握手，以免给人留下蠢而无礼的不良印象。

4. 交谈

总的来说，交谈时表情要自然，态度要和气可亲，表达要得体。说话时可做些适当的手势，但动作不要过大，更不要手舞足蹈，不要用手指指人或拿着笔、尺等物指人。交谈时不要离对方太远或太近，不要拉拉扯扯、拍拍打打，不要唾沫四溅。参加别人谈话时要先打招呼。别人在个别谈话时，不要凑近旁听。若有事需与某人交谈时，要等候别人谈完；有人主动与自己谈话时应乐于交谈，第三者参与交谈时，应以握手点头或微笑表示欢迎，发现有人想和自己交谈时可主动上前询问；交谈中遇有急事需处理或需离开时，应向对方打招呼，表示歉意。交谈现场超过三个人时，应不时地与在场所有人交谈几句，不要只和一两个人说话，而不理会其他人；所谈问题不宜让别人知道时，则应另择场合。在交谈中，自己讲话时要给别人发表意见的机会，别人讲话时也应寻找机会适时地发表自己的看法；要善于聆听对方谈话，不要轻易打断别人的发言。一般不谈与话题无关的内容；如对方谈到一些不便谈论的问题时，不要对此轻易表态，可转移话题。交谈中，应目视对方，以示关注；对方发言时，不应左顾右盼、心不在焉，或注视别处，显出不耐烦的样子；不要做出老看手表、伸懒腰、玩东西等漫不经心的动作。交谈时，一般不询问妇女的年龄、婚姻等状况；不径直询问对方的履历、工资收入、家庭财产、衣饰价格等私生活方面的问题；对于对方不愿回答的问题不要寻根问底；对于对方反感的问题应示歉意并立即转移话题；不对某人评头论足；不讥讽别人；也不要随便谈论宗教问题。男人一般不参与妇女圈的议论，也不要与妇女无休止地交谈，以免引人反感侧目；与妇女交谈时要谦让、谨慎；不随便开玩笑；争论问题要有节制。

交谈中要使用礼貌用语，如你好、请、谢谢、对不起、打搅了、再见、好吗……并针对对方不同国别、民族、风俗习惯等，恰当运用礼貌语言。在社交场合中交谈，一般不过多纠缠，不高声辩论，不恶语伤人、出言不逊；即便有争吵，也不要斥责、讥讽、辱骂对方，最后还应握手道别。

5. 宴请和赴宴

宴请和赴宴无论是在国际交往中，还是在一般社交活动中，或是在经济谈判活动中，都是常见的交际活动形式。

1) 宴请

一个谈判周期，宴请一般安排3~4次为宜。接风、告别各一次，中间插1~2次(视谈判周期长短而定)。宴请首先要确定规格，包括宴请名义、目的、人数、形式(冷餐会、自助餐或酒宴)、价格等。其次应确定宴请的时间与地点。第三，预先订菜。凡客方不爱吃或有禁忌的菜不可订。酒水一般以低度酒、果酒、啤酒、饮料为宜；若为外商(非伊斯兰教徒)，也可请其品尝中国名酒。若对对方饮食习惯不了解，也可当场征询对方意见后再点菜及酒水。第四，发出正式邀请。使用请柬或口头邀请均可。若宴请数次较少，可有一次使用请柬以显得热情、庄重。第五，席位安排。国际上的惯例，桌次高低以离主桌(即双方负责人所在之桌)远近而定，且右高左低；同一桌上，席位高低以离主人远近而定。主桌一般应安排在最里边，离致辞之处最近。主宾安排在主人的右上方，以示尊重。席位安排好后，应做好记录，届时或在各席位上摆上名字，或由己方人员导引入座。也可只排好主桌席位(包括负责人与主要人员之桌，可设若干座)，其余人员自由随意入座即可。第六，准备致辞。接风便宴致辞可临场即兴发挥，其余的应针对不同情况作一定的专门准备，特别是告别或答谢宴会致辞。致辞不应提及具体谈判内容及问题，应强调合作，渲染气氛。第七，现场布置、餐具均应事先提出要求，有所准备。届时，主方应陪同客方前往，以作导引。

2) 赴宴

第一，一般情况下应愉快接受，从速回复(口头即可，除非请柬上注明"请回复"字样，则需书面回复)。第二，应邀后应守时守约，不可怠慢贻误。如有人因事不能参加，必须提前通知对方，并表示感谢惋惜，还可提请改变时间。抵达时间不宜过早，提前10分钟左右为宜；更不能迟到，让对方等待。第三，进入宴会厅要表现礼貌，对宾客均应笑脸相迎，对长辈及身份较高者应示以尊重，衣冠应整齐、自然、庄重，显出风度。步至宴会桌前不要主动就座，一应待对方导引；二应找到属于自己的座位；三为即使除主桌外未排席次，也应待到与大家一齐入座。坐姿应端正，身体距餐桌应有10~15厘米的距离，落座后眼睛不要东张西望，可与两边相邻者作些自然交谈，待主人正式致辞或宣布开始后，方可与众人一道动用餐具进餐。第四，席间切忌用餐具指点、议论他人，切忌一边瞄着别人一边又与自己熟悉或近者交头接耳。即使酒菜不对口味,只要不触犯禁忌,均应吃一些以示感谢。第五,别人敬酒,应起身表示谢意。若不会或不便饮酒,可向敬酒者说明后以饮料代替。间歇一会儿后,应回敬对方。第六,赴宴切忌贪婪、放肆,否则,即贬低自己,且对主人有失尊敬。嘴里有食物时,不要说话。别人有失手之处,如碰倒碗杯、弄洒了汤菜,甚至弄脏了自己的衣服等,应表示不介意,以宽慰对方。席间离开,应向主人或邻座打招呼。第七,散席时要向主人致谢,热烈握手,还应对宴会作些赞美,切忌对饭菜发表贬损性评论。第二天,可当面或打电话向主人再次道谢。如此一来,谈判氛围必将得到不断优化且不断巩固。

6. 礼品

商务交往中常互赠礼物以增加双方的情感与友谊,巩固交易伙伴关系。赠送礼物首先应根据对方的喜好与习惯加以选择。一般应偏重于意义价值,即有意义的物品,使用价值不是很重要,但也绝不能是无用之物。送外商礼物应有中国的民族特色。礼物应尽量具有令人惊喜之感,即具有创新性。富于新奇性的礼物尽管市场价值不一定多高,但有利于发展双方的情感与友谊。其次,礼物的货币价值应有限制,否则,赠送礼品就有贿赂之嫌,即使双方成交,也有非法交易之嫌,对双方均不利,欧美国家尤其在意这一点。在美国,商业交往中所赠礼物的货币价值仅在 20 美元左右。再次,赠送礼品切忌触犯对方的禁忌。再再次,赠送或接受礼物均应符合国家法律与政策的规定。若外商所赠礼品违反这些规定,应对其做出详尽解释并表达谢意,以防止对方的误解与不快。最后,凡接受他方礼物必须回赠礼品,或以适当的方式表示谢意。互赠礼物只有遵循这些原则,才成为礼节之一种。不讲原则的互赠礼品,必失去光明磊落之风格,不仅不能成为一种礼节,还常导致节外生枝。

7. 告辞

商务谈判活动中,无论是正式商务谈判还是私下会晤,总有结束和告辞的时候,总的礼仪是不管生意做成与否,都应彬彬有礼。千万不要成则喜,不成则怒,生意场中重复交往是普遍现象,就是生意不成,也应给对方留下良好的印象,正所谓"买卖不成仁义在"。不成则怒,不仅说明自己没有气度,而且是非常失礼的行为。具体来讲,在告辞方面应注意如下问题。

(1) 告辞最忌当别人说完一段话后就立即辞别。这会使对方感觉你对他的谈话不耐烦。较恰当的辞别时机,是在自己说完一段话之后。

(2) 无论是正式商务谈判或是参加招待会、宴会及私下拜访,告辞前,都不要表现出急不可耐的姿态或情绪。如果你是招待会或宴会中走得最早的人,千万不要大声告别,只需轻轻地向主人告辞,并表示歉意。如走时被其他客人发现,可以礼貌地说声再见。

(3) 即使所参加的活动引不起你的兴趣,也不要显出厌倦和急于离开的样子,这不仅失礼,也会伤害邀请者的自尊心。

(4) 通过谈判或会晤,合作成功告辞时,应注意恰当的赞扬对方,这不仅是礼仪,同时也能起到巩固相互合作的作用;合作不成功,在告辞前也应简短明确,再一次表明我方的合作诚意,愉快而有礼节地告别,这会为今后双方交往打开方便之门。

(5) 提出告辞时,应从座位上站起来,不要嘴上说走,身子却不动,当主人送出门时,不要和他说个不停,这是不礼貌的。

8.3　商业文化及其表现的层次

商务谈判活动是人际间直接的沟通形式，其成效与谈判者的综合素质和信息解读的保真程度有关。谈判者很可能来自不同的文化、亚文化的环境，面对生人自然会保持高度的戒备心理。由于文化方面的差异，很容易造成并加深误解，增加谈判的难度。文化因素还与一些有形和无形的制度及社会环境方面的差异联系在一起，更增加了跨文化谈判的难度。

(1) 对一方或者双方而言，处于陌生的地理环境，特别是谈判在境外举行，存在着与总部和专家交流时所受到的时差、费用和人手等客观条件的限制。即便处于主场的位置，双方同样会因为环境的生疏变得格外小心，谈判耗时，费用自然会比同一文化背景的谈判多一些。

(2) 各国的法律存在着巨大的差异，即便按照最粗略的标准归类，也有英美法系、大陆法系、伊斯兰法系和社会主义国家法律体系等诸多的体系，加上国际经济组织发布的准则和规定，非专业人士很难理出头绪。在谈判时为选取适用的法律和规则难免颇费周折，道德观、价值观等潜规则方面的差别更加难以琢磨清楚，谈判者之间对对方行为举止的真正含义往往不甚了解。

(3) "冷战"结束后，意识形态的差别对商业活动的影响力虽然大为减弱，但是仍然存在。在一些敏感性的商业活动领域中，如国际商贸活动中涉及尖端技术产品、环境保护、劳工权益、禁运国家名单等问题时，意识形态通过政策和法规干预着谈判者的判断和行为。意识形态的潜移默化的作用，会在一定时点上通过突发性事件反映出来，给商务活动带来极大的风险。企业经营管理者会对诸如反倾销、货币贬值等风险保持过度警惕和做出过激的反应。有时意识形态还与民族情结相结合，易发生极端的排外心理和行动。更为突出的表现是，具有强烈意识形态的人会形成思维定式或"偏见"，偏爱与某些国家的人做生意，而不愿意与另一些国家的商人交往。与抱有这种态度的对手交往，有可能遭遇到意识形态方面的障碍。

为什么要掌握商业文化呢？因为它是企业家和管理者形成核心价值观和企业规范最内在和深层次的基础。理解它的重要性在于，谈判有时会在具有不同文化背景的个人和企业之间进行。沟通中的误解和曲解是难以避免的，问题是如果大家都以自己的文化观念来判断对方的利益和行为，则难以达到平息纷争、实现合作的目的。了解多种文化差异的谈判者是企业的宝贵财富，可为企业实现外部分工协作和保持内部团结做出独有的贡献。所谓当代企业要有全球化的视野，适应本地化的经营，在相当大的程度上要靠这类员工的努力。查阅文献后会发现，不同语言的词典对文化有着不同的定义。它可以泛泛地指思维的习惯、观念和感觉，在汉语中则指的是人类历史上累积的精神传统，如文学、艺术、教育和科学等。在西方的谈判界，代表性的观点是指"带有国别的、种族的、与其他人群所共同享有和传递的一套含义、价值及信仰，并用于指导行为"。这些观念和行为是在特定的人群中传递的，文化起到了社会黏合剂的作用，将同一类人联系在一起，这使得他们与集体以外的其他人的文化区别开来。

萨拉克斯认为，在商务谈判的范畴中，文化是沉默的语言，来自相同背景的谈判者能够解读和预测对方的行为。来自不同文化背景的谈判者在初次接触的时候，由于彼此间所拥有的信息源不同，因而对各方的陈述、行动和企图有着各自不同的解释。对文化的定义，西方人更有细节方面的针对性。延伸到商业文化领域，提出不同的企业之间也有文化上的差别，这就进一步揭示出价值观与企业具体商务行动之间的联系；中国的传统商业文化观念偏重于人类共同财富的积累，主张弘扬道义与诚信。前者强调精确和竞争，后者阐述和谐与统一。中国传统的主流文化讲求统一、互助和包容，这正是高超的商务谈判的境界。春秋时期的学者商容临终前，他的学生老子前来探望，询问老师还有什么哲理能够教诲。商容张开嘴让他看自己的舌头还在不在，老子答曰还在；再问牙齿还在不在，答曰全都落光了。商容再问："那是什么道理呢？"老子经过沉思后答道："是过刚易折、柔则长存吧。"商容笑曰："天下的道理多在其中了。"

值得注意的是，文化是多元性的、交融的，超越了国界。以东方文化为例，其内涵是很丰富的，西方文化也是如此。就商务谈判所界定的单位而言，其尺度明显地要小于国家间的文化，管理学认为单个企业也有它的文化，谈判者个人可能受到不同文化的影响，并且在谈判风格中体现出来。文化还是分层次的，可以借用类似于"洋葱"式的一组图形来描述商务谈判与文化之间的关系，如图 8.1 所示。

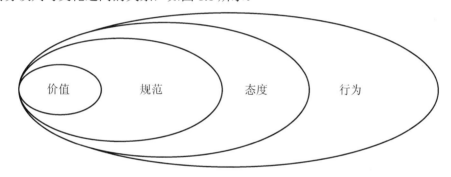

图 8.1　文化的层次

行为是指语言、举止、动作等在社会性活动中个人表现的部分。它是能够直接观察到的层面，也是最难理解和最容易引起误解的层面。以微笑为例，人类最复杂的表情莫过于笑容。在商务谈判过程中笑容的感染力最强，也最容易引起歧义。它所传达的信息可以是满足、掩饰窘境、附和，甚至是愤怒，或者仅仅是习惯性的反应和受到谈判气氛的感染等。正是因为微笑表达信息十分丰富，始终以这种表情示人的谈判者有时被称为"扑克面具人"，人们很难理解其内心的想法和真实感受。

第二个层次是态度，它是指人们受文化的影响对具体事件和现象所持的表情、举止和反应，如表达意见的方式、遵守默契、在联系过程中回应的积极程度，等等。谈判者对态度也是很敏感的，特别是冷漠的回应。谈判者会据此评估达成协议的可能性，会把顺畅的交流估计成对方采取合作的姿态，而把生硬的态度理解成对方的故意刁难和缺乏合作的意愿。当然，仅凭态度来判断谈判成功的机会是有风险的。有的人外冷内热，有的人口蜜腹剑，有心计和经验的人还会利用虚假的态度掩饰谈判的真实动机和底线，明明急于成交却装作无动于衷，以逼迫对方做出更多的让步。然而这种虚假合作的博弈手法也可能招致对方的敌意和报复，因为没有人喜欢被愚弄或排斥，从而会因此失去商机。

第三个层次是规范，尤其是社会和企业对各种情形所制定的准则，有时是潜规则，包括行业内通行的价值取向，如对销售人员是否应当收取回扣、厂家是否可以跳过代理商向经销商直接供货等，表面上看起来是谈判者个人的要价和还价，实际上反映了对待商业信用的文化差异，以及企业一贯的制度和规则。由于规范是约束谈判者行为的框架，指导他们应该做什么，确定不能逾越的界限，把握住谈判者遵守的规范，就能提高预测其行为的准确性，降低因个人行为的随意性而产生的风险。

最内核的第四个层次属于价值观，这是文化的最本质的内容。在交往次数有限的谈判者之间，对彼此价值观作准确的预测和理解是最为困难的。有时在履约阶段，价值观的不同引发的冲突也许最为激烈，比方说，因对"不可抗拒力"的不同理解、责任的分担、原先未加明确约定的条款引发的纠纷等。谈判者个人、他们所在的组织和国家对一些根本性的文化传统的观念，如诚信、如何对待背叛行为、朋友的含义、商业价值等一系列问题的见解形成了牢固的价值观，并且主导了行为、态度和规范。偏见也属于价值观的组成部分，很难在短时期内得到消除。由于所处社会生活环境的巨大差异，各国企业之间、富国与穷国之间、各阶层之间和企业之间，对收入差距、福利制度、债务清偿、贸易条件、劳工权益、法律制度、公平与效率、环境保护和社会公德等许多问题的观念难以形成共识，在很多情况下，价值观的分歧会影响谈判的进程及后期合同的执行和修订。最能体现跨文化差异导致持续和剧烈冲突及无休止谈判工作的，莫过于东西方国家之间的跨国合资企业了。

以中国为例，由于信息的缺乏和政策规定限制等方面的原因，1979年以后的十多年中所设立的外资企业基本上采用了中外合资与合作的形式，由此引发了中外企业管理层的各种摩擦。从20世纪90年代后半期起，新设立的外资企业多为独资企业，这种转变在一定程度上反映出跨国文化差异在决策层次上的难以调和性，必须采用独资形式，以单一价值观和规范来从事商务活动。然而独资企业的中层管理人员与员工主要为本地员工，与企业高层之间沟通中的文化差异依然存在。因此，不仅企业之间的谈判者需要了解来自不同文化的对手，即便是管理者，要实现企业内部的有效沟通，也有必要了解一些商业文化的构成因素。

8.4　跨文化商务谈判的要素

在东方文化中，形式上的集体一致同意对于决策的形成和维护同事间的良好关系至关重要，其中又以日本人最为典型，他们甚至将形成统一意见的观念的传统文化扩展到与对手之间的谈判中，注重达成完全一致的最终结果。在企业内部的意见协调过程中，经常使用的是一种以集体折中、形成共识的方式进行的"幕后"谈判。这种商业文化令人费解的地方是靠默契来沟通的，在外人的眼中，未达成一致观点之前是不会进行谈判的；达成一致后，就没有什么可谈了。签约纯粹变成了一种仪式，尽管是很重要的仪式。

谈判中的礼仪与举止也深受文化背景的影响，了解其内容与含义对获得谈判的成功非常重要。文化上的差异所导致的误解很可能会断送合作前景，因为跨国谈判的机会是很难得的，潜在机会也大，仅仅因为不了解而使谈判失败是非常可惜的。然而，掌握这些文化的外在形式并非易事。文化上的复杂性还渗透到国别内部，即便是在同一个国家内，文化的差异也很大。如意大利人在交谈时，罗马以南地区的人以摇头的方式表示赞同，罗马及以北的人以点头表示同意,千百年来一南一北可谓泾渭分明。为此,在谈判之前做些准备工作是很有必要的,应多学、多问。

下面是有关准备跨文化谈判的简表,以供参考,具体见表 8-1。

表 8-1 跨文化谈判准备表

内　容	含　义
打招呼	代表着见面时如何打招呼?男士引荐给女士,职位低的人介绍给职位高的人,是否一贯如此?名片上印哪些头衔,如何呈递与接受?
准时	会面的时间是应严格遵守的(如德国人、日本人),还是有弹性的(法国人可以迟到 15 分钟,阿拉伯人在约定的当天出现)?
着装正式	生意人可以接受的是轻松、随意和休闲的便装,还是正式的礼服?这既取决于国家(如严格规矩的北欧生意人,与自由自在的地中海沿岸国家的商人)的差别,也受每个公司文化的熏陶(礼宾为重的服务业与工作狂的信息产业)。如有必要,应事先就这方面的信息进行沟通,以适应对方的预期
赠送礼物	对方是否有互赠礼品的习俗?什么样的礼物是适合的?各国的价值标准与法律的规定。礼品切忌因过于贵重而有贿赂之嫌。包装过于简单、显得粗陋的礼品会起到负面的效果
形体语言	是握手、拥抱、拍肩膀、行注目礼,还是限于点头致意?目光是直接接触还是低垂眼帘?哪些形体语言有侮辱和粗鲁的含义?
行为举止	表达自己的方式,是正式的还是亲切放松的?对于个人空间而言,何谓足够的距离?
情绪表达	克制、微笑、自然流露、粗暴、尴尬、掩饰,等等
沉默	各种文化对沉默的解读,是令人难堪的局面还是可被容忍的,抑或是在深思?
饮食	食物的禁忌,素食者、宗教的因素;座位的安排、餐具和手的使用方式、进食的方式、是否允许饮用酒精饮料、对待醉酒的态度
谈判语言	工作语言和合同文本使用的正式语言,以及由哪一方派出翻译等

东西方文化对谈判顺序的安排有很大的差异,各国对待时间的态度也有很大的区别,由此影响到对守信的理解。守时观念在各国之间也有很大区别。中国人的讨论方式侧重于从宏观角度切入议题,凡事先从全局的观点考虑,每一项议题均从属于总体上一致接纳还是全盘拒绝考虑。这种风格的谈判表现出围绕主旨循环往复地讨论一项项内容,已经达成一致的观点未来还是有再商量的余地。中国国有企事业单位的谈判者偏好介绍国家和单位的历史,对分析宏观的政治和经济问题有着特别的偏好,善于用"历史的眼光"看待议题。在有些东方国家(如印度),人们认为时间是循环往复的,同样的情景在未来的某个时间点会再现,反映在谈判过程中,表现为时间观念并不强,因为机会还会回来嘛。

英美文化的传统讲究逐个要点地讨论,在此基础上拼凑出总体的合同。当然仅就局部问题达成一致也是可以接受的,并不强求在每一点上或全部问题上达成一致。他们认为,单维的时间总是一去不复返,过去的历史相对次要,把握现在最为关键,未来是难以预知的。在这种文化观念的引导下,议题讨论的次序显得很重要。已经达成共识的议题不会再提到桌面上。守时被认为是尊重对方和有信用的基本素养。

由于法律和习惯的差异,在合同文本方面英美法系国家受成文法传统的约束,在律师的参与下提供了非常详细的约定。换言之，合同等同于法令，一旦达成一致是无法更改的。而属于大陆法系的国家因各种法律体系已经非常细，合同文本通常仅有薄薄的几页，并且多为原则性的约定。在有些文化中，商业行为是靠信誉来维系的，合同条款被理解为下一轮谈判的起点。可见，来自两种法律背景的企业之间的谈判在沟通和条款约定方面会有些障碍。

8.5　跨文化商务谈判中的冲突与误解

拒绝的艺术最能凸显文化和谈判的差别。外交官是职业的谈判人员，出于保持沟通渠道的畅通、开启合作之门甚至礼貌方面的需要，他们很少使用否定性的答复。面对完全不可能的接受方案和没有前景的会谈，在公开的场合中他们会说"也许值得考虑吧；我们进行了坦率和建设性的会谈"；而面对有一线希望的方案和机会，他们在公开场合的评价就变成了"具有良好的合作前景"。与之相反的是，年轻的女士面对追求者说"不"并不一定意味着关闭机会之门，而是矜持的本能和社会角色使然。如果她们答复"也许吧"，就意味着接受了。可见，同样作为社会的人，所表达出来的交流习惯是有很大差别的。因此，不能仅仅从字面上理解对方的语言，而是要深入理解如此说的目的和价值方面的含义。不同的文化对待谈判中说"不"，即否定的表达方式有时差异很大。西方文化倾向于用直截了当的方式表达，这体现了对客户的诚实和负责态度，以及就事论事的务实和高效率原则。直率和清晰地表达自己的意愿在某种意义上相当于维护荣誉与尊严。在使用否定性语言方面，英国人可能是西方文化大范畴中小小的例外。对不感兴趣的话题，他们会很有绅士风度地说"有意思"，只对真正感兴趣的议题说"很有意思"，然后才会探讨细节。相比之下，东方文化，特别是中国的传统文化认为，以直白的方式拒绝是很不礼貌的事情，让谈判者说"不"显得非常困难。人们很容易将否定要价或提议与否定谈判者个人联系起来。因此，即便在坏消息传来时，知情者出于善意和缓冲的目的也会对当事人封锁消息，对西方人而言，这是很令人费解的做法。

东方传统社会关系建立在由家人、同乡、朋友和熟人构成的无形而又牢固的交际圈之上，做生意得靠社交圈，或者说做生意为了进入社交圈，正所谓"买卖不成仁义在"。愈是消息灵通、能够调停纠纷和帮忙的人，社会地位就愈高，也就愈有"面子"。拒绝别人的请求则被视为能力有限，其社会地位也会受到影响。这种"面子"是维系社会关系的纽带，涉及人际间复杂和敏感的社会关系，外来的陌生人要想介入这种圈子是需要花费时间和由朋友来引路的。因此可以理解，中国的谈判者在无法满足对方的请求时，习惯于用间接的方式回复对方，常用"这件事很难办"的答复礼貌地拒绝。真正令人感到困惑的情形是，有时在觉得对方的要求的确很难满足，但是经过努力能够解决问题，或者以事情难办为由提高要价时也会答复"这件事很难办"。因此，只有深入了解各方的文化背景、处世原则和具体情况，才能做出合理的判断。

除了欧洲的一些传统贸易国家外，每一个国家，尤其是大国的国民是处于相对封闭状态的。他们对外部世界的认识十分有限，部分原因是国内市场太大、与外国人交流的机会甚少。旅游固然能够增长人的见识，可是隔着旅游车和星级宾馆的玻璃观察旅游点的居民和游客，对当地文化和价值观的了解仅为一知半解，并且受到导游们夸张描述的影响，由此，一些偏见并不一定能得到消除，反而有强化的可能。

美国人不介意对手的强硬态度，并且尊重强者。只要对方说得有理有据，就不排斥甚至欣然接受。作为实用主义者，他们能够将个人恩怨和公司利益分清楚。谈判中的效率优先是争分夺秒的美国人推崇的准则，一开始就直奔主题而去。相比之下，欧洲人显得更有耐心。每当长假来临，欧洲的时钟似乎停止了摆动，宁愿少做生意，生活的品质也不能下降。商务谈判受文化影响，另一个容易引发误解和冲突之处是如何回复对方的建议。在东方社会中，中庸文化的传承使得大家认为匆忙做出决断是不稳重和丢脸的事，成熟的商人应当延缓表态、三思而后行，匆忙表态则是商家的大忌，也是不尊重对方的表现。当他们面临对方的询问和提议时，会保持一段时间的沉默和思考。与之形成鲜明对比的是，西方人特别是拉美人期望得到明确和立即的回复，让他们最感到恼火的是"再研究研究"之类的含混表态。西方人会将对手的沉默理解成傲慢，或者没有听明白。相反，西方人的直率表述被东方国家的谈判者视为以自己为中心，逼迫对方接受自己见解的狂妄之举。可见，文化背景的差异形成了跨国谈判与交流的鸿沟，弄不好还会适得其反，加深彼此间的冲突。

古往今来，中间人的调停在国家(或地区)间和商业界受到广泛使用，它的功能体现着谈判含义中的"判"字。中间人是家族等利益攸关者的自然延伸，在中国商业传统中扮演着极为重要的角色。生意、友谊和大家族是联系在一起的，遍布全球的潮州人同乡会就是典型的代表。几千年来，中国经历了统一与分裂、繁荣与贫困循环交替的历史，以家族为单位的利益共同体成为维系个人生存最强有力的纽带。

因此，中国人传统上形成了"家庭—个人—社会"的利益顺序。相比之下，小国寡民的社会，共同防范和抵御外来的入侵成为个体生存的必要条件。基于这一原理，日本人形成了"社会—家庭—个人"的利益顺序。而在地广人稀、资源丰富的移民国度里，迁徙频繁，主要靠个人奋斗能够成就事业，形成了"个人—社会—家庭"或者"个人—家庭—社会"的利益顺序。我们不难理解，由此形成的文化和利益关系会在跨文化商务谈判中表现出来。

一般来说，社会关系的重要性在于提供集团性质的利益保障和降低沟通成本。对外来者和初来者来说，进入社会圈子是取得生意上成功的捷径；对于圈内人士而言，这是交换信息、巩固既得利益和寻求帮助的平台。

8.6 文化差异与商务谈判行为的度量

各国乃至企业间文化的差别对商务谈判产生巨大的影响。那么，如何把握跨文化差异对商务谈判的影响呢？随着商务活动日益国际化和经验的积累，谈判者学习和适应跨环境的能力也在迅速提高。谈判不是严格的自然科学，要从世界 200 多个国家和地区、数千个民族中概括出文化、规范、态度和行为的完整类型也是不现实的。在这里只引用一些统计和归纳的分析结果,再结合商业文化的基本要素进行简要的讨论。

为了能够总结出一些有代表性的文化差异要素,我们根据萨拉克斯的跨国性实证研究成果,将文化类型和商务谈判的联系用以下粗略的刻度加以归纳和对比。这项检验是根据来自12个国家的310位经理人、管理者、律师和有工作经验的研究生的问卷调查得来的。需要说明的是,人们的行为不仅受制于文化因素,还受到谈判者个人的价值观和性格(如谨慎、冒险、自我中心论和直率)等因素的影响。反映到谈判者的行为和态度上,就增加了判断的困难。统计得出的答案仅是他们的理念和感觉,并不一定是在真实谈判中的行为和态度,况且各个国家的不同谈判者也有文化的差异,因此,这个调研结果仅供读者参考。

(1) 只将注意力聚焦在签约本身,而与私人之间的感情区分开来。商人则受到传统商业文化的熏陶,认为交易的实质是建立良好的私人关系,签约意味着结识了新的生意的朋友。为此亚洲人在谈判之前会多做准备,考察对手是否值得交往。而美国人认为生意就是利益关系,于是在谈判中直奔主题。在这一点上,讲求实际的日本人有点偏离东方人的范畴,本来似乎应该更偏重于关系导向,结果却是注重签约本身。

(2) 双赢的思维方式将谈判视为共同决策和解决问题的过程,认为持合作的态度将使双方得利。这一关系决定生意的观点在的日本、阿根廷、法国和印度表现得最为鲜明。相比之下,持有谈判是零和博弈过程观念的多是尼日利亚、巴西和西班牙的受访者。他们更有可能将谈判视为讨价还价的过程,信奉坚持强硬的态度就能迫使对方让步。持这一立场的人希望向对手施压以榨取尽可能多的利益。两者的差异或许反映出对重复做生意可能性的在乎程度的区别。

(3) 谈判者的个人风格深受其所处文化氛围的熏陶,表现在着装、称谓、使用的语言和语句等方面。即便是具有相近历史渊源的英国和美国,在统计中也有着巨大的差别,正式程度分别为 35.3%和 17.1%。另一个能说明两国文化差别的证据是英国人重视出身,而美国人推崇个人奋斗。传统上英国人以英语发音来判断对方的社会地位。美国作为移民的熔炉,口音自然南腔北调,唯一能甄别地位的是受教育程度,因此,美国人更重视语法运用的正确程度。由此可见,表面上看起来各个国家的人民行事风格迥异,但细究起文化的渊源和所折射的社会背景,就容易理解其行为了。

(4) 样本中大多数国家的人认为商务谈判是直接沟通,但是需要通过复杂和迂回的方式和途径。日本、法国和中国人更倾向谈判是间接沟通,包括表情、身体语言、笼统的表达,谈判者的表达方式需要加以诠释。在文化背景存在上述差异的情况下,沟通方式的差别会引起很大的误解。在有些文化中谈判者直截了当的表达被视为粗鲁和冒犯,甚至是贪婪;在另一些文化中,间接和迂回的表达方式被理解成回避问题和不真诚,由此导致沟通上的困难和谈判的失败。例如,日本人在谈判中最重视面对面的交流,然而出于礼貌和面子的缘故,并不直接说出反对意见。当对方陈述自己的观点是,他们不断地应声"是、是",外国人过后才会明白日本人所表达的意思实际上是"我听着呢,我懂了你的意思",而不代表赞同对方的观点。

(5) 对待时间的态度也许最能彰显跨文化的差异了,它包含了对谈判用时的预期、准备的时间、交易应当循环的次数和频度及守时等几个方面。时间观念反映在谈判者对工作的重视程度和做出的承诺上。在此意义上,并不能完全揭示出有关时间的全部文化含义。

更为严谨的研究需要细分这些因素，在谈判实务中加以运用是很重要的。在时间就是金钱的社会里，人们不愿意在谈判阶段"浪费"过多的时间，希望干脆利落地完成交易，有半数的国家具有这样的时间观念。欧洲人则普遍愿意在谈判上多花些时间。法律制度也能部分地解释时间观念的差别。如属西方文化的美国和英国商人更强调效率准则，这是因为律师费用等开销十分昂贵。时间观念也植根于民族性：中国人做事倾向于快速，一个个项目如雨后春笋般地出来，公司也是开开关关。有的国家如德国，谈判的准备和开始阶段十分强调高效率和准时，在谈判过程中则显得非常严谨，愿意多花些时间了解对方的方案和意见，以免产生因匆忙达成而需要返工的协议。西欧人则具有慢热但持久的品性，突出地表现为作风严谨、保守并讲究信誉直至固执的程度。在与他们打交道时，耐心会有高额的回报。一旦对方决意成交，生意上的合作关系就很有可能长期持续下去。反之，破坏了第一印象，也就没有机会了。

(6) 决策不仅受制于掌握的信息量，还受到情感因素的影响，来自不同文化背景的谈判者的理性和感性比例差异是很显著的。即便是经过职业培训的经理人，态度方面的差别仍然存在。从统计结果来看，西欧人在谈判中显得较为理性，而在拉丁地区，从发源地的西班牙到巴西，情绪似乎主导着沟通的过程。处于中间状态的日本人比其他亚洲人更理性，美国人和中国人倒显得情绪化些，这也许是出自拥有自豪感的大国情结。至于情绪化还是理性的举止在商务谈判中孰优孰劣，则由场合与对手的情况而定。注重感情容易感染对方，刺激对方做出明确的表态和反应，较快地进入实质性谈判阶段，从而提高效率。理性的行为和态度正好相反，不容易在人情世故方面感化对方，但是也过滤掉了随意表态的风险，谈判者有充分的心理准备客观地估计利益得失。

(7) 情绪对商务沟通的重要性。如果以美国人作为中间尺度的话，在社交场合，北欧人、德国人和日本人比美国人显得平和得多。在谈判的全过程中他们都能控制好情绪，讲话语调平和。有些亚洲国家的人认为在公众场合发脾气是缺乏教养和严重失态的表现，所以刻意保持平和的外表，这给判断对方的态度增加了难度。

(8) 学习或者适应谈判对方的文化习惯也是一种投资，使对方有信心进行跨国合作。如果与对方的合作更有利于自己业务的迅速扩展，如争取成为一家国际知名品牌的代理商，了解和遵守对方的商业文化是合作的必要条件，此所谓遵守游戏规则。谈判的风格和文化应当有利于长期整体利益的最大化，偏离了这一准则，无原则地迁就对方是得不偿失的。事实上文化是相互交流的，强硬的谈判者会尊重坚持原则的谈判者。接触和沟通是跨越文化障碍的最好桥梁。

(9) 各国受访者中有超过半数的人不认可笼统的合同形式，而愿意选择以细节性的文本来形成合约。职业谈判者和有经验的管理者是不欣赏含糊其词的表述的，笼统意味着风险和争执，会为未来的履约埋下重重隐患。法律环境也会影响谈判者对文本的态度。来自英美法系的受访者将合同文本视为法律，美国、英国及拉美国家的谈判者要靠具体的约定防范风险。此外，这些国家的商人注重交易的本身，生意就是生意，合同必须涵盖尽可能多的详细内容，以免给对手留下可乘之机。他们并不介意过于细节的条款会惹恼对方。相比之下，大陆法系国家如日本、德国、法国，因为有了完备的国家法律制度体系做保障，由此节省了合同的篇幅。在依靠社会关系达成交易和维护信誉的国家(如印度和中国)，认为谈判的实质是建立和维护商务交往的关系，过度防范的合同是对对方极度不信任和没有信心的表现。究竟哪一种合同形式更好，要看谈判方的文化背景和双方的强势程度对比。两者兼顾也许是最适合的选择，仅仅靠法律或信誉作为约束手段都是不充分的。

（10）洽谈的过程是采用演绎法还是归纳法，即是从涵盖整体的原则出发达成共识再贯彻到细节，还是从单个的细节如价格、交货期等出发逐步形成完整的合同，在一定程度上反映出各国谈判者思维方式偏向的区别。各民族文化上思考的缜密程度的差别也会反映在谈判的逻辑演绎上。中国、德国、美国、尼日利亚和西班牙等国商人的观点处于相对平衡的状态。印度、阿根廷和法国的谈判者倾向于先从普遍的原则出发，寻求达成合作的框架性协议，在此基础上起草涵盖细节的合同。即先提出包含尽可能多条款的草案，在谈判过程中逐步删除那些无法达成一致的条款，直到剩下被接受的条款，然后在此基础上签约。与此相对照的是，日本、巴西和墨西哥等国的谈判者倾向于采用归纳法，即先选择提出条件和条款，在双方接受的前提下，通过逐步增加共识的内容，最终形成完整的合同。确定谈判程序和路径的重要性在于，在跨文化谈判的情况下进行谈判更需要了解对手的思维习惯，更需要设计有针对性的谈判路径。这将有助于缓解谈判的压力，迅速切入主题，以顺利完成谈判的使命。

（11）"利益—行为"矩阵和"委托—代理"理论，分别从不同角度说明了谈判者的个人利益和他们所代表的组织的利益之间存在着联系和冲突。从商业文化的角度分析，谈判者的观念和行动受到企业文化的制约。因此，知晓双方谈判组成人员的决策构架和风格是成功驾驭谈判的重要因素。从广义的角度观察，跨文化的决策过程的特点可以分为个人独断和集体决策两大类。统计结果表明，企业谈判的决策通常是由高层以集权的方式拍板的，其中又以巴西、中国和墨西哥等国的企业最为极端，这在一定程度上也与这些国家的集权式管理体制的文化传统有关。相反，印度、尼日利亚和法国的企业比较注意通过集体商讨达成一致，这也许是这些国家的国民较为"散漫"的性格特征的反映。

既然跨文化商务谈判时企业的决策规则和风格迥异，对此就应当充分地了解决策者的意见，以便做出合适的反应。面对集体决策型的谈判风格，必须有足够的耐心，等待对方内部形成折中方案。例如，印度和法国的文化特征决定了达成共识性谈判的耗时比独断型的谈判者要长些。

（12）最后评判不同文化的谈判者对待风险的态度和价值观。生意人见多识广、追求超额回报，因而比普通民众更愿意承担风险。然而同为商人，统计结果表明，各国管理者对待风险的态度实际上是有很大差别的，从风险防范的法国人到极端谨慎的日本人，数值相差10倍之多，确实出人意料之外。从表面上看，高风险取向的谈判者会采用积极进取的策略，努力与对方达成交易。风险规避者则表现出防守性的一面，会倾向于认真思考各种不确定性，宁愿放弃高回报的交易也要防范风险。在谈判中，与前一类人打交道容易些，说服后一类人则要花费很大的力气。然而换一个角度思考，正因为对待风险的态度不同，平均而言，与后一类人达成的交易，其兑现承诺的可能性更高。

国际上商务谈判面临纷繁的文化因素，谈判者如何才能摸索出有效的应对策略呢？

第一，在干中学，以开放的心态积极参与和来自各国的生意人交往的机会，包括社交活动。跨国经贸活动具有高风险、高收益的特征，交易双方都很注重降低交易成本。与国内贸易相比，大家在国际贸易中更加愿意与熟人做交易，因此，一旦了解了对方的文化背景,来自沟通障碍的风险就会显著降低,合作成功的概率也就大幅度提高。除了在专业院校学习外,向多年从事对外贸易的业内人士学习是一条捷径。如果对外贸易的数额较高,则有必要抽出时间系统地了解贸易伙伴国的文化、语言和习俗等。

第二,参加一些跨文化的培训。一些国际知名商学院等机构有国际沟通和商务谈判的课程培训。除了系统介绍有关知识外,学员也来自不同的国家,参与者能够接触彼此的价值观和文化传统,增进相互的了解。还可以向专业谈判方面的咨询公司求助,提高跨文化谈判的效率。

第三,区分谈判者个性和其他非文化因素的影响。经济全球化的迅速发展带来的文化交融、教育和培训,提高了企业员工交流和沟通的素质,各国间商界人士行为的趋同性也在提高,如提高工作效率、风险控制、维护良好信用、时间观念、双赢谈判等,愈来愈成为各个企业共同遵守的标准。在交往中过度强调文化的差异反而有可能冒犯对方,被认为是不懂得国际惯例的生手。人们的行为还受到一些非文化因素的影响,如法律和知识。在实际交往过程中应对此加以区分,以免误解对方。

第四,以积极和开放的心态吸收外国文化中有益的内容,为自己所用。每个国家的文化形成都有其特定的社会范围,仔细分析各种文化的成分并兼收并蓄,将极其有利于拓展商务交往。一般而言,拉丁文化的热情与法国人的开放有利于结交朋友,消除人际间的不信任和关系紧张的樊篱;北欧人的严谨给人以讲究信用的印象;美国人的直率带来了少绕弯子、提高工作效率的优势;德国人、日本人和英国人讲求严格的会谈程序使谈判有章可循,借此可以过滤掉一些纯粹的感情冲动,由此形成理性的思考;英美文化对法律细节的极端重视保证了合同文本的规范,减少了执行阶段潜在的冲突;中国传统文化强调中庸与和谐有助于平衡各方面的利益,降低极端要价和对抗所造成的利益格局的失衡,利在长远。

各种文化均有其特殊的适用范畴,群体决策和个体决策各有长短。全部合并各种文化的精髓并不切实际,每个人应寻找到适合自己禀性的文化或亚文化。同时,针对另一方谈判者,要熟悉和尊重他们的文化和习惯。总之,在跨国谈判的背景下,只有掌握一些异域文化,才能架起商务交往中沟通和理解的桥梁。

本 章 小 结

本章首先介绍了商务谈判礼仪的基本准则,包括自重、理解、适度、守时践约、女士优先、礼宾次序和注意禁忌,介绍了商务谈判礼仪,如迎送、介绍、握手、交谈、礼品和告辞;再次,给出了商业文化及其表现的层次、跨文化商务谈判的要素、跨文化商务谈判的冲突与误解;最后,介绍了文化差异与商务谈判行为的度量。

通过本章学习,读者应熟悉商业文化及其表现层次的特征,掌握商务谈判礼仪的基本准则、跨文化商务谈判要素的特征、文化差异与商务谈判行为的度量,掌握商务谈判中的礼仪,了解跨文化谈判的误解。

关键术语

礼仪　自重　禁忌　交谈　商业文化　跨文化　冲突与误解　文化差异　度量

复习思考题

1. 填空题

(1) 开门迎客却又_____他，你就什么也得不到。

(2) 过分的自谦，也会引起别人的_____。

(3) 谈判是_____矛盾的双方力求走向一致的过程。

(4) 由于谈判双方在文化背景、风俗习惯上有差异，不少_____是由误解造成的。

(5) 了解各国的禁忌和_____，趋其所喜，避其所忌，也是商务谈判人员所应注意的。

(6) 数字的禁忌在世界各国都_____存在。

2. 选择题

(1) 对方尚未启程前，先问清楚对方是否已经自己联系好(　　)。
    A. 领事馆　　　B. 客户　　　C. 住宿　　　D. 交通工具

(2) 要善于聆听对方谈话，不要轻易打断别人的(　　)。
    A. 话题　　　B. 想法　　　C. 思路　　　D. 发言

(3) 商务谈判活动是人际间直接的(　　)。
    A. 信任途径　B. 沟通形式　C. 知识过程　D. 了解方法

(4) 文化是多元性的、交融的，超越了(　　)。
    A. 价值观　　B. 种族　　　C. 民族　　　D. 国界

(5) 英美文化的传统讲究逐个要点的讨论，在此基础上拼凑出总体的(　　)。
    A. 规范　　　B. 习惯　　　C. 协定　　　D. 合同

3. 简答题

(1) 简述商务谈判礼仪。

(2) 简述迎送的做法。

(3) 简述握手的注意事项。

(4) 简述告辞应注意的问题。

4. 论述题

试简要分析商业文化及其表现层次。

案例分析题

中国某公司与美国公司谈判投资项目。期间双方对原工厂的财务账目反映的原资产总值有分歧。

美方：中方财务报表上有模糊之处。

中方：美方可以核查。

美方：核查也难，因为被查的依据就不可靠。

中方：美方不应该空口讲话，应有凭据证明查账依据不可靠。

美方：所有财务数据均系中方工厂所提供，我无法一一核查。

中方：那贵方可以请信得过的中国机构协助核查。

美方：目前尚未找到可以信任的中国机构帮助核查。

中方：那贵方的断言只能是主观的、不令人信服的。

美方：虽然我方没有法律上的证据证明贵方账面数字不合理，但我们有经验，贵方的现有资产不值账面价值。

中方：尊敬的先生，我承认经验的宝贵，但财务数据不是经验，而是事实如果贵方诚意合作，我愿意配合贵方查账，到现场一一核对物与账。

美方：不必贵方做这么多工作，请贵方自己纠正后，再谈。

中方：贵方不想讲理？我奉陪！

美方：不是我方不想讲理，而是与贵方的账没法说理。

中方：贵方是什么意思，我没听明白，什么"不是、不想；而是、没法"？

美方：请原谅我方的直率，我方感到贵方欲利用账面值来扩大贵方所占股份。

中方：感谢贵方终于说出了真心话，给我指明了思考方向。

美方：贵方应理解一个投资者的顾虑，尤其像在我公司与贵方诚心合作的情况下，若让我们感到贵方账目有虚占股份之嫌，实在会使我方却步不前，还会产生不愉快的感觉。

中方：我理解贵方的顾虑。但在贵方心里恐惧面前，我方不能只申辩这不是"老虎账"，来说它"不吃肉"。但愿听贵方有何"安神"的要求。

美方：我通过与贵方的谈判，深知贵方代表的人品，由于账面值让人生畏，不能不请贵方考虑修改问题，或许会给贵方带来麻烦。

中方：为了合作，为了让贵方安心，我方可以考虑账面总值的问题，至于怎么做账是我方的事。如果我没理解错的话，我们双方将就中方现有资产的作价进行谈判。

美方：是的。

(以上是中方现有资产的作价谈判)

问题：

(1) 上述谈判中，双方均运用了哪些语言？

(2) 双方的语言运用有何不妥之处？

(3) 如果你作为美方或中方代表会怎么谈？

第 9 章 不同国家商人的谈判风格

知识架构

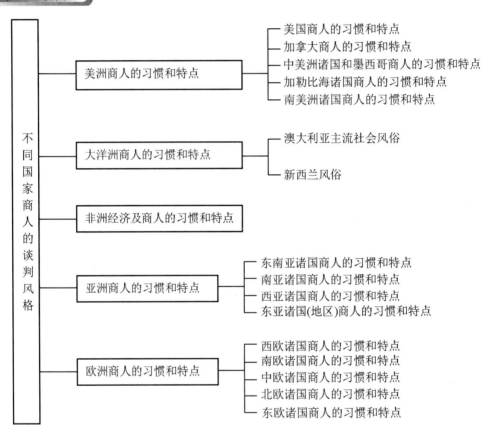

学习目标

通过本章的学习，读者应该能够：
- 熟悉美洲商人的习惯与特征
- 掌握大洋洲商人的习惯与特点
- 理解非洲经济商人的习惯与特点
- 掌握亚洲商人的习惯与特点

- 掌握欧洲商人的习惯与特点

 导入案例

巴西一家公司到美国去采购成套设备

巴西一家公司到美国去采购设备。巴西谈判小组成员因为上街购物耽误了时间。当他们到达谈判地点时，比预定时间晚了45分钟。美方代表对此极为不满，花了很长时间来指责巴西代表不遵守时间，没有信用，如果这样的话，以后很多工作很难合作，浪费时间就是浪费资源、浪费金钱。巴西代表感到理亏，只好不停地向美方代表道歉。谈判开始以后，美国代表似乎还对巴西代表迟到一事耿耿于怀，一时间弄得巴西代表手足无措，说话处处被动。无心与美方代表讨价还价，对美方提出的许多要求也没有静下心来认真考虑，匆匆忙忙就签订了合同。等到合同签订以后，巴西代表平静下来后才发现自己吃了大亏，上了美方的当，但已经晚了。

案例分析：这个是一个挑剔式开局策略的运用，在一开始的时候对对手的某项错误或礼仪失误严加指责，使其感到内疚，从而达到营造低调气氛、迫使对方让步的目的。本案例中美国谈判代表成功地使用挑剔式开局策略，迫使巴西谈判代表自觉理亏在来不及认真思考的情况而匆忙签下对美方有利的合同。

在国际商务活动中，我们面临的是世界各地商人的竞争与合作。不同的人种，不仅语言不同，风俗习惯也有较大的差异。在商务活动中如果能尽量尊重并迎合对方的风俗习惯和特点，将有助于商务活动的顺利进行，特别是在商务谈判中，如果不但能"看茶吃饭"，灵活运用谈判技巧，而且能够做到有的放矢，因人而异地去运用谈判技巧，有时会收到意想不到的效果。所以，作为一个商务谈判者应尽可能多地了解对方的风俗习惯。诚然，要全部懂得和掌握世界各地的风俗习惯是一件极为困难的事情。因为不但各民族之间风俗习惯有差异，即使是同一民族乃至同一血缘的人们相互之间在性格和习惯上也有较大差异。这就要求我们的商务工作者在实际工作中要因民族而异、因人而异地灵活对待。本章中将简单介绍一些国家和地区商人的风俗习惯和特点，以供参考。

9.1 美洲商人的习惯和特点

9.1.1 美国商人的习惯和特点

美国是各种族人们的聚居地，其中白人大部分是欧洲各国移民的后裔，他们在外贸领域有很大势力。但由于民族的不同，在性格和商业习惯上也有一些差异，因而不能一概而论。那种认为美国人性格直爽、容易接近、好做生意的看法似乎有点片面。实际上若把美国本土分为四大部分就可发现各地商人的习惯和特点有着很大的差异。

1. 东部十三州

在以纽约为中心的东部商业团体中，犹太人(包括有犹太血统的人)的势力很大，除此之外就是盎格鲁-撒克逊人等。犹太人做生意一般比较苛刻，头脑灵活，精于讨价还价，精通国际贸易业务知识，故在与其进行的商务交往中要特别慎重。而盎格鲁-撒克逊人则较为保守，在谈判中喜欢设关卡，重视合同的签订，一旦签约，废约、改约的现象较少。

2. 中西部十二州

美国目前的工业中心，以加工工业为主，还有冶金、机械、化学、纺织等工业部门，其工业生产额占美国工业生产总额的一半以上。其商人中以北欧血统的人居多，一般为人和蔼可亲、平易近人，而且喜欢交际。也非常重视信用，一旦取得他们的信任，可望将生意长期做下去；然而，一旦背信弃义，则是很难恢复信用的。中西部的商业习惯是在每年的9～11月就将来年的购销合同订妥，故此这段时间业务洽谈频繁，而上半年则忙于交货和接货。

3. 西部

以加利福尼亚州为中心的太平洋沿岸地区，主要工业有电子、航空和矿产品等。与东部商人相比，这里的商人生意经验略欠缺，故很注重文字契约的作用，且契约的内容要尽量详细、明确，否则日后难免发生纠纷。西部商人总的来说性格较直爽，做生意的技巧比东部生疏，所以较容易进行商谈。

4. 南部

南部商人与东部相比，待人较诚恳，直爽无欺，但较性急，往往喜怒易形于色。他们也很注重文字契约和商业信用，签订合同以后一般会遵守，因此应与西部一样，在合同当中要尽量详细地表述各条款。同时，在与南部商人进行商务谈判时，不妨直截了当地陈述我方的见解，拐弯抹角往往会适得其反。

总之，在同美国人打交道时，不但要看到美国人活跃、敏感、待人热情、善于交际、性格直爽、生活节奏快、时间观念强、办事讲究效率、追求物质享受和舒适安逸的生活等共性，还应根据不同人种和不同的地区，根据他们的特点进行商务活动。

9.1.2 加拿大商人的习惯和特点

加拿大居民大多数是英国和法国移民的后裔。加拿大工业的80%以上集中在安大略和魁北克两省，尤以蒙特利尔和多伦多两城市工商业最为发达。除此之外，温哥华的运输和贸易业也很发达，它不仅是加拿大距亚洲最近的海港，而且加拿大的国际贸易博览会每年定期在此举行，特别是该地华侨多，能为祖国的商品在加拿大进一步扩大市场起桥梁作用。加拿大对外贸易较发达，外贸总额约占国民生产总值的30%，但对外贸易额的2/3左右是同美国进行的。出口物资主要是汽车、原油、小麦、纸浆、木材、矿产品、面粉等；进口的主要是车辆、机器、石油产品和电器设备及纺织品。在加拿大从事对外贸易的商人主要是英裔和法裔，英裔商人大多集中在多伦多和加拿大的西部，法裔商人大多集中在魁北克。而在温哥华的商人当中，华人有一定的实力。英裔和法裔商人在性格与商业习惯上有较大的差别，英裔商人较保守、重信用，商谈时要比法裔商人严谨得多，在每一个细节未了解清楚前，是绝对不会签约。而且，英裔商人商谈时喜欢设关卡，所以从开始到价格确定这段时间的商谈是颇费脑筋的，对此要有耐心，急于求成往往办不好事情。不过，一旦签约，废约的事情很少出现。法裔商人则大不一样，开始接触时，非常和蔼可亲、平易近人，但坐下来谈到实际问题时就判若两人，讲话慢吞吞的，令人难以捉摸，因此要谈出结果来颇需耐心，即使是签约后也存在不确定因素。因为法裔商人对签约比较马虎，往往当主要条款谈妥后，就要求签字，他们认为次要的条款可以待签字后再谈，然而，往往是当时不被人们重视的次要条款导致了日后的纠纷。因此，同其谈判时应力求慎重，签约时应力求条款详细和准确，否则，日后难免引起纠纷和麻烦。

9.1.3 中美洲诸国和墨西哥商人的习惯和特点

中美洲主要包括危地马拉、伯利兹、洪都拉斯、萨尔瓦多、尼加拉瓜、巴拿马和哥斯达黎加，再加上墨西哥这8个国家共同的特点是居民多为印欧混血，其次为印第安人、黑人和白人等，官方语言都为西班牙语，经济以农业为主，贸易对象主要是美国。出口产品主要是农产品，如咖啡、棉花、香蕉和木材等；进口产品以机械、食品、纺织及其他轻工业品为主。这些国家的商人总的来说，注重礼节和友谊，自尊心很强，且性格开朗，一旦成为朋友，谈判就会很顺利。同时，商谈业务时切忌使用电话或信函，必须本人亲自前往面谈，这可以说是拉丁美洲人的共同特征。

9.1.4 加勒比海诸国商人的习惯和特点

加勒比海地区国家主要包括巴哈马、古巴、牙买加、多米尼加、巴巴多斯、格林纳达、特立尼达和多巴哥及海地等。这些国家的居民大部分是黑人，其次为白人和混血儿，主要通用语言有法语、英语和西班牙语三种。国民经济以农业为主，出口以农产品(咖啡、棉花和蔗糖及香蕉等热带水果)及木材为主，进口的产品以工业品和粮食为主。主要贸易对象为英、美、法等国家。在这些国家中，从事外贸活动的商人主要是白人和混血儿，在白人当中以英裔和法裔商人为主，此外还有南欧血统商人。这些国家普遍缺乏懂外贸的专业人士，因此商谈时必须细致耐心，合同条款必须详细明确，否则日后难免引起纠纷。这些国家只有古巴国土面积超过10万平方千米，由于其市场容量小，加上普遍存在资金缺乏的问题，所以事前资信调查极为重要。

9.1.5 南美洲诸国商人的习惯和特点

南美洲包括秘鲁、巴西、厄瓜多尔、哥伦比亚、委内瑞拉、阿根廷、智利、乌拉圭、巴拉圭、玻利维亚、苏里南、圭亚那等国家或地区。其居民多为白人(占50%左右)，其次是印欧混血和印第安人，黑人较少。语言也较为复杂：印第安人用印第安语，巴西人讲葡萄牙语，圭亚那人讲英语，苏里南人讲荷兰语，其他国家大多以西班牙语作为官方语言。

南美商人性格开朗热情，但懂外贸的专业人士不多；所以必须在商谈时将一些业务知识或专门术语事先说清楚；达成协议前，在合同中要详细地说明各项条款。还应注意的是，在南美，交易前的资信调查极为重要。另外，除哥伦比亚、巴西、阿根廷，许多国家对进口许可证的审查较严格，所以交易前如果未获许可证，往往到交货时就因未办理好许可证而引起事端，这点也必须注意。

9.2 大洋洲商人的习惯和特点

大洋洲包括澳大利亚、巴布亚新几内亚、新西兰、瓦努阿图、斐济等国家和地区。大部分国家的官方语言为英语。经济以农、矿业为主，盛产小麦、椰子、甘蔗、菠萝、橡胶和羊毛，以及铅、铁、镍、钵、锰等矿物。出口以农牧、矿产品为主；进口的主要是机械、汽车、纸张、纺织品和化工品等。主要贸易对象是日、美和欧盟国家。其居民70%以上是欧洲各国的移民，其中以英国和法国移民后裔最多。在对外贸易活动中英裔和法裔商人占统治地位，他们的基本特点与加拿大的英裔和法裔商人类似，不过由于生活习惯、历史条件的不同，他们在外贸活动中也有一些差异。总的来说，大洋洲的商人较保守，第一印象(或初次合作)相当重要。由于他们比较重视信用，所以，若建立了良好的关系，贸易可望长期发展下去，否则就难以继续。

大洋洲(特别是澳大利亚)商人同日本和美国的犹太商人不太一样，在商谈中澳大利亚商人不太喜欢开始开高价，然后再慢慢讨价还价的做法。大部分情况下多采用招标的方式，不给讨价还价的余地。在一般商品买卖中比较讨厌无休止的讨价还价。但他们大多责任心极强，精于商谈技巧，不太容易签约，一旦签约，废约的事情则较少发生。

9.2.1 澳大利亚主流社会风俗

1) 禁忌和礼仪

澳大利亚人很讲究礼貌，在公共场合从来不大声喧哗。在银行、邮局、公共汽车站等公共场所排队时，都是秩序井然，耐心等待。握手是一种相互打招呼的方式，拥抱亲吻的情况较为罕见。澳大利亚同大部分欧洲国家一样讲究"女士优先"；他们非常注重公共场所的仪表，男士大多数不留胡须，出席正式场合时西装革履；女性穿职业套装。澳大利亚人的时间观念很强，约会必须事先联系并准时赴约，最合适的礼物是给女主人带上一束鲜花，也可以给男主人送一瓶葡萄酒。澳大利亚人待人接物都很随和。

澳大利亚现有人口1733.6万，英国和其他欧洲国家的移民后裔约占总人口的95%，官方语言为英语。居民中信奉基督教的占98%，少数人信奉犹太教、伊斯兰教和佛教。其得天独厚的地理环境为发展畜牧业提供了有利条件，其羊毛产量及出口量占世界首位。

2) 服饰礼仪

男子多穿西服、打领带，在正式场合则打黑色领结。妇女一年中的大部分时间都穿裙子，在社交场合则套上西装上衣。无论男女都喜欢穿牛仔裤，他们认为穿牛仔裤方便、自如。

3) 仪态礼仪

男士之间交往感情不能过于外露，大多数男人不喜欢紧紧拥抱或握住双肩之类的动作。在社交场合，忌讳打哈欠、伸懒腰等小动作。

4) 相见礼仪

澳大利亚人见面习惯于握手，不过有些女子之间不握手，女友相逢时常亲吻对方的脸。澳大利亚人大都名在前、姓在后。称呼别人先说姓，再加上先生、小姐或太太等。熟人之间可称呼小名。

5) 餐饮礼仪

澳大利亚人在饮食上以吃英式菜为主，其口味清淡，不喜油腻。澳大利亚的食品素以丰盛和量大而著称，尤其对动物蛋白质的需要量更大。他们爱喝牛奶，喜食牛肉、猪肉等。他们喜喝啤酒，对咖啡也很感兴趣。

6) 喜丧礼仪

在澳大利亚，男女婚前一般要先订婚，由女方家长宴请男方的家长及兄弟姐妹，婚礼后通常要举行宴会。澳大利亚人的葬礼，先在教堂内举行，由牧师主持追思礼，他们还保留着寡妇沉默的古俗。由于地理位置的原因，其圣诞节和元旦节不是在寒冷的冬季，而是在火热的夏季。

7) 商务礼仪

到澳大利亚进行商务活动的最佳月份是 3～11 月。澳大利亚是一个讲求平等的社会，不喜欢以命令的口气指使别人。他们把公和私分得很清楚，所以不要以为与他们一起进过餐，生意就好做了。

8) 旅游礼仪

澳大利亚不流行小费，但服务人员如果为你提供了额外的服务，可给适当的小费，但数目不宜过多。到商店里买东西不要讨价还价。坐车不系安全带是违法的，小孩也要系安全带。

9) 主要禁忌

澳大利亚人对兔子特别忌讳，认为兔子是一种不吉利的动物，人们看到它都会感到倒霉。与他们交谈时，多谈旅行、体育运动及在澳大利亚的见闻。

9.2.2 新西兰风俗

新西兰人素有友善好客的美誉。如有事需要帮助时，他们会适时伸出援助之手。可用英语与新西兰人交谈，不必担心任何的语法错误，纯朴的新西兰人不会吹毛求疵，他们还会热心地纠正你的错误。

新西兰人非常注重隐私，尤其是他们的家居生活。当你应聘工作时，未来的雇主会询问你的个人情况。根据法令，员工可以不必提供下列资料：生日、抚养人口、婚姻状况及健康情况等。

如果你被邀请拜访他人，通常主人会招待你喝饮料或进餐。如果被邀请共进早餐、午餐和晚餐，那么通常是丰富的一餐。如果此邀请是喝茶则必须进一步澄清，因为"喝茶"

可能意味着上午茶、下午茶和傍晚茶，若在傍晚则被视为共进晚餐；所谓的上午茶和下午通常是喝茶和咖啡，也会让你品尝主人制作的饼干或蛋糕等小食品。新西兰人若被邀请吃晚餐，通常会带点小礼物给主人——如花、酒和巧克力。

新西兰人对废物的处理非常重视，每个街区都指定每周某日进行废物收集，每户人家按照分类标准把废物分别包扎好，或放置在标准的垃圾箱内——如纸张、玻璃器皿、木材等分别处理，放置于门外，由废物收集公司进行收集。绝对不要把废物任意堆放，污染街道，影响卫生。在某些街区，还会设置一些废弃物专门收集箱，在住宅区内，我们可以见到整齐的街道和草坪，这些都不是政府的功劳。每家每户门前路旁的草坪修剪都是各自负责进行的，修葺草坪是新西兰生活情趣的一部分，也是公共道德的标准之一。

结婚邀请函通常由女方寄出，会附上敬请赐复之日期——也就是客人最晚这一天要回复，借此可知道有多少人将参加此婚宴。客人通常会买一些家电用品以协助新娘成立新家庭，也可以问新娘新郎有无特别需要的东西。

在新西兰，毛利人仍保留着传统习俗。他们大都信奉原始的多神教，还相信灵魂不灭，尊奉祖先的精灵。每遇重大的活动，他们便照例要到河里去做祈祷，而且要相互泼水，以此表示宗教仪式上的纯洁，他们有一种传统的礼节：当遇到尊贵的客人时，他们要行"碰鼻礼"，即双方要鼻尖碰鼻尖两三次。据说，按照其风俗，碰鼻子的时间越长，就说明礼遇越高、越受欢迎。给别人拍照，特别是给毛利人拍照，一定要事先征求别人的同意。

9.3　非洲经济及商人的习惯和特点

非洲面积仅次于亚洲，为世界第二大洲。由于非洲大部分地区位于南北回归线之间，全年降水量较少，高温地区面积大，故有"热带大陆"之称。在地理上习惯把非洲分为北非、东非、西非、中非和南非五个地区。

北非通常包括埃及、利比亚、突尼斯、阿尔及利亚、摩洛哥、亚速尔群岛和加那利群岛等。整个地区的面积为826.9万平方千米，人口1亿多，其中阿拉伯人占80%左右，该地区的经济在非洲来讲是较发达地区，盛产原油、磷酸盐、棉花、阿拉伯树胶等，柑橘、无花果、葡萄、橄榄等也很有名气。

东非主要包括苏丹、埃塞俄比亚、索马里、古布提、肯尼亚、坦桑尼亚、乌干达、卢旺达、布隆迪和塞舌尔等国家。全地区面积约为370万平方千米，人口1亿多，多为肤色浅黑的班图语系黑人。本区盛产咖啡、剑麻、丁香、茶叶、甘蔗、棉花等。

西非包括毛里塔尼亚、西撒哈拉、塞内加尔、冈比亚、马里、布基纳法索、几内亚、几内亚比绍、佛得角、塞拉利昂、利比里亚、科特迪瓦、加纳、多哥、贝宁、尼日尔、尼日利亚等。全区总面积约651.6万平方千米，人口2亿左右，其中肤色黝黑的苏丹语系黑人约占80%，其余多为阿拉伯人。本区所产金刚石、铝土、石油、铁、锰、铌、铀等都很丰富，可可、棕榈仁、棕榈油、花生、咖啡、天然橡胶产量在世界上也占一定的地位。

中非通常是指乍得、中非、喀麦隆、赤道几内亚、加蓬、刚果、扎伊尔、圣多美和普林西比等。该区总面积530多万平方千米，人口5000余万，其中班图语系黑人占85%左右，其余为苏丹语系的黑人。该地区所产金刚石、锰矿、铜、钴、铀、锡、铝、铌、钽等矿物产量在世界上也占有极重要的地位。

南非主要指赞比亚、安哥拉、津巴布韦、马拉维、莫桑比克、博茨瓦纳、纳米比亚、南非、斯威士兰、莱索托、马达加斯加、科摩罗、毛里求斯、留尼汪岛、阿森松岛等。全区总面积660多万平方千米，人口约1亿，其中班图语系黑人约占85%，马达加斯加人约占9%，白人占5%左右。本地区盛产黄金、金刚石、铬矿石、铜、锰、铍、石棉、钒等产量在世界上也占有重要地位。

从整个非洲的经济来看，工业部分为农畜产品加工，重工业方面除埃及、阿尔及利亚和南非等较发达外，其余各国尚处于起步阶段。从整个国民经济来看，大多数国家处于单一经济状态，尽管许多国家独立后曾采取了一系列方针政策发展经济，但因殖民主义者给其造成的创伤很深，在短期内难以收到显著效果。

非洲的商人特点总的来看是性格刚强生硬，自尊心极强，十分看重友谊，任何交易都需建立在深厚的友情基础上，否则无从入手。另外，许多国家等级森严，从事商务活动的人多为名门望族，故十分看重礼节，稍有失礼，将有可能直接影响商务活动的成败。再则，由于非洲人生活节奏较缓慢，所以在与其进行商务活动时要尽量照顾其生活习惯，配合其悠然自得的生活节奏，否则会引起对方不必要的猜疑，使之适得其反。最后，由于历史的原因，整个非洲的文化素质不太高，有些从事商务活动的人业务知识也不太熟练，贸易术语自有定规，这就要求我们的商务工作者在与其交往时要把所有问题乃至各问题的细节都必须在商谈中加以确认，以免日后发生误解或纠纷。

9.4 亚洲商人的习惯和特点

9.4.1 东南亚诸国商人的习惯和特点

东南亚主要指越南、老挝、柬埔寨、缅甸、泰国、马来西亚、新加坡、印度尼西亚、菲律宾、文莱、东帝汶等国家和地区。这里盛产稻米、橡胶、香料、木棉及热带水果。这一地区民族较繁杂，商人的习惯也有较大的差异，这里就几个主要国家作简要叙述。

1. 新加坡

新加坡经济以转口贸易、金融、航运业为主。出口贸易主要是石油、橡胶、植物油、纺织品等；进口的主要是粮食、食品及日用品。新加坡居民的70%有中国血统，其次是马来人、印度人等。英语、马来语、华语和泰米尔语为官方语言。华侨或华人在对外贸易中占有垄断地位。他们的乡土意识重，同祖国有着深厚的感情，乐于为祖国建设事业贡献力量，这是一支不可忽视的力量。大多数华侨很重感情、重信用。感情和信用往往在商务谈判当中起到决定性的作用，因此，一旦有了良好的交往，就可望长期合作下去，且一旦签约，废约和改约的现象较少。

2. 泰国

泰国经济以农业为主。出口产品主要有大米、橡胶、玉米、麻、糖和锡；进口产品主要是机器、汽车、石油、钢铁和其他轻工业产品，主要贸易对象是日本和美国。泰国居民多为傣族和老挝族人，通用英语和泰语。华侨(包括泰籍华人)虽不太多，但在商业贸易中占有很重要的地位，因此是扩大泰国市场的一支极为重要的力量。傣族和老挝族商人性情顺柔，讲礼貌、和蔼可亲、比较重视信用，但懂外贸的专业人士不多，故签约时应尽量详细明确，谈判也要耐心细致地进行。另外，泰国人珍惜人的头部，把头部看成神圣不可侵犯的，不但严禁他人用手掌触摸其头部，也忌讳别人拿东西从其头上掠过，否则会认为是对他的极大侮辱。这一点，我们在同其进行商务谈判活动时要特别注意。

3. 印度尼西亚

印尼经济以农业为主。出口产品主要有原油、木材、橡胶、香料、茶叶、木棉等；进口产品主要有棉纱、棉布、粮食、工业原料、机械和日用工业品。主要贸易对象是美国和日本。

印尼居民绝大多数是印度尼西亚人，还有马来、马达、爪哇、阿齐等100多个民族。华人和华侨也不少。绝大部分居民信仰伊斯兰教，讲印尼语。其商人大多较有礼貌，非深交者很难听到他们说真心话。因此在商谈时，表面上看起来很友好，实际则不尽然，但若建立了深交，贸易还是较好做的，因为他们大多数都重视信用。

4. 马来西亚

马来西亚经济也是以农业为主，出口产品主要有石油、橡胶、木材、锡和铁砂等，进口产品主要是机械、运输设备、家用电器、化工产品、粮食和食品等。主要贸易对象是英、美、日三国。其居民多为马来族。华人和华侨也占有较大的比重。官方语言为马来语，英语和华语也可用。在商业贸易当中，华人华侨占有很重要的地位。马来族商人的习惯和特点与印尼人差不多。

5. 菲律宾

菲律宾是一个多民族的国家，米沙鄢、他加禄、伊洛戈、邦班牙、维萨亚等族居民占80%以上，通用英语和菲律宾语。华人和华侨虽不太多，但在商业上有很大的势力。其经济以农业为主；出口产品主要有糖、椰子类产品、铜矿石和木材等。进口产品主要有机器、燃料、运输及电气设备和其他日用工业品等。菲律宾商人，和蔼可亲，善于交际，比较重视信用，但商业意识较低，缺乏计划性，懂外贸的专业人士不太多，故商谈时要耐心和细致，签订的合同要尽量详细明了。

9.4.2 南亚诸国商人的习惯和特点

南亚包括斯里兰卡、马尔代夫、巴基斯坦、孟加拉、印度、尼泊尔、不丹和锡金等国家。在这些国家当中，主要介绍一下印度、巴基斯坦和孟加拉国的有关情况。

1. 印度

印度人口数量居世界第二位。经济以农业为主，工业以采矿和纺织为主。出口产品主要有黄麻制品、糖、茶叶、铁矿砂、棉织品和皮革等，进口的主要有粮食、机械设备、车辆、石油产品、钢铁、化工产品等。居民以印度斯坦族人口最多，除此之外还有孟加拉、泰米尔、锡克、泰卢固等数十个民族。通用英语和印地语。印度商人的基本特点：第一，守口如瓶，绝对不会轻易透露公司的秘密和商务信息；第二，疑心较重，无利害关系时很好相处，一旦有了利害关系就处处猜疑，不怎么好相处了，不过交往很深后，还是好相处的，但要亲密到推心置腹的程度是较困难的；第三，喜欢找借口逃避责任，在商谈当中，不太愿意作负责任的决定，即使明知是自己的不对，也喜欢讲出三分理；第四，喜欢辩论，商谈当中往往为了一件小事也会毫不退让地争论下去，故此同其商谈时应尽量避免发生争议，一旦发生争议应想办法尽早结束争议，否则即使理由很充分，也很难争论出结果来。

印度的出口手续较繁杂，工作效率也不太高，且税赋较重。故与其贸易，若己方作为买方应尽量避免内陆交货；若作为卖方应尽量避免目的地交货。

2. 巴基斯坦和孟加拉

巴基斯坦和孟加拉两国绝大多数人信伊斯兰教，通用英语。巴基斯坦的官方语言为乌尔都语，而孟加拉的官方语言则为孟加拉语。

巴基斯坦经济以农业为主，主要出口大米、棉纱、布匹、棉花、皮革、鱼类、黄麻等，进口的主要有钢铁、机械设备、运输设备、电气设备、粮食等。其民族主要有旁遮普族、帕坦族、信德族、俾路族等。

孟加拉国也是农业国，出口产品主要有黄麻及其制成品，进口同巴基斯坦相差无几。其居民 98% 为孟加拉族人。由于两国绝大多数居民信仰伊斯兰教，故商人的性格和风俗也受宗教影响。伊斯兰教的教义是不准享乐，不准女性公开抛头露面，绝大多数商人不抽烟、不喝酒，从事商务活动的人几乎全是男性，因此，如果我方派出女士充当谈判负责人，则有可能引起误会，应尽量避免。

这两国从事商务活动的人士大多数是上层人士，权力很大，可以马上做出决定，这点我们事先应做好准备。特别是，由于两国经商的多是上层人士，故与其贸易应注意两点：第一，整个商谈过程中要注意礼节，稍有失礼则可能产生误会，使谈判夭折；第二，整个商谈过程中的语气要亲切随和，尽量避免过激言辞，且尽量避免用电话进行商谈。

这两个国家的商业习惯是重视文字契约，任何协定都必须做成书面文字以留证据，否则口说无凭。因此，在商谈中应随时详细地拟订备忘录，特别是在合同当中应尽量详细明了地订立各项条款，只要有了文字契约，这两个国家的商人绝大多数是守约的，废约或事后改约的现象少见。

9.4.3 西亚诸国商人的习惯和特点

西亚指亚洲西部，也叫西南亚。欧美人把西亚和北非合起来称之为中近东。西亚诸国政治、经济、民族和文化均很复杂，但就其人种来说，主要有阿拉伯人、土耳其人、阿富汗人、波斯人等。由于人种的不同，风俗习惯和商人性格也有较大的差异。

1. 阿拉伯诸国

阿拉伯国家遍及西亚和北非,主要有叙利亚、科威特、伊拉克、卡塔尔、也门、阿曼、巴林、沙特阿拉伯、阿拉伯联合酋长国、约旦、黎巴嫩、埃及、利比亚、苏丹、突尼斯、阿尔及利亚、摩洛哥等。阿拉伯国家是西亚、北非20多个国家的总称,阿拉伯民族是一个整体,历史上是一个统一的国家——阿拉伯帝国。

阿拉伯国家主要分布在西亚的阿拉伯半岛和北非地区,它们经济单一,绝大多数国家盛产石油,靠石油制品的出口维持国民经济,进口商品主要是粮食、肉类,以及运输工具、机器设备等。阿拉伯国家市场前景广阔、资源丰富,是一个拥有2亿多人口的大市场。

这些国家有一些共同的特点:居民多为阿拉伯人,通用阿拉伯语(英语在大多数国家中也可通用),信仰伊斯兰教。单一经济,绝大多数国家盛产石油,靠石油及其产品出口维持国民经济,而进口多为粮食、运输工具、机器、肉类和纺织品等。主要贸易对象是欧美和日本等发达国家。

1) 环境分析

(1) 政治环境。阿拉伯国家联盟(以下简称"阿盟")是阿拉伯诸国的一个重要组织。阿盟成立于1945年,除此时已独立的创始七国外,以后每一个新独立的阿拉伯国家都被吸收为成员。由于历史背景和文化因素的影响,阿盟成员国的政治体制各不相同。大体分为君主立宪制和共和制国家两类。此外,阿拉伯国家中一些较大的集团组织,在政治、经济等领域发挥着重要的作用,如海湾合作委员会、阿拉伯石油输出国组织等。

(2) 自然环境。阿拉伯国家分布在亚洲西部、西北部和非洲的北部,东北部与欧洲相连接,成为欧、亚、非三大洲的交会点,同时也是海上交通枢纽,地理位置极为关键。世界上重要的海运通道,如苏伊士运河、红海口的曼德海峡、连接大西洋和地中海的直布罗陀海峡都在该地区。阿拉伯国家的港口为不冻港,全年均可通航。阿拉伯国家大部分土地为沙漠覆盖,降雨量少,水资源贫乏,气候炎热干燥。每年的5~8月是最炎热的时期,这一时期的商务活动相应减少。易融化、易挥发的物品不宜运装或须采取严格的防护措施。

(3) 经济环境。阿拉伯国家交通便利,有悠久的经商传统,自古是世界贸易的重要场所。但是除石油、天然气、少数矿产品(磷酸盐)、农产品(棉花)等比较丰富外,该地区国家的其他自然资源都相对匮乏。其进出口贸易始终维持在相当水平,但出口商品比较单一。阿拉伯国家的进口分三部分:其主体是机械设备,其他两部分分别为工业制成品、日用消费品及粮油食品和农产品。另外随着石油美元的积累,该地区购买力强劲,刺激了进口的增长。大多数阿拉伯国家以西方工业发达国家为主要贸易对象。一方面,这些国家对石油等能源的巨大消费导致了相应的大量需求;另一方面,西方国家在技术力量方面的优势,加强了机械设备和工业制成品的竞争力,占领了阿拉伯国家大部分的市场份额;再加上北美发达国家为主要的农产品出口国,使其成为阿拉伯国家主要进口对象。

2) 商务谈判风格及应对措施

由于地理、宗教、民族等问题的影响,阿拉伯人以宗教划派,以部族为群,家庭观念

第9章 不同国家商人的谈判风格

较强；重朋友讲义气，热情好客，但不轻信别人。喜欢做手势，以形体语言表达思想。尽管不同的阿拉伯国家在观念、习惯和经济力量方面存在着较大差异，但作为整个民族来讲有着较强的凝聚力。

阿拉伯国家凝聚力的核心是阿拉伯语，阿拉伯人非常讨厌别人用贬损或开玩笑的口气来谈论他们的信仰和习惯。在涉及商务谈判的具体事务时，阿拉伯人的谈判风格具有以下六方面的特点。

(1) 重信誉，讲友情。阿拉伯人很珍视信誉，谈生意必须首先赢得他们的好感和信任。阿拉伯人十分好客，对远道而来并亲自登门拜访的外国客人非常尊重。如果他们问及拜访的原因，理想的回答是为了得到他们的帮助。当合同开始生效时，拜访次数可以减少，但定期重温、巩固和加深已有的良好关系仍然非常重要，重信义、讲交情的形象，会在日后的谈判中获得意外回报。崇尚情谊的阿拉伯人不会因为商务缠身而冷落了自己的阿拉伯弟兄。谈判正在紧张进行，如果有亲友突然到访，他们可能会抛下外商，与亲友喝茶聊天，直到其离去才继续谈判。阿拉伯人并不认为这是失礼的行为。对此应表现理解与宽容，学会忍耐与见机行事。

(2) 谈判节奏缓慢。阿拉伯人不讲究时间观念，往往随意中断或拖延谈判，且花费比较长的时间做出决策。这种拖延也可能表示他们对另一方的建议有所不满，或他们相关的暗示没有被另一方捕捉到，并给予积极回应。此时，阿拉伯人表现为根本不作任何决定，而不是简单说"不"。因而，他们希望时间能帮助他们达到目的，否则甚至可能让谈判在置之不理中自然告吹。阿拉伯人不喜欢通过电话谈生意，一见面就匆忙谈生意同样被认为是不礼貌的。他们习惯于从一些社会问题或其他问题开始，使得初期的若干次接触往往不会涉及实质性话题。对此，要有足够的耐心并保持平和的心态。通常，阿拉伯人看了某项建议后，会交由手下证实其可行性。有兴趣的话，他们会在自认为恰当的时候，安排专家主持的会谈。他们特别重视谈判前期阶段长时间的、广泛的、友好的会谈，在彼此敬意不断增加的同时，他们对谈判中一些问题进行了试探、摸底，并间接地进行了讨论。如果这时另一方谈判者显得急躁，不断催促是欲速则不达。所以，一定要适应阿拉伯人与众不同的慢节奏。

(3) 重视中下级人员的意见和建议。在阿拉伯国家中，谈判决策由上层人员负责，但中下级谈判人员向上司提供的意见或建议也会得到高度的重视，他们在谈判中同样具有重要的影响作用。阿拉伯人等级观念强，其工商企业的总经理和政府部长往往自视为战略家和总监，不愿处理日常的文书工作及其他琐事。因此，外商在谈判中往往要同两类人士打交道：决策者和专家及技术人员。前者只对宏观问题感兴趣，而后者希望对方尽可能提供结构严谨、内容翔实的资料，以便仔细加以论证。与阿拉伯人做交易时尤其不能忽略专家和技术人员的作用。

(4) 代理商在商务活动中起重要作用。在阿拉伯国家商界中的一个重要阶层是代理商。几乎所有阿拉伯政府都坚持，无论外商的生意伙伴是个人还是政府部门，其商业活动都必须通过阿拉伯代理商来开展。这种代理制度，不仅有利于维护阿拉伯国家的利益，而且对外国商人来说也是大有裨益的。这些代理商有广泛的社会关系网，深谙民风国情，同企业或政府部门有着直接或间接的联系。好的代理商会在商务谈判的各项事务中，为外商提供便利。如协助雇主与有关部门尽早取得联系，促使尽早做出决定；快速完成日常文书工作，加速通过繁冗的文牍壁垒；帮助安排贷款回收、劳务使用、物资运输、仓储乃至膳食等事宜。如果缺乏合适代理商的斡旋与协助，商务活动难以顺利进展。

(5) 喜欢讨价还价。在阿拉伯国家，商店无论大小，均可讨价还价。不还价即成交，会被买主认为小看自己。反之，讨价还价后即便什么都没买，也会赢得对方的尊重。为适应阿拉伯人善于讨价还价的习惯，外商应建立起见价即讨的意识：凡有交易条件，必须准备讨与还的方案；凡想成功的谈判，必定把讨价还价做得轰轰烈烈。高明的讨价还价要显示出智慧，讨而有理，还而有据，方能令人信服，做到形式上相随、实质上求利益。

阿拉伯人注重小团体和个人利益，谈判的目标层次极为鲜明，运用手法亦随之多变。在整体谈判方案中，应预先分析对手利益层次的所在范围。了解利益层次要讲究多形式及自然、信任的表达方式。处理层次范围时，注意交易的主体利益与小团体、个人的利益成反比例。这其中，以局部牺牲换取全局利益的追求交换价值的概念应贯彻于过程内部。在解决好利益层次问题的基础上，有利于在谈判时进一步协商合理的利益分配，从而为谈判最终成功创造条件。

(6) 喜欢图文结合的资料。阿拉伯人不欣赏抽象的介绍说明，不愿意花钱买原始资料和统计数据。他们更欣赏可视性强、直观形象的相关资料。因此，在谈判中可以采用多种方式，采取数字、图形、文字和实际产品相结合的方式，形象地向他们说明有关情况，加强说服力，增进认知程度。尤其应引起重视的是：对于确实需要提供的资料，必须有一流的翻译将其按照阿拉伯人的习惯进行准确的翻译。若出于成本考虑而忽视翻译的质量，有可能给后续的商务谈判带来灾难性的后果。此外，考虑到阿拉伯人阅读的顺序是从右到左的，材料中所附图片的顺序也须作相应调整。

3) 商务谈判相关礼仪及应对措施

(1) 问候礼仪。在阿拉伯国家中，男子不主动与妇女握手。所以女士要注意不要主动要求与阿拉伯人握手。与女士握手时，一些阿拉伯人会将手缩到袖子里，隔着衣服将手伸出，避免与对方的皮肤接触。由于在该地区，左手被认为是不洁净的手，握手一定要使用右手。在社交场合中，握手后双方在对方脸颊上亲吻。一般女主人是见不到的，谈论和问候女主人是失礼的。某些国家，主人的孩子也不可提及。见到阿拉伯人的妻子时，可与其打招呼，但切忌握手。

(2) 送礼礼节及接待。初次与阿拉伯人相见，一般不送礼，否则有行贿的嫌疑。给阿拉伯人的物品，价值不能低，不能送带有动物形象的物品，更不能送带有女人形象的画片、图片等，此外酒也不能作为礼物，这都是伊斯兰教规所禁止的；不能给阿拉伯人的妻子送礼，但给孩子送礼特别受欢迎。阿拉伯各国都禁用六角星做图案，送礼时也须注意。

(3) 宗教礼节及时间安排。阿拉伯人信奉伊斯兰教，该教有许多相应的教规。商务谈判前一定要了解其宗教习惯。在伊斯兰教的教规中，最重要的有念古兰经、礼拜、天课、斋戒、朝觐等。必须给予充分重视。阿拉伯人从星期六到下个星期四为办公日。星期四和星期五(有时只是星期五)是他们的休息日和祈祷日。遇到斋月，阿拉伯人在日出后到日落前斋戒，戒饮食。外商也应做到入乡随俗，尽量避免接触食物和茶。若主人将这些放在待客的房子里，外商应表示理解并尊重他们的习俗。

阿拉伯国家宗教禁忌也很多。如妇女一般不在公开场合抛头露面。阿拉伯人对女性从商很敏感，因此，要避免派女性去阿拉伯国家谈生意。饮酒是绝对禁止的。

阿拉伯商人在谈判时悠然自得，说话慢吞吞，特别喜欢对极简单的事情也要深思熟虑或使其复杂化。再则，他们做出决定时间的长短，往往取决于亲疏关系。如果是亲朋好友，做出决定就会很快，否则特别慢。因此，同其谈判切忌急躁，急于求成往往会把事情办糟。特别是阿拉伯商人有着悠久的经商历史，精于商谈，且有时以"神的旨意"为借口来终止商谈或反悔已经做出的许诺，此时，若能找到对方最信任的人或其长辈进上一言，也许可以改变"神的旨意"。

总之，与阿拉伯商人进行商谈时，切忌急躁，要配合他们悠然自得的节奏，慢慢进行，要尊重伊斯兰教的习俗和讲究信用等，这样就可以取得商谈和贸易的成功。特别是如能同他们交上朋友，生意就非常好做，因为他们是非常珍惜友谊的。

2. 伊朗伊斯兰共和国

伊朗伊斯兰共和国出口的商品主要为石油、棉花、地毯、毛皮、天然气等，进口以机器、钢铁、化工产品、运输设备、电气设备、茶、糖、棉布等为主。主要贸易对象是美、日、英和德国等国。在该国从事贸易主要是波斯人和阿拉伯人。

3. 土耳其和塞浦路斯

土耳其人主要分布在土耳其和塞浦路斯两个国家。这两个国家的经济以农业为主，贸易对象主要是德国、美国和英国。土耳其的出口产品主要是地毯、羊毛、烟草、棉花、葡萄干、水果等；进口的主要是化工产品、电气设备和机械设备等。在土耳其从事贸易的人主要是意大利人，土耳其族人尚武不太重视商业，故其贸易知识大多较生疏，因此，与之商谈往往会因为一些基本的贸易术语而颇费周折。不过，如果一旦签约，其信用程度还是较高的。当然这必须以在合同中详细、明确地订立各项条款为前提。

4. 阿富汗

阿富汗人主要集居于阿富汗民主共和国，该国是个农牧业国家，出口产品以干鲜果品、毛皮、羊毛、地毯、棉花等为主，进口以纺织品、石油产品、机器、汽车、糖、茶叶等为主。主要贸易对象是印度等国。其居民多信仰伊斯兰教。阿富汗人性格刚强、脾气较倔，喜怒形于色。注重文字契约，电话商谈是难以达成协议的，因此，同其商谈要配合他们的节奏，慢慢地进行。书面合同也应尽量详细、明了，否则就难免因误会而导致改约或废约。

5. 以色列

以色列按照地理上划分属于亚洲国家，但是由于它同周边阿拉伯国家的敌对状态，在很多国际事务上按欧洲国家对待，所以很多人都把以色列看成欧洲国家。以色列是世界上唯一一个以犹太人为主体的国家。说到犹太人，他们的特点还是比较鲜明的：犹太人善于经商,团结、精明,交易条件苛刻,喜欢斤斤计较,而且善变;他们信奉不借钱给别人,也不轻信别人。

1) 穿着

以色列人穿着打扮的特点,是注重整洁、协调、素雅和庄重。大红大绿的衣着,对比强烈的打扮,极端前卫的服装,都不为他们所欣赏。以色列男子大都爱穿宽松式衬衫、夹克衫和牛仔裤,妇女则一般比较爱穿长至膝盖之下的长袖连衣裙。犹太教教规规定:犹太人的头部不得裸露。所以在以色列,人们一般是不会剃光头的。不仅如此,在一些正式场合,例如,进入犹太会堂从事宗教活动,或是出席议会、例会的时候,以色列男子通常都要头戴无沿小帽遮住自己的头顶,而以色列妇女也必须戴上头巾。依照犹太教教规,犹太人均不得剃除自己的胡须和鬓毛。因此,在以色列,大多数男子都是满脸胡须,甚至胡须与鬓角连成一片。除此之外,讲究发型庄重保守,注重头发干净整洁,均被每个犹太人所重视。因为这一原因,在以色列,蓬头垢面和发型怪异的人,都比较罕见。

2) 餐饮礼仪

总的来说,由世界各国移民组成的以色列人的饮食习惯可以说是五光十色、异彩纷呈。有些时候,设宴待客的以色列人向客人推荐的"以色列国菜"通常也会各不相同,与主人一样,它们也来自世界各地。完全可以这样说,各个国家的饮食,都可以在以色列人的家中见到。如果非要说以色列人在饮食习惯上的共性,那便是所有的犹太人无一不在饮食方面严守教规,丝毫也不敢疏忽大意。

3) 习俗禁忌

以色列人在习俗禁忌方面是深受犹太教教规的影响。在以色列人日常生活的方方面面,犹太教都发挥着重要的作用。在以色列,犹太人都会依照教规守安息日。按照犹太人计算日期的方法,所谓安息日指的是自每个星期五日落开始,至次日日落前为止。这一天主要指的是人们通常所讲的每个星期六。守安息日时,犹太人不得从事任何劳动,不得接触金钱、火柴和机器,只能休息。安息日那一天,以色列的许多高楼大厦里的电梯,都要预先经过特别的安排,以便其自动启动或停止。否则,犹太人可就要寸步难行了。在安息日这一天,犹太人不但不工作、不谈生意,而且不准进行体育比赛。要是不知原委,非要在这一天前去拜访犹太人,多半就要吃"闭门羹"了。

4) 商务谈判相关礼仪及应对措施

和以色列商人见面的时候穿西装就可以了,或者衬衫西裤,他们在这方面不是特别讲究。主要的注意事项和欧美等西方国家是差不多的。以色列商人大部分会说英语,但是希伯来语是他们的通用语言和官方语言,要是能在谈判中使用希伯来语,他们会感到特别亲切。他们做生意讲究谈判、商谈,简单地说就是讨价还价。注意诚信,一定要真诚,如果谈到价钱的时候,千万别开得太离谱,这样他们会觉得你没有诚意。那么生意就做不成了。

9.4.4 东亚诸国(地区)商人的习惯和特点

东亚诸国地区主要指中国(包括中国香港、中国澳门、中国台湾)、韩国、朝鲜、蒙古和日本等。在这里主要介绍日本、中国及中国香港地区。

1. 日本

日本居民大多数属大和民族，除此之外还有阿伊努人及朝侨和华侨等。居民多信神道和佛教，官方语言为日语。

日本是亚洲工业最发达的国家，其国民生产总值仅次于美国而居世界第二位。出口产品主要是钢铁、机械、船舶、汽车、电器产品、纺织品和鱼产品等；进口则以工业原料为主，如铁矿石、铅、铜、铝、钵、镍、煤、原油、羊毛等。除此之外，小麦、糖和日用小工业品也大量进口，贸易对象主要是美国和中东、东南亚及中国。

日本商人的风俗习惯和特点，总的来说，可概括为以下几点。

(1) 注重礼节和身份。与日本商人交往时要注意服饰、言谈、姿态及举止风度的端庄和谦逊。特别是日商非常重视对方的身份和地位，以及年龄乃至性别。日商不但要求谈判的对方在身份地位上要与之相当，而且，大多情况下还要求对方的年龄和性别要与之相应。在日本商界，涉外谈判有两条不成文的规定：第一，对方谈判者(特别是负责人)应是男士。因为日本的妇女一般是不参与正式商务谈判的，在商业上，日本妇女与男士不平等。因而如果我方谈判负责人是女士，就有可能发生不必要的误会。第二，要求对方派出的谈判者(主要是指负责人)在年龄和职务上要与日方基本相当。在日本人看来，当他们派出了一位较高职务(通常年龄也较大，因日本人的职位往往同年龄是成正比的)的谈判负责人到场，而对方若派出的谈判负责人是一位年轻人(即使职位相差不太大)的话，日商会认为对方没有诚意，或认为起码是不太重视本次谈判，甚至有时还可能认为是对他们人格的不尊重。再则，日本是一个"多礼不坏事，礼少办不成事"的礼仪之邦，在商务活动中，十分讲究礼节，稍有失礼，往往会前功尽弃。

(2) 慢条斯理，循序渐进。日本大多数人办事讲究时效，走路匆匆忙忙，目不斜视，乘电梯时若遇人多，则宁愿步行直接上楼，不愿做无谓的等待，约定的时间则一般是会严格遵守，不会无故失约和延误。但在与日商谈判时，则需要有耐心，若一时未能达成协议，可暂时休会或约定下次会谈的时间。若双方过去无任何交往或交往不深，见面一般不要急于谈生意，而应彼此问候，建立相互信任的关系，在此基础上再进行商谈。若一项商谈因故暂停，恢复会谈时，不要更换原谈判者，应派同一代表参加，不然又要一个重新开始熟悉的过程。在谈判过程中讲话要慢而清楚，避免给人以急匆匆的印象，急于求成是办不成事情的。

(3) 诚实和正派。不要背后议论别人，不要故意贬低竞争对手的产品，不要打听对方私事及公司的秘密，也不要打听对方熟人或有关联公司的秘密，除非相交已达到推心置腹的程度，否则会引起日商的极大反感。其中特别是对对方家庭及公司的秘密，乃至公司产品和人员的缺陷或失误绝对不要提及。因为日本人把家庭看成自己的脑袋，把自己公司看成自己的心脏一样重要。另外，向日本人打听其他人或别家公司的情况，也会认为你不正派，甚至认为你人格低下等。

(4) 日商说话态度婉转暧昧。日商在商谈中一般尽量避免正面回答问题，并极力回避直接的否定语。同时，也很少直截了当地同意你的观点，在大多数情况下则使用诸如

"是那样吧""可能是那样""我想是那样""可以认为是那样""大概如你所说""我想你的讲法有道理"等暧昧词句来同意你的看法,故我方讲话时也应尽量婉转一点,以免到时后悔不及。同时,日本商人在商谈时虽然常用"はい"(音为咳依,意为"是")这一口头语,但并不一定表示为同意,相反,多数情况下,则仅表示允许你讲下去,故不要发生误会。

(5) 重视集体智慧、强调集体决策。日本商人不同于美国和德国商人那样个人权力大,负责人说了算。日商参加谈判的每一个人都负有某一问题的决策权,每一个谈判者都有责任保证谈判成功,很难说日商谈判组(团)中哪一个人重要、哪一个人不重要,所以应重视日商参与谈判的全体组员的表情和意见。同时,日商谈判组(团)人员对于较重大的问题往往不能马上做出决定,而需要通过向国内公司有关人员层层上报批准,方能给予答复,故应给予其时间,催促反而适得其反。

(6) 喜欢讨价还价。日商不同于澳洲商人和北欧商人,日商精于讨价还价,往往报价水分很高,一般是在成交价格的基础上加 20%~30%的水分,甚至有时高达 50%,然后再经过漫长的讨价还价过程才能成交。所以对日商的报价要特别留心,要认真做比价工作,做到心中有数。相反,日商在还价时往往杀价较狠,但只要拿出有说服力的资料或证据去增强你的议价力量,日商还是愿意接受的,因此,不要被日商杀价过狠而动摇商谈的信心。在讨价还价之时,还应尽量照顾日商对数字的敏感性。日本人认为奇数表示吉祥,但也忌用"9",不太喜用偶数,尤其是偶数当中的"4"更忌用。

总的来说,日商保守、注重身份地位、重视信用和初次合作,讲究互相信赖关系,精于商务谈判,在与日商商谈中好像挤一块吸水海绵,不挤水不出,水多也不会自然流出来。

2. 中国商人的谈判风格

1) 谈判关系的建立

中国商人十分注重人际关系。在中国,建立关系是寻求信任和安全感的一种表现。在商业领域和社会交往的各个环节,都渗透着"关系"。"关系"成为人们所依赖的与他人、与社会进行沟通联系的一个重要渠道。

建立关系之后,中国商人往往通过一些社交活动来达到相互的沟通与理解。这些活动通常有宴请、观光、购物等。

2) 决策程序

中国企业的决策系统比较复杂,企业类型多,差异也大。企业的高层领导往往是谈判的决策者。争取他们的参与,有利于明确彼此承担的义务,便于执行谈判协议。

3) 时间观念

中国人对时间并不十分敏感。人们喜欢有条不紊、按部就班。在商务交往中,对时机的判断直接影响到贸易能否成功。

4) 沟通方式

中国文化追求广泛意义上的和谐与平衡。在商务谈判中,商人不喜欢直接、强硬的交流方式，对对方提出的要求常常采取含糊其词、模棱两可的方法作答，或利用反问把重点转移。

名片被广泛使用于商业往来中。备好自己的名片是聪明的做法。通过名片的交换，可以了解到双方各自的等级地位，以便注意相应的礼节。

5) 对合同的态度

传统中国社会重视关系胜于重视法律，现如今人们的法制观念和合同意识不断增强。

3. 中国香港地区

香港，全称中华人民共和国香港特别行政区，是世界上最大、最繁忙的国际大都市之一，全球仅次于纽约、伦敦的第三大金融中心，地处珠江口以东，与广东省深圳市隔深圳河相望。1842—1997 年间，香港曾作为英国的殖民地；1997 年 7 月 1 日，中国恢复对香港的主权。香港实行资本主义制度，以廉洁的政府、良好的治安、自由的经济体系及完善的法治闻名于世。香港是中西方文化交融的中心，是全球最为安全、富裕、繁荣的地区之一。香港是国际重要的经济、金融、航运中心和最具竞争力的城市之一，经济自由度居世界前列，被誉为"东方之珠"。

香港自开埠以来，一直是以进出口贸易维持和促进其经济的稳定与发展的。香港本身从生活资料到生产资料都高度依赖于进口，而工业品又高度依赖外销，加之香港位于亚洲和太平洋地区的交通要冲，它已成为地区性贸易中心。特别是香港经济在很大程度上依赖于内地的支持和合作，而内地又需借助于香港的市场乃至转口贸易去扩大商品的销售，在一定程度上也利用香港的资金和技术加速内地的经济发展，所以说香港与内地之间的经济有着息息相关、紧密相连的关系。利用好香港的市场，不但可以获取商务信息，还可以稳定和扩大内地商品在香港的市场，乃至通过香港扩大转口贸易。

香港市民大多数是广东人，通用粤语，其风俗习惯与内地广东人很相似，主要特点有以下几点。

(1) 凡事爱讨吉利，爱说吉利话，忌讳不吉利话。如新年请客乃至去刚开市的饭店进餐时，忌讳"炒蛋""炒鱿鱼"之类的菜，因"炒蛋"同"吵蛋"同音，即有捣乱之意。"炒鱿鱼"在香港表示被雇主辞退。还有，如香港人称"猪舌"为"猪利"，因"舌"与蚀本的"蚀"同音；称"历书"为"通胜"，因"历书"同"历输"同音。特别是新年之际，各家各户均要吃"发菜"(一种淡水藻类植物)"年糕"，因"发菜"同"发财"谐音，"年糕"同"年高"同音，意指生活和收入一年比一年高。同时"炮竹"被称为"高升"，故大年初一或"喜庆"之时均需燃放鞭炮，以讨"高升"之吉利。春节之时，各家各户都用红瓜子招待客人，而吃红瓜子则被称为"抓银"，意指能挣钱。特别是大年三十和初一各家各户均要吃鱼，因"鱼"与"余"谐音，意指年年有余。另外，香港人对数字也较敏感，忌讳"4"，因"4"同"死"谐音，而认为 6、8、9 是吉利之数字，因为"8"同"发"谐音，故有"要想发离不开 8"这一说法；而"9"同"久"谐音，寓意长久；而"6"同"禄"同音，"禄"乃指财源、薪金之类。上述 3 个数字连起来则为"禄发久"，意指财源茂盛、长久不衰。所以，香港人认为上述 3 个数字乃是大吉大利之数字。

(2) 香港商人大多热情好客，讲究礼节，注重身份地位，但也有极少数人表面一套，背后一套，因此，与之打交道要防止个别人"背后捅刀子"，不要被其表面上的假象所迷惑。

(3) 香港商人商务知识较丰富，善于讨价还价，报价水分也较高，故有人说香港商人融合了日本人的商业意识和英国人的精明慎重作风及美国人的讲究效率的办事意识。

(4) 香港商人中多数愿意为祖国的经济建设尽力，其中有一些人士更是不计个人得失，为祖国的建设做出了卓越的贡献，这是我们开展业务时一个极其有利的因素，故对他们要重视感情的联络。总之，对香港商人要敬重但不要崇拜，要信任但不要盲从，要温情但不要失态，要慎重但不要失礼，要谦虚但不要失节等。

9.5 欧洲商人的习惯和特点

欧洲位于东半球的西北部，是资本主义经济发展最早的地方。目前其生产总值在世界各洲中居首位，其中工业生产总值在国民经济中占的比重很大。同时，其对外贸易额在世界贸易总额中所占的比重也很大，居各洲之首。

从地理区域划分上，人们习惯把欧洲分为西欧、南欧、中欧、北欧和东欧五个部分。下面依次叙述欧洲各地商人的风俗习惯和特点。

9.5.1 西欧诸国商人的习惯和特点

从地理上来划分，西欧是指欧洲西部濒临大西洋的地区和附近的岛屿，主要包括英国、爱尔兰、法国、荷兰、比利时、卢森堡等国家(我们通常把欧洲资本主义国家叫西欧，不在上述分法之内)。

1. 英国

英国全称为大不列颠及北爱尔兰联合王国，是世界资本主义发展最早的一个国家，130年前号称是世界工厂、世界贸易垄断者、海上霸王、世界金融中心和日不落帝国，经济实力、军事实力曾显赫一时，殖民地遍及世界各洲。

19世纪末，美国和德国的经济相继超过英国，第一次世界大战以后，由于殖民体系开始动摇，经济实力进一步遭到削弱。

英国进口的主要是工业原料、食品、矿物和燃料，出口产品以机器、运输设备和化工产品为主。贸易对象主要是欧盟各国(即英、法、荷兰、比利时、德国、意大利、卢森堡、爱尔兰、丹麦、希腊、葡萄牙和西班牙等)和"英联邦"成员国及美国。

总的来说，英国商人的性格高傲、保守，这一点与日本商人类似。英国商人与人接触，开始总是保持一段距离，然后才慢慢地熟悉，这与美国商人截然不同。英国商人在商谈当中遇到纠纷时，也会毫不留情地起来争辩，即使是他们的错误，也不会轻易认错和道歉。所以说，英国商人的性格是外柔内刚、傲慢而有分寸的。初次和英国商人接触时，常会不习惯他们傲慢的态度，其实接触时间长后，如果取得了他们的信任，就会感到他们还是十分亲切和热情的。

英国商人在谈判过程中喜欢设关卡，只要他们认为有某一个细节没有解决，就绝不会同意签字。这时如果你过于急躁，将你的意愿强加于他，不但不能成功，反而会引起对方的反感；但若是耐心说服，并佐以有说服力的证明材料，则可以增加他们的好感，从而增加谈判成功的几率。另外，英国人讨厌客人谈论王室，也讨厌客人问及他们的私事和向其打听别人或别的公司。特别是苏格兰人、威尔士人和爱尔兰人，还讨厌人们把他们统称为英国人，因英国人的原意仅指英格兰人，若以不列颠人相称则会令所有的人满意。

2. 爱尔兰

爱尔兰1949年正式独立，并退出英联邦。爱尔兰经济以农牧业为主，出口产品以畜产品特别是种牛的出口为主。除此之外，毛皮、乳制品的出口量也较大。进口的主要是机械、化工产品、日用工业品等。贸易对象主要是欧盟各国。

爱尔兰共和国的居民 97%以上是爱尔兰人。通用爱尔兰语和英语。一般来讲，该国商人不会强词夺理，为人朴实而且心地善良；但脾气较暴躁，容易生气，这点应该体谅。在商谈中，不大会投机取巧，一旦建立关系，很容易将关系发展下去，因此还是可以放心地同其进行贸易的。再则，在商谈过程中，要因势利导、循序渐进，切忌急躁。在同爱尔兰人谈判时，要将重点问题在谈判中谈妥，并详细明确地写进合同中，以免日后产生误会。

3. 法国

法兰西共和国是一个工业发达的老牌资本主义国家，生产和资本的集中程度较高。出口产品以机械、汽车、钢铁、化工产品和粮食为主，法国的时装和化妆品也享誉世界，进口的主要是燃料、工业原料和生丝，主要贸易对象是欧盟各国。

其居民主要是法兰西人，法语为官方语言。法国商人，天性乐观，工作态度极为认真，时间观念很强，生活上讲究舒适安逸。在商务交往中，重视人际关系和相互信任，因此，在未建立相互信任的关系之前，是不会同你进行大宗贸易的；只有深交之后，才可以进行大宗贸易。在商谈时，当主要问题谈妥之后，他们就催促对方签约。在他们看来，细节问题可以留待日后再商讨或待发现问题时再谈。这点同英国商人恰恰相反。与法商交易常有由于细节问题而引起不必要的误会直至改约之事发生，所以同法国商人商谈时，商谈过程中的有关重要协议必须以书面形式互相确认，签约时也必须慎重，要待各项条款及其细节都互相确认无异议后方才签字，即使是老客户也应尽量如此，以免误会或改约乃至发生废约之事。

法国商人在商谈之初总是不太正经谈生意，往往会聊一些社会新闻或文化生活等话题(但切忌涉及法商家庭私事和商业秘密)，以此培养感情，只有当他们认为感情培养起来后，才逐渐转入正式话题，一旦到了最后要作决定的阶段则会高度集中精力，运用法兰西人特有的才智来对付各种情况。所以,对于这一点我们不但要尽量迎合其习惯,而且需要保持一定的警惕,不要被最初阶段的闲聊气氛或友好气氛冲昏了头脑。

法国企业组织机构精练,商人个人办事的权力很大,而且人与人之间等级观念较强,竞争激烈。在商谈时,担任主职的人可以马上做决定,这点与日本商人恰恰相反。因此,同法国商人谈判时我们也应事先将可以当场决定的事列好,以免引起不必要误会。

4. 比利时

比利时王国 1839 年独立。该国工业较发达,出口产品主要是机械、纱织、化学工业品和电气工业品,而工业原料和粮食绝大部分靠进口。贸易对象主要是欧盟各国。

该国北部居住的是佛拉芒人,讲佛拉芒语;南部居住的是瓦隆人,讲法语;另有极少数日耳曼人,讲德语。官方语言为法语和佛拉芒语。总的来说,其商人性格表现为虚荣心较重、讲究外表、注重头衔和身份,带有较浓厚的贵族习气,商业道德一般较好,一旦签约,改约和废约的现象比较少见。不过,比利时北部商人性格除了上述特点之外,多少还带有德国商人那种刚强、坚持己见、缺乏通融性等品格。而南部瓦隆人讲法语,受法国影响很大,故南部商人的性格和商业习惯也就不可避免受法兰西人的影响。

5. 荷兰

荷兰王国有"低地之国"之称,国土绝大部分为平原。工业、畜牧业、航运业和渔业均比较发达。出口以船舶、电机和纺织产品为主,进口的主要是粮食和工业原料。贸易对象主要是欧盟各国。其居民 95%是荷兰人,官方语言为荷兰语。

总的来说,荷兰商人的特点是朴素大方、平易近人、注重实效、不讲究外表。商谈时规规矩矩,签约后信用程度也较高,但在交往之中特别注重礼节,谈判时特别注重按程序一项一项地谈下去。签约以后若能表示一下感谢之情,会有助于合约的顺利履行。

卢森堡商人的情况同荷兰商人的情况大致相同,在此就不再赘述。

9.5.2 南欧诸国商人的习惯和特点

从地理上划分的南欧是指阿尔卑斯山脉以南的巴尔干半岛、亚平宁半岛、伊比利亚半岛和附近的岛屿,包括意大利、西班牙、葡萄牙、罗马尼亚、保加利亚及阿尔巴尼亚等国家。在此主要讲述前三个国家商人的特点。

1. 意大利

意大利共和国是工业较发达的资本主义国家,出口产品以纺织品、汽车、机械、水果和食品为主,进口则以煤、铁、石油、棉花、羊毛等为主。主要贸易对象是德国、法国、英国和美国。该国居民 90%以上是意大利人,官方语言为意大利语。

意大利南部和北部的经济差别很大。80%的工业和大多数大农场都集中在北部,南部则远远比不上北部。故北部商人不但文化素质、对外贸易业务能力较高,而且资信程度也比南部商人好。同时在意大利的对外贸易当中,北部占了绝大部分,在北部商人中,以有德、法血统的意大利人居多,因此,他们融合了德国人的精明能干和法国人的健谈及以我为中心的特点。再加上意大利历史上政局动乱不安、资源贫乏，使之自古以来国民经济对外贸的依赖性极高，从而使意大利商人多具有精明能干、善于社交、个人权力大、国际贸易业务水平高、谈判技巧熟练等特点。所以同他们打交道，要清楚他们大都是精明能干、熟习业务的人，不要被他们善于社交、谈话和蔼可亲的表象所迷惑，也要注意到他们个人的权力很大，如果想同他们做成生意，就必须同他们搞好关系。

2. 葡萄牙

葡萄牙共和国的出口以软木及棕树制品、葡萄、橄榄油、纺织、食品为主，而进口则主要以机械、钢铁、电机、化学工业品及粮食为主。其居民99%以上为葡萄牙人，官方语言为葡萄牙语。贸易对象主要是德国、法国、英国和美国。

葡萄牙商人的基本特点是：善于社交、天性开朗，初接触时亲密无间、和蔼可亲，但当有利害关系时则判若两人，所以有人说很难和他们进行开诚布公的商谈。再者，由于葡萄牙人属拉丁血统，多以自我为中心，个人权力很大，在商务谈判中干净利落，不愿迁就，能谈则谈，不能谈就走。对不构成约束力的事情，他们当面会乐意接受，过后很可能就置于脑后；而对构成约束力的事情，他们往往会找借口回避，即使迫不得已允诺下来，有时也难保日后不废约，对于这点应特别注意。

3. 西班牙

西班牙王国是一个工矿业较发达的国家，出口以机械、船舶、钢铁、葡萄酒、橄榄油、软木和柑橘为主，进口以石油、棉工业设备为主；贸易对象主要是美国、德国、法国和英国。西班牙的居民主要是西班牙人，还有少数巴斯克人和加泰罗尼亚人。该国商人的特点与葡萄牙商人很类似，不过，北部的巴斯克人更朴实稳健。另外，西班牙南部中间商在对外贸易中起的作用非常大，因此，一方面可以利用他们扩大贸易；另一方面也不得不慎重提防，因为有些中间商是奸巧利猾俱全的。

9.5.3 中欧诸国商人的习惯和特点

中欧在地理上是指阿尔卑斯山脉以北、波罗的海以南的地区。它包括波兰、捷克、斯洛伐克、匈牙利、德国、奥地利、瑞士、列支敦士登等八个国家。这里只介绍三个主要国家商人的有关情况。

1. 德国

德国是工业很发达的资本主义国家，国民生产总值在欧洲名列前茅。出口产品主要有钢铁、机械、电机、化工产品、光学仪器等，而进口产品主要为工业原料、石油、粮食和食品等。其贸易对象主要是美国和欧盟诸国。其居民绝大部分是德意志人。

总的来说，德国商人性格刚强、坚持己见，大多数人缺乏通融性，在商务交往中强调个人才能，故商谈时要特别重视负责人的意见或行动。

德国商人比较注重形式，特别是在德国北部，商人极喜欢显示自己的身份，故在商谈当中要重视以职衔相称，尽量避免用"××先生"这种通称。同时，德国商人注重礼节，握手可能是没完没了的(这也是必要的),特别是在告别时,总喜欢将对方的手握了又握,以示致谢。

另外,德国商人在商务谈判中,总是喜欢在对相关事情作了充分的了解和准备之后才开始会谈。一旦开始会谈,他们不喜欢漫无边际地闲聊,一开始就一本正经地进行商谈。他们对签订合同是非常慎重的,只有把合同各条款的每一个细节都搞清楚以后才肯在合同上签字,这点与法国商人不同,与英国商人类似。合同一旦生效,他们则要求双方绝对遵守,容不得半点变更,也毫无通融可讲。这虽是好事,但也要求我们对合同的签订更应慎重。

德国商人不喜欢请客吃饭,但喜欢送礼,以表示友谊。德国人对于送礼喜欢赠送给个人而不是公司,故给德商送礼时,应直接送给某个人,而不要送给一个团体,若送给一个团体,礼物就等于白送了。由于德商个人权力大,在送礼时也应该特别关照某个权威或核心人士。

2. 奥地利

奥地利共和国是一个"中立"国家,森林资源很丰富,造纸、纺织、化工等工业比较发达。居民99%是奥地利人,讲德语。奥地利商人善于交际,开朗活泼,和蔼可亲,注重头衔和身份,崇拜老牌产品。在商务谈判时,参加的组员较多,各组员分工合作,无明确的谈判负责人,这点同美国和德国商人大不一样。且奥地利商人在谈判之前或之中一般是不肯透露公司的资料的,之后才肯将公司的有关资料送给对方,在此之前,即使索要也不予理睬。

奥地利商人重信用,一旦取得其信任,可望长期合作。奥地利商人具有很强的排他性,如果没有一定的关系,贸然行事是徒劳无益的。在合作之中一旦失约,要重新恢复信用关系也是件很难的事。

3. 瑞士

瑞士也是一个"中立"国家。主要出口产品是精密机械和仪器,特别是瑞士钟表驰名世界,进口的主要是粮食、食品和日用百货。瑞士官方语言为德、意、法三种语言。其商人的特点与奥地利商人几乎相同,故不赘述。只是商人的排他性比奥地利商人更强。再则,瑞士商人不过问别人的私事,也不喜欢对方问其私事,这点需特别注意。

9.5.4 北欧诸国商人的习惯和特点

北欧是指日德兰半岛、斯堪的纳维亚半岛一带,包括冰岛、丹麦、挪威、瑞典和芬兰等。这五个国家商人的特点大致相同。

冰岛共和国于1944年6月成立,该国渔业非常发达,故出口产品的80%左右是渔产品,进口的主要有燃料、粮食、饲料、机器、船只等。其居民多为冰岛人,讲冰岛语。

丹麦王国是一个工业较发达的国家,出口产品主要有食品、机械、船舶、化工产品和电子仪器等,进口的主要是工业原料和燃料。贸易对象主要是德国、瑞典和英国。其居民多属日耳曼族的丹麦人,讲丹麦语。

挪威王国是世界著名的航海国家之一,以航运业、渔业和工业为主导产业。出口产品主要有船舶、纸浆、纸张、石油、金属制品、化肥和渔产品，进口主要以粮食、化工产品和纺织品为主。其居民 90%为挪威人，讲挪威语。

瑞典王国工业较发达，主要出口机械、车辆、纸浆、纸张、船舶、铁矿石等，主要进口石油、煤、化工原料和日用百货等。其居民 90%左右为瑞典人，讲瑞典语。

芬兰共和国工农业(农业中特别是畜牧业)均较发达，出口的主要产品是纸浆、纸板、木材、纸张、船舶、机械和乳制品等，进口的主要是工业原料、燃料、运输设备、棉花等。90%以上的居民为芬兰人，讲芬兰语和瑞典语。

上述五国商人的共同特点：朴素大方，沉着老练，不急不躁，和蔼可亲，性格直爽，说话不转弯抹角，做事计划性强，凡事按部就班、规规矩矩。在商务谈判时必须按照顺序逐一说明，否则将不予理睬。如在商谈价格时，必须将产品的优缺点及其性能和价格构成因素逐一详细说明，否则就难以成交。再则，这五国商人大多数心地善良、守信用，也容易相信对方的解释，当他们做出决定的时候，握手就像签书面合同一样有效。

另外，这五国商人也注重头衔，谈话时喜欢人们称呼他们的职衔，如果你不知道他们的职衔，就干脆叫他经理，即使不对，他们也会高兴的。特别是买卖做成后，接着便是庆贺，如果拒绝其邀请，可能会引起误会。当被邀请到他们家去做客时，不但应准时到达，还要带一束五枝或七枝的单枝数鲜花；另外，在主人敬酒之前，不要先品尝。

诚然，这些国家的商人比较保守，作决定时往往优柔寡断、考虑再三，因此应给其适当的时间，不能太急，否则会适得其反。瑞典、挪威、丹麦三国在对外贸易中，中间商起着很大作用，有些中间商不但索要佣金高，而且不负责任，这点也不能不引起重视。

9.5.5　东欧诸国商人的习惯和特点

从地理划分上讲，东欧指德国、奥地利、意大利以东至亚欧洲际分界线的区域。

1. 东欧商人的习惯

1) 商务活动时间

东欧的企业和机关基本上实行了每周五天工作日。大多数机关在 9 点上班，18 点下班。所以商务访问、会谈时间定在上午 10 时至下午 17 点之间，最好是在下午 1～3 时午餐时面谈。另外，注意不要把商务谈判时间安排在节假日内。在东欧，无论公私单位拜访，都要事先预约时间，不能搞"突然袭击"。

2) 饮食习惯

东欧人喜欢喝酒，而且多用酒来招待来客。例如，在俄罗斯，交往的双方相互熟悉后，才会邀对方共进午餐、晚宴，最好在离开俄罗斯前邀请俄方谈判伙伴吃饭。若是应邀访问，应准时到达，给女主人带上花束或糖果。送花只要红玫瑰，花的数目不能是 3 枝。

3) 见面礼遇

东欧商人惯于社交，重视人际关系。见面或道别时要正式握手，有时会拥抱，使初次相识就表现出亲切感。会见客户时，要清楚地介绍自己，并把自己的同伴介绍给对方。进入对方的会客室后,要等对方招呼后才能就座。若对方招待茶点,在端出茶时要道谢。顺便说一句,在国外谈判时"谢谢""麻烦了"之类的话多说无损,只能有益。如果谈判人员要吸烟,应视当时的气氛,且须征得对方的同意;要是对方不抽烟,或是在禁烟的场所,就不要抽烟。

4) 赠送礼物

赠送礼物是必要的,而且一点小小的心意可以增添深厚的友谊,更有利巩固彼此的生意关系,是不宜草率从事的。东欧人特别注重物品的美观及实用,所以礼物的体积不要太大,实用性要强。如果东欧伙伴偕夫人来拜访你,你要赠送礼物,那么只能以赠送其夫人为名义,千万不要只说赠给这位东欧男士,同大部分西方国家习俗一样,女士总是被优先考虑的。

2. 东欧商人的特点

(1) 固守传统,缺乏灵活性,喜欢按计划办事。

(2) 对技术细节感兴趣。特别重视谈判项目中的技术内容和索赔条款,与东欧人谈判不能随便承诺某些不能达到的条件,对合同中的索赔条款也要十分慎重。

(3) 善于在价格上讨价还价。对东欧的报价策略有两种形式:第一种是报出你的标准价格,然后力争作最小的让步;第二种策略是公开在你的标准价格上加上一定的溢价(如15%),并说明这样做的理由是同其做生意所承担的额外费用和风险。

(4) 易货贸易。易货是一种好的交易形式,但要根据具体情况决定。

3. 东欧商人谈判的技巧

(1) 注重称谓。
(2) 讲究交往技巧,建立良好关系。
(3) 注重有关礼仪。
(4) 注意报价和技术细节及索赔条款等问题。

本 章 小 结

本章介绍了不同国家和地区的谈判特点,包括美国、加拿大、中美洲诸国和墨西哥、加勒比海诸国、南美洲诸国,以及大洋洲如澳大利亚、新西兰,非洲如北非、东非、西非、中非和南非,亚洲如东南亚诸国、南亚诸国、西亚诸国、东亚诸国,欧洲如西欧、南欧、中欧、北欧、东欧商人的习惯和特点,并给出了相关宗教、礼仪、禁忌、时间观念等与商务谈判密切相关的因素。

通过本章学习,读者应掌握大洋洲、亚洲、欧洲商人的习惯与特点,熟悉美洲商人的习惯与特点,了解非洲经济商人的习惯与特点。

关键术语

习惯　特点　禁忌　社会风俗　礼仪

复习思考题

1. 填空题

(1) 不同的人种，不仅语言不同，_____也有较大的差异。

(2) 加拿大居民大多数是英国和_____的后裔。

(3) 澳大利亚人对兔子特别_____。

(4) 新西兰人非常注重其享受高度的_____。

2. 选择题

(1) 总的来看，非洲的商人特点是性格刚强生硬，自尊心极强，十分看重(　　)。
　　A. 关系　　　　B. 价格　　　　C. 权利　　　　D. 友谊

(2) 印度的出口手续较(　　)。
　　A. 齐全　　　　B. 规范　　　　C. 简单　　　　D. 烦琐

(3) 阿拉伯国家凝聚力的核心是(　　)。
　　A. 阿拉伯语　　B. 石油　　　　C. 古兰经　　　D. 圣战

(4) 在中国，建立关系是寻求信任和安全感的一种(　　)。
　　A. 表现　　　　B. 行为　　　　C. 理想　　　　D. 科学

(5) 香港市民大多数是广东人，通用(　　)。
　　A. 越语　　　　B. 粤语　　　　C. 英语　　　　D. 客家话

3. 简答题

(1) 简述东欧商人的习惯。

(2) 简述东欧商人的特点。

(3) 简述东欧商人谈判的技巧。

4. 论述题

试简要分析澳大利亚的主流社会风俗。

案例分析题

某重点工程是由世界银行提供贷款的国际招标项目。参加投标的中外厂商有好几家，竞争十分激烈。这一项目属于综合性工程，既有进口设备，又有国产设备；既有技术引进，又有中外合作生产设备。招标单位经过开标、评标、决标并在征得世界银行同意后授标于上海 M 进出口公司等四家联合组成的投标集团。

集团中两家为中方单位,分别是上海 M 进出口公司和上海 B 工程公司;另两家为外方单位,分别是 S 公司和 T 公司。这四家厂商在联合投标前签订了四方合作协议书,就各方的分工负责、权利义务等作了原则性规定。同时协议书还规定上海 M 进出口公司为承包集团的主承办单位。授标之后,中标集团与招标单位就必须对总承包合同中某些商务和技术条款的内容进行了磋商,达成协议后,再签署合同。与此同时,中标单位的中方单位与外方单位就分合同(即进口合同)进行了谈判。这一谈判异常艰巨,外方意图通过谈判迫使中方接受他们所拟定的厚厚一大本分合同条款及附件。根据该分合同和附件的内容,外方把原已承诺的责任尽量减小而变相提高原承诺的价格。他们在谈判中对中方就分合同条款提出的修改意见采取拖延战术,例如,对某一条明显不合理的条款讨论半天仍不同意修改,甚至对已谈妥的条款第二天又推翻,还以"要提前回国,不再继续讨论"来对中方施加压力。

外方所以如此,是认为他们具有下列有利条件:

(1) 外方已从投标集团的成员变为中标集团的成员,中方已不能摆脱他们,必须与他们签订分合同。

(2) 中标集团在与招标单位签订总承包的合同时,将由主承办单位代表其成员签字,但在签字之前需由其成员出具授权书,而外方则表示在分合同未谈妥前不准备出立授权书给主承办单位。显然,主动权在外方手里。

(3) 外方为国际投标业务的老手,早在联合投标前夕就对所涉及的报价单中的重大问题如支付条款、损害赔偿金等拟定得对他们有利,有些问题已经埋下伏笔。现在外方把它们列入分合同条款是有根据的,其根据就是原报价单。

(4) 离开签订总承包合同的时间已不多,外方认为中方不可能逐字逐句讨论外方拟定的分合同条款和附件的全部文本,也不可能在短时间内拟出自己的合同和附件文本。因此外方尽量拖延谈判时间,使中方到时候只能使用外方文本,否则将无法如期与招标单位签订总承包合同。

中方认识到外方所处的有利地位的同时,也掌握了他们的弱点——不可能空手回国,绝不愿意使谈判破裂。因为总承包合同是中标集团全体成员的共同目标,倘若由于集团内部的原因最终不能与招标单位签约,则分合同也不能成立,这样,外方的谈判代表就无法向其上司交差,特别是 S 公司的销售经理为了这一项目已先后来上海达 20 余次(据估计,其旅差费已近 10 万美元)。如果不拿订单回去,其处境的尴尬是可想而知的,所以外方也是外强中干。

中方分析了以上情况后认为,只要与外方进行有理、有利、有节的谈判,问题是可以解决的。谈判的目标应予以坚持,即外商应负的责任必须按照四方协议书的规定,不允许从原有立场后退。其他非原则性问题可适当让步。至于价格,只要在原报价总金额不变的情况下允许外方对某些项目作适当的调整。另外,考虑到谈判时间短、谈判内容多,中方在谈判方式上采取了下列几项措施:

(1) 与外方谈判的时间不受办公时间的限制,晚上、星期天都可以安排,有几晚甚至谈判到深夜。

(2) 外方有两家,可分为两个小组进行谈判。但带有共同性的问题则在集中后以大组形式进行。

(3) 对于外方盛气凌人的态度,向外方严肃指出谈判双方的地位是平等的,一方将自己的意志强加于对方的任何行为都是不能接受的。此外,为了防止外方出尔反尔,每谈妥一页后就在该页上由中外双方谈判代表小签。

(4) 对分合同条款和附件内容基本上可以接受的部分即以外方所拟稿件为谈判基础,对于原则上不能接受的部分则由中方尽快拟出稿件作为谈判的基础。

(5) 对外方提出难度较高的问题不立即单独解决,而是与其他问题合并起来研究后一揽子解决。

中方在采取了以上各项措施后,总的来说,基本上掌握了谈判主动权,谈判进度得以加快。经过几昼夜艰苦谈判，中方原定的谈判目标得以在预定期限内完成，与两外商分别签订了分合同，外商也出立了签订总承包合同的授权书。中方单位于是代表中标集团与招标单位在约定的日期前签订了总承包合同。

问题：

(1) 国际工程招标项目中常涉及招标所在国不能全部解决的机械设备和先进技术等问题，这就需要从外国引进或与外国厂商合作生产。因此，国际工程招标项目中常包含进口业务。这种进口业务与单纯商品进口业务相比较，有什么共同性和特殊性？

(2) 该次谈判的主题及目标分别是什么？

(3) 请对双方的优势和劣势进行简要分析。

第 10 章 商务谈判中的道德与法律

知识架构

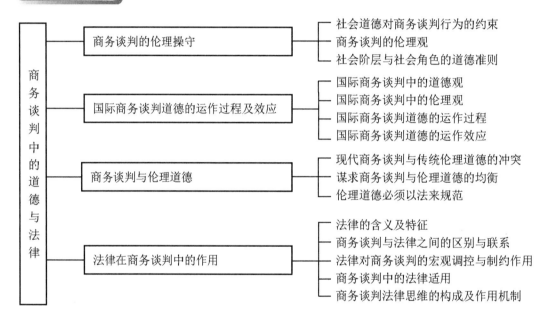

学习目标

通过本章的学习，读者应该能够：

- 熟悉社会道德对商务谈判行为的约束作用
- 掌握国际商务谈判的伦理操守
- 了解国际商务谈判道德的运作过程及效应
- 熟悉法律在商务谈判中的作用
- 掌握法律的含义及主要特征
- 掌握商务谈判与法律之间的区别与联系
- 理解商务谈判法律思维的构成及作用机制

第10章 商务谈判中的道德与法律

 **导入案例**

严 守 机 密

事情发生在美国一家生产家用厨房用品的工厂和他的采购商之间，合同即将签订，一切似乎都在顺利进行中。然而，有一天工厂接到了采购负责人打来的电话："真是很遗憾，事情发生了变化，我的老板改了主意，他要和另一家工厂签订合同。如果你们不能把价钱降低10%的话，我认为就为了5%而毁掉我们双方所付出的努力，真是有些不尽情理。"

工厂慌了手脚，经营状况不佳，已使他们面临破产的危险，再失去这个客户就像濒于死亡的人失去了他的救命稻草。他们不知道在电话线的那一头采购负责人正在等着他们来劝说自己不要放弃这笔生意，工厂的主管无可避免地陷入了圈套，他们问对方能否暂缓与另一家工厂的谈判，给他们以时间进行讨论。采购负责人很"仗义"地应允下来，工厂讨论的结果使采购负责人达到了目的，价格被压低10%。要知道这10%的压价并不象采购负责人在电话里说的那样仅仅是10%，它对工厂着实是个不小的数目。

如果我们能看清这场交易背后的内幕，就会发现工厂付出的代价原本是不应该的，那么采购方是如何把这笔利润从工厂那里卷走而只留给他们这项损失的呢？

事情还要追溯到合同签订的前一个月，工厂的推销员在一次与采购负责人的交谈中无意中泄露了工厂的底牌。他对精明的采购人说他们的工厂正承受着巨大的压力，销售状况不佳，已使他们面临破产。对于他的"诚实"，作为回报，采购负责人并没有对他们表示同情，而是趁机压榨，因为他已知道工厂在销售方面出现问题。

一次不经意的谈话，使工厂被掠走大量利润。所以，谈判者应时刻提醒自己提高警惕，对涉及己方利害关系的信息三缄其口，在这种情况下，如果再能获取对方的信息，则是上上策了。

案例分析：要非常注意你的谈判小组的保密问题。在漫长而艰巨的商谈过程中，前前后后可能要涉及许多人，掌握关键性信息的人也难免多起来。而对方会时刻探听你的信息，并利用探得的信息有效地对付你，他们一定会这样做。如果你不采取必要的保密措施，一次气氛融洽的宴会或一次热情洋溢的谈话都有可能使请客的人或谈话的另一方得到原本不属于他的好处，这就意味着你的损失。当然也许这得利的一方是你，但那是对方保密不严造成他们的麻烦，而绝不是你的问题。

因此，伦理约束绝不会制止谈判者运用策略或技巧获取最佳的谈判结果，更不是谈判进取的障碍。谈判者遵守法律框架和行为规范的谈判策略的运用与伦理道德是不矛盾的，正所谓"罪不可恕，情有可原"。

10.1 商务谈判的伦理操守

10.1.1 社会道德对商务谈判行为的约束

1. 社会道德的作用

社会道德是人类社会依据一定的利益要求调整人们的行为、人们相互间的关系和人们对社会、国家的义务的准则。商务谈判作为社会中一种人与人之间的经济交往行为，必然要借助一定的道德要求和道德准则，去规范这种社会行为中的社会关系和人际关系，以维护一定的公共秩序。

伦理是商务谈判的规则，谈判的伦理约束仅勾勒出商务谈判的规则，如尽量扩大总体利益，善于营造公开、公平、公正的竞争局面，明确目标、善于妥协，解决双方不同需求和价值方面所引起的争端，最终达到双赢，使整个谈判具有协商性、透明性、灵活性和依存性。协商是双赢定位的主体特征，协商的过程也就是倾听和自我纠正的过程；透明性则要求双方交换信息的透明度，必须让对方理解自己的条件和立场，提供足够的让对方理解的信息，同时认证信息的广度和深度，以及多个角度的信息量和信息的准确性。信息的透明性是双方协商的基础、先决条件，灵活性则主要反映在态度、立场和交易条件的调整上。但是，调整不是损害，而是谈判者在谈判组织中认识的改变，有自我检讨的要求，即个人在坚持己见的同时，必须考虑对方意见，考虑相互调整各自的意见。这种自我检讨、自我纠正既反映了谈判者的追求与风格，又反映了双方的实现需要做出的牺牲。这种牺牲对双方根本利益并不构成伤害，相反，倒是维持合作的基础。

伦理观是调整人们之间相互关系的行为规范。商务谈判中的伦理观是调整从事商务谈判活动的相互关系的行为规范，它为商务谈判参与者的行为提供了标准和方向。伦理观贯穿于商务谈判的始终，树立明确的谈判伦理观是进行有效谈判的必备条件。

2. 商务谈判伦理观内容

商务谈判的伦理观包括两个方面的内容：职业道德和对所从属的经济组织负责的道德。职业道德是谈判者从事谈判工作所应遵守的行为规范，它可以跨越国界、超越谈判各方的经济组织，在表现形式上具有共性。而谈判者在对所属经济组织的承诺上，也就是接受谈判任务的承诺上，有一个对其所属经济组织负责的问题，这就构成了商务谈判伦理观的又一方面，两者共同构成了商务谈判伦理观。

由于中西方伦理文化背景差异的影响，导致在国际商务谈判中调节人的行为和处理纠纷方面表现出很大的不同。这就需要寻找并确定一种不受谈判双方意志支配的客观标准，依照这一客观标准去寻找和构成明智的选择，以统一双方的利益。如国际贸易惯例、行业惯例、合同和契约中的国际标准条款，以及国际招标等客观标准，不仅有利于商务谈判中差异的解决和谈判的顺利进行，而且能够保证谈判协议的有效性和公正性。但是，在激烈的国际竞争压力下，国家利益十分重要。国际商务谈判者在双方利益冲突时，为了一己私利损害或牺牲对方的利益来获取己方的成功是不可避免的。而且，由于国际法制不健全，导致精明的国际商务谈判者"打擦边球"的现象屡见不鲜。法律只是一种外在强制约束，期待谈判者自觉遵守是不可能的，所以，依靠伦理道德来调节及解决纠纷是最根本的标准和最有效的手段。作为约束国际商务谈判的伦理道德，是调整从事商务谈判活动的人们的相互关系与行为的道德规范及准则，并为谈判主体的行为提供更大范围的社会认同标准与价值。从事国际商务谈判的谈判者除了遵守国际法律和国际惯例外，还必须把主动伦理标准——从本身的认识和修养出发用以约束自己谈判言行和被动伦理标准——对谈判对手言行的影响而做出相应的言行反应结合起来，主动严格遵守职业道德和所从属的社会阶层与地位的道德。

10.1.2 商务谈判的伦理观

谈判者在谈判中的行为同样受到伦理的约束。谈判伦理是理性的，是意识的产物，它既可以成为指导谈判的理论，也可以是谈判追求的结果。

1. 主动伦理标准和被动伦理标准

在谈判过程中，谈判者会受到主动伦理标准和被动伦理标准的影响。主动伦理标准，是谈判者从本身的认识和修养出发，用以约束自己谈判言行的道德标准。在谈判初次交手时，约束谈判者言行的是主动伦理标准，如对老者表现出的持重与分寸感，对年轻人表现出的礼貌与谨慎，无不反映其主动伦理的一面。被动伦理标准，是指受谈判对手言行的影响而做出的相应反应的行为标准，或称"因果报应"行为准则。谈判者是智慧的人，他们不应也不可能置对手言行于不顾，在谈判中自作多情或一意孤行。为了实现实实在在的谈判结果，必须研究对手，根据对手的表现采取相应的措施，谈判中采取的策略，就是针对对方谈判者而实施的计谋，也是被动伦理的一种体现。比如，面对拂袖而去的谈判者，不必因为"礼貌"而去请回他；面对"漫天要价"的人，以"坐地还盘"或"大杀价"应对。所以，一个谈判者的伦理观念是兼顾主动伦理与被动伦理标准的，其动机和行为无不根据主动与被动的伦理因素进行调整，以求得最佳的谈判效果。

商务谈判的道德观是调整从事商务活动的人们相互关系的行为规范，为谈判者的行为提供了准则。在商业谈判中，谈判者的职业道德有其自身的内涵，即礼、诚、信。礼，即礼貌待人，处世有修养、有分寸，从言谈举止到谈判时间的安排，无一不体现礼，使有关人员感到受尊重。诚，即光明正大、诚心诚意，作为谈判人员不应有不可告人的谈判动机和目的，例如，极端损人利己、嫁祸于人、转嫁危机等。信，是指谈判者要言而有信，如果谈判者信口开河，言而无信，就是缺乏信的具体表现，食言，是谈判的大忌。

每一个谈判者都不是孤立的个人，他们受雇于某个企业、某个法人或某个自然人，为其委托人争取最大的利益。在谈判过程中，他们既要服从上级或委托人的要求，又要根据谈判中的实际情况补充和完善他们的要求，以追求谈判的最佳效果。在遇到困难时，既要千方百计地去实现谈判目标，又要在达到目标时扩大战果。对谈判业务，他们既要尊重权威，又不能迷信权威。对委托人，既要忠诚尽职，又要将其利益摆在国家和民族的利益之下。工作作风，既要精益求精、虚心谨慎，又要雷厉风行、高质高效。对谈判伙伴，既要尊重，又要善于集思广益。这些都是一个优秀的谈判者应该恪守的职业道德。

2. 谈判伦理的本质

提到伦理，有人可能觉得它是一种约束，是一种消极性的限制，其实不然，谈判伦理对谈判具有积极的促进作用，它能指引着谈判向正确和成功的方向进行，谈判者应正确理解其存在的意义，并有效地利用伦理观念指导自己的谈判实践活动。

谈判伦理犹如体育比赛的竞赛规则，给谈判者提供了谈判准则，正如运动员要研究和熟悉竞赛规则一样，谈判者也应了解伦理观念给谈判提供的规则；一方面要遵守规则，另一方面要运用规则去进取。谈判者在研究伦理规则时，应首先了解什么是"谈判伦理禁区"，尽量不在"禁区"内犯规，谈判高手还会利用"合理犯规"去追求自己的谈判目标。

所谓"谈判伦理禁区"，是指一切使谈判无效、合同无效或造成合同撤销，甚至引起诉讼、追索、损害和赔偿的犯规，这些均为禁区。遵守谈判伦理，并不意味着限制谈判者能力和智慧的发挥，而是明确了哪些行为是谈判者不该有的行为，以及哪些事情不能做。"没有规矩，不成方圆"，有了这些规则，谈判者在遵守这些规则的前提下，积极、主动、进取性地开展工作就有了行为规范。在谈判中，谈判者的进取性主要表现在以下几个方面。

首先，要制定出进取性的谈判目标，积极争取实现该目标，而又尽量不使谈判破裂。谈判目标是检验谈判效率和成果的依据及标准，也是谈判思想、方针、策略的具体化和数量化。"最优期待目标"是指目标制定一方而言最为理想的谈判目标，被谈判专家称为"最乐于达成的目标"，一般带有较大"水分"，是在满足了目标制定者的基本利益之外，再加上一个增加值的谈判结果。在谈判实践中，这种目标实现的可能性很小，在很多情况下，它被当作一种报价策略使用。"可接受目标"，是谈判某一方制定的基本利益目标，是在谈判中要坚守的主要防线，但还不是最后防线，它是可以更改变动的，具有一定的弹性。"最低限度目标"，是制定目标一方所要撤退的最后防线，是要实现的最低限度的要求，如果这个目标不能实现，那么就该放弃谈判。制定谈判目标是为了做好多种准备，在紧张激烈的讨价还价中，既有可能实现较为理想的谈判目标，也有可能是在最低限度目标内达成协议。这样，使制定的谈判目标具有一定的伸缩性，既可避免由于僵化、死板而导致的谈判破裂，又可保证己方的最基本利益，并在此基础上争取更大的利益。

其次，努力寻找双方的共同利益，增加合作的可能性。参与谈判的各方究竟是合作者，还是竞争者，这个问题首先要搞清楚。笔者认为，不论是何种类型的谈判，谈判双方都应是合作者，而非竞争者，更不是敌对者，如果双方都把对方看作自己的对手，双方的利益互不相容，或认为一方多得就意味着另一方少得，势必会导致双方的关系紧张和对立，那么，达成协议的可能性就会很小。谈判者应以客观、冷静的态度，积极寻找双方合作的共同途径，消除达成协议的各种障碍，当双方为各自的利益讨价还价、激烈争吵时，很可能就是忽略了双方的共同利益。在多数情况下，从表面上看，双方的利益是有冲突的，但是深入观察后，有可能找到比冲突利益更多的共同利益，如产品交易的谈判，双方的利益冲突是，卖方要抬高售价，买方要降低买入价，卖方要延长交货期，买方要缩短交货期；而双方的共同利益是：都有要成交的强烈愿望，都有长期合作的打算。以此为出发点双方各让一步，也许就能峰回路转。由此可见，双方的共同利益还是存在的，关键是有没有发现它的存在。在一般情况下，双方的共同利益是潜在的，需要谈判者去挖掘、发现。共同利益不是天赐的，需要明确地表达出来，并需要将它系统地阐述为共同目标，强调共同利益给双方带来的益处，从而实现双方的合作。

最后，双方在洽谈的过程中，对方可能不知道你想要的利益是什么，你也可能不知道他们想要的利益是什么，因此，必须寻找机会让对方知道并充分考虑你的利益，使对方明白满足利益对你是多么重要。与此同时,你也要了解关心对方的利益,把他们的利益也纳入你要考虑的方案,并为寻找妥善的解决办法积极努力,如果双方都这么做,谈判就会取得令人满意的结果。

10.1.3　社会阶层与社会角色的道德准则

恩格斯早已指出:"一切以往的道德,归根到底都是当时的社会经济状况的产物。"伦理道德的规范和原则既不是凭个人经验任意制定的,也不是永恒不变的,而是依据社会的经济关系及它和其他社会意识形态的联系而发生、发展的。社会伦理道德发生、发展这一客观规律揭示了国际商务谈判伦理观中的这样一个重要问题:忘却了谈判的社会背景中极为重要的方面——谈判主体的社会地位和阶级属性,则无法找到谈判桌上相对正确的伦理观,所确认的社会伦理也将成为束缚谈判思维的羁绊。

商务谈判中的每一个谈判者都不是孤立的个人,他隶属于某一经济组织,他受某一经济组织的委托参与商务谈判。这就要求谈判者应具有责任感和集团利益感的道德观念。

从事国际商务谈判的参与者一般都不是孤立的个人,系不同的国籍和代表不同国家的公司、企业的利益,导致在商务谈判中,存在着游离于职业或行业范围之外的约束,规范谈判者行为与相互关系的道德准则——社会阶层与社会角色的道德准则,为谈判行为在新的范围提供了社会认同标准与价值,其核心就是责任感和集团利益感。

(1) 责任感。即由谈判者自觉地或被命令承受一种使命或义务的意识,一种约束谈判行为的意志的力量。有了责任感、谈判者就会尽力地进行谈判,争取良好的谈判结果。责任感是由谈判者个体自觉地或被命令承受一种使命或义务的意识而产生的一种约束谈判行为的意志力量。从事国际商务的谈判者以他受雇于其企业或集团,作为受雇的合同义务而形成的约束谈判行为的意志力量,这是一种在外力约束下形成的责任感。

(2) 集团利益感。即谈判者以所隶属的经济组织利益的需要,作为自己的行动准则并以此为荣的感情。谈判者代表经济组织的利益参与谈判,这种组织利益感渗透到谈判的各个环节中,使谈判者的行为始终以此为准绳。失去组织的利益就是"失职",赢来组织的利益就是尽职、就是成功。国际商务谈判大多都是涉外商务谈判,涉及的内容复杂、金额巨大,关系到双方重要的商业利益。因此,参与涉外商务谈判的人员,往往要由多数人组成。主谈人负责进行实际的谈判工作,在重大决策前负责拍板、决定。分担各部分具体内容的其他谈判代表要对整体谈判的细节问题表达看法和意见。但无论是主谈人还是其他谈判人员,都要有一种"团队工作"(Teamwork)的观念,一种能遵循整体的观念。从而收到谈判的特殊效果:避免产生疏漏和减少失误的机会、提高谈判的能力、增强谈判的力量等。

10.2　国际商务谈判道德的运作过程及效应

国际商务谈判伦理是对谈判过程中人与人之间的道德关系与行为规范的规定。谈判伦理的确立不是谈判者凭主观经验或抽象理性制定的,而是依据双方之间存在的利益的关系及谈判双方所持有的据以约束自己的社会道德准则而发生、发展的。

在一个充满挑战、矛盾和竞争的世界中,我们不得不经常进行谈判,因为谈判可以解决政治和经济生活中的种种矛盾和冲突。企业与企业之间主要进行的是商务谈判,其目的在于达成协议，协议的达成过程是一个不仅耗费时间而且非常艰难的过程，谈判的双方会细心地对待协议的各项内容，保证其协议对本方利益最大化。因而，每一次的谈判都是一种博弈，它既存在机遇，又存在着风险。通常，跨国公司、从事对外贸易的公司均将国际商务谈判视为公司未来发展的关键，因而他们对于国际商务谈判中的各项事宜均非常认真，而谈判者作为谈判中的重要角色，对谈判的成功与否起着至关重要的作用。在谈判之前，谈判者会在准备过程中准备许多谈判的战术策略。然而，在战术策略实施的过程当中，谈判者又时常会产生一些疑问。比如，他们会问自己这样做是否合适，那样做是否符合道德规范。这样的疑问来源于谈判者自身的道德观和伦理观。在谈判之前，如果我们的谈判者不能树立正确的谈判中的道德观和伦理观，那么在谈判的过程中，他们就无法准确判断自己的言行是否得当、措施是否正确。

10.2.1 国际商务谈判中的道德观

国际商务谈判中的道德观即谈判者从事商务活动提供准则的行为规范。从谈判者自身来讲，其应具有商业谈判中的职业道德和人文内涵，要学会做到"礼、诚、信"。所谓"礼"，即是说要礼貌待人，处世有分寸、有修养。在谈吐间和具体的谈判环节中无一不充满礼仪，充分尊重谈判中的各方。所谓"诚"，即要光明正大、诚心诚意。谈判者切不可抱有以下目的，如极端损人利己、嫁祸于人、转嫁危机等。"信"，即是指谈判者对于谈判过程中所作出的承诺要言而有信。诚信是立足之本，如果谈判者缺乏诚信，会让对方认为其所代表的公司也是缺乏诚信的。这对于从事国际商务的公司来说是非常危险的。当然，一个优秀的谈判者应该遵守的商务谈判职业道德还有很多。每一个谈判者作为某个企业或某个法人的委托人都不是孤立的，他必须在谈判的过程中为企业赢得更多的利益，同时，在谈判过程中，对方也会根据谈判的实际情况补充自己的要求或利益需求。这就要求谈判者既要服从委托人的要求，又要考虑对方的诉求，以期达到最佳的谈判效果。在遇到困难时，既要千方百计地去实现谈判目标，又要不满足于现状；要在共赢的基础上不断扩大自己的利益，增加自己的战果。

一个优秀的谈判者应该具有精益求精、虚心谨慎的工作作风，同时也要雷厉风行、追求高效率。在对待谈判对手时，既要遵从职业道德，充分尊重对方，又要多沟通、多交流，集思广益，达到双赢的效果。作为委托人的代表，谈判者首先应该尽可能满足委托人的利益。但是在面对国家和民族利益时，任何人的利益都不能超越国家和民族的利益。

10.2.2 国际商务谈判中的伦理观

中西方在伦理文化背景上存在着较大的差异，这些差异会造成国际商务谈判中的文化冲突。因此，我们需要制定一个统一的标准来规范国际商务谈判中的各项事宜，以更好地调节人们的纠纷和矛盾。这是一个客观的标准，不受任何人的意志支配，双方要依据这一标准去统一各自的利益，以期达到利益最大化。

商务谈判中的伦理观包括以下几点：首先是规定了商务谈判的氛围和原则，即我们要善于营造公开、公平、公正的竞争局面。只有在良好的制度规范下，双方才能有效地采取竞争，否则双方都会在叵测之心下丢失应得利益。其次，谈判双方要在目标明确的前提下善于妥协，要充分理解对方的不同需求和不同的价值取向，要努力使整个谈判具有协商性、透明性、灵活性和依存性。最后，整个谈判的过程如同是划分一整个蛋糕，双方的目的应该是在集思广益之下将蛋糕做大，而不是斤斤计较于目前的得失，蛋糕做大之后每一方分得的利益均会增多，所以说"双赢"是谈判的最佳效果。

10.2.3 国际商务谈判道德的运作过程

谈判者在说到"伦理"时，要理解其存在的意义。从实务角度看，人们提出"谈判的伦理观"的问题，犹如体育运动提出竞赛规则一样，仅仅是给出谈判的规矩而已，绝不会制止人们运用业务或职业技巧去争取更加有利的条件，去取得更为有利的谈判结果。

(1) 树立正确的谈判意识。正确的控制意识包括：平等协商，互利互惠。谈判就如双方同心协力造一条船，谈判得越成功，这条船越能抵御风浪。否则，若把谈判看作一场竞技比赛，预定的目标就很难实现，即使勉强达成了协议，也难以保证协议能很好地履行。抓住现在，放眼未来。从事国际商务谈判的参加者一定要有战略眼光，将眼前利益与长远利益结合起来。国际商务谈判活动常常是一系列成功交易活动所组成的连续过程。一次交易的成功会为下一次交易的谈判提供方便，铺平道路；否则，只会为下一次谈判增加难度，制造障碍。转移重心、避虚就实，不要在非实质性问题上打消耗战。为达到己方的某种目的和需要，可有意识地将洽谈的议题引导到无关紧要的问题上故作声势，以此转移对方的注意力。例如，谈判的焦点不要直接放在价格和交货时间上，而是放到价格和付款方式上，在讨价还价时，己方可以在付款方式上做出让步，作为交换条件，要求对方在交货时间上做出让步。这样，既让对方感到满足，己方的目的也达到了。

(2) 制订双赢计划。一般来说，评价一个国际商务谈判成功的标准是：谈判双方的需求都得到满足；双方的互惠合作关系得以稳固并进一步发展；从每一方的角度来讲，谈判实际获益都远远大于谈判成本，是高效率的。国际商务谈判必须始终遵循客观公正的原则，按"我切你挑"的模式来策划。

(3) 沟通感情，建立关系。谈判正式开始之前，双方应做好感情沟通，以使双方在谈判协商中都能感受到舒畅、轻松、融洽的气氛，从而大大降低谈判协商的难度。在谈判中应表现出对对方事业和个人的关心、礼仪上的周到、本方的诚意等，不在"禁区"内犯规。既然将谈判伦理比作"规则"，将其化为积极进取的界线在于"禁区"。谈判者在伦理规则的研究上，应首先寻找"禁区"的范围。只要充分掌握了"禁区"的内容，就可自如地运用"合理犯规"去追求自己的谈判目标。归纳起来讲，谈判伦理禁区主要有能使谈判无效的犯规，以及使合同无效或撤销，甚至还要起诉追索损失赔偿的犯规。商务谈判与体育竞赛不同的是，谈判犯规是事后罚，竞赛犯规是当时罚。因此，商务谈判的伦理犯规又给谈判者提供了"时间差"的优越性。也就是说，在谈判过程中可以犯"小规或大规"，乃至于在"禁区"内犯规，但切记只要在终结时不停留在"禁区"，就可以自动弥补伦理上的过失。例如，标的物的转述在开始谈判时有在"禁区"犯规的错误——将二手设备陈述为新的。在全局谈判进入尾声时(价格条件、交货期等已谈妥)，在签订合同过程中，以"原物描述有误""自己原先不知晓"或"据了解贵方不需这种设备，换一种为宜"等为借口，对标的特性予以纠正，同时对其他相应条件也做出修正。这样做的结果，不仅使错误的"脚"撤出了"禁区"，而且谈判的结果也会对自己有利。因为，双方交锋很长时间，彼此已很熟悉，对重大修改做出的适当让步往往比从头谈判更易为对方所接受。

(4) 求同存异，努力达成协议。很多情况下，谈判双方常常由于对同一问题的期望存在差异导致谈判进程受阻。事实上，大家只要认准最终目标，在具体的问题上完全可以采取灵活的态度、变通的办法，使问题迎刃而解。妥协有时是种让步，在这时则仅是为了寻求折中的替代关系。这就要求我们不要固执己见，而应积极寻找隐藏于各自立场背景后的共同利益所在。积极地、创造性地开展工作，提出建设性方案，做出必要的让步。以求获得更多的有利条件和发展机遇，此举绝不能与"丧失立场"相提并论。善于妥协，应是一个谈判者成熟的标志之一，更是一种创新。

(5) 信守协议，严格履行并坚持维护。协议签订后，事情还没完，维持协议并确保其得到实施，一方面是企业诚信的展示，另一方面是双方利益需要得到满足的保证。

(6) 维持双方良好的关系。国际商务谈判双方除了存在利益关系外，还存在人际关系。人际关系是实现利益的基础与保障，良好的人际关系会使谈判双方绕开冲突性的利益而寻找其共同性的利益，有助于调和相互之间的利益关系，建立长远合作的人际关系，这样不仅增加了达成协议的可能性，且为以后的交往铺平道路，打下基础。人际关系是国际商务谈判成功与否的重要因素。谈判者应该学会与对方建立良好的人际关系，这样可以使双方在面对谈判冲突和矛盾时，避开冲突而寻找共同利益。

10.2.4 国际商务谈判道德的运作效应

谈判双方在平等互利的基础上实现交易合同缔结，达到利益均衡。不过，这种均衡仅涉及谈判双方的利益，其评判还有一定的局限性。谈判双方只有在达成交易的同时，将双方的交易条件置于社会效益的范畴之中，即，既有利双方的交易又不伤害社会公益时，才叫社会式双赢谈判。但是，或许谈判双方尽了最大的努力，谈判的条件仍无法达成一致；或许谈判从一开始就可能无结果；或许交易的性质就决定了谈判地位的不平等，谈判的条件几乎注定了不可能令双方满意。那么，谈判者以维护谈判的伦理为目标，也不失其进取性，例如，即使达不成一致，但整个谈判充分地体现了谈判者的伦理观念及态度。可在对待分歧的态度上，对待谈判破裂的结局处理上反映谈判伦理——诚意与善良。在地位不平等的谈判已预示不平等结果时，当自己处在优势位置时，首先要使对手感到"伦理"上的合法性，即"得实利，让虚义"。在名义、心理上使对手不觉违背谈判伦理，即使有感觉，却又无法说或说不清楚。这种手法可能是"态度十二分的虔诚、忠实"而"实利一分也不少"。当自己处在劣势地位谈判时，也可从谈判伦理角度去争辩谈判条件。即便是不易实现的目标，但只要从追求伦理理性的谈判出发，也可以在不利之中再争回点利益。争取谈判伦理，从某种意义上讲，既是谈判进取精神，也是以攻为守、转不利为有利的谈判策略。

虽未实现谈判交易，但明原委、认教训对谈判者极为重要。它体现了于失中求得的顽强谈判的工作作风，是"成功之母"，是一种进取，把谈判的风格又推上一个新台阶。如在送客时，会注意强调："请告知我方之不足。""虽然这次我方未得到合同，但我们从贵方身上学到许多东西，它将为我们之间将来的合作成功起积极作用。"结情谊、拓未来则体现了互相尊重、理解。在这种友好的气氛中建立友情，使自然人之间、法人之间摒弃猜疑和对抗，谈判中能进则进，不能则停，不勉为其难，不求一时的成效。尤其是对有回旋余地、于双方有长期交易条件的谈判，该做法既是积极进取的追求，又具有磁石性质的风格，换言之，这次拿不到合同，也要从思想感情上拿到合同。

10.3　商务谈判与伦理道德

当今社会，商务活动的开展越来越广泛。目前，社会上有相当一部分人认为："商务谈判，无非就是运用坑蒙拐骗之把戏，谋取不义之财，为传统伦理道德所不容。"那么，事实是不是如此？商务谈判与伦理道德的关系如何？下面简要阐述现代商务谈判与传统伦理道德的内涵。现代商务谈判是指谈判双方就标的物的交易条件进行磋商，最终达成一致协议的行为。谈判双方在磋商过程中必然会运用各种策略，以谋取胜，为己方谋取合法的利益。我国的传统伦理道德是我国传统文化中以"忠、孝、礼、义、仁、诚、廉、耻"为核心的一系列行为规范的结晶。在我国已深入人心，在国民中已成为衡量一切行动的无形标准，且具有很强的约束力。

10.3.1　现代商务谈判与传统伦理道德的冲突

在进行商务谈判的过程中，人们经常发现商务谈判与传统伦理道德存在着冲突。冲突的结果使人们颇为迷茫，也给社会伦理道德造成一定的混乱，关于冲突形成的机制，可以从以下两个方面进行剖析。

1. 商务谈判与伦理道德在实质和形式上的冲突

商务谈判的实质是以"利"为中心的磋商行为；而中国传统伦理道德则羞于言"利"，以言"利"为耻。长期以来，国人已形成"无奸不商"的思维定式。对商务谈判中的谋略，一概以"奸"论之。其实，这是一种误解。当今社会，不是以力取胜的社会，而是以谋略、以智力取胜。"无谋不商"和"无商不谋"应成为人们的共识。

2. 商务谈判与伦理道德在文化上的冲突

从商务谈判产生的背景来看，商务谈判是在市场形成买方市场的情况下出现的。对于中国而言，买方市场近几年才形成，有关商务谈判的理论、技巧大多是"舶来品"，属于"外来文化"，它是一种言"利"的商业文化。传统伦理道德则是植根于我国几千年历史之上的文化，它是在小农经济基础上产生的文化：这种文化在"义"与"利"的取舍上，倾向于取"义"而舍"利"：这是两种互相对立的文化，在商务谈判同时出现时，冲突将不可避免。

10.3.2　谋求商务谈判与伦理道德的均衡

一个人从不同的立场、不同的角度看同一问题时，会得出不同的结论。我们既要看到结论中的合理因素，也要发现其中的错误成分，然后经过合理调整，将其合理成分引导到共同的目标上，谋求两者的均衡。这正好与传统伦理道德规范中的"中庸之道"相一致，唯有均衡，才是最美好的。

在商务谈判中，言利是合理的，然而不择手段、谋求不义之财将不仅为伦理道德所不容，还要受到法律的制裁；在传统伦理道德中，提倡"以诚待人"是合理的，然而羞于言"利"则与当今社会的实际相距甚远。人们应转变观念，不以言"利"为耻。"君子爱财，取之有道"是谋"利"的最佳法则。若商务谈判能以诚信为本、以法律为准绳,若传统伦理道德能"不耻言利",当这两者得到均衡时,两者之间的冲突将消失,两者也就得到了和谐统一。

10.3.3 伦理道德必须以法来规范

利益驱动必将冲破伦理道德的樊笼,因此,试图以伦理道德来约束商务谈判是不科学的。市场经济是法制经济,应制定一系列法律来约束商务活动;同时也可吸收传统伦理道德中的合理成分来教育国民,规范人们的行为,以期形成统一的社会道德规范,如此才有助于社会和谐发展。在这方面,新加坡是一个范例。新加坡制定了一套体系完备的法律来管理国家的方方面面,同时注意吸收儒家伦理道德中的合理成分,以两者的和谐统一来规范国民的行为。

综上所述,商务谈判在实质上、形式上、文化上与传统伦理道德存在冲突。但两者的矛盾并不是不可调和的,若能吸收两者的合理成分,进行合理调整,实现两者的均衡,将两者的矛盾化为和谐。这样才有利于经济和伦理道德的同步发展,才能促进经济建设和社会主义精神文明建设,促进具有中国特色商业文化的形成。

商务谈判的行为既受到伦理的约束,又受到法律的制约。在一定范围内是伦理问题,在一定条件下超过了伦理的范围就可能是违法问题,因此,谈判者应充分认识谈判伦理观与法律的界线,以便准确地把握自己谈判言行的分寸。法律可以看作一整套前后一致的、公开的、被广泛接受的、通常带有强制性的普遍规则。这些规则规定,人们应该在哪些情形下按照自己与社会其他成员之间的关系采取行动。法律是对人们在特定情况下不应该如何行动的要求,而不仅仅是对他们应该如何行动的期望、建议或请求。法律和道德标准有重复的部分,但并不是完全一样,并且法律是从消极被动的角度提出的,而道德标准往往是积极主动的。

法律与道德的根本区别在于其实施的手段不同。法律是由国家以法律的形式规定的,在内容和形式上都有精确切实的具体规定,如果不履行,就要受到相应的制裁。而道德不是由国家以法律形式规定的,往往是对行为的一种原则性的要求,而没有确切的具体规定。

在我国,从事经济活动应遵守相应的法律。我国合同法规定,合同的内容不得违反国家的法律和政策,不得违反社会公共利益和社会主义道德准则,如有违反,合同就无效。无效合同从其订立时起就没有法律约束力。在实际商务谈判中,应注意谈判议题所涉及的有关法律法规。谈判者的行为一定要符合法律、法规、政策等法律规范,这是法律行为的重要特征。只有谈判者的意志与法律规定相符时,法律才保证谈判者的行为所引起的法律后果。

在商务谈判中,不仅要做到上述的谈判内容合法、手段合法,还应注意谈判形式合法,即谈判参与者应具有独立活动能力和资格。谈判签约的人必须具有独立法人资格和诉讼能力,否则,其签订的合同是不具有法律效力的。因此,参与谈判签约的人必须具有相应的能力与资格,以保证谈判结果和合同的法律效力。

商务谈判的行为超出一定的范围将由受伦理约束上升为受法律制裁,以美国合同法为例,对于伦理观的典型——真实表达的问题作了以下论述,可以构成起诉(即超越谈判伦理已经触犯法律的界线)的因素为：对重要事实的错误陈述；企图被另一方所依赖；进行错误陈述时即已知道其虚假性；怀有欺骗的意图；给另一方造成损失。只要具备前四条即已构成欺诈。欺诈的五个因素已远远超过真实表达的伦理界线，以至达到触犯法律的地步。

然而，这五个因素的判定过程中仍可给谈判者在伦理与法律之间找到回旋的余地。比如，"沉默"，它在追究伦理与法律责任时，是一种逃避责任的手段。依据美国合同法的精神，"沉默或秘而不宣本身并不是错误的陈述"，即不能将"沉默或秘而不宣"作为"欺诈"一样对待。如一个买主在购买对方的某个商品时，可以不告诉对方该商品对其所具有的价值；若是矿渣买主，他没有义务告诉对方他所买的某种矿渣中可以提炼出什么物质。这可以说是高级情报，不需要宣布。但在以下两种情况下不允许保持沉默：一是，某一方已知某种陈述不真实，而另一方相信了该陈述是真实的，已知真情的一方不能沉默，应有说明的义务；二是，某方无意中错误地陈述了一个事实，后来知道该事实有误，该方应通知另一方真实情况，并声明前述有误。

10.4 法律在商务谈判中的作用

10.4.1 法律的含义及特征

在现代汉语中，"法律"一词有广义和狭义两种解释。广义的法律是抽象意义上讲的，指法的整体，包括由国家制定的宪法、法律、法令、条例、决议、规章等规范性文件和国家认可的判例、习惯等。狭义的法律是从特定的或具体的意义上讲的，专指拥有立法权的国家机关依照立法程序制定的规范性文件。当然，要正确认识法律，还必须通过法律的外部联系和现象，把握法律的内在联系和本身属性。那么，法律的本质是什么呢？马克思、恩格斯以辩证唯物主义和历史唯物主义为指导，科学地揭示了法的真正本质。首先，法律是一种国家意志；其次，表现为法律的国家意志实际上是统治阶级的意志；最后，统治阶级的意志不是凭空产生的，而是根源于现实的经济关系。这三个层次的属性，也可以概括为国家意志性、阶级意志性和物质制约性。

法律的基本特征主要有以下几个方面。

(1) 国家创制性。即法律是由国家制定或认可的。法律的国家创制性意味着法律出自国家，国家是法律的唯一来源。

(2) 特殊规范性。法律主要是由法律规范所构成的，法律规范有自己特殊的逻辑结构。

(3) 普遍适用性。所谓法的普遍适用性，是指法律作为一个整体在本国主权范围内或者法律所规范的界限内，具有使一切国家机关、社会组织和公民一体遵行的法律效力。任何人的合法行为都无一例外地受法律的保护，任何人的违法行为也无一例外地受法律的制裁。

(4) 国家强制性。即法律是由国家强制力来保证实施的。法律以国家强制力做后盾，就使法律的运行有了可靠的保障。任何人都必须严格遵守法律，否则就会受到相应的法律制裁。

(5) 可诉性。所谓法的可诉性，是指法律作为一种规范人们外部行为的规则，可以被任何人(特别是公民和法人)在法律规定的机构(特别是法院和仲裁机构)中通过争议解决程序(特别是诉讼程序)加以运用的可能性。这是现代法治国家的法律应有的特性。

10.4.2 商务谈判与法律之间的联系

1. 商务谈判与法律都是重要的社会现象

商务谈判与法律，两者都是人类社会中重要的社会现象。当然，仔细考察后还可发现，商务谈判是比法律存在时间更长。根据马克思主义的法律观，法律是一个历史范畴，不是从来就有的，也不是永恒存在的。它是特定社会的历史现象，始终与阶级和国家的命运相联系。法律随着阶级和国家的产生而产生，也将随着阶级和国家的消失而完成自己的历史使命，逐步走向消亡。商务谈判则是随着人类商务活动即经济活动的产生而产生，并将随着人类商务活动即经济活动的持续进行而持续进行下去。

2. 商务谈判与法律都是人类推动经济发展的手段或工具

商务谈判产生于商品交换，商品交换的实质是商品价值和使用价值的转换。长期以来，人们不断借助于商务谈判这一手段或途径，实现商品价值和使用价值的转换，从而起到推动经济发展的积极作用。与此相同，法律对经济的发展也起着积极的推动作用。根据马克思主义关于上层建筑与经济基础关系原理，法律作为上层建筑的组成部分之一，无疑是由社会的物质生活条件即经济关系所决定的。同时，法律并不是完全被动地反映经济关系的要求，相反地，法律要积极地反作用于社会的物质生活条件，反作用于社会的经济关系。这种反作用集中表现在：第一，确认、巩固和发展有利于统治阶级的经济基础，即代表统治阶级利益的生产关系。第二，限制、削弱和扫除不利于统治阶级的经济基础。

10.4.3 商务谈判与法律之间的区别

1. 两者涉及或调整的社会关系范围不同

所谓社会关系，就是人们在生产和共同生活过程中所形成的人与人之间的相互关系。商务谈判作为人们为实现商品交易而进行的洽商活动，所涉及的仅仅是人们相互之间的经济利益关系，范围仍局限于经济领域。而法律作为体现统治阶级意志的、由国家制定或认可的，并由国家强制力保证实施的行为规范，调整的范围十分广泛。它不仅调整人们之间的经济利益关系，而且明确规定了国家的各种基本制度、原则，公民的基本权利和义务，各主要国家机关的地位、职权和职责等；规定了犯罪和刑罚制度，调整国家行政管理活动中的各种社会关系，调整人们相互之间的人身关系，以及人与自然之间的关系等。

2. 两者所体现的意志和利益内容不同

商务谈判体现的是谈判双方各自的意志和利益。尽管谈判双方有时可能是两个国家，有时可能是两个跨国组织，但体现的毕竟是双方各自的意志和经济利益。而法律所体现的则是一个国家的统治阶级的意志和根本利益。社会主义社会的法律，体现的自然是社会主义国家中以工人阶级为领导的、以工农联盟为基础的广大劳动人民的意志，维护的也是广大劳动人民的利益。资本主义社会的法律，体现的则是资本主义国家中资产阶级的意志，维护的是有利于资产阶级社会关系和社会秩序的根本利益。

3. 两者对权利和义务确定的方式不同

商务谈判双方的权利和义务,大致通过两种途径确定:一是依照法律规定或国际惯例应当享有某种权利,履行某种义务;二是谈判双方依据平等互惠的原则,经过协商,确定各自享有的权利和履行的义务。各自的权利义务确定之后,则通过具体的合同或协议进行记载,以便双方履行。商务谈判双方经协商确定的各自的权利义务,必须符合法律或国际惯例的规定或精神,否则,双方协商约定的权利义务便不可能得到保障和履行。由此可见,商务谈判双方对权利义务的约定是有条件的,是受到法律制约的,而且其效力也仅仅及于进行商务谈判的双方,而法律对公民或法人的权利和义务的确定方式,则明显不同于商务谈判。首先,法律中公民或法人的权利和义务的确定是通过国家颁布法律进行明文规定的方式实现的,这是非常严格的"规定",而不是一般的确定。其次,法律对公民或法人的权利和义务的规定,是国家立法机关代表国家通过立法实现的,而不是由一部分公民或法人相互协商确定的。最后,法律是由国家制定和认可,并由国家强制力保证实施的。也就是说,法律对权利和义务的规定,在符合适用这种规定的条件和情况下,对社会的每一个公民或法人来说,都具有普遍约束力。

10.4.4 法律对商务谈判的宏观调控与制约作用

1. 法律对商务谈判的宏观调控

市场经济体制的确立,必然要求建立与之相适应的完备的法律体系;而完备的法律体系的建立,又对市场经济起到宏观调控作用。由此推衍,作为具有经济性和价值转换性特征、担负实现商品交易职能的商务谈判活动,必然受到法律的宏观调控。

1994 年,《中共中央关于建立社会主义市场经济体制若干问题的决定》便提出了我国法律建设的目标:遵循宪法规定的原则,加快经济立法,进一步完善民商法律、刑事法律、有关国家机构和行政管理方面的法律,上世纪末初步建立适应社会主义市场经济的法律体系;改革、完善司法制度和行政执法机制提高司法和行政执法水平;建立健全执法监督机制和法律服务机构。深入开展法制教育,提高全社会的法律意识和法制观念。在这一目标体系中,建立完备的适应社会主义市场经济的法律体系,是加强法制建设的根本任务。社会主义法律体系的主要内容或基本框架,是由规范市场主体、市场经济秩序、宏观调控促进协调发展、社会保障制度方面,以及廉政监督方面的法律构成的。随着适应社会主义市场经济的完备的法律体系的建立,必将对社会主义市场经济的快速健康发展起到良好的宏观调控作用和积极的推动作用。同时,由于完备的法律体系的建立健全,较好地解决了有法可依的问题,因此,也必将对商务谈判活动正常、有序地进行,起到强有力的宏观调控作用。

2. 法律对商务谈判的制约

法律对商务谈判的制约,主要表现为商务谈判人员法律意识的强弱对商务谈判的影响。所谓法律意识,是指人们关于法律和法律现象的感觉、思想、观点、知识和心理的总称。从人的认识过程角度分析,法律意识可分为法律心理和法律思想体系两个层次。法律心理,是人们关于法律和法律现象的直观的、不系统的感觉和情绪，属于低层次的法律意识。法律思想体系，是人们关于法律和法律现象的系统的和理论化的思想观点或学说，属于高层次的法律意识。由于在社会主义市场经济条件下，一切商务谈判都必须在法律规定的范围内进行，所以，作为商务谈判人员，如果具备良好的法律意识，就能在商务谈判活动中游刃有余，立于不败之地；反之，则会处处被动，很难取得商务谈判的成功。例如，在国际技术贸易谈判中，谈判者必须具备知识产权保护方面的法律知识，了解世界各国对专利保护期限的规定，注意某项专利技术的有效性和时间性，否则，就会吃亏上当。

当然，具备较好的法律意识，不仅在国际商务谈判中是必要的，而且在国内商务谈判中也是十分必要的。否则，将会在处理商务谈判中涉及的复杂法律关系时陷入困境，甚至造成损失。

在当代，商务谈判已成为经济活动不可缺少的一环。但商务谈判能否取得成功，所签订的协议能否如实履行，不仅取决于方法与技术，更重要的是谈判是否依据已经确定并被公认的行为规范——法律，如果依据法律，其结果必然具有约束力。在现代一切社会活动中，法律的地位举足轻重。我国宪法规定："一切国家机关和武装力量，各政党和各社会团体、各企事业组织都必须遵守宪法和法律。一切违反宪法和法律的行为，必须予以追究。任何组织和个人都不得有超越宪法和法律的特权。"这就表明了在商务谈判中依据和运用法律的极端重要性。

3. 法律能使商务谈判趋向公平与合理

法律是一个上层建筑的范畴，其与经济基础的联系最为直接，是经济基础最直接的反映。法律是由国家制定的，是一定时期内以经济为基础的社会各种政治力量对比关系的产物，经济法就是社会经济关系的重要调节器，是保证该社会经济秩序的安全阀。国内经济法调整和规范的是国家内部的各种经济关系和经济行为，它不仅约束国有经济与集体经济的行为，也约束私营经济的行为。一旦一方侵犯了另一方法定范围内的权利，另一方就可以依据法律规定，与对方进行交涉、谈判，以维护自身的合法权益，谈判就会在平等的条件下进行，其结果就会是公平的。

国际经济法调整的是各国间经济关系及规范国际贸易的行为，它既约束大国也约束小国的行为，发达国家与不发达国家、富国与穷国在法律面前都是平等的。例如，1962年联合国大会通过了关于自然资源的永久主权的"八项原则"的宣言，1974年通过了《建立新的国际经济秩序宣言》和《各国经济权利和义务宪章》，从而把主权原则扩充到经济方面，使各国的经济主权及经济自主和独立成为新的国际经济秩序的基本原则。这就使国际法逐渐改变了过去那种强国欺弱国、大国欺小国的局面，使其关系逐渐趋向平等。依据这种公认的较为公平的行为准则进行谈判，结果也会趋向平等。

4. 法律能促使商务谈判趋向科学化

任何谈判都是在代表某一组织、集团或个人利益的谈判代表之间进行的，而各位谈判代表的个性与素质又各不相同，如"强硬型"谈判对手自信而傲慢；"不合作型"谈判对手又以自我为中心，善用谈判技巧；而"阴谋型"谈判对手有时为了满足自身的利益和欲望，常使用一些诡计来诱惑对方达成不公平的协议。在这种情况下，由于法律是把符合客观规律的、确实行之有效的制度和方法条文化并使之固定下来，规范性、强制性和稳定性是法律的基本特征之一。当谈判依据这种固定的、具有科学性的法律时，就能促使谈判摆脱那种纯粹以谈判者自身素质决定胜负，或以玩弄骗术获取成功的现象。而且，在谈判协议签订后，对不善意执行者，法律仍有控制权，凡违法的，法律就要制裁。这样，就使谈判的各方必须通过法律来约束自己的言行。总之，谈判通过法律的规范和强制而摆脱了随意性，从而使其趋向科学化。

比如，在如何判定合同的有效性上，《中华人民共和国民法通则》第五十九条规定，行为人对行为内容有重大误解的，一方有权请求人民法院或者仲裁机关予以变更或者撤销。其中行为人对行为的内容有重大误解，是指行为人因对行为错误认识，使行为的后果与自己的真实意思相悖，并造成较大损失。由于意思表示存在重大误解而订立的合同，有关当事人有两种选择：如果当事人请求变更，人民法院应予以变更；如果当事人请求撤销，人民法院可以酌情变更或撤销。从国际商法中可以看到，各国法律都一致认为，并不是任何意思表示的有误，都足以使表意人主张合同无效或撤销合同，因为如果这样的话，交易安全就缺乏必要的保障。但与此同时，各国法律也都承认，在某些情况下，做出允诺有误的意思表示的一方可以主张合同无效或要求撤销合同，这是为了使某些并非故意做出错误的意思表示的当事人不致承担过重的义务。

5. 法律能促使商务谈判趋向正规化

法律作为上层建筑中最为直接反映经济基础的部分，它是人为制定的，但人并不是凭空制定法律条文的，总是在参照各种惯例和习俗的基础上制定各种法规的，其间就使有关处理各类关系的一般通行做法从不正规变为正规。例如，贸易惯例并不是法律，并不具有法律的普遍约束力，从严格意义上讲，它还不正规。但是，当法律作出规定即"一旦当事人在合同中采用了某项惯例，它对合同双方当事人就具有了约束力"时，它就变为正规条文了。谈判以该条法律为依据，这项惯例就毋庸置疑地具有了法律效力。《中华人民共和国涉外经济合同法》第五条规定，对中华人民共和国法律未作规定的，可以适用国际惯例。1980 年《联合国国际货物销售合同公约》第九条也规定，双方当事人业主同意的任何惯例和他们之间确立的任何习惯做法，对双方当事人均有约束力。并规定，除另有协议外，双方当事人应视为已默示同意受他们已经知道或理应知道的惯例的约束。这些条文，都使惯例转化为法规。那时，遵不遵守这些惯例，就不是当事人愿不愿意的问题，而是违不违法的问题了。

法律面前无戏言。所以，依法规范谈判，能使谈判行为乃至谈判双方之间的关系正规化。正规化之所以重要，是因为它可以减少谈判中的交易成本，大大节约谈判双方的时间和精力。目前，随着信息高速公路的发展，已出现了利用电子计算机及互联网进行双边贸易谈判的现象，在这种贸易双方代表并不直接见面的远距离谈判的过程中，一切依法操作的做法将变得更为重要。

10.4.5 商务谈判中的法律适用

商务谈判源于商品交换活动，即商品价值和使用价值的转换交易。长期以来，人们正是不断借助于商务谈判这一手段或途径，才使得商品价值和使用价值的转换得以实现，从而起到推动经济发展的积极作用。为使商品交换有序、公正、安全和高效地进行，就必须要有共同遵守的规则。这种规则，可以是风俗习惯，也可以是交易双方的约定，甚至道德和宗教的规范也可以纳入其中，但在市场经济条件下，最常见、最完备的规则形式是法律。

1. 商务谈判中的法律适用原则

1) 国家主权原则

国家主权是指一国的国家权利对其他任何国家具有独立性，国家有权按照自己的意志，自由地处理其对内对外事务，而不受其他国家的干涉。法律出自国家，国家性是其显著特征之一。它以国家的名义创制，在一国全部地域范围内对一切人和组织发生效力，并由国家强制力保证实施的。国家主权原则在商务谈判的法律适用中主要表现为：无涉外因素的商务谈判一律适用本国的法律规定，而不得协议参照外国法律作为谈判标准。当双方协议遵守的外国法律规定与本国法律规定有冲突的，应以本国法律规定为准。此所谓涉外因素又可称为外国因素或国际因素，是指谈判的要素中涉及外国的成分。我国合同法规定，在我国境内履行的中外合资经营企业合同、中外合作经营企业合同、中外合作勘探开发自然资源合同适用我国的法律。因此，在我国境内成立的中外合资企业、中外合作经营企业和外资企业之间及它们同我国其他企业、经济组织或者个人之间进行的商务谈判均应以我国法律的规定作为谈判的标准。

在国际商务谈判中，谈判的双方应相互尊重对方的社会经济法律制度，尤其要遵守商务活动进行地所在国家的法律及公序良俗。国家对本国的领土完整及自然资源拥有永久主权，任何经济组织或个人如无法律授权，都没有权力向外方允诺出售、出租或开发，也无权对外减免税收或给予特殊的外汇管理权。双方协议选择适用外国法律或由外国法院来解决争议时，不得损害本国的主权，也不得与本国的公共秩序相抵触。

2) 平等互利原则

平等原则是我国法律的基本原则，在宪法和民法中均有明文规定，同时，它也是世界范围内公认的一条法律原则。市民社会的平等观是机会的平等，而不是结果的均等。商务谈判的双方当事人法律地位平等，都具有享受民事权利和承担民事义务的资格，任何一方都不能以"特权者"的面目出现，不允许恃强凌弱、以大欺小。双方所有的协议只有在协商一致且体现各自真实意思表示的情况下，方才有效。互利就是在权益上要彼此有利，当事人间确定权利义务关系的具有法律效力的文件，如合同，应满足双方利益的要求，不得以损害他方利益的方法来满足一方的要求，更不得利用经济、技术或其他实力的优势，诱迫对方签订不平等协议。而且，在一定情况下，要从双方具体经济条件出发，使经济实力较弱的一方确实得到相应的实惠。只有平等，才能互利，也就是说互惠互利是以平等为前提的。但是，平等互利并不意味着双方在利益上的收获是均等的，而是承认其在合理基础上的不等。

3) 合理利用法律保护合法权益原则

当事人参与商务谈判的目的是为了寻求一定的利益，因此，必定会运用一切可以利用的方法、手段或者技巧来为己方争取利益，其中包括法律手段。法律的一些规定正是为了合理地保护当事人的正当利益而设定的，当事人必须合理地使用法律以达到预定的目的。以承揽加工合同为例，法律规定承揽人将其承揽的主要工作交由第三人完成的，应当就该第三人完成的工作成果向定做人负责，未经定做人同意的，定做人可以解除合同。定做人可以在谈判中将这样的法律规定作为双方的协议内容，以防止承揽人任意转包。相应地，法律对承揽人的利益也作了一些保护性规定：定做人中途变更承揽工作的要求，造成承揽人损失的应当赔偿；定做人未向承揽人支付报酬或者材料费的价款的，承揽人对完成的工作成果享有留置权，但当事人另有约定的除外。对于后者情况下，承揽人是否对完成的工作成果享有留置权就应该成为双方谈判的一个重点方面。如果承揽人有留置权，就意味着在定做人拖欠费用时，承揽人扣押承揽加工物是合法的，否则，即为违法行为。

4) 遵守国际规则及惯例的原则

在国际商务谈判中，适用的法律往往不是单方当事人所属国的法律，而是适用国际规则及惯例的。国际规则主要由国际条约构成，国际条约是国家间缔结的确定、变更或终止相互权利义务关系的协议。现适用得最广泛得国际规则莫过于 WTO 规则。我国加入 WTO 后，对任何经济组织和个人来说，应该遵守的 WTO 规则不仅仅是乌拉圭回合达成的协议文本，还包括我国加入 WTO 的承诺，这些都是具有约束力的规则。WTO 规则中规定和确认当事人的权利、义务等实体问题的规则主要包括三部分：货物贸易规则、服务贸易规则、与贸易有关的知识产权规则；用以保证当事人的权利和义务得以实施的有关程序规则分为两部分：争端解决规则与程序、贸易政策审议机制。国际惯例是指在长期的普遍的国际商务实践中形成的习惯做法，它常常表现为一些约定俗成的成文或不成文的规则。国际惯例不是各国的共同立法，也不是一国的法律，因而在未经国家认可的情况下不具有法律约束力。国家认可国际惯例的方式有两种：一是直接认可，即将某一国际惯例的内容直接纳入本国的法律规范；二是间接认可，如允许谈判者协议和我国缔结或者参加的国际条约没有规定的，可以适用国际惯例。因此，当双方在某个问题上发生争议，而法律没有明确的规定且双方就此无协议时，可以国际惯例作为判断标准来解决纠纷或争议。

2. 商务谈判中应考虑的主要法律问题

在谈判之初，谈判人员首先要对各方的资源状况及交易双方的竞争情况进行分析，达到知己知彼，才能确定己方的竞争出价。在利用可以取得的途径尽量获取信息，对信息进行组织、思考并对整体谈判形势作出判断的同时，谈判人员必须考虑：

(1) 对方谈判主体的有效活动范围，即对方是否有权处理该事务。

(2) 谈判客体的产权是否清晰，是否存在第三方利益。如对一幢房屋买卖进行的谈判，就要事先查明该房屋是否已做债务抵押。

(3) 各方所争取的利益是否合法。

(4) 获取有效信息的途径是否合法，同时也要做好保密工作，防止对方用非法手段窃取商业秘密。

在实质磋商阶段，谈判人员基于谈判形势的分析，针对争论焦点提出解决方案并充分交流，努力达成协议。除了价格、数量、交货、支付等实质商务问题外，一些法律问题也应纳入磋商：如侵权及违约的处理、保密和争议的解决等。这些法律磋商通常备而不用，只有当商务执行出现非预料情况时，才会发挥作用。这一方面是对谈判双方的一种威慑：如果一方不按双方的约定办事，就要因此受到损失；另一方面也是对谈判意外情况解决方案的指导。总而言之，这些法律约定是对今后合同的履行进行监督的，以确保合同得到正确、全面、真实的履行。此外，利益让步是否与法律相抵触、解决方案是否符合法律的规定都应是谈判者应当考虑的。在双方各不让步的情况下，谈判者也可以试着从法律法规中寻找客观标准来公平地划分利益。

在双方对谈判问题达成一致后，谈判人员应当用合同(或称协议、契约)将谈判成果固定下来。此时，保证合同条款的严密性与准确性就成为头等重要的大事，因为合同是使双方利益获得法律保障的前提。任何一个谈判人员都必须明白这一点：合同是以法律形式对谈判结果的记录和确认，它们之间应该完全一致；合同一经双方签章，生效后就与以前的谈判无关，双方的交易关系均以合同条款为准。

10.4.6　商务谈判法律思维的构成及作用机制

所谓商务谈判是指进行经济交往的当事人或经济实体间为达到各自的经济目的，解决各方的争议，以达成协议所进行交流、讨论、磋商的活动过程。在商务谈判中，自始至终都是人的思维在起作用。思维是谈判的原动力，正确的思维方式是商务谈判成功的先决条件。另外，在商务谈判实践领域，谈判者也常常有意无意地将法律思维忽略了。

1. 法律思维在商务谈判中运用的价值

商务谈判与法律都是重要的社会现象，都是人类推动经济发展的手段或工具。对于法律与商务谈判之间的关系，有论者将其归纳为两个方面：作为实现商品交易职能的商务谈判活动，受到法律的宏观调控；商务谈判人员法律意识的强弱影响商务谈判的结果和法律风险概率。正是因为法律与商务谈判间存在内在关系，才为法律思维在商务谈判中提供了运用和研究的可能空间。法律思维是人在决策的过程中，按照法律的逻辑，来观察、分析、解决问题的一种思维方式，注重的是站在法律的立场，思考和认识社会的方式和惯性。作为法治社会重要经济活动，商务谈判离不开法律思维的支持。

(1) 从形式上讲，谈判程序推进需要法律思维的支持商务谈判一般分为四个阶段，每个阶段均离不开法律思维的支持。在谈判准备阶段，谈判人员首先要对谈判各方的资源状况及竞争情况进行分析，以达到知己知彼、百战不殆。谈判人员必须考虑：谈判主体的谈判权限范围；谈判客体的产权是否清晰，是否存在第三方利益；各方所争取的利益是否合法；获取相关信息的途径是否合法，同时防止对方用非法手段窃取商业秘密；等等。在开局阶段，主要是"情"的营造，注意诚信、合作形象及第一印象的展示，以营造和谐良好的谈判情感氛围。其"诚信形象"就是法律上"诚实信用"原则在商务谈判中的运用。在谈判磋商阶段，谈判者基于对谈判形势的分析，针对争论焦点提出解决方案并充分交流，努力达成协议。除了数量、价格、交货、支付等实质商务问题外，一切法律问题也应纳入磋商范围，如侵权及违约的处理、保密和争议的解决、利益让步是否与法律相抵触、解决方案是否符合法律的规定等均是谈判者应当考虑的。在谈判成交阶段，谈判双方对谈判问题达成一致后，谈判人员应当用合同(或称协议、契约)将谈判成果固化下来，合同条款的准确性、严密性，合同履行中法律风险的大小等也是需要谈判人员予以重视的。显然，从谈判的准备阶段到谈判的成交阶段，谈判程序的推进离不开法律思维的支持。

(2) 从实质上讲，法律思维的目标是有效防范商务谈判中的法律风险。当前在谈判领域有个不良现象，谈判者只注意谈判结果的正面，最关心的是通过谈判所获得的眼前利益

(如提成、奖金)，而对于谈判是否能够规避法律风险、谈判后的不利的法律后果等往往不愿意认真面对，或认识不清晰甚至存有误解。市场经济有一个重要的规则，即机遇与挑战并存，经营和风险共生，忽视法律风险的存在，单纯强调谈判短期利益，其结果势必达不到谈判预期目标。谈判中的每一议题都绕不开对法律机遇的把握和法律风险的防控，法律思维能够起到平衡谈判法律风险与经营收益的关系，对谈判具有预警、识别、揭示、降低、化解法律风险的作用。当然，谈判中法律风险承受度与预期利益之间的矛盾是商务谈判经常需要面对的问题，谈判主体如果过度强调控制或者回避法律风险，也可能造成商业机遇丧失和谈判成本增加。因此，谈判者应当以法律思维和逻辑，综合运用风险规避、风险降低、风险承受和风险分担等风险应对策略，结合风险承受度，权衡风险与收益，帮助谈判者控制谈判活动中可能产生的风险。

2. 商务谈判法律思维结构及作用机制

法律思维是一种融知识、技术于一体的思维方式，它需要谈判知识、法律业务知识和逻辑推理技术，掌握与谈判目标相适应的法律思维方式和分析方法，在谈判中遇到法律问题时，能对法律风险保持适当的敏感，运用法律的思维方法做出科学决断。

(1) 合法性思维。商务谈判是在法律框架下的谈判。法律思维是以合法性思考为前提，注重事实，实事求是，以既定标准评判特定行为的合法与否，强调在法律允许的框架下，追求最大、最佳的经济、道德、社会效益。商务谈判应当以服从和接受现存法律规范为第一要务，使自己的行为符合法律，确保谈判结果的效力。但法律规范是"死法"，只有将"死法"转化为"活法"——法律关系，才能实现法律在实践中的运用。商务谈判作为谈判主体间重要的市场交易活动，蕴含着一种或多种法律关系，从某种意义上讲，商务谈判就是针对法律关系的谈判。"法律关系的全部要旨，在于依法分析法律所调整的社会关系中的权利义务实现和存在的状况。"商务谈判合法性思维出发点是把握客观标准，将权利义务作为思考问题的基本逻辑线索，通过权利义务关系分析，检索谈判双方各项权利义务后，寻找连续的因果链条，通过因果链上的某一个或几个环节，对谈判中各种请求、期待、利益做出评价，依据因果逻辑选择最具说服力的理由，纲举目张地解决谈判中的难题。谈判者应当按照法律关系的框架，在脑海当中要建立"围棋盘"，将法律关系所涉及的事实和证据重构，排列整齐地放入"围棋盘"。例如，客户陈述购销合同纠纷，经济思维可能十分关注对方的背信弃义所导致的经济损失，但法律思维关注重点不在于此，而是关注细节掩盖下的相关事实和证据，如付款凭证、交货证明、催款通知等。在这一过程中，法律思维总是"眼光往返流转"于法条和事实之间，最终形成重构后的法律事实和证据体系关注谈判行为的合法性，引导谈判者识别法律后果，警示谈判者对谈判事务做出合理安排，将法律风险挡在谈判之外，最终获得谈判过程与结果的合法合规和谈判的富有成效。

(2) 平衡性思维。商务谈判在利益冲突处理中注重利益均衡，现代法律的精神实质就是协调平衡各种利益冲突：立法是指法律利益相关者的利益博弈与利益平衡，是第一次分配权利义务的活动；司法是指审判者在法律框架下寻求原被告间的利益均衡；行政执法是执法者在行政机关与行政相对人之间寻求双方利益上的均衡满足。法律思维是一种平衡性思维，就是将各种利益维持在合理框架内，平衡各种矛盾与利益冲突，维护平等和公正。商务谈判中，双方都力争尽可能利己的条件，以实现尽可能大的利益；于是，谈判中就会有冲突。但是，如果这种冲突超越了一定的范围和程度，就会出现僵局，甚至导致谈判的破裂。现代商务谈判活动中，"欲取之必先予之"的作用日益凸显，谈判中要注重双方利益上的满足而非立场之争，要平衡双方的利益，使谈判双方利益同时达到帕雷托最优。谈判中的利益平衡需要注意几个方面：第一，互惠互利。"谈判是一项合作性事业"，互惠互利是商务谈判双方的基本出发点。谈判中，应根据双方的需要和要求互通有无，在利益上注意"双赢"，尽力寻找谈判各方的利益相一致的点，通过各自具体利益的实现来保证谈判的成功。第二，坚持客观标准。在谈判中要坚持客观标准，如等价交换、惯例、法律法规等标准，因为这些标准独立于各方主观意志之外，具有合情、合理、合法性，往往能为各方所接受。坚持客观标准，谈判才能有更高的效率。

(3) 程序性思维。商务谈判的程序推进需要理性的程序设置与控制。尊重程序是现代法治社会极为重要的特征，程序通过促进意见沟通、加强理性思考、扩大选择范围、排除外部干扰来保证决策的成立和正确性。失去了程序，法律就失去了生命。法律程序是实现公正的重要手段，是法律内部生命力的表现。程序性思维表明，特定主体为防止不可控制的混乱局面而确立某种适于生存与发展的有序形式的努力。现代商务谈判是一个程序化过程，往往存在准备、开局、磋商、成交四个阶段，程序性思维引导谈判行为的有序状态，引导谈判者如何谈判、拟定的谈判方案如何实施等，它是关于谈判者在步骤上的要求。理性程序控制不仅要求按照牵制的原则进行谈判程序设置，而且要求对谈判活动设立切实可行的运行程序。与此同时，谈判程序要与谈判目标、人员配置相吻合；还要有助于制约谈判中的弊端和错误，注意程序的经济性与有效性。日趋激烈的市场竞争导致谈判愈发复杂与多变，迫切要求谈判者保持程序性思维，以惯常使用的程序，防止过度自由化而导致"头脑过热"的危险，实现理性控制。

(4) 说理性思维。商务谈判重在以理服人，法律思维是论证性、说理性，或者说服性的。"法律思维的任务不仅是获得处理法律问题的结论，而且更重要的是提供一个能够支持所获结论的理由。"法律实践更多的是一种说服性、劝诫性活动，它更关注听众而非说话者本人，通过两者间的运筹性对话活动来打动听众的心弦，实现互动性理解的法律实践目的。成功的商务谈判就是通过适当的谈判技巧，做好商务伙伴的说服工作，当双方的主要利益点都得到满足时，交易才会达成。谈判必须说明为什么是或者为什么不是，你一定要把内在法律关系、因果关系谈清楚，你要有一串非常有条理、逻辑性论证，这样才能让对方信服，最终取得谈判双方意见的达成。推行说理性谈判，这里的"理"应当包括事理、法理、情理，将法理、情理融入谈判中的事理，将谈判中的事理、法理、情理演绎清楚，以理服人，这对于提升谈判理性和促进谈判成功，具有重要意义。

(5) 创造性的思维。灵活使用法律创造谈判利益和机会。"法律思维似乎是一个充满矛盾的活动：既要受规则指导和束缚，同时又不断地摆脱规则的制约，力图发挥自主性作用。"思维主体的创造性，也可以说你是一个"立法者"，你要把不同的法律条文抽出来，然后制定一个新的法律框架。这个框架没有现成的，只有各种分门别类的法律、法规、规章，甚至司法解释，所以必须要有本事把有关的东西从不同的法律当中抽出来，从不同的文本当中抽出来，抽出来还要把它组合在一起。谁组织得好，谁就有创造性。法律思维最终都是建设性、创造性的。商务谈判活动中法律思维的反映不是消极的、被动的、机械的反映，而是积极的、主动的、创造性的反映，还将商务谈判的法律创造变成现实的创造，创造性地解决谈判中的难题。在此，有学者对此分析得较为独到：法律具有刻板的限制性，但是实践中允许自由行动的部分是更广阔的。这更广阔的自由度给谈判提供了极大的创造力。理性的商务谈判都应在最大程度的规避法律风险的情况下，在法律允许的范围内以追求自身利益的最大化。一般来说，法律思维在商务谈判中的创造性主要体现为两个方面：一是对谈判的开脱作用，表现为讨说法和找借口。这两种方法主要以现行法律规定引为抗辩，对谈判对手请求的拒绝披上了合法的外衣，以达为自己开脱或为自己创造时机的目的。商务谈判实践中这样的实例比比皆是。二是对谈判具有开辟作用，表现为对交易形式的改造和合同条款灵活设置上。一般来说，交易形式可能与相关税费等优惠相关，通过对贸易形式的改造，可以享受相关优惠政策或提高竞争力，为谈判成功寻找出路。例如，相邻两国之间鼓励边贸，对边界的小额贸易给了一些优惠政策。为了获得优惠政策，谈判者可以通过改变交易形式寻求谈判利益和机会，将大额改为小额交易，交易地、交货地改在双方所在国开放的边界来获得优惠条件。另外，合同条款蕴含许多商机，处理得当会为己方带来利益和优势，处理不好就可能导致利益损失。如在合同条款中设置模糊条款而在合同履行中创造利己机会；在合同中精心设置违约条款，在对方违约时通过诉讼创造比本金更多的利益；或在合同中设下其他法律圈套，为日后的保护创造条件。

3. 法治与市场的关系

随着法治与市场经济的推进，法律在商务谈判中的重要性也越来越凸显。商务谈判的法律思维包括合法性思维、平衡性思维、创造性思维、程序性思维、说理性思维，这些思维作用于商务谈判从而形成合法谈判机制、利益均衡机制、法律创造机制、程序控制机制、说理机制。这五种作用机制在商务谈判中可能单独或综合发生作用，还可能与谈判中的其他思维诸如逆向思维、经济思维等共同发生作用。法律思维运用于商务谈判，对于促进商务谈判的顺利进行，有效保障谈判者利益和防范谈判中的法律风险将起着积极重要的作用。国际商务谈判的技巧与法律问题如何谈判是一项技巧性工作，在谈判过程中我们经常参考有关国际商业交往方面的法律。

本 章 小 结

本章首先介绍了商务谈判的伦理操守，包括行为的约束、伦理观、道德准则；然后介绍了国际商务谈判道德的运作过程及效应，给出了商务谈判与伦理道德中的冲突、均衡、规范等内容；最后，给出了法律在商务谈判中的作用。

通过本章学习，读者应熟悉社会道德对商务谈判行为的约束、法律在商务谈判中的作用，掌握国际商务谈判的伦理操守、商务谈判的含义及主要特征、商务谈判与法律之间的区别，理解法律的含义与特征、商务谈判法律思维的构成及作用机制，以及了解国际商务谈判道德的运作过程及效应。

关键术语

伦理约束　伦理道德　社会道德　伦理观　伦理标准　职业道德　双赢　法律　WTO　作用机制　合法性思维　平衡性思维　程序性思维　说理性思维　创造性的思维

复习思考题

1. 填空题

(1) 伦理约束绝不会制止谈判者运用策略或技巧获取最佳的_____。

(2) 由于中西方伦理文化背景差异的影响，导致在国际商务谈判中_____人的行为和处理纠纷方面表现出很大的不同。

(3) 在商业谈判中，谈判者的职业道德有其自身的内涵_____。

(4) 每一个谈判者都不是孤立的个人，他们或受雇于某个企业、某个法人或某个_____。

(5) 谈判伦理犹如体育比赛的竞赛规则，给_____提供了谈判准则。

(6) 制定谈判目标是为了做好多种准备，在紧张激烈的_____中，即有可能实现较为理想的谈判目标。

2. 选择题

(1) 一切以往的道德归根到底都是当时的社会经济状况的(　　)。
　　A. 依据　　　　B. 产物　　　　C. 目标　　　　D. 工具

(2) 在进行商务谈判的过程中，人们经常发现商务谈判与传统伦理道德存在着(　　)。
　　A. 协调　　　　B. 分歧　　　　C. 联系　　　　D. 冲突

(3) 商务谈判的行为超出一定的范围将由受伦理约束上升为受(　　)。
　　A. 牢狱之灾　　B. 人身限制　　C. 资金处罚　　D. 法律制裁

3. 名词解释

(1) 社会道德

(2) 伦理观

(3) 主动伦理标准

(4) 职业道德

(5) 责任感

(6) 集团利益感

(7) 社会关系

4. 简答题

(1) 简述法律的基本特征。

(2) 简述商务谈判与法律之间的联系。

(3) 简述商务谈判与法律之间的区别。

(4) 简述商务谈判中的法律适用原则。

5. 论述题

试简要分析法律对商务谈判的宏观调控与制约作用。

案例分析题

在阳光城商业中心有一家名叫 DEMON 的精品时尚外贸店。"他""出生"于 2007 年 6 月 1 日，合伙人有本校市场专业的 Sofia、阿梅及统计系的李棵和胖子。他们亲切地称 DEMON 为"自家的儿子"。"他""诞生"前的"孕育"过程虽然短暂但是相当富有戏剧性。

盘店，指从前店主处接手店铺进行租用的行话，店铺转让的下家是必须向原店主交盘店费的(店铺之前的装修成本等)，租金另算。值得注意的是，如果前任店家的租用期到了，无人向其租用，只能退出，新店主向房东直接租门面只准备房租即可。

DEMON 店的前任店主秦鹏等人正面临房租到期的状况，铺面急于出手。买家于 2007 年 5 月中旬向卖家提出盘店意向，双方谈判在即。

谈判开始：

2007 年 5 月 18 日，双方在现 DEMON 店铺中开始谈判。

一开始，卖家具体介绍了店内的基本状况和装修情况，包括面积、水电、墙面、地板、货架、付款台及其他重金属装饰品，装修成本近 2 万元。卖家以行业熟手的姿态，为开价说明了事实根据，算是恰到好处地拉开了谈判序幕。买家并未被卖家气势所影响，而是提出质疑："店面装修的确是有特色，但是我们无从考证装修的成本，更何况目前的装修风格不一定会利用到将来我们店的营业中(事实是我们差不多没变风格)。所以请介绍一下该店铺的其他方面。"

卖家看出了买家虽然是初来乍到，但并不是冲动情感型的租铺者，于是开口询问我们对于开店的想法。买家谈判者李棵实事求是地说："我们都是跳街舞的，开店也主要是搞街舞用品和轮滑用品之类的时尚产品。"卖家对这一关键信息立即做出反应"你们跳街舞的最重要的就是服饰，这店以前就是做服饰的，你们接手以后可以直接做。并且不是每个人都喜欢那种夸张风格，你们还是应该卖一些比较大众的外贸服装，现在店里的货你们就可以直接拿去卖。"买家明白，这是卖家打算把店铺卖给我们的同时，再让买家把货盘下来又是一项成本支出。卖家继续说："我在广东和成都等地都有货源，开店以后，可以帮你们拿货，渠道短且保证最低价。"

此时，买家就其他方面发表意见："不过这里位置太偏了，在整条街的尾巴上，而且是个拐角怎么会有客流？"秦鹏解释说："后面的金巴黎，3 期工程 10 月份就完工。到时玛利影院、德克士等会入驻进来，这里将会成为商业中心，不用担心客流。"

"不，在做生意时我们要把一切考虑清楚，如果有那么长一段时间的萎靡期，我们为什么不选择一个开店就能赢利的地理位置呢？"买家摆明态度，双方在认定铺面价值上陷入僵局。卖家坚持说买家疑虑过多，该铺面是个黄金位置。买家则说需要再做更多的考察。

"那这个店子，你打算卖多少钱？"买家成员试探性地询问。

卖家拿出早就拟好的价单说："渠道+现货+铺子，5500 元；现货+铺子，4500 元；铺子 3500 元。"了解了价格之后，买家表示要再做商量。

买家要求卖家重报价一次并对价格所含内容进行解释。卖家回应："如果付渠道费，那我将最低成本给你们供货；如果付了货款店里一切物品都是你们的；如果只是铺款，就只给你们空铺。"买家立即做出反应："首先，我们不能保证你供的货是否符合我们的要求；其次，我们无法确定你拿货的价格水平；最后，我们不认为铺子值 3500 元那么多，并且马上就是 6 月份，有些学校已经放假了。到七八月份根本就没有利润，我们认为你的价格太高了。"

卖家反问："你们认为多少钱合适？"买家不紧不慢地说"目前最多拿出2000元，并且我们十分想要你的渠道……"

卖方淡然一笑，说："到哪里2000也找不到一个像样的铺子。"买家不依不饶："如果那么贵的价钱，我们可以找其他地理位置更好的铺子。"

这一招很奏效，顿时把卖家将住了。卖家自知铺租即将到期转而以恳切的态度征询："你们最多能给多少钱？2000元真的太低了。"

买家看出卖家的软肋，毫不退让。卖家无奈只能答应2000元给空铺。

买家见形势不对，立即表示要求留下货品，最好再把渠道给我们。卖家濒临崩溃的边缘，说"如果加货品和渠道，最低3500元。"买家答应并表示，目前还是只有2000元，1500元于1个月后支付。

双方签订协议，谈判告终。

问题：

(1) 商务谈判之前应该进行哪些准备？
(2) 该谈判成功的基础是什么？采用了什么模式进行谈判？
(3) 如何针对不同的目标层次，应该如何操作？

参 考 文 献

[1] [美]杰勒德·I. 尼尔伦伯格. 谈判的艺术[M]. 上海：上海翻译出版公司，1986.
[2] 龚荒. 商务谈判——理论·策略·实训[M]. 北京：清华大学出版社；北京交通大学出版社，2010.
[3] 白远. 国际商务谈判理论案例分析与实践[M]. 北京：中国人民大学出版社，2002.
[4] 汤秀莲. 国际商务谈判[M]. 天津：南开大学出版社，2003.
[5] 张利. 国际经贸谈判面面观[M]. 北京：经济科学出版社，1995.
[6] 贾书章. 现代商务谈判理论与实务[M]. 武汉：武汉理工大学出版社，2007.
[7] 林逸仙，蔡峥，赵勤. 商务谈判[M]. 上海：上海财经大学出版社，2004.
[8] 周琼，吴再芳. 商务谈判与推销技术[M]. 北京：机械工业出版社，2005.
[9] 甘华鸣，许立东. 谈判[M]. 北京：中国国际广播出版社，2001.
[10] 杨群祥. 商务谈判[M]. 大连：东北财经大学出版社，2001.
[11] 张恒杰，等. 国际商务谈判要略[M]. 北京：东方出版社，1994.
[12] 蒋春堂. 谈判学[M]. 武汉：武汉测绘科技大学出版社，1994.
[13] 孙绍年. 商务谈判理论与实务[M]. 北京：清华大学出版社；北京交通大学出版社，2007.
[14] 张利. 国际经贸谈判面面观[M]. 北京：经济科学出版社，1995.
[15] 孙绍年. 商务谈判理论与实务[M]. 北京：清华大学出版社；北京交通大学出版社，2007.
[16] [美]卡洛斯. 谈判大师手册[M]. 李春华，译. 海口：海南出版社，1998.
[17] 樊建廷. 商务谈判[M]. 大连：东北财经大学出版社，2001.
[18] 刘园. 国际商务谈判考试指南[M]. 北京：对外经济贸易大学出版社，2002.
[19] 王守锦. 警惕技术失密[J]. 科学学与科学技术管理，1992：8.
[20] 蒋春堂. 经济谈判案例精选评析[M]. 武汉：武汉测绘科技大学出版社，1998.
[21] 冯砚，丁立. 商务谈判[M]. 北京：中国商务出版社，2010.
[22] 关兰馨. 第一流的商务谈判[M]. 北京：中国发展出版社，1998.
[23] 方百寿. 贸易口才[M]. 沈阳：辽宁大学出版社，1996.
[24] 李爽. 商务谈判[M]. 北京：清华大学出版社，2007.
[25] 刘园，李志群. 国家商务谈判理论、实务、案例[M]. 北京：中国对外经济贸易出版社，2001.
[26] 王海云. 商务谈判[M]. 北京：北京航空航天大学出版社，2007.
[27] 唐齐千. 谈判艺术与礼仪[M]. 北京：民主与建设出版社，1998.
[28] 杨晶. 商务谈判[M]. 北京：清华大学出版社，2005.
[29] 王永年，宋念杰. 商战韬略[M]. 北京师范大学出版社，1992.
[30] 夏国政. 经贸谈判指南[M]. 北京：世界知识出版社，1999.
[31] 丁建忠. 商务谈判[M]. 北京：中国人民大学出版社，2003.
[32] [英]图德·里卡德，苏珊·莫杰. 创造性团队领导手册[M]. 北京：商务印书馆国际有限公司，1999.
[33] 齐宪代. 谈判谋略[M]. 北京：经济科学出版社，1995.
[34] 王政挺. 中外谈判谋略掇趣[M]. 北京：东方出版社，1992.
[35] 张晓豪，焦志忠. 谈判控制[M]. 北京：经济科学出版社，1995.
[36] 赵景华. 国际工商谈判技巧[M]. 济南：山东人民出版社，1994：285.
[37] 高建军，卞纪兰. 商务谈判实务[M]. 北京：北京航空航天大学出版社，2007.
[38] 罗树民. 国际商务谈判[M]. 上海：上海财经大学出版社，2004.
[39] 袁革. 商贸谈判[M]. 北京：中国商业出版社，1995.
[40] 李先国，杨晶. 商务谈判理论与实务[M]. 北京：中国建材工业出版社，1999.
[41] 唯高. 讨价还价实用方法与技巧[M]. 北京：中国华侨出版社，2000.
[42] 李品媛. 现代商务谈判[M]. 大连：东北财经大学出版社，2005.
[43] 晓石，晓牧. 智谋大师[M]. 成都：四川人民出版社，1996.
[44] 海云明. 情感智商[M]. 北京：中国城市出版社，1997.
[45] [美]罗伯特·怀特沙特. 脸部语言[M]. 天津：百花文艺出版社，2001.

[46] 潘马琳. 商务谈判实务[M]. 郑州：河南人民出版社，2000.
[47] 金依明，杜海玲. 商务谈判实务[M]. 北京：清华大学出版社，2010.
[48] 吴建伟，沙龙·谢尔曼. 商务谈判策略[M]. 北京：中国人民大学出版社，2006.
[49] 张勤. 成功的经济谈判[M]. 北京：中国经济出版社，1994.
[50] 贾蔚，栾秀云. 现代商务谈判理论与实务[M]. 北京：中国经济出版社，2006.
[51] 张煜. 商务谈判[M]. 成都：四川大学出版社，2005.
[52] 张祥. 国际商务谈判——原则、方法、艺术[M]. 上海：上海三联书店，1995.
[53] 陈福明，王红雷. 商务谈判[M]. 北京：北京大学出版社，2006.
[54] 周乾. 交易谈判技巧[M]. 济南：山东人民出版社，1988.
[55] 周忠兴. 商务谈判原理与技巧[M]. 南京：东南大学出版社，2004.
[56] 余凯成. 组织行为学[M]. 大连：大连理工大学出版社，2001.
[57] 梁莉芬. 商务沟通[M]. 北京：中国建材工业出版社，2003.
[58] 李言. 跟我学谈判口才[M]. 北京：中国经济出版社，2006.
[59] [加]英格丽·张. 你的形象价值百万[M]. 北京：中国青年出版社，2005.
[60] [美]马克·齐默尔曼. 怎样与日本人做生意[M]. 上海：上海科学技术文献出版社，1989.
[61] 刘铭君，屠梅曾，肖林. 现代经济谈判制胜方略[M]. 上海：上海中医学院出版社，1993.
[62] 李寰明. 商业谈判实务[M]. 北京：地质出版社，1995.
[63] 方其. 商务谈判——理论、技巧、案例[M]. 北京：中国人民大学出版社，2004.
[64] 赵国柱. 商务谈判[M]. 杭州：浙江大学出版社，2000.
[65] 鲁小惠. 商务谈判理论与实务操作技巧[M]. 南京：南京大学出版社，2005.
[66] 牟传珩. 再赢一次[M]. 青岛：青岛海洋大学出版社，1993.
[67] 吕晨钟. 学谈判必读的95个中外案例[M]. 北京：北京工业大学出版社，2005.
[68] 郭芳芳. 商务谈判教程——理论、技巧、实务[M]. 上海：上海财经大学出版社，2006.
[69] 周海涛. 商务谈判成功技巧[M]. 北京：中国纺织出版社，2006.
[70] 王福祥. 商务谈判理论与实务[M]. 北京：科学出版社，2008.
[71] 代桂勇，秦泗美. 商务谈判[M]. 济南：山东科学技术出版社，2010.
[72] 陈岩. 国际商务谈判学[M]. 北京：中国纺织出版社，2010.
[73] 徐宪光. 商务沟通(双语版)[M]. 北京：外语教学与研究出版社，2001.
[74] 侯清恒. 疯狂谈判[M]. 北京：中华工商联合出版社，2006.
[75] 张勤. 行政谈判[M]. 北京：经济科学出版社，1995.